実務解説

改正会社法

第2版

日本弁護士連合会

弘文堂

改訂版によせて

　本書は、2020（令和2）年6月30日に刊行された「実務解説改正会社法」初版の改訂版である。2014（平成26）年改正に続く2度目の本格的な会社法の改正である「会社法の一部を改正する法律」（令和元年法律第70号。以下「改正会社法」という）が公布されたのは2019（令和元）年12月11日であった。本書初版は、改正会社法について、改正の背景、趣旨および実務への影響を、コンメンタール形式により丁寧に解説することを意図したものであった。幸い、本書初版は、優れた内容で頻繁に参照にしている等、読者の好評を博することができた。

　2020（令和2）年11月27日、改正会社法に伴う法務省関係政令、会社法施行規則および会社計算規則等（以下「改正会社法施行規則等」という）が、公布された。本書は、改正会社法と併せて、改正会社法施行規則等についてコンメンタール形式で解説することを目的とするものである。本書では、改正会社法の条文毎に、関連する改正会社法施行規則等の条文を引用した上、従前の改正会社法に関する記載に加えて、改正会社法施行規則の解説をしている。このため、必ずしも条文の順番どおりになっていないが、巻末の索引を利用して該当条文の記述内容を確認されたい。

　また、本書初版出版以降、立案担当者、研究者および実務家による改正会社法の解説・論文等が数多く公表された。本書では、実務に資すると思われる範囲で、これらの内容にも言及することを心がけた。

　改正会社法のうち、株主総会資料の電子提供制度に関するものを除く多くの部分は、2021（令和3）年3月1日に施行される。そのため、同年に開催される定時株主総会における株主総会参考書類や事業報告の内容等に大きな影響がある等、実務家としては改正会社法の施行に備える必要がある。本書がその一助になればまたとない幸せである。

　多忙にもかかわらず今回の改訂に引き続き続きご協力いただいた原稿執筆者の方々に御礼申し上げる。また、本書から、豊田祐子弁護士（会社法改正バックアップチーム副座長）に監修者に加わっていただいた。同弁護士のご尽力により本書の早期の刊行にこぎ着けることができた。なお、本書執筆者の一人であり、会社法改正の検討等に当たり貴重な意見を述べてこられた辺見紀男弁護士が、本書の刊行を待たずして逝去された。同弁護士のご冥福を心よりお祈りする。

　最後になるが、本書発行の意義をご理解いただき、多大なご支援をいただいた弘

文堂編集部の北川陽子氏にも篤く御礼申し上げる。

2021（令和3）年2月

　　　　　　　　　　　　　日本弁護連合会
　　　　　　　　　　　　　司法制度調査会委員長
　　　　　　　　　　　　　会社法改正バックアップチーム座長
　　　　　　　　　　　　　弁護士　梅野晴一郎

はしがき

　本書は、2019（令和元）年12月11日に公布された「会社法の一部を改正する法律」（令和元年法律第70号。以下「改正会社法」という）について、コンメンタール形式により解説するものである。

　2017（平成29）年2月9日に開催された法制審議会第178回会議において、法務大臣から同審議会に対し、「近年における社会経済情勢の変化等に鑑み、株主総会に関する手続の合理化や、役員に適切なインセンティブを付与するための規律の整備、社債の管理の在り方の見直し、社外取締役を置くことの義務付けなど、企業統治等に関する規律の見直しの要否を検討」されたいとの諮問（諮問第104号）がなされた。これを受け、同審議会に、会社法制（企業統治等関係）部会（以下「部会」という）が設置された。部会における19回にわたる審議を経て、2019（平成31）年2月、法制審議会において、会社法制（企業統治等関係）の見直しに関する要綱（以下「要綱」という）が取りまとめられた。そして、要綱に基づき改正法案が国会に上程され、一部修正された上、同年12月4日、改正会社法が成立した。

　このような会社法改正の動きに対し、日本弁護士連合会（以下「当連合会」という）は、部会の委員・幹事として弁護士2名を推薦し、かつ、同委員・幹事を支援するとともに改正会社法に関する当連合会の意見の原案を検討するバックアップチームを司法制度調査会内に組成した。バックアップチームは、上記諮問に先立ち、2016（平成28）年1月13日に、公益社団法人商事法務研究会に会社法研究会が立ち上げられるとともに検討作業を始め、2017（平成29）年4月26日に第1回部会が開催されて以降、多数回にわたり議論を重ねてきた。

　今回の会社法の改正は、2014（平成26）年改正に続く2度目の本格的な改正であり、社外取締役を置くことの義務づけのほか、株主総会資料の電子提供制度の新設、株主提案権の見直し、取締役等への適切なインセンティブの付与としての取締役の報酬等に関する規律の見直し、補償契約および役員等のために締結される保険契約についての新たな規律の定立、社債管理補助者の新設ならびに株式交付制度の新設など内容は多岐にわたる。

　部会の審議では、厳しく意見が対立した論点が多かったが、社外取締役の選任の義務づけもそのような論点の1つであった。当連合会は、上記2014（平成26）年改正法の審議に際して、独立した社外取締役による業務執行者に対する監督を制度化

し、我が国企業の市場における信頼を一層高めるべく社外取締役の選任を義務づけることを主張した。当連合会は、改正会社法の審議過程においても、2017（平成29）年8月24日、社外取締役の選任を義務づけるべきであるとの意見を公表し、また、2018（平成30）年3月15日、会社法制（企業統治等関係）の見直しに関する中間試案に対する意見において、改めて社外取締役の選任を義務づけるべきであるとの主張を含む意見を公表した。今回の会社法改正が社外取締役の選任義務づけをとり入れ、我が国資本市場が信頼されるための環境を整える旨のメッセージを内外に発信することとなったことは、当連合会が主張してきた企業統治に関する意見が多少なりとも考慮された例として評価されるべきものと自負している。

さて、当連合会は、上記のバックアップチームによる取り組みを通じて、今回の改正会社法の背景、部会における審議の経緯、改正の趣旨および実務に与える影響等について深く検討した。当連合会は、このような改正会社法の趣旨等について、会社法をめぐる様々なステークホルダーの利害関係を公正な観点から分析し、丁寧かつ分かりやすく解説することにより、弁護士だけではなく、多くの企業実務家や、さらには広く市民に周知することが当連合会の重要な役割であると考える。そこで、好評を博した『実務解説 改正債権法』（現在、第2版）と同様に、弘文堂の協力を得て、本書を出版することとした次第である。

最後に、バックアップチームの座長として、故佐藤順哉弁護士が、その円満な人柄をもって、多様な個性を有するメンバーの様々な立場からの発言をまとめ、当連合会の意見形成の中心となってこられた。同弁護士は、同年4月1日に日本弁護士連合会副会長・第一東京弁護士会会長となられた後、急逝されたが、その直前まで我々を支援された。執筆者を代表して、ここに謹んでご冥福をお祈りする。

また、遅れに遅れた原稿執筆作業に辛抱強く協力されアドバイスをいただいた弘文堂編集部の北川陽子氏に厚く御礼申し上げる。

本書が、多くの読者の改正会社法の理解に役立ち、実務の発展の一助となれば、我々の大きな喜びとするところである。

2020（令和2）年6月

日本弁護士連合会
司法制度調査会委員長
会社法改正バックアップチーム座長
弁護士　梅野晴一郎

contents

contents

凡　例

1　本書は、改正会社法の本則および附則等について、条文の順序に従うことを基本としつつ、体系的な配慮によって一部順序を入れ替えて解説している。また、省令については、当該省令に関連する法律の条文の箇所で解説している。特定の条文についての解説の該当ページを調べる場合には、巻末の条文索引を参照されたい。

2　今回の改正の対象となった会社法の改正前の条文は「改正前会社法」と表示し、改正後の会社法の条文は「改正法」と表示し、改正の前後を通じて変更されなかった条文は単に「会社法」と表示することを原則とした。ただし、会社法の一部を改正する法律の附則を「附則」と表示し、その解説（第10　附則）においては、改正の対象となった改正前会社法の条文は「旧法」と表示し、改正後会社法の条文は「新法」と表示した。また、平成26年に成立した会社法の一部を改正する法律（平成26年法律第90号）については、「平成26年改正法」という場合がある。

3　省令については、今回の改正の対象になった会社法施行規則および会社計算規則の改正前の条文はそれぞれ「改正前会社法施行規則」「改正前会社計算規則」と表示し、改正後の会社法施行規則および会社計算規則の条文はそれぞれ「改正会社法施行規則」「改正会社計算規則」と表示し、改正の前後を通じて変更されなかった条文は単にそれぞれ「会社法施行規則」「会社計算規則」と表示した。また、今回の改正の対象になった「会社法施行規則等の一部を改正する省令」の附則の条文は、「改正省令附則」と表示した。

　なお、令和3年3月1日の改正会社法施行日における改正会社法施行規則2条2項62号から126号までの条文は、会社法改正附則第1条ただし書に規定する規定の施行の日（本書校了日にはまだ決められていない。本項で「一部施行日」という）以降、号数が1号ずつ繰り下がる。本書では、これらの条文について、一部施行日後の号数を記載している。

4　会社法以外の法律のうち、会社法の一部を改正する法律の施行に伴う関係法律の整備等に関する法律を「整備法」、会社法の一部を改正する法律の施行に伴う関係法律の整備等に関する法律附則を「整備法附則」、社債、株式等の振替に関する法律を「振替法」、会社法の一部を改正する法律の施行に伴う関係法律の整備等に関する法律により改正された社債、株式等の振替に関する法律を「改正振

替法」と、商業登記法を「商登法」と表示した。

5　解説においては、改正の経緯を「1　背景」にて、改正の内容を「2　趣旨」
にて、今後の実務上の注意点等を「3　実務への影響」にて、および関連する判
例・裁判例を「【参考判例等】」にて、それぞれ記載している。

　　なお、解説中に（⇨**判例1、2**）などとあるのは、各解説の参考判例等におい
て掲載した判例・裁判例の記載番号1、2などを示している。

6　文献、判例集・雑誌の略称については下記を参照されたい。

記

【文献】

要綱　　　　　　　　会社法制（企業統治等関係）の見直しに関する要綱（法制審議会
　　　　　　　　　　平成31年2月14日）（法務省のウェブサイトにて公開されている。
　　　　　　　　　　頁数は同PDFによる）

中間試案　　　　　　会社法制の見直しに関する中間試案（法制審議会会社法制〔企業
　　　　　　　　　　統治等関係〕部会平成30年2月14日）（旬刊商事法務2160号〔商
　　　　　　　　　　事法務・2018〕）（頁数は法務省のウェブサイトにて公開されてい
　　　　　　　　　　るPDFによる）

中間試案補足説明　　法務省民事参事官室「会社法制（企業統治等関係）の見直しに関
　　　　　　　　　　する中間試案の補足説明」（旬刊商事法務2160号〔商事法務・
　　　　　　　　　　2018〕）（頁数は法務省のウェブサイトにて公開されているPDF
　　　　　　　　　　による）

部会資料1〜28-2　　法制審議会会社法制（企業統治等関係）部会資料1から28-2まで
　　　　　　　　　　（いずれも法務省のウェブサイトにて公開されている。頁数は同
　　　　　　　　　　PDFによる）

第1回〜第19回　　　法制審議会会社法制（企業統治等関係）部会第1回から第19回ま
　部会議事録　　　　での議事録（いずれも法務省のウェブサイトにて公開されている。
　　　　　　　　　　頁数は同PDFによる）

神田(1)〜(8)　　　　神田秀樹『「会社法制（企業統治等関係）の見直しに関する要綱
　　　　　　　　　　案」の解説(1)〜(8)」旬刊商事法務2191〜2198号（商事法務・2019）

電子化研提言　　　　株主総会プロセスの電子化促進等に関する研究会「株主総会の招
　　　　　　　　　　集通知関連書類の電子提供の促進・拡大に向けた提言—企業と株
　　　　　　　　　　主・投資家との対話を促進するための制度整備」（2016年4月21
　　　　　　　　　　日）

会社法研究会報告書　公益社団法人商事法務研究会「会社法研究会報告書」（平成29年
　　　　　　　　　　3月2日）

竹林他(1)～(8)	竹林俊憲他「令和元年改正会社法の解説〔Ⅰ〕～〔Ⅷ〕」旬刊商事法務2224～2229号（商事法務・2020）
法的論点解釈指針	コーポレート・ガバナンス・システムの在り方に関する研究会「コーポレート・ガバナンスの実践」（平成27年7月24日）別紙3「法的論点に関する解釈指針」
一問一答	竹林俊憲編著『一問一答　令和元年改正会社法』（商事法務・2020年）
意見募集の結果について	「会社法の改正に伴う法務省関係政令及び会社法施行規則等の改正に関する意見募集の結果について」（頁数はe-govのウェブサイトにて公開されているPDFによる）

【判例集・雑誌】

民録	大審院民事判決録	法時	法律時報
民集	最高裁判所（大審院）民事判例集	判時	判例時報
集民	最高裁判所裁判集民事	判タ	判例タイムズ
高民集	高等裁判所民事判例集	金法	金融法務事情
下民集	下級審裁判所民事判例集	金判	金融・商事判例

監修者・執筆者（かっこ内は所属弁護士会）

【監修】

沖　　隆一　　元法制審議会会社法制（企業統治等関係）部会委員
　　　　　　　司法制度調査会委員（東京）

梅野　晴一郎　元法制審議会会社法制（企業統治等関係）部会幹事
　　　　　　　司法制度調査会委員（第二東京）

豊田　祐子　　日本弁護士連合会司法制度調査会法制審議会会社法制（企業統治等関係）部会バッ
　　　　　　　クアップチーム副座長（第一東京）

【執筆】（50音順）

阿多　博文（大阪）　　　２条、849条の２、全部取得条項付種類株式の取得および株式の併合に関
　　　　　　　　　　　する事前開示事項

新木　伸一（第一東京）　236条、情報開示の充実（93〜101頁）

有吉　尚哉（第一東京）　361条（１　背景、３　報酬等の決定方針）、399条の13、416条

市毛　由美子（第二東京）社外取締役の情報収集権

伊藤　涼月（群馬）　　　361条（２　金銭でない報酬等に係る定款または株主総会の決議による定
　　　　　　　　　　　め）、399条の13、409条、416条、430条の３

岩田　真由美（東京）　　305条

植松　勉（東京）　　　　325条の３

梅野　晴一郎（第二東京）301条、327条の２、423条、868条、870条、874条、938条、976条、株主
　　　　　　　　　　　提案権の持株要件および行使期限の見直し、取締役の個人別の報酬等の
　　　　　　　　　　　内容に関する決定の再一任について

大川　容子（栃木県）　　株主提案権の目的等による議案の提案の制限

大橋　美香（東京）　　　399条の13、416条、430条の３

沖　　隆一（東京）　　　325条の２、325条の５、社債管理補助者の総論＊、附則１〜10条、責任
　　　　　　　　　　　追及等の訴えに関して、株式会社の利益に反する訴訟を制限する措置お
　　　　　　　　　　　よび株主による資料収集に関する規律の見直し

亀山　訓子（第二東京）　714条の４、714条の７（704条、708条の部分）、717条、724条、737条

黒田　裕（第二東京）　　234条、322条、324条、445条、509条、816条の２〜816条の10、828条、
　　　　　　　　　　　834条、836条、839条、844条の２、937条、株式交付の手続の総論（5章
　　　　　　　　　　　4節）

清水　毅（第一東京）　　774条の２〜774条の11

全　　未来（東京）　　　714条の３

髙木　弘明（第一東京）　202条の２、205条、209条、445条

辻　　拓一郎（群馬）　　325条の４、325条の６、325条の７、911条、株式会社の代表者の住所が
　　　　　　　　　　　記載された登記事項証明書

豊田　祐子（第一東京）　399条の13、416条、430条の２＊、電磁的方法および電磁的記録等に関す
　　　　　　　　　　　る会社法施行規則の改正、監査基準の改訂を受けた改正予定

中込　一洋（東京）　　　430条の２＊、利益供与の禁止規定の見直し（120条）

中西 和幸（第一東京）　430条の3、保険契約に関する開示

藤野 忠（第二東京）　930～932条

辺見 紀男（第一東京）　310～312条

松田 竜（札幌）　39条、331条、331条の2、335条、402条、478条

三原 秀哲（第一東京）　社債管理補助者の総論＊、676条、681条、706条、714条の2、714条の5、
735条の2、740条

矢野 領（第一東京）　714条の6、714条の7（707条、710条1項、711条、713条、714条の部
分）、718条、720条、729条、731条、741条

山下 善弘（静岡県）　348条の2＊、監査役設置会社の取締役会による重要な業務執行の決定の
委任

若杉 洋一（大阪）　348条の2＊

＊は共同執筆

第1 株主総会資料の電子提供制度

（電子提供措置をとる旨の定款の定め）

第325条の2

株式会社は、取締役が株主総会（種類株主総会を含む。）の招集の手続を行うときは、次に掲げる資料（以下この款において「株主総会参考書類等」という。）の内容である情報について、電子提供措置（電磁的方法により株主（種類株主総会を招集する場合にあっては、ある種類の株主に限る。）が情報の提供を受けることができる状態に置く措置であって、法務省令で定めるものをいう。以下この款、第911条第3項第12号の2及び第976条第19号において同じ。）をとる旨を定款で定めることができる。この場合において、その定款には、電子提供措置をとる旨を定めれば足りる。

① 株主総会参考書類

② 議決権行使書面

③ 第437条の計算書類及び事業報告

④ 第444条第6項の連結計算書類

（新設）

会社法施行規則

第2条（定義）

2⑥ 電子提供措置 法第325条の2に規定する電子提供措置をいう。（新設）

第41条（申込みをしようとする者に対して通知すべき事項）

⑦ 電子提供措置をとる旨の定款の定めがあるときは、その規定（新設）

第54条（申込みをしようとする者に対して通知すべき事項）

⑦ 電子提供措置をとる旨の定款の定めがあるときは、その規定（新設）

第95条の2（電子提供措置）

法第325条の2に規定する法務省令で定めるものは、第222条第1項第1号

ロに掲げる方法のうち、インターネットに接続された自動公衆送信装置を
使用するものによる措置とする。（新設）

改正会社計算規則
第2条2項16号（新設）

◆解説

1　背景

（1）　**改正前会社法における株主総会関連資料の提供方法**　　株主総会参考書
類、議決権行使書面、計算書類、事業報告、連結計算書類（以下、総称して「株
主総会参考書類等」という）の株主に対する提供は、原則として、書面により提
供することを要し、インターネットを利用する方法によりこれを提供するため
には、株主が個別に承諾することが必要とされている（会299条2項3項・301
条1項2項・302条1項2項・437条・444条6項、施規133条2項、計規133条2項・
134条1項）。このため、改正前会社法のもとでは、株主総会参考書類等のイン
ターネットによる提供が進んでいなかった。また、株主による個別の承諾を得
なくとも、定款の定めがある場合には、株主総会資料のうちの一部の事項につ
いて、継続してインターネット上のウェブサイトに掲載することによって、株
主に対して提供したものとみなす、いわゆるウェブ開示によるみなし提供制度
が設けられているが、議案等の重要な事項が対象から除外されている（改正前
施規94条1項・133条3項、計規133条4項・改正前計規134条4項）。

（2）　**政府の提言**　　首相官邸の日本経済再生本部は、企業の収益力向上を目
指した「攻め」のコーポレート・ガバナンス強化のためには、持続的成長と中
長期的な企業価値の向上を促す上場企業と投資家との対話の促進が必要であり、
株主に対する情報提供を迅速化し、対話期間を確保するため、株主総会関連資
料提供を原則として電子化することを検討するとした（「日本再興戦略」改訂
2014・4～5頁、同改訂2015・28～29頁等）。これを受けて、経産省・株主総会プ
ロセスの電子化促進等に関する研究会は、米国・カナダの「Notice & Access
制度」（上場企業は、フルセットデリバリー（書面による提供）か、Notice Only
Option（アクセス通知のみ郵送すれば、委任状勧誘書類等はインターネットによる
提供が可能）を選択できるという制度）等の諸外国の制度の共通点を参考に、「新
たな電子提供制度」を提言した（電子化研提言）。その骨格は、①株主総会前に

提供すべきものとして制度上要請されたすべての情報がインターネット上で開示されること、②ウェブアドレス等の必要最低限の情報が書面で株主に通知されること、③企業が当該制度を利用する上で、株主からの個別承諾を要さないこと、④情報を書面で受け取ることを希望する株主は、その旨企業に要請する必要があること、というものであった。これを踏まえ、「日本再興戦略」改訂2016は、株主総会の招集通知添付書類の電子提供制度について、その開示情報の充実等を図るため、株主の個別承諾なしに、書面に代えて電子提供をすることが可能な情報の範囲を拡大し、原則として電子提供とする方向で、法制上の具体的な措置内容等を検討するものとした（「日本再興戦略」改定2016・147頁）。

（3）　**関連する論点**　　会社法研究会では、すべての株主総会情報をインターネット上のウェブサイトに掲載し、そのURL等を通知（アクセス通知）することにより、株主総会情報を株主に適法に提供したこととする「新たな電子提供制度」を提案し、検討すべき論点として、①新制度の利用は、上場会社等に強制するか、および定款の定めを必要とするか、②書面請求権について、強行法的に保障するか、その対象とする情報の範囲、行使の在り方、および対応に不備がある場合の株主総会決議の取消事由該当性、③アクセス通知について、記載事項、発送期限、任意の記載事項、議決権行使書面その他の書面の任意の同封の可否、および任意の書面提供の可否（フルセットデリバリーの可否）、④ウェブサイトへの株主総会情報の掲載について、掲載の期間、中断に関する規律、および調査制度を設けるか、ならびに⑤現行法の電磁的提供による提供制度、ウェブ開示によるみなし提供制度およびウェブ修正制度等との間の整合性・見直し等を提起し、そのうち一部論点については方向性が示された（会社法研究会報告書2〜10頁）。

　法務大臣は、法制審議会総会に企業統治に係る見直しの検討事項の1つとして、株主総会に関する手続の合理化を諮問し（平成29年2月9日諮問第104号）、これを受けて設置された部会は、株主総会資料の電子提供制度の制度設計を検討した。部会の検討では、①電子提供措置開始日（株主総会の日の4週間前とするか3週間前とするか）、②電子提供措置をとる場合の招集通知の発送期限（株主総会の日の4、3、2週間前のいずれとするか）について複数の選択肢が示された。また、③重要論点である株主の書面交付請求権について、振替株式における振替機関等との関係、銘柄ごとに行使可能とするのか、請求の累積を防止する仕組み、株主が書面交付請求できないことを定款で定めることができると

するのか、会社法299条3項の承諾をした者も行使できるとするか、④ウェブ開示によるみなし提供制度の見直し等について検討され、要綱1〜5頁記載の結論が答申された。

2 趣旨

(1) 電子提供措置の新設　第2編「株式会社」第4章「機関」第1節（改正後、「株主総会及び種類株主総会等」）に、第3款が追加され、電子提供措置の制度が新設された。電子提供措置とは、株主総会参考書類、議決権行使書面、計算書類および事業報告、連結計算書類の内容である情報について、電磁的方法により株主（種類株主総会を招集する場合については、ある種類の株主に限る）が情報の提供を受けることができる状態に置く措置であって、法務省令に定めるものである（改正法325条の2柱書前段、改正施規2条2項62号、改正計規2条2項16号）。改正会社法施行規則95条の2は、この措置を、電磁的方法（電子情報処理組織を使用する方法その他の情報通信の技術を利用する方法であって法務省令で定める3つの方法（①送信者が電気通信回線を通して(i)受信者のファイルに記録する方法〔電子メール〕〔施規222条1項1号イ〕、(ii)送信者のファイルを閲覧に供し、提供を受ける者のファイルに記録する方法〔インターネット等〕〔同号ロ〕、②磁気ディスク等のファイルに記録したものを交付する方法〔CD-ROM等の媒体の交付〕〔同項2号〕）。（会2条34号））の中から、電子公告の方法（施規223条）に準じて、①(ii)のうち、インターネットに接続された自動公衆送信装置を使用するものによる措置と定める。また、この措置は、電磁的方法であるから、受信者がファイルへの記録を出力することにより、書面を作成することができるものでなければならない（施規222条2項）。このように、電子提供措置は、株式会社が、自社のホームページ等のウェブサイトに株主総会参考書類等の内容である情報等をアップロードし、株主が、これにアクセスすることによってその情報等を閲覧し、保存し、または、印刷することが可能となるものでなければならない。電子提供措置をとる主体は、株主総会（種類株主総会）を招集する取締役等である。

　電子提供制度の目的は、株主総会参考書類等をインターネットを利用する方法によって提供することにより、印刷や郵送のための作業を不要とし、費用を削減することを通して、株式会社が株主に対し、早期に充実した内容の株主総会参考書類等を提供できるようにすることである。このことは、株主総会参考書類等の提供と株主総会の日の間隔を長くし、株主が株主総会参考資料等の内

容を検討する期間を確保して、株式会社と株主との間のコミュニケーションの質を向上させることにも役立つ。このため、電子提供措置を新設することにより、インターネットを利用する方法による株主総会参考書類等の提供を促進することにした（部会資料2・1頁、中間試案補足説明2頁）。

（2） 電子提供措置を利用するための手続と効果

(a) **定款の定め**　電子提供措置をとるためには、定款の定めを必要とする（改正法325条の2柱書前段）。この定款の定めには、「電子提供措置をとる」旨を定めることで足り（同条柱書後段）、電子提供措置の定義や電子データを掲載するウェブサイトのアドレスなどを記載することは不要である。定款には、株主の権利関係に影響を与える重要事項を明らかにし、株主の権利を保護するという機能、将来株主となる者を拘束するという機能があるとされている。電子提供措置をとる株式会社の株主が書面交付請求権（改正法325条の5第1項）を行使するためには、株式会社が議決権行使のための基準日を定めた場合には、当該基準日までに行使する必要があり（同条2項第2かっこ書）、また、そうでない場合にも、交付請求された書面は、株主総会招集通知に際して交付されるため（同条2項）、招集通知（電子提供措置をとっていることが記載される。改正法325条の4第2項1号）よりも前に行使することが想定されている。したがって、当該株式会社が電子提供措置をとることは、株主および将来株主となる者に対し、あらかじめ明らかにされる必要がある。また、公告方法として電子公告（会939条1項3号）をとるためには、定款の定めを必要とすることとの均衡も考慮する必要がある。このため、電子提供措置をとるために、定款の定めを必要とした（中間試案補足説明2〜3頁）。また、定款にウェブサイトのアドレスまでを記載しなければならないとすると、当該アドレスを変更しようとするたびに定款を変更しなければならず煩雑であるから、この点を記載することは要しないこととされた。

(b) **利用の義務づけ**　振替株式を発行する株式会社は、電子提供措置をとる旨を定款で定めなければならない（改正振替法159条の2第1項）。電子提供措置の利用は、類型的に不特定多数の株主が存在する公開会社が想定されるが、公開会社でない株式会社も、電子提供措置をとることが可能とされている。

上場会社等の振替株式を発行する会社では、類型的に、その株式の売買が頻繁に行われ、不特定多数の株主がいることが想定されるから、インターネットを利用した情報提供を促進するという電子提供措置の目的が特に期待されてお

り、全銘柄について電子提供措置がとられることが投資家にとって分かりやすい。また、振替株式の株主の書面交付請求は、直近上位機関を経由してすることができるとされており（改正振替法159条の2第2項柱書前段）、振替株式に関する情報の伝達として行われることが想定されている。このため、振替株式を発行する会社では、電子提供措置をとる旨の定款の定めをしなければならないものとし、振替機関は、電子提供措置をとる旨の定款の定めのある会社の株式でなければ取り扱えないとした。上場会社の株式は振替株式であることが求められているから、これによって、上場会社には電子提供制度の利用が義務づけられることになる。

(c) **みなし定款変更**　　改正法のうち、電子提供措置に関する部分は、公布の日から3年6か月を経過するまでの政令で定める日から施行される（附則1条ただし書）。この施行日において振替株式（振替法128条1項に規定する振替株式）を発行している株式会社は、施行日をその定款変更の効力発生日とする電子提供措置をとる旨の定款の定めを設ける定款の変更の決議をしたものとみなされる（整備法10条2項）。

電子提供措置をとるために定款の定めを必要とすることについては、株主総会の特別決議を要件とする定款変更手続という重い負担を課するとの批判があった。経済界からは、定款変更手続を要求することは電子提供制度のメリットを減殺し、利用を躊躇することになるという深刻な懸念も表明された。このことを踏まえ、電子提供措置の利用を義務づける上場企業の負担が過重なものとならないように、電子提供措置をとる旨の定款変更決議をしたものとみなすことにした（過去の例としては、株式の振替制度の導入にあたり、保管振替株券に係る株式について、施行日に株券を発行しない旨の定めを設ける定款変更決議をしたものとみなす措置がとられたことがある）。

定款変更決議がされた場合には、効力発生日に直ちにその効力が発生し、定款を記載した書面の変更を必要としないため（⇨**判例**）、みなし決議も、当然にその効力が発生する。しかし、定款には、法律関係を株主らに明らかにする機能があるため、定款の書面または電磁的記録にみなし決議の内容を反映しておくべきである。みなし定款変更決議が適用される株式会社が、電子提供措置に関する施行日から6か月以内の日を株主総会の日とする招集手続を行う場合には、電子提供措置に関する規定（会社）は適用しないという経過措置がある（整備法10条3項）。これに対し、上記の施行日の後に株式を新規上場し、振替

株式を発行する会社となる場合には、上記のみなし変更は適用されないため、電子提供措置をとる旨の定款の定めを設けるための定款変更手続が必要になる。

　なお、書面交付請求（改正法325条の5第2項）がされた場合に書面に記載することを要しない事項を設ける場合にはその旨の定款の定めが必要である（⇨§325の5−2（3）(b)(ii)）。

　(d)　効果　　電子提供措置をとる旨の定款の定めがある株式会社では、取締役は、株主総会招集通知に際して、株主に対し、株主総会参考書類等を交付し、または、提供することを要しない（改正法325条の4第3項）。これは、電子提供措置をとる旨の定款の定めがあることの効果として、書面による交付・提供を必要とする会社法301条1項・302条1項・437条および444条6項の規定の特則を認めたものである。

（3）　電子提供措置の内容等

　(a)　電子提供措置をとる義務　　電子提供措置をとる旨の定款の定めがある株式会社の取締役は、①書面投票制度もしくは電磁的投票制度を定めた場合、または、②取締役会設置会社である場合には、電子提供措置をとらなければならない（改正法325条の3第1項）。①または②以外の株式会社は、電子提供措置をとる旨の定款の定めがある場合にも、電子提供措置をとることは任意である。上場企業は、①および②に該当するので、電子提供措置をとらなければならない。

　(b)　電子提供措置の方法　　電磁的方法（会2条34号、施規222条1項）のうち、電子公告（会2条34号、施規223条）の方法を参考とし、会社法施行規則222条1項1号ロの方法のうちインターネットによる方法とされている（改正施規95条の2）。したがって、電子提供措置は、株主が、ウェブサイトに掲載された情報の内容を、閲覧すること、自己の使用するパソコン等に保存すること（施規222条1項1号ロ）、印刷すること（同条2項）ができるものでなければならない。情報は、電子提供措置を行う株式会社が使用する電子計算機から送信すればよく（同条1項1号ロ）、レンタルしたサーバーを使用してもよいし、必ずしも自社のホームページに掲載する必要もないが、通常は、自社ウェブサイトの株主総会やIRのページに掲載することになる。ウェブサイトの数を限定することは想定されておらず、したがって、電子提供措置の中断が生じるリスクを軽減することを目的として複数のウェブサイトで電子提供措置をとることができる。この場合には、それらのすべてのアドレスを株主総会招集通知に記

載し、または記録しなければならない。

　なお、電子提供措置による情報の提供は、電子公告とは異なり、株主（種類株主総会を招集する場合にあっては、種類株主）を対象とするものである（改正法325条の2柱書前段第3かっこ書）。したがって、株主・種類株主にあらかじめIDとパスワード等を割り当て、当該株式会社の株主だけがログインし、情報を閲覧等することができるような電子提供措置をとることも許容される。

　そして、このような措置のすべてに対応するシステムを備えた調査機関を確保することへの懸念から、電子公告の場合のような調査機関による調査に関する規律は設けないこととされた（部会資料25・5～6頁）。したがって、電子提供措置をとる株式会社は、後日にその手続の適法性が争われる場合に備え、ログ等を保存することにより適法性を立証する手段を備えることが必要となる。

　(c)　登記　　電子提供措置をとる旨の定款の定めがある株式会社は、その定めの登記をしなければならない（改正法911条3項12号の2）。定款の定めを商業登記によって公示するための措置である（⇨§911-2（3））。

　みなし定款変更決議が適用される株式会社は、施行日から6か月を経過する日までの間（他の変更があるときはそのとき）にみなし変更を登記しなければならない（整備法10条4項。登記申請には、施行日に振替株式を発行していたことの証明書の添付が必要である）。この登記を怠ると過料の制裁がある（整備法10条8項）。

　(d)　通知　　電子提供措置をとる旨の定款の定めがある旨は、①募集株式の募集に応じて引受けの申込みをしようとする者（会203条1項4号）、②募集新株予約権の募集に応じて引受けの申込みをしようとする者（会242条1項4号）に対する通知事項とされている（改正施規41条7号、54条7号）。電子提供措置により提供される情報（改正法325条の3第1項）は、株主の権利行使のために重要な情報を多数含んでいることから、電子提供措置がとられるか否かは株主にとって重要であり、株式を取得し、または取得する権利を有する者に対し、発行会社において電子提供措置がとられ、またはとられる可能性があることをあらかじめ通知することとしたものと考えられる。

　(e)　罰則　　会社法が義務づける電子提供措置（改正法325条の3第1項、325条の7）をとらなかった取締役等には、過料の制裁がある（改正法976条19号）（⇨§976-2（4））。

（4）　電磁的方法による通知・みなし提供制度との関係

　(a)　**制度上の関係**　電磁的方法による株主総会招集通知発送（会299条3項）、電磁的方法による株主総会参考書類情報の提供（会301条2項・302条2項）の制度は存続する。電磁的方法（施規222条1項1号イロ2号）には、3つの方法（電子メール、インターネット等、電子デバイスの交付）がある。一方、電子提供措置をとる場合の提供方法はインターネットに統一されるため、その他の電磁的方法によることはできない。この場合にも、個別の株主の承諾を得れば、株主総会招集通知を電磁的方法（3つの方法から選択可能）によって発送することが可能である。ただし、このときには、株主は書面請求権を行使できないとされた（改正法325条の5第1項第1かっこ書）。

　(b)　**みなし提供制度**　ウェブ開示によるみなし提供制度も存続する（施規94条1項・133条3項、計規133条4項・134条4項）。みなし提供制度の対象となる事項については、電子提供制度を利用する場合においても、定款の定めにより、書面交付請求をした株主に交付する書面から省略することを認めることが相当である。そこで、電子提供措置をとる場合には、株主の書面交付請求により交付する書面に記載する電子提供措置事項のうち、法務省令で定める事項の全部または一部を記載しない旨を定款で定めることができるものとされた（改正法325条の5第3項）（⇨**§325の5-2（3）(b)(ⅱ)**）。

3　実務への影響

（1）　株主総会参考書類資料等の電子提供制度は、書面による交付、株主の個別的承諾を要件とする電磁的方法による提供という原則と例外を転換し、インターネットによる電子提供措置を原則とし、株主の書面交付請求を例外としたものであり、今後の上場企業の株主総会実務に大きな影響を与えるものである。

（2）　現行のみなし提供制度の対象となる事項については、電子提供制度を利用する場合においても、書面交付請求をした株主に交付する書面から省略することを可能とし、電子提供措置の下での電子化を後退させないため、改正法の施行を停止条件とする改正法325条の5第3項に基づく定款変更手続を、改正法の施行前において、他に定款変更議案がある際などに、併せて行っておくことが考えられる。

（3）　なお、実務上重要と思われる、会社法の一部を改正する法律の施行に伴う関係法律の整備等に関する法律（整備法）の規定を掲記しておく。次の10条の規定は、改正法附則1条ただし書に規定する規定の施行の日から施行される。

（社債、株式等の振替に関する法律の一部改正に伴う経過措置）

第10条

1　（略）

2　附則第3号に定める日（以下「第3号施行日」という。）において振替株式（社債、株式等の振替に関する法律第128条第1項に規定する振替株式をいう。）を発行している会社は、第3号施行日をその定款の変更が効力を生ずる日とする電子提供措置（新会社法第325条の2に規定する電子提供措置をいう。）をとる旨の定款の定めを設ける定款の変更の決議をしたものとみなす。

3　前項の規定により定款の変更の決議をしたものとみなされた会社の取締役が株主総会（種類株主総会を含む。以下この項において同じ。）の招集の手続を行う場合（当該株主総会の日が第3号施行日から6箇月以内の日である場合に限る。）における当該株主総会の招集手続については、新会社法第325条の3から第325条の7まで（第325条の5第1項を除く。）の規定にかかわらず、なお従前の例による。

4　第2項の規定により定款の変更の決議をしたものとみなされた会社は、第3号施行日から6箇月以内に、その本店の所在地において、新会社法第911条第3項第12号の2に掲げる事項の登記をしなければならない。

5　第2項の規定により定款の変更の決議をしたものとみなされた会社は、第3号施行日から前項の登記をするまでに他の登記をするときは、当該他の登記と同時に、同項の登記をしなければならない。

6　第3号施行日から第4項の登記をするまでに同項に規定する事項に変更を生じたときは、遅滞なく、当該変更に係る登記と同時に、変更前の事項の登記をしなければならない。

7　第2項の規定により定款の変更の決議をしたものとみなされた場合における第4項の登記の申請書には、当該場合に該当することを証する書面を添付しなければならない。

8　第2項の規定により定款の変更の決議をしたものとみなされた会社の代表取締役、代表執行役又は清算人は、第4項から第6項までの規定に違反した場合には、100万円以下の過料に処する。

【参考判例等】

大審院大正5年10月14日判決・民録22巻1894頁（旧法関係）

　　合資会社について、その設立後は、会社と社員および社員相互との関係におい

ては、定款の変更は、総社員の同意によって直ちにその効力を生じ、定款という
書面自体の更正を必要としない。

（電子提供措置）
第325条の3
1　電子提供措置をとる旨の定款の定めがある株式会社の取締役は、第
　　299条第2項各号に掲げる場合には、株主総会の日の3週間前の日又は
　　同条第1項の通知を発した日のいずれか早い日（以下この款において
　　「電子提供措置開始日」という。）から株主総会の日後3箇月を経過する
　　日までの間（以下この款において「電子提供措置期間」という。）、次に
　　掲げる事項に係る情報について継続して電子提供措置をとらなければな
　　らない。
　①　第298条第1項各号に掲げる事項
　②　第301条第1項に規定する場合には、株主総会参考書類及び議決権
　　　行使書面に記載すべき事項
　③　第302条第1項に規定する場合には、株主総会参考書類に記載すべ
　　　き事項
　④　第305条第1項の規定による請求があった場合には、同項の議案の
　　　要領
　⑤　株式会社が取締役会設置会社である場合において、取締役が定時株
　　　主総会を招集するときは、第437条の計算書類及び事業報告に記載さ
　　　れ、又は記録された事項
　⑥　株式会社が会計監査人設置会社（取締役会設置会社に限る。）であ
　　　る場合において、取締役が定時株主総会を招集するときは、第444条
　　　第6項の連結計算書類に記載され、又は記録された事項
　⑦　前各号に掲げる事項を修正したときは、その旨及び修正前の事項
2　前項の規定にかかわらず、取締役が第299条第1項の通知に際して株
　　主に対し議決権行使書面を交付するときは、議決権行使書面に記載すべ
　　き事項に係る情報については、前項の規定により電子提供措置をとるこ
　　とを要しない。
3　第1項の規定にかかわらず、金融商品取引法第24条第1項の規定によ
　　りその発行する株式について有価証券報告書を内閣総理大臣に提出しな

ければならない株式会社が、電子提供措置開始日までに第１項各号に掲げる事項（定時株主総会に係るものに限り、議決権行使書面に記載すべき事項を除く。）を記載した有価証券報告書（添付書類及びこれらの訂正報告書を含む。）の提出の手続を同法第27条の30の２に規定する開示用電子情報処理組織（以下この款において単に「開示用電子情報処理組織」という。）を使用して行う場合には、当該事項に係る情報については、同項の規定により電子提供措置をとることを要しない。

（新設）

改正会社法施行規則２条２項62号・63条３号ト・同条４号ハ・66条３項・95条の２
改正会社計算規則２条２項16号・134条３項

◆解説

1 背景

　電子提供措置は、会社法上新たに設けられた措置であるから、どのような会社が（主体）、どのような情報を（対象）、いつからいつまで（時期）提供することとするのか、それぞれについて定める必要がある。本条は、これらの事項を規定するとともに（１項）、２つの特例を設けている（２項３項）。

2 趣旨

（1）　電子提供措置をとることを要する場合　電子提供措置をとる旨の定款の定めがある会社であって、①書面もしくは電磁的方法によって議決権を行使できる旨を定めている場合（会299条２項１号）、または②取締役会設置会社である場合（同項２号）には、当該会社は電子提供措置をとることが義務づけられる（本条１項柱書）。

　このような義務づけがなされるのは、上記①②の場合には、株主総会の招集の通知に際して、書面または電磁的方法によって一定の事項（招集通知記載事項〔会299条４項〕、株主総会参考書類記載事項〔会301条１項・302条１項〕等）に係る情報の提供が求められるところ、これらの情報については、電子提供措置をとる旨の定款の定め（改正法325条の３）がある限り、一律に電子提供措置を利用することが合理的と考えられたためであろう。

　上場会社については、振替株式を発行していることから電子提供措置をとる旨を定款で定めなければならず（改正振替法159条の２第１項）、かつ、公開会社

であることから取締役会の設置が求められるため（会327条1項1号）、本規律によって、電子提供措置をとることが強制されることとなる。上記①②以外の会社では、電子提供措置をとる旨の定款の定めがある場合にも、電子提供措置をとることは任意ということになる。

（2） 電子提供措置事項

(a) **電子提供措置の対象となる事項**　電子提供措置の対象となる事項（電子提供措置事項）は、①株主総会の招集通知に記載・記録すべき事項、②書面投票制度を採用した場合に株主総会参考書類および議決権行使書面に記載すべき事項、③電子投票制度を採用した場合に株主総会参考書類に記載すべき事項、④株主が議案要領通知請求権を行使した場合に株主に通知すべき議案の要領、⑤取締役会設置会社において、定時株主総会を招集するときに提供する事業報告および計算書類に記載・記録すべき事項（監査報告、会計監査報告を含む〔会437条かっこ書〕）、⑥株式会社が会計監査人設置会社（取締役会設置会社に限る）である場合において、定時株主総会を招集するときに提供する連結計算書類に記載・記録すべき事項、⑦上記①～⑥の事項を修正した場合における、修正した旨および修正前の事項、である（本条1項各号）。電子提供措置は、株主総会参考書類等の内容である情報について株主が情報の提供を受けることができる状態に置く措置と定義されるが（改正法325条の2各号）、それら以外に株主に提供すべき一定の株主総会情報（①④⑦）も併せて電子提供措置事項とされている。電子提供措置をとる場合には、そのすべてについて電子提供措置をとらなければならない（②の議決権行使書面については後記の特例がある）。なお、連結計算書類に記載または記録された事項（⑥）について、その会計監査報告または監査報告がある場合において、当該会計監査報告または監査報告の内容をも株主に対して提供することを定めたとき（計規134条2項）は、当該会計監査報告または監査報告に記載または記録された事項に係る情報について、電子提供措置をとることができる（改正計規134条3項）。

(b) **修正した旨および修正前の事項**　⑦の事項は、①～⑥の電子提供措置事項について、修正した旨（修正後の事項）および修正前の事項について電子提供措置をとることにより、その修正を可能としたものである。「修正前の事項」を記載することにより、株主に対し、掲載事項のどの部分が修正されたかを明らかにする。この方法による修正が可能か否かは、修正を要する事項と修正の内容の重要性等によって判断される。中間試案補足説明6頁は、このよう

な修正をすることができるかどうかは、会社法施行規則65条3項等により、株主総会参考資料等について修正後の事項を株主に周知させる方法として、ウェブサイトに掲載する方法を選択し通知する場合に可能な修正の限度と同様に判断されるものとしている。したがって、この修正をすることができる事項は、誤記の修正、または電子提供措置の開始後に生じた事象に基づくやむを得ない修正等であって、内容の実質的な変更にならないものに限られることになると思われる（一問一答30頁）。

(c) **任意の電子提供措置**　会社は、電子提供措置事項以外の事項に係る株主総会情報についても、電子提供措置事項と合わせて、任意に電子提供措置をとることができる。任意の電子提供措置の範囲について、特に規律は置かれておらず、書面の印刷や発送の費用といった制約を受けることなく、株主に対する正確かつ充実した情報の開示の手段となり得る。

(d) **任意の書面の交付**　会社が電子提供措置をとる場合において、別途、株主に対して電子提供措置によって提供する情報やそれ以外の情報を記載した書面を任意に交付することを制限する規定は特段設けられていない。したがって、定足数を確保するために議決権行使書面を書面で交付することや、剰余金の配当の支払手続に必要な書面を交付することなどは、原則として許される。議決権行使書面については後述（(4)(a)）の特例が設けられている。ただし、書面の交付による情報提供がその態様からして著しく不公正であると判断される場合は、株主総会の決議取消事由（会831条1項1号）に該当する（中間試案補足説明14頁は、特段の任意的記載をしない議決権行使書面は、これに該当しないとしている）。また、特定の株主に対する書面による情報提供についても、これを制限する規定は設けられていない。特定の株主に対する書面資料を交えての事前説明や、株主総会当日に会場で印刷した書面を交付することは、実務上必要性があり許容される。しかし、株主平等原則や利益供与の禁止の趣旨から、このような交付が無制限に認められるわけではなく、実務上の必要性と合理的な理由の観点からの制約がある。

(3) **電子提供措置期間**　電子提供措置をとらなければならない期間（電子提供措置期間）は、株主総会の日の3週間前の日または株主総会の招集の通知を発した日のいずれか早い日から、株主総会の日の後3か月を経過する日までの間である（本条1項柱書）。会社は、この間、継続して電子提供措置をとることが求められる（電子提供措置が中断した場合については、改正法325条の6を参

照）。

(a) **電子提供措置開始日**　電子提供措置期間の初日である電子提供措置開始日については、印刷や郵送を不要として株主に対して従来よりも早期に株主総会資料を提供するという電子提供制度の趣旨を受けて、これまでの公開会社における書面による株主総会招集通知発出日よりも1週間早く設定されている。この点について、株主による議案の十分な検討期間を確保する趣旨から、中間試案2頁では、電子提供措置開始日について「株主総会の日の4週間前の日または株主総会の招集の通知を発した日のいずれか早い日」とする案も示されていた。しかし、電子提供措置の利用を義務づけられる上場会社でも、期限内に電子提供措置をとる準備が間に合わない会社もあること、および非上場の会社では、電子提供措置の利用を避ける会社が出てくるとの懸念が示され、結局、株主総会開催日との関係では「3週間前の日」とすることとされた。ただし、情報開示をできるだけ早くして、議決権行使のための準備期間をなるべく長く確保する必要があるとの投資家の要望を受けて、法制審議会では、「株主総会資料の電子提供制度に関する規律については、これまでの議論及び株主総会の招集の手続に係る現状等に照らし、現時点における対応として、本要綱に定めるもののほか、金融商品取引所の規則において、上場会社は、株主による議案の十分な検討期間を確保するために、電子提供措置を株主総会の日の3週間よりも早期に開始するよう努める旨の規律を設ける必要がある。」との附帯決議がされており、東京証券取引所の上場規則において、その旨の規律がなされることが想定されている。

電子提供措置の開始日は、株主総会の招集通知を発する日と同一である必要はなく、招集通知の発出日以前に電子提供措置を開始することは可能であるが、招集通知を発した日より後に電子提供措置を開始することは許されない。電子提供措置をとる会社の招集通知には、①電子提供措置をとっている旨や電子提供措置事項に係る情報が掲載されるウェブサイトのURLが記載事項とされ（改正法325条の4第2項、改正施規95条の3）、②書面交付請求した株主に対する書面も招集通知発出に際して交付される（改正法325条の5第2項）ため、上場会社では、かねてから要請されているように、招集通知の早期発送（コーポレートガバナンス・コード補充原則1−2②）が望ましい。

(b) **電子提供措置期間の末日**　電子提供措置期間の末日は、株主総会の日の後3か月を経過する日とされている。これは、電子提供措置事項が株主総会

決議取消訴訟において証拠等として使用される可能性があることから、電子提供措置事項は、当該訴訟の提訴期間である3か月（会831条1項柱書）が経過する日までは電子提供措置によって株主に提供しておくことが相当であると考えられたことによる。

　なお、委任状・議決権行使書面・電子投票に係る記録に関する備置期間についても、それぞれ株主総会の日から3か月間とされており（会310条6項・311条3項・312条4項）、電子提供措置期間の末日は、これらの備置期間の末日と同日に設定されている。

（4）　電子提供措置をとることを要しない特例　　電子提供措置をとることを要しない特例が認められる場合として、議決権行使書面を交付する場合と、開示用電子情報処理組織（EDINET）を使用する場合とがある。

　(a)　議決権行使書面を交付する場合の特例　　議決権行使書面に記載すべき事項に係る情報も、電子提供措置事項である（本条1項2号）。しかし、株主総会招集の通知に際して、株主に対して議決権行使書面が交付されるときは（改正法301条1項）、会社は同書面に記載すべき事項に係る情報については電子提供措置をとることを要しない（改正法325条の3第2項）。このように、議決権行使書面については、会社が電子提供措置または書面による交付を選択できる。

　このような特例が設けられた理由は、次のとおりである。議決権行使書面は、株主の氏名または名称および行使することができる議決権の数が記載事項に含まれる（施規66条1項5号）。これらの情報について電子提供措置をとるためには、たとえば会社がIDとパスワードを要求するなどのシステム上の工夫をした上で、すべての株主の数に相当する情報を個別に電子提供する必要があるが、株主数が多い会社では、事務負担が過大になるのではないかとの懸念がある。また、議決権行使書面の記載事項に係る情報についても電子提供措置をとった場合、株主は自らこれを印刷する必要があるため、議決権行使比率が下がることを懸念する会社もある。このような懸念に対応する必要があるため上記の特例が設けられた。

　(b)　開示用電子情報処理組織（EDINET）を使用する場合の特例　　金融商品取引法24条1項に基づいてその発行する株式について有価証券報告書を内閣総理大臣に提出しなければならない会社が、電子提供措置開始日までに、開示用電子処理組織（EDINET）を使用して、本条1項各号の電子提供措置事項（定時株主総会に係るものに限り、議決権行使書面に記載すべき事項を除く）を記載し

た有価証券報告書の提出手続を行う場合は、当該事項に係る情報については、電子提供措置をとることを要しない（本条3項）。これは、提出された情報は、金融庁の「有価証券報告書等の開示書類を閲覧するサイト」においてインターネットにより公開されているから、電子提供措置事項をこれを利用して提供することを可能とすれば便利であり、また近年検討が進められている会社法上の事業報告・計算書類と金商法上の有価証券報告書の一体的開示や定時株主総会前における有価証券報告書の開示に向けた取組みとも方向性を同じくすることから、認められた措置である。なお、金融庁のウェブサイトを利用してEDINETにより提出された情報を公開する措置は、現在は行政上のサービスとして実施されているので、法令上の位置づけを明確にすることが予定されている。

　本特例の要件と効果は、次のとおりである。

　（ⅰ）　要件1（対象事項）　　本特例の対象となる電子提供措置事項は、定時株主総会に係る電子提供措置事項に限られる。本特例は、有価証券報告書を定時株主総会前の電子提供措置開始日までに提出する場合に利用することを想定していることによる。また、議決権行使書面に記載すべき事項は、不特定多数の者に開示されるEDINETにより開示することは相当ではないとして除外されている。

　（ⅱ）　要件2（提出書類）　　電子提供措置事項が、提出される有価証券報告書本体、その添付書類、または訂正報告書に記載されていることが必要である。電子提供措置事項から議決権行使書面の記載事項に係る情報が除外されているため、その交付義務がある会社は、株主に議決権行使書面を交付するか、または別途電子提供措置をとらなければならない。有価証券報告書の添付書類とは、定款その他の書類で公益または投資者保護のために必要かつ適当なものとして内閣府令で定めるもの（金商法24条6項、開示府令17条）である。実務上は、株主総会参考書類や連結計算書類を含む広義の株主総会招集通知が添付書類として提出されており、この場合には、電子提供措置事項が添付書類に記載されていることになるであろう。

　（ⅲ）　要件3（提出期限）　　電子提供措置開始日までに、開示用電子処理組織（EDINET）を使用して提出した場合に限られる。有価証券報告書については、平成22年より、定時株主総会前に提出することが可能となったが（開示府令17条1項1号ロかっこ書）、本特例は、電子提供措置開始日までに、この事

前提出制度を利用して、提出することを条件としている。

　(iv)　効果　　本項は、以上の要件を満たせば、本条1項の規定による「電子提供措置をとることを要しない」と規定している。このため、本項の特例の適用を受ける場合は、本条1項の規定による電子提供措置に伴い生じ得る中断に係る規定（改正法325条の6）は、適用除外となる。開示用電子情報処理組織（EDINET）によって提出された情報を金融庁が自らのウェブサイトでインターネットによって公開する措置は、国が提供するものとして信頼性が高く、株主がその中断により影響を受けることは想定されないことによるものである。

3　実務への影響

　電子提供措置は、とりわけ電子提供措置が義務づけられる上場会社の株主総会実務に大きな影響を与える。これまでは、招集通知に記載する情報は、株主総会の招集に係る取締役会決議から招集通知を発送するまでの間に、TDnet や自社のウェブサイトにより電子的に公表すべきであるとされていたが（コーポレートガバナンス・コード補充原則1−2②）、これに代わり、電子提供措置の開始は総会日の3週間前までに義務づけられ、さらに、東京証券取引所の上場規則によって前倒しの努力義務が課される予定である。上場会社は、これらに対応する必要がある。

　また、会社は、電子提供措置事項と併せてそれ以外の事項に係る情報についても任意に電子提供措置をとることができる。会社法上の規律を遵守するのみでは足りず、株主に対して従来よりも早期に充実した内容の株主総会情報を提供するという新しい電子提供制度の目的を達成できるように、ウェブサイトにおける情報提供を充実させるための試行錯誤を重ねることが求められる。例えば、動画を駆使した情報提供なども、今後広く一般化する可能性があり、各社の創意工夫が期待される。また、電子提供措置をとる以上、可能な限り株主による書面交付請求を減少させ、ウェブサイトへのアクセスによる情報受領に株主を誘導するためにも、ウェブサイトのさらなる改良が望まれる。

（株主総会の招集の通知等の特則）
第325条の4
　1　前条第1項の規定により電子提供措置をとる場合における第299条第

　１項の規定の適用については、同項中「２週間（前条第１項第３号又は第４号に掲げる事項を定めたときを除き、公開会社でない株式会社にあっては、１週間（当該株式会社が取締役会設置会社以外の株式会社である場合において、これを下回る期間を定款で定めた場合にあっては、その期間））」とあるのは、「２週間」とする。

２　第299条第４項の規定にかかわらず、前条第１項の規定により電子提供措置をとる場合には、第299条第２項又は第３項の通知には、第298条第１項第５号に掲げる事項を記載し、又は記録することを要しない。この場合において、当該通知には、同項第１号から第４号までに掲げる事項のほか、次に掲げる事項を記載し、又は記録しなければならない。

①　電子提供措置をとっているときは、その旨

②　前条第３項の手続を開示用電子情報処理組織を使用して行ったときは、その旨

③　前２号に掲げるもののほか、法務省令で定める事項

３　第301条第１項、第302条第１項、第437条及び第444条第６項の規定にかかわらず、電子提供措置をとる旨の定款の定めがある株式会社においては、取締役は、第299条第１項の通知に際して、株主に対し、株主総会参考書類等を交付し、又は提供することを要しない。

４　電子提供措置をとる旨の定款の定めがある株式会社における第305条第１項の規定の適用については、同項中「その通知に記載し、又は記録する」とあるのは、「当該議案の要領について第325条の２に規定する電子提供措置をとる」とする。

（新設）

会社法施行規則

第63条（招集の決定事項）

④ハ　電子提供措置をとる旨の定款の定めがある場合において、法第299条第３項の承諾をした株主の請求があった時に議決権行使書面に記載すべき事項（当該株主に係る事項に限る。第66条第３項において同じ。）に係る情報について電子提供措置をとることとするときは、その旨（新設）

第66条（議決権行使書面）

３　第63条第４号ハに掲げる事項についての定めがある場合には、株式会

社は、法第299条第3項の承諾をした株主の請求があった時に、議決権行使書面に記載すべき事項に係る情報について電子提供措置をとらなければならない。ただし、当該株主に対して、法第325条の3第2項の規定による議決権行使書面の交付をする場合は、この限りでない。（新設）

第95条の3（電子提供措置をとる場合における招集通知の記載事項）

1　法第325条の4第2項第3号に規定する法務省令で定める事項は、次に掲げる事項とする。

①　電子提供措置をとっているときは、電子提供措置をとるために使用する自動公衆送信装置のうち当該電子提供措置をとるための用に供する部分をインターネットにおいて識別するための文字、記号その他の符号又はこれらの結合であって、情報の提供を受ける者がその使用に係る電子計算機に入力することによって当該情報の内容を閲覧し、当該電子計算機に備えられたファイルに当該情報を記録することができるものその他の当該者が当該情報の内容を閲覧し、当該電子計算機に備えられたファイルに当該情報を記録するために必要な事項

②　法第325条の3第3項に規定する場合には、同項の手続であって、金融商品取引法施行令（昭和40年政令第321号）第14条の12の規定によりインターネットを利用して公衆の縦覧に供されるものをインターネットにおいて識別するための文字、記号その他の符号又はこれらの結合であって、情報の提供を受ける者がその使用に係る電子計算機に入力することによって当該情報の内容を閲覧することができるものその他の当該者が当該情報の内容を閲覧するために必要な事項

2　法第325条の7において読み替えて準用する法第325条の4第2項第3号に規定する法務省令で定める事項は、前項第1号に掲げる事項とする。

（新設）

◆解説

1　背景

　新たな電子提供制度の検討に当たって参考にされた米国やカナダのNotice & Access制度では、会社が株主にNotice of Access（アクセス通知）を発送することが、Notice Only Option（株主にはアクセス通知のみを送付し、株主総会資料は電子提供によるものとすること）を選択するための要件とされている。会社

法研究会では、新たな電子提供制度を利用するためのアクセス通知の記載事項や発送期限等について検討された。

　法制審の部会では、「アクセス通知」を株主総会招集通知の一形態と位置づけ、その記載事項や発送期限について検討が続けられた。特に、発送期限については、2週間より前に前倒しすることも検討され、中間試案においては、株主総会の日の4週間前までとするA案、3週間前までとするB案および2週間前までとするC案の3つの案が示された（中間試案2頁）。パブリックコメントでは意見が分かれたが、C案に賛成する意見が比較的多かった。加えて、電子提供開始日と発送期限を揃えるべきとの意見も述べられた。

　その後の部会の審議でも意見は分かれたが、電子提供措置をとる場合の招集通知の発送に際しては、書面交付請求に応じて電子提供措置事項を記載した書面を交付する義務があり、その書面を印刷、封入する作業を考慮すれば、現行の2週間前を前倒しすれば対応が困難な会社もあるといった経済界からの指摘もあり（第16回部会議事録6頁［古本省三委員発言］）、要綱は、2週間前とするC案（すなわち、公開会社における現行法の規律どおりとする案）を採用し、改正法においてもこれが維持された。

2　趣旨

　本条は、電子提供措置をとる場合における株主総会の招集通知に関する特則を定める。電子提供措置をとる場合について、本条1項は株主総会招集通知の発送期限を、同2項は招集通知の記載・記録事項を、同3項は株主総会参考書類等の交付・提供義務の除外を、および同4項は会社法305条1項の例外措置を、それぞれ定めている。この点、本条1項および2項は「電子提供措置をとる場合」と規定しているところ、改正法325条の3第3項は、電子提供措置事項を記載した有価証券報告書の提出手続を開示用電子情報処理組織（EDINET）を使用して行う場合は「電子提供措置をとることを要しない」としており、あたかもこの場合には本条1項および2項が適用されないように読める。しかし、EDINETを使用する場合であっても、株主に出席と準備の機会を与えるために株主総会招集通知の発送は必須であり、また、本条2項2号はEDINETを使用して電子提供措置を行った旨を株主総会招集通知の記載・記録事項としていることから、この場合にも株主総会招集通知を送付しなければならないことは当然である。

（1）　株主総会招集通知の位置づけ　　電子提供措置をとる場合でも、ウェブ

サイトに掲載した事実を株主に認識させる必要があるので、個別の招集通知は
なお行う必要がある（会299条1項）。この通知は、Notice & Access制度におけ
る Notice of Access（アクセス通知）の仕組みに相当するが、上記1において述
べたとおり、アクセス通知の役割を招集通知が担うことになったため、法文中
で「アクセス通知」の呼称は使用されていない。

（2）　発送期限（本条1項）　　電子提供措置をとる場合の株主総会招集通知
の発送期限は、公開会社で電子提供措置をとらない場合と同じく、株主総会の
日の2週間前とされている（会299条1項。前倒しがされなかった理由は、⇨1）。
また、公開会社ではない場合には、原則として、株主総会の日の1週間前（取
締役会設置会社以外の株式会社でこれを下回る期間を定款で定めた場合は、その期
間）までに招集通知を発送すれば足りるが、本項の特則により、電子提供措置
をとる場合には、株主総会の日の2週間前までに発送する必要がある。株主に
早期に株主総会情報を提供するという電子提供制度の目的を踏まえ、公開会社
でない会社でも一律に株主総会の日の2週間前を発送期限とする特則を定めた。

（3）　記載事項（本条2項）　　株主総会招集通知の記載・記録事項について、
電子提供措置をとる場合の特則を定めたものである。電子提供措置をとる場合
でも、株主総会招集通知に記載しなければならない事項が多くなるときは、招
集通知の印刷や郵送に要する費用が過大になるおそれがある。そこで、株主が
ウェブサイトにアクセスすることを促すために、株主が招集通知によって知る
ことが必要な次の重要な事項に限定されている。

　具体的には、会社法298条1項1〜4号に掲げる事項（株主総会の日時、場所、
目的〔議題〕、書面または電子投票を利用できること）に加え、電子提供措置をと
っている旨、電子提供措置に係る事項を記載した有価証券報告書を開示用電子
情報処理組織（EDINET）を利用して提出したときはその旨、およびその他法
務省令で定める事項を記載しなければならない（本条2項）。そして、その他
「法務省令で定める事項」として、電子提供措置をとっている場合には、電子
提供措置に係る情報を掲載するウェブサイトのアドレスを（改正施規95条の3
第1項1号）、また、有価証券報告書の提出手続を電子提供措置開始日までに
開示用電子情報処理組織（EDINET）を使用して行う場合には、金融庁長官が
ファイルに記録されている事項をインターネットを利用して公衆の縦覧（金商
法施行令14条の12）に供しているウェブサイトのアドレスを（改正施規95条の3
第1項2号）、それぞれ記載しなければならない。金融商品取引法施行令14条

の12の公衆縦覧は財務局等において供されるとされており、インターネットによる開示は行政上のサービスとして行われているが、同条が改正され、この開示は法令上の制度とされる予定である（一問一答29頁）。ウェブサイトのアドレスは、複数記載することも可能である（一問一答44頁）。また、会社のウェブサイトのトップページの URL を記載した上で、当該トップページから目的のウェブサイトに到達するための方法を併記することも可能である（意見募集の結果について54頁）。

（4）　株主総会参考書類等の交付義務の適用除外（本条3項）　電子提供措置をとる旨の定款の定めがある株式会社では、株主総会招集通知の発送に際して、株主総会参考書類等を交付する必要がない。会社法301条1項（株主総会参考書類、議決権行使書面）・302条1項（株主総会参考書類）・437条（計算書類・事業報告）・444条6項（連結計算書類）による交付・提供義務について、電子提供措置をとる旨の定款の定めがある効果として、適用除外とする旨を定めたものであり、電子提供制度における核心的な内容をなす。

（5）　議案要領の記載（本条4項）　株主提案に係る議案の要領もインターネットを通じて提供することができれば費用の削減に資する。そこで、議案要領通知請求権（会305条1項）が行使された場合に、電子提供措置をとる旨の定款の定めがある株式会社では、株主提案に係る議案の要領についても、同じ措置をとらなければならないことを定めている。

（6）　電磁的方法による発送　電子提供措置をとる場合でも、株主の個別の承諾を得れば、株主総会の招集通知を電磁的方法によって発送することができる（会299条3項）。

　電磁的方法による議決権行使を定めた場合（会298条1項4号）には、電磁的方法による招集通知の受領を承諾した株主に対しては議決権行使書面の記載事項を電磁的方法によって提供しなければならない（会302条3項）。しかし、電子提供措置をとる旨の定款の定めのある株式会社においては、書面（会298条1項3号）または電磁的方法による議決権行使を定めた場合には、電磁的方法による招集通知の受領を承諾した株主（会299条3項）の請求があった時には、取締役は、議決権行使書面の記載事項（当該株主に係る事項に限る）について、電子提供措置をとることを決定することができる（改正施規63条4号ハ）。この場合には、電磁的方法による招集通知の受領の承諾をした株主の請求があった時に、議決権行使書面に記載すべき事項（当該株主に係る事項に限る）に係る情

報について電子提供措置をとる必要がある。ただし、この場合にも、当該株主に対して、議決権行使書面の交付をするとき（改正法325条の3第2項）には、電子提供措置をとる必要はない（改正施規66条3項）。これらは、議決権行使書面の提供方法についての規律（会301条・302条）と電子提供制度との関係を明記して、議決権行使プラットフォームを利用する場合の便宜に備えた規定と考えられる。

3　実務への影響

電子提供措置をとる場合の株主総会招集通知の記載事項および送付すべき書類について特則を定め、大幅に簡略化したものであり、電子提供制度の利用が強制される上場企業において、特に大きな影響がある。

電子提供措置をとる場合の株主総会招集通知の発送期限は、総会日の2週間前までとされているが、上場企業における招集通知の早期発送の要請（コーポレートガバナンス・コード補充原則1-2②）は、電子提供措置をとる場合における招集通知にも当てはまることになると考えられる。

公開会社ではない株式会社において、電子提供措置をとる場合の株主総会招集通知の発送期限も総会日の2週間前までとされていることに注意が必要である。

（書面交付請求）

第325条の5

1　電子提供措置をとる旨の定款の定めがある株式会社の株主（第299条第3項（第325条において準用する場合を含む。）の承諾をした株主を除く。）は、株式会社に対し、第325条の3第1項各号（第325条の7において準用する場合を含む。）に掲げる事項（以下この条において「電子提供措置事項」という。）を記載した書面の交付を請求することができる。

2　取締役は、第325条の3第1項の規定により電子提供措置をとる場合には、第299条第1項の通知に際して、前項の規定による請求（以下この条において「書面交付請求」という。）をした株主（当該株主総会において議決権を行使することができる者を定めるための基準日（第124条第1項に規定する基準日をいう。）を定めた場合にあっては、当該基準日までに書面交付請求をした者に限る。）に対し、当該株主総会に係る電子提供措置事項を記載した書面を交付しなければならない。

3　株式会社は、電子提供措置事項のうち法務省令で定めるものの全部又は一部については、前項の規定により交付する書面に記載することを要しない旨を定款で定めることができる。

4　書面交付請求をした株主がある場合において、その書面交付請求の日（当該株主が次項ただし書の規定により異議を述べた場合にあっては、当該異議を述べた日）から１年を経過したときは、株式会社は、当該株主に対し、第２項の規定による書面の交付を終了する旨を通知し、かつ、これに異議のある場合には一定の期間（以下この条において「催告期間」という。）内に異議を述べるべき旨を催告することができる。ただし、催告期間は、１箇月を下ることができない。

5　前項の規定による通知及び催告を受けた株主がした書面交付請求は、催告期間を経過した時にその効力を失う。ただし、当該株主が催告期間内に異議を述べたときは、この限りでない。

（新設）

会社法施行規則

第95条の４　（電子提供措置事項記載書面に記載することを要しない事項）

1　法第325条の５第３項に規定する法務省令で定めるものは、次に掲げるものとする。

①　株主総会参考書類に記載すべき事項（次に掲げるものを除く。）

　イ　議案

　ロ　株主総会参考書類に記載すべき事項（イに掲げるものを除く。）につき電子提供措置事項記載書面に記載しないことについて監査役、監査等委員会又は監査委員会が異議を述べている場合における当該事項

②　事業報告に記載され、又は記録された事項（次に掲げるものを除く。）

　イ　第120条第１項第４号、第５号、第７号及び第８号、第121条第１号から第６号の３まで、第121条の２、第125条並びに第126条第７号から第７号の４までに掲げる事項

　ロ　事業報告に記載され、又は記録された事項（イに掲げるものを除く。）につき電子提供措置事項記載書面に記載しないことについて監査役、監査等委員会又は監査委員会が異議を述べている場合にお

　　ける当該事項

　③　計算書類に記載され、又は記録された事項（株主資本等変動計算書
　　　又は個別注記表に係るものに限る。）

　④　連結計算書類に記載され、又は記録された事項（会社計算規則第61
　　　条第１号ハの連結株主資本等変動計算書若しくは同号ニの連結注記表
　　　に係るもの又はこれらに相当するものに限る。）

　２　次の各号に掲げる事項の全部又は一部を電子提供措置事項記載書面に
　　記載しないときは、取締役は、当該各号に定める事項を株主（電子提供
　　措置事項記載書面の交付を受ける株主に限る。以下この項において同
　　じ。）に対して通知しなければならない。

　①　前項第２号に掲げる事項　監査役、監査等委員会又は監査委員会が、
　　　電子提供措置事項記載書面に記載された事項（事業報告に記載され、
　　　又は記録された事項に限る。）が監査報告を作成するに際して監査を
　　　した事業報告に記載され、又は記録された事項の一部である旨を株主
　　　に対して通知すべきことを取締役に請求したときは、その旨

　②　前項第３号に掲げる事項　監査役、会計監査人、監査等委員会又は
　　　監査委員会が、電子提供措置事項記載書面に記載された事項（計算書
　　　類に記載され、又は記録された事項に限る。）が監査報告又は会計監
　　　査報告を作成するに際して監査をした計算書類に記載され、又は記録
　　　された事項の一部である旨を株主に対して通知すべきことを取締役に
　　　請求したときは、その旨

　③　前項第４号に掲げる事項　監査役、会計監査人、監査等委員会又は
　　　監査委員会が、電子提供措置事項記載書面に記載された事項（連結計
　　　算書類に記載され、又は記録された事項に限る。）が監査報告又は会
　　　計監査報告を作成するに際して監査をした連結計算書類に記載され、
　　　又は記録された事項の一部である旨を株主に対して通知すべきことを
　　　取締役に請求したときは、その旨（新設）

◆解説

1　背景

（1）　電磁的方法による提供と書面交付請求　　株主総会参考書類、議決権行
使書面、計算書類、事業報告および連結計算書類の株主に対する提供は、原則

として、書面により交付することを要するが、株主総会招集通知を電磁的方法により発送することを個別に承諾した株主に対しては電磁的方法により提供することができる（会299条2項3項・301条1項・302条1項2項・437条・444条6項、施規133条2項、計規133条2項・134条1項）。この場合にも、株主の請求があったときは、これらの書面を株主に交付しなければならない（会301条2項ただし書・302条2項ただし書）。このように、電磁的提供は、株主の承諾が利用の条件とされていたにもかかわらず、株主が株主総会参考資料等を書面によって交付を受ける権利も保障されていた（ただし、定款の定めに基づき、ウェブ開示によるみなし提供制度をすれば、一部の事項については、株主総会参考書類等の記載を要しないとされていた〔改正前施規94条1項・133条3項、計規133条4項・改正前134条4項〕）。この権利の行使の期限や方法については、特段の規律はなかった。

（2） 新しい電子提供制度と書面交付請求 改正法325条の2の解説1（2）で説明したとおり、株主総会関連資料提供の原則電子化を検討すべきとした「日本再興戦略」改訂2016を受けて、「電子化研提言」は、新たな電子提供制度の内容として、株主の個別承諾を必要とせず、株主総会前に提供すべきすべての情報をインターネットで提供可能としつつ、情報を書面で受け取ることを希望する株主は、その旨企業に要請する必要があるとの提案をした。この際、引き続き書面を求める株主への対応について、企業の自主的な対応に委ねる案と、法令上の対応を求める案とを示した。後者の場合には、書面請求を企業実務に配慮した内容とし、一定の場合には書面請求への対応の不備を総会決議取消事由としない、書面請求の期限を総会の一定期間前とする、書面請求権を定款により排除することを可能とする、書面請求権を時限的なものとする、書面請求の対象を、例えば株主総会参考書類に限定するとの案も提示した（電子化研提言12〜13頁）。

（3） 書面交付請求の制度設計 会社法研究会は、書面請求権について、デジタル・ディバイドの問題を抱える株主の保護と株式会社の事務負担の観点から、強行法規的な保障の是非、対象となる情報をすべての株主総会情報としつつ、ウェブ開示によりみなし提供された情報を除外することの適否、書面交付請求権の行使の期限（アクセス通知との関係）や行使の在り方等を引き続き検討すること、および、書面請求権の行使への対応に一定の不備があったとしても、株主総会決議の取消事由に該当しないとする規定は設けないことを提案した（会社法研究会報告書4〜6頁）。

　部会では、電子提供措置をとる旨の定款の定めのある株式会社の株主は、会社に対し、電子提供措置事項を記載した書面の交付を請求することができるものとしながら、株式会社の印刷や郵送の事務負担が過大にならないように配慮することが課題とされた。そして、書面交付請求権の行使の仕組みについて、①株主総会招集通知の発送後の日を行使期限とするか、それとも株主総会議決権行使の基準日までに行使した株主だけに書面を交付すれば足りるとするか、②振替株式に関しては、振替機関と口座管理機関を関与（経由）させるか、株式会社に対して直接行使させるか、および銘柄ごとの選択的行使を、振替システム上の仕組みのうち配当金の受取方法（単純取次方式）を参考に可能とするか、共通番号（マイナンバー）の照会を参考に不可（保有する全銘柄についてのみ行使可能とする）とするか、③定款の定めがある場合には、株主は書面交付請求をすることができないものとすべきか、ならびに④一度書面交付請求権を行使すればその後のすべての株主総会について効力を有することを前提に、累積を防止するための方策等について検討した。②については、振替機関や口座管理機関のシステム対応の負担（費用の分担が必要となる）や実務上の影響を慎重に考慮した検討がなされた。

2　趣旨

（1）　書面交付請求権の保障と目的

　(a)　目的　　書面交付請求を保障する目的は、①株主の個別の承諾を必要としない電子提供制度では、インターネットを利用することが困難な株主の利益を保護する必要があること（デジタル・ディバイドへの対応）のほか、②何らかの事情により書面による提供を望む株主の利益に配慮することも考えられる。この点について「インターネットを利用することに負担等を感じることを理由として書面の交付を希望する者であっても、広い意味ではデジタル・ディバイドにより不利益を被る者である」との指摘がされている（部会資料23・5頁）。もっとも、①のデジタル・ディバイドへの対応がより本質的な目的である。

　(b)　強行法的保障　　インターネットの利用が困難な株主の利益を保護するという書面交付請求の目的から、株主の多数決によってこの権利を奪うことは妥当でないため、書面交付請求の保障は強行法的なものであり、定款の定めによっても、否定また制限することはできないものとされた。

（2）　書面交付請求の主体　　書面交付請求の主体は、電子提供措置（改正法325条の2）をとる旨の定款の定めがある株式会社の株主である。ただし、電

磁的方法による株主総会通知の発送を承諾した株主は除外されている（改正法325条の5第1項第1かっこ書）。書面交付請求の主要な目的（⇨(1)(a)）を踏まえ、そのような株主に権利を認める必要はないためである。

（3） 書面交付請求の内容等

（a） 相手方　　書面交付請求権は、電子提供措置をとる旨の定款を定めた株式会社に対する株式（振替株式では特定銘柄）ごとの株主の権利である。したがって、株主は、株式会社に対する意思表示によって行使する（振替株式については、⇨(4)(b)(ii)）。

（b） 内容

（i） 書面交付請求権は、電子提供措置をとる旨の定款を定めた株式会社の取締役が電子提供措置をとる場合に、電子提供措置事項を記載した書面の交付を求める権利である（改正法325条の5第1項）。書面の必要的記載事項は、電子提供措置事項に限定されるが、会社が、電子提供措置事項以外の事項を任意に記載することは許容される。

（ii） 定款の定めによる記載事項からの除外　　株式会社は、定款の定めに基づき、電子提供措置事項のうち、法務省令で定めるものの全部または一部を書面（改正施規63条3号トにより電子提供措置事項記載書面と呼称される）に記載しないことができる（改正法325条の5第3項）。これは、電子提供措置の下での電子化を、ウェブ開示によるみなし提供措置（改正施規94条、133条3項、計規133条4項、改正計規134条5項）と比較して後退させないための措置であるから、法務省令で定める事項は、みなし提供により株主総会参考書類等に記載しないことができる事項のうち、書面交付請求の制度趣旨に照らして、不記載とすることが相当でない事項を除いた事項とされている。株式会社は、この措置をとるためには、定款にその旨を定めなければならない。

具体的には、改正会社法施行規則95条の4第1項は、電子提供措置事項記載書面に記載することを要しない事項を次のように定める（みなし提供措置の対象事項の一部が、電子提供措置事項記載書面において記載することを要しない事項からは除かれている）。

① 株主総会参考書類の記載事項から次を除いたもの

（ア） 議案（1号イ）

（イ） 監査役、監査等委員会または監査委員会が電子提供措置事項記載書面に記載しないことに異議を述べた事項（1号ロ）

② 事業報告の記載・記録事項から次を除いたもの（2号イおよびロ）

　(ア) 当該事業年度における事業の経過およびその成果（施規120条4号）

　(イ) 当該事業年度における資金調達、設備投資、事業の譲渡、吸収分割または新設分割、他の会社（外国会社を含む）の事業の譲受け、吸収合併（会社以外の者との合併〔当該合併後当該株式会社が存続するものに限る〕を含む）または吸収分割による他の法人等の事業に関する権利義務の承継、他の会社（外国会社を含む）の株式その他の持分または新株予約権等の取得または処分についての状況のうち、重要なもの（施規120条5号）

　(ウ) 重要な親会社および子会社の状況（改正施規120条7号）

　(エ) 対処すべき課題（施規120条8号）

　(オ) 株式会社の会社役員に関する事項のうち、一定の事項（改正施規121条1号〜6号の3）

　(カ) 株式会社の役員等賠償責任保険契約に関する事項（改正施規121条の2）

　(キ) 株式会社が会計参与との間で締結している補償契約に関する事項（改正施規125条）

　(ク) 株式会社が会計監査人との間で締結している補償契約に関する事項（改正施規126条7号〜7号の4）

　(ケ) 監査役、監査等委員または監査委員が電子提供措置事項記載書面に記載しないことに異議を述べた事項

③ 計算書類の記載・記録事項のうち、株主資本等変動計算書または個別注記表に係るもの（3号）。

④ 連結計算書類の記載・記録事項のうち、連結株主資本等変動計算書（計規61条1号ハ）もしくは連結注記表（同号ニ）に係るものまたはこれらに相当するもの（4号）。

　なお、取締役は、②③④の事項を電子提供措置事項記載書面に記載しない場合に、監査役、監査等委員または監査委員が、監査報告または会計監査報告を作成した際に監査をした事業報告、計算書類または連結計算書類に記載または記録された事項の一部である旨を株主に通知することを請求したときは、その旨を通知しなければならない（改正施規95条の4第2項）。この通知は、監査対象事項の一部が電子提供措置事項記載書面に記載されていないことについて株主に注意喚起するためのものと考えられるから、対象となる株主は、書面交付請求をした株主であり、電子提供措置事項記載書面に記載することで足りると

解される。

　以上に説明した、改正会社法施行規則95条の4第1項によって電子提供措置事項記載書面に記載を要しない事項は、みなし提供措置が可能な事項から次の事項を除いたものとなっている。

　（α）　責任限定契約（会427条1項）に関する事項

　（β）　計算書類の記載・記録事項のうち、株主資本等変動計算書または個別注記表に係るもの以外の事項。連結計算書類の記載・記録事項のうち、連結株主資本等変動計算書（計規61条1号ハ）もしくは連結注記表（同号ニ）またはこれらに相当するものに係るもの以外の事項。

　電子提供が可能な事項という整合性からすれば、両者の対象は同一であってもよいはずであるが、書面交付請求は特にデジタル・ディバイドの問題を抱える株主が行使することを本来の目的としている。このため、株主に対する情報としての重要性を考慮し、これらを電子提供措置事項記載書面に記載を要しない事項から除いたものと考えられる。したがって、みなし提供措置を可能とする定款の定めがある株式会社においても、（α）および（β）の事項を電子提供措置事項記載書面の記載から省略することは許容されない。

　(iii)　交付方法　　株式会社は、株主総会招集通知に際して、書面を交付しなければならない（改正法325条の5第2項）。ただし、株主が(4)(a)に従って書面交付請求をすることが条件となる。この交付については、株主総会参考書類等と同様に、会社法126条の準用がある（中間試案補足説明11頁）。

（4）　書面交付請求権の行使方法

　(a)　行使の期限　　書面交付請求には、一律の期限は定められていない。しかし、株式会社が株主総会議決権行使の基準日を定めた場合には、会社は、当該基準日までに書面交付請求をした株主だけに対して書面を交付すれば足りる（改正法325条の5第2項）。この場合には、当該基準日が書面交付請求権行使の事実上の期限となる。これ以外の場合には、会社は、株主総会招集通知に際して書面の交付義務があるとされているため、招集通知が発出されるまでに書面交付請求をした株主に対して書面を交付することで足りる。しかし、その日よりも後に株主名簿上の株主となった株主が当該名義書換に際して書面交付請求をした場合、会社は速やかに書面を交付しなければならない（中間試案補足説明9～10頁。ただし、この考えは、基準日を設定していない会社は、招集通知発送後に名義株主となった者にも招集通知を発送しなければならないとの解釈を前提と

するように思われるが、この点については異論があり得る)。

(b) 方法

(i) 個別株主通知　書面交付請求は、株主総会資料の提供を受ける方法に関連する総会議決権の行使に密接に関連する権利である。したがって、書面交付請求権は、株主総会議決権そのものではないが、株主総会の議場における議案提案権（会304条）等と同様に、「会社法第124条第1項に規定する権利」（振替法147条4項）として、振替株式についても個別株主通知（振替法154条3項）を必要としない（中間試案補足説明11頁）。

(ii) 請求の方法　株主は、株式会社（またはその名義書換代理人）に対し、書面交付を請求することができる。この場合には、株主は、株主名簿上の株主でなければ、会社に対抗することができない（会130条1項）。この方法では、株主は、株式の発行会社に対して、口頭または書面による通知（意思表示）によって請求することになる。

　振替株式の発行会社に対しては、株主は、その直近上位機関（口座管理機関）を経由しても、書面交付請求することができる（改正振替法159条の2第2項柱書前段）。この場合は、会社法130条1項の特則として、書面交付請求を発行会社に対抗することができる（同条2項柱書後段）。この方法では、株主は、直近上位機関（口座管理機関）を通して、振替株式の買付または後日の機会に、配当金の受領に関する情報の伝達方法を参考に構築される予定のシステム上、書面交付請求を伝達することが想定されている。

（5）　書面交付の終了

(a) 有効期限　書面交付請求には、特に有効期限は定められておらず、一度行使すれば、その後招集手続がされるすべての株主総会について有効である。

(b) 任意の撤回　株主は、任意に書面交付請求を撤回することができる。株式会社が、株主に対して書面交付請求の撤回を要請し、株主がこれに応じて撤回した場合には、会社は、その株主に対する書面の交付を終了することができる。

(c) 終了通知・異議催告　書面交付請求をした株主がある場合に、書面交付請求の日（または、以下に述べる異議を述べた日）から1年を経過したときは、株式会社は、その株主に対し、書面の交付を終了させる旨、かつ、これに異議のある場合には一定の期間（催告期間）内に異議を述べることができる旨を催告することができる（改正法325条の5第4項本文）。催告期間は、1か月を下る

ことができない（同項ただし書）。会社が、この終了通知と異議催告をした場合には、書面交付請求は、催告期間が経過した時に、その効力を失う（同条5項本文）。ただし、株主が、催告期間内に異議を述べたときは、この限りではない（同項ただし書）。

　書面交付請求には有効期限がないため、株式が譲渡され、譲り受けた株主が書面交付請求を行わないことを選択しない限り、書面交付請求を行った株主数は累積していくことになる。書面交付請求を行った株主数が累積した場合、株主総会参考資料等の印刷と郵送にかかる費用や作業を削減することを通して、早期に充実した株主総会情報を株主に提供するという電子提供制度の目的が十分に達成できなくなるおそれがある。他方、インターネットを利用することが困難な問題を抱えた株主も、一定の期間の経過によって、その問題が解消する可能性がある。そこで、書面交付請求を行った株主数の累積を解消する方策として、会社に、書面交付の終了通知および異議の催告の権利を認めたものである。会社の株主に対する終了通知および異議の催告、株主の会社に対する異議申述は、個別的な通知（意思表示）によって行うことになる。

（6）　書面交付請求権の規律違反　　書面交付に不備があれば、株主総会招集手続の法令違反となり、株主総会の決議取消事由となる（会831条1項1号）。しかし、不備について、「その違反する事実が重大でなく、かつ、決議に影響を及ぼさないものであると認めるとき」は、請求棄却事由（いわゆる裁量棄却事由）となる（同条2項）。この点、後掲する参考判例の趣旨からは、「性質、程度等から見て重大な瑕疵がある場合」には、決議に影響を及ぼさないときでも、棄却は許されないとしており、瑕疵の重大性は、不備の件数や発生した事情、書面交付請求をした株主がインターネットを利用することが困難な程度、電子提供措置にアクセスできた可能性等で左右されると考えられる。特に、大量の不備が発生した場合には、棄却が許されないと判断される可能性が高く、書面交付請求をした株主の把握と、適法な書面交付のための体制の準備が必要である。

3　実務への影響

　書面交付請求が強行法的に保障されたことと、その書面交付、行使方法等に関する規律が整備されたことは、電子提供措置をとる会社の株主総会運営の実務に大きな影響がある。書面交付の不備は、総会招集手続の法令違反となることから、書面交付請求をした株主の把握と書面の交付には、万全の体制をとる

必要がある。

　書面交付請求の累積を防止し、書面交付を減少させるために、書面交付の終了通知・異議催告を活用する必要がある。このため、適法に、この権利を行使することが可能な対象となる株主を的確に把握する体制も必要である。

　参考までに整備法による改正後の振替法159条の2を掲記する。

◇社債、株式等の振替に関する法律

（電子提供措置に関する会社法の特例）

第159条の2

1　（略）

2　加入者は、次に掲げる振替株式の発行者に対する書面交付請求（会社法第325条の5第2項に規定する書面交付請求をいう。以下この項において同じ。）を、その直近上位機関を経由してすることができる。この場合においては、同法第130条第1項の規定にかかわらず、書面交付請求をする権利は、当該発行者に対抗することができる。

　①　当該加入者の口座の保有欄に記載又は記録がされた当該振替株式（当該加入者が第151条第2項第1号の申出をしたものを除く。）

　②　当該加入者が他の加入者の口座における特別株主である場合には、当該口座の保有欄に記載又は記録がされた当該振替株式のうち当該特別株主についてのもの

　③　当該加入者が他の加入者の口座の質権欄に株主として記載又は記録がされた者である場合には、当該質権欄に記載又は記録がされた当該振替株式のうち当該株主についてのもの

　④　当該加入者が第155条第3項の申請をした振替株式の株主である場合には、買取口座に記載又は記録がされた当該振替株式のうち当該株主についてのもの（新設）

【参考判例等】

最高裁昭和46年3月18日判決・民集25巻2号183頁（旧法関係）

　「株主総会招集の手続またはその決議の方法に性質、程度等から見て重大な瑕疵がある場合には、その瑕疵が決議の結果に影響を及ぼさないと認められるようなときでも、裁判所は、決議取消の請求を認容すべきであつて、これを棄却することは許されないものと解するのが相当である。けだし（略）ところで、被上告会

社の（略）臨時株主総会における（略）各決議について見るに（略）右株主総会招集の手続はその招集につき決定の権限を有する取締役会の有効な決議にもとづかないでなされたものであるのみならず、その招集の通知はすべての株主に対して法定の招集期間に2日も足りない会日より12日前になされたものであるというのであるから、右株主総会招集の手続にはその性質および程度から見て重大な瑕疵があるといわなければならない。」

（電子提供措置の中断）

第325条の6

第325条の3第1項の規定にかかわらず、電子提供措置期間中に電子提供措置の中断（株主が提供を受けることができる状態に置かれた情報がその状態に置かれないこととなったこと又は当該情報がその状態に置かれた後改変されたこと（同項第7号の規定により修正されたことを除く。）をいう。以下この条において同じ。）が生じた場合において、次の各号のいずれにも該当するときは、その電子提供措置の中断は、当該電子提供措置の効力に影響を及ぼさない。

① 電子提供措置の中断が生ずることにつき株式会社が善意でかつ重大な過失がないこと又は株式会社に正当な事由があること。

② 電子提供措置の中断が生じた時間の合計が電子提供措置期間の10分の1を超えないこと。

③ 電子提供措置開始日から株主総会の日までの期間中に電子提供措置の中断が生じたときは、当該期間中に電子提供措置の中断が生じた時間の合計が当該期間の10分の1を超えないこと。

④ 株式会社が電子提供措置の中断が生じたことを知った後速やかにその旨、電子提供措置の中断が生じた時間及び電子提供措置の中断の内容について当該電子提供措置に付して電子提供措置をとったこと。

（新設）

◆解説

1 背景

（1）電子公告における中断時の救済規定　　平成16年の商法改正によって導

入された電子公告（会939条1項3号）は、電磁的方法（施規222条1項各号）の
うち、インターネットによって不特定多数の者が公告すべき内容である情報の
提供を受けることができる措置であり（会2条34号、施規222条1項1号ロ・同
223条）、必要な電子公告の期間が法定されている（会940条1項）。したがって、
法定の公告期間中に、インターネットにより情報が提供されない期間（公告の
中断）が生じれば、原則として、電子公告が不適法ということになる。

　しかし、公告の中断（不特定多数の者が提供を受けることができる状態に置かれ
ない状態になったこと、または不特定多数の者が提供を受けることができる状態に
置かれた後、改変されたこと）が生じた場合の救済規定が設けられ、一定の場合
には無効とは扱わないことにされている（会940条3項）。これは、公告の中断
が生じた場合に常に公告を無効としてもう一度公告のやり直しを命ずることは、
株式会社にとって酷であり、また、公告の対象者である株主等を無用に混乱さ
せることとなるからである（中間試案補足説明11頁）。

（2）　電子提供措置における救済規定の必要性　　電子提供措置は、改正法
325条の2柱書によれば、「電磁的方法により株主……が情報の提供を受けるこ
とができる状態に置く措置であって、法務省令で定めるもの」であるが、具体
的には、インターネットによって株主が情報の提供を受けることができる措置
とされており（改正施規95条の2）、電子提供措置開始日から株主総会の日後3
か月を経過する日まで継続的に行う必要がある（改正法325条の3）。したがって、
電子提供措置期間中に、電子提供措置に中断（株主が提供を受けることができる
状態に置かれた情報がその状態に置かれないこととなったこと、または当該情報が
その状態に置かれた後改変されたこと）が生じれば、原則として、電子提供措置
が不適法ということになる。

　しかし、電子公告と同様に、電子提供措置についても、ウェブサイトに使用
するサーバーのダウン等やハッカーやウイルス感染等による改ざん等があり得
る。そのような場合に常に電子提供措置を無効とし、株主総会招集手続の法令
違反（決議の取消事由〔会831条1項1号〕）とすることは、株式会社にとって酷
であり、また、株主を無用に混乱させることになると考えられる。そこで、部
会では、電子公告（会940条3項）を参考として、一定の要件を満たした場合に
は、電子提供措置の効力に影響を及ぼさないこととする救済措置を設けること
が検討された（中間試案補足説明12頁）。

（3）　本条3号に相当する要件の追加　　なお、部会では、当初、株主総会の

日までの期間のみを分母として10分の1を算定する本条3号に相当する要件は設けられていなかった。しかし、本条2号の要件だけでは、例えば、中断が株主総会の日の前の1週間に生じた場合であっても、電子提供措置期間全体を分母として考えれば、中断の期間は10分の1を超えず、電子提供措置の効力に影響を及ぼさないことになり、相当でない（電子提供措置の対象となる情報は株主総会における議決権行使の判断に重要な影響を与えるから、総会前に提供されることが重要である）という指摘がパブリックコメントでなされた（部会資料19・6～7頁）。これに対しては、経済界から、電子提供措置が2.1日間中断しただけで救済措置が適用されなくなってしまって厳格に失するという反対もあったが、要綱では、本条3号に相当する要件を追加する案が採用され、本条の改正が行われた。

2　趣旨

(1)　電子提供措置中断時の救済措置
救済措置の適用を受けるためには以下の要件をすべて充足する必要がある。

(a)　電子提供措置の中断について、株式会社に善意でかつ重大な過失がないことまたは正当な事由があること（本条1号）。

(i)　「善意無重過失」の対象は、電子提供措置の中断が発生したことである。最低限必要とされるメンテナンスを怠っていたためにサーバーがダウンした場合には重過失が認められるとする見解がある。

(ii)　「正当な事由」とは、電子提供措置の中断が生じることについて要求される。電子公告の場合について、設備の定期的なメンテナンスのためにサーバーを一時的に停止する場合が該当するとの指摘がある。

(b)　電子提供措置の中断時間の合計が電子提供措置期間の10分の1を超えないこと（本条2号）。

電子提供措置期間は、株主総会の日の3週間前の日（またはこれにより前に招集通知を発した日）から株主総会の日の後3か月を経過する日までであり（改正法325条の3第1項）、中断時間の合計がこの期間の10分の1を超えていないことを要する。10分の1を超えていないことの立証は、保存したウェブサイトのログによって行うことができる。

(c)　電子提供措置開始日から株主総会の日までの期間の中断時間が、当該期間の10分の1を超えないこと（本条3号）。

電子提供措置期間は、①株主総会の日以前の期間と、②株主総会の日より後

の期間とからなり、電子提供措置は、①の期間は、株主総会の招集手続として
必要な期間であるが、②の期間は、株主総会の決議取消しの訴えなどにおける
証拠等としての使用に供するために求められている。このように、両期間にお
いて、電子提供措置が求められる趣旨が異なる。しかも、①の期間における情
報提供は、株主総会における議決権行使の判断に重要な影響をもつという意味
でとりわけ重要である。このため、電子提供措置期間全体だけでなく、①の期
間だけをとってみても、10分の1を超えないことが要件とされたものである
（この経緯については、⇨1（3）、部会資料19・6〜7頁）。

　電子提供措置開始日から株主総会の日までの期間は、株主総会招集通知が先
行して発送されない限り、21日間である。この10分の1は、2.1日であり、中
断の期間がこれを超えないことが要件となる。

　(d)　株式会社が、電子提供措置の中断を知った後速やかに、①電子提供措置
の中断が生じた旨、②中断時間および③中断の内容について、④当該電子提供
措置に付して、電子提供措置をとること（本条4号）。

　④の「当該電子提供措置に付して」とは、元の電子提供措置に付して行うこ
とであり、①、②および③を、改正法325条の3第1項によって義務づけられ
た電子提供措置事項に付して、電子提供措置をとることが求められる。資料を
ダウンロードできるウェブサイトの目立つところに記載することに加え、電子
提供措置事項の PDF ファイルの冒頭にも記載しておけば、この要件を満たし
ていないと判断されることはないと考えられる。具体的には、「○月○日午後
○時○分から○月○日午後○時○分まで、サーバーのメンテナンスにより、電
子提供措置の中断が生じました。」などと記載することが考えられる。

　なお、電子公告については、中断が公告期間の終盤になって生じ、期間中に
追加の電子提供措置を行うことができなかった場合には、(a)から(c)に相当する
要件をいずれも満たしていれば、救済措置の適用を受けられるとする指摘があ
り、電子提供措置の中断についても同様に考えてよいものと思われる。

（2）　電子提供措置の中断の効果について　　本条の規定によっても救済され
ない電子提供措置の中断が生じた場合には株主総会の決議の取消事由となる。
ただし、株主総会の日の後にのみ中断が生じた場合には、招集の手続が法令に
違反することにはならないので、取消事由にはならない（過料には処され得る
〔改正法976条19号〕）。株主総会の日までの期間中に中断が生じたものの株主総
会の日までの期間だけでは当該期間の10分の1を超えない場合であっても、株

主総会の日の後の中断も合わせると電子提供措置期間の10分の1を超えるときは、本条による救済がないためやはり決議の取消事由となる。ただし、裁量棄却（会831条2項）の可能性はある（一問一答42頁）。

（3）　電子提供措置の調査について　　電子公告においては調査機関による調査が求められており、電子提供措置についても、中間試案4頁においては、「電子提供措置を採ろうとする株式会社は、電子提供措置期間中、電子提供措置事項に係る情報が株主が提供を受けることができる状態に置かれているかどうかについて、調査機関に対し、調査を行うことを求めなければならないものとする。」と提案されていた。しかし、その後の部会の審議を経て、そのような調査は義務づけられないこととなった（部会資料25・5～6頁のB案が採用された）。その理由は、次のとおりである。

すなわち、電子提供措置は、不特定多数の者が閲覧する電子公告とは異なり、株主に対して株主総会資料等を提供することを目的としている。したがって、電子提供措置事項を株主以外の者が閲覧することができないようにする措置も許容され、例えば、株主にIDとパスワードを割り当て、その入力を要求するなど、そのような方法として様々なものが考えられる。しかし、そのすべてに対応するような調査のためのシステムを構築することは容易ではない。上場会社のすべてに株主総会資料の電子提供制度を利用することを義務づけているから、そのようなシステムを有する調査機関を確保することができるのかどうかが課題となる。このような理由により、調査機関の調査を義務づける規律は、採用しないこととされた（部会資料25・6頁）。

3　実務への影響

電子提供措置の中断の救済措置の要件を定めたものであり、これを充足できるように対応する必要がある。また、調査機関による調査が義務づけられないため、株式会社としては、適法な電子提供措置を行ったことを後日立証するために、独自にウェブサイトのログを保存し、これを証拠として保存しておくといったことが必要である。

善意かつ無重過失または正当な事由があるというという要件については、当該時点において最低限必要とされるシステム上のメンテナンスの実施やセキュリティ対策が必要となる。また、株主総会の日前の電子提供措置期間の「10分の1」以下という要件については、万一の事態に備えて、バックアップ用のサーバーを用意し、そのウェブアドレスを含めて、招集通知に複数のウェブサイ

トのアドレスを記載しておくことも考えられる（一問一答44頁）。

（株主総会に関する規定の準用）

第325条の7

第325条の3から前条まで（第325条の3第1項（第5号及び第6号に係る部分に限る。）及び第3項並びに第325条の5第1項及び第3項から第5項までを除く。）の規定は、種類株主総会について準用する。この場合において、第325条の3第1項中「第299条第2項各号」とあるのは「第325条において準用する第299条第2項各号」と、「同条第1項」とあるのは「同条第1項（第325条において準用する場合に限る。次項、次条及び第325条の5において同じ。）」と、「第298条第1項各号」とあるのは「第298条第1項各号（第325条において準用する場合に限る。）」と、「第301条第1項」とあるのは「第325条において準用する第301条第1項」と、「第302条第1項」とあるのは「第325条において準用する第302条第1項」と、「第305条第1項」とあるのは「第305条第1項（第325条において準用する場合に限る。次条第4項において同じ。）」と、同条第2項中「株主」とあるのは「株主（ある種類の株式の株主に限る。次条から第325条の6までにおいて同じ。）」と、第325条の4第2項中「第299条第4項」とあるのは「第325条において準用する第299条第4項」と、「第299条第2項」とあるのは「第325条において準用する第299条第2項」と、「第298条第1項第5号」とあるのは「第325条において準用する第298条第1項第5号」と、「同項第1号から第4号まで」とあるのは「第325条において準用する同項第1号から第4号まで」と、同条第3項中「第301条第1項、第302条第1項、第437条及び第444条第6項」とあるのは「第325条において準用する第301条第1項及び第302条第1項」と読み替えるものとする。

（新設）

◆解説

1 背景

　費用の削減と早期かつ充実した情報の開示という、電子提供措置の制度趣旨は、当然種類株主総会にも当てはまる。種類株主総会の株主総会参考書類およ

び議決権行使書面の交付についても、電子提供措置の規律を及ぼすことは、部会の早い段階から提案されており（部会資料14・6頁）、この提案は、特に反対を受けることもなく、中間試案4頁、要綱5頁にそのまま引き継がれ、改正法に盛り込まれた。

2 趣旨

　現行法上、種類株主総会については、株主総会の規定を準用することにより規律されており（会325条）、電子提供措置の規定についても同様に種類株主総会に準用することとし、その上で、必要な読替規定を設けたのが本条である。以下のとおり、株主総会についての規定のうち一部の規定が準用の対象から除外されている。

　まず、改正会社法325条の2については、電子提供措置をとる旨の定款の定めがある場合は、株主総会であるか種類株主総会であるかを問わず、電子提供措置をとらなければならないとされている（株主総会にかかる定款の定めと種類株主総会にかかる定款の定めを別個に観念することはできない）ことから、同条は準用されていない。したがって、株主総会についてのみ、または種類株主総会についてのみ電子提供制度を採用することはできないことになる。

　また、種類株主総会には定時株主総会が存在しないから、定時株主総会に関する改正会社法325条の3第1項のうち5号および6号に係る部分ならびに同条3項が準用の対象から除外された。

　改正会社法325条の5第1項および3項から5項については、書面交付請求は、すべての株主総会および種類株主総会について効力を有し、株主総会に係る書面交付請求と種類株主総会に係る書面交付請求を別個に観念することができないから、準用されていない。つまり、株主総会と種類株主総会のどちらかについてのみ書面交付請求をすることはできないことになる。

3 実務への影響

　特にない。

第2 株主提案権

第305条

1～3 （略）

4 取締役会設置会社の株主が第1項の規定による請求をする場合において、当該株主が提出しようとする議案の数が10を超えるときは、前3項の規定は、10を超える数に相当することとなる数の議案については、適用しない。この場合において、当該株主が提出しようとする次の各号に掲げる議案の数については、当該各号に定めるところによる。

① 取締役、会計参与、監査役又は会計監査人（次号において「役員等」という。）の選任に関する議案 当該議案の数にかかわらず、これを1の議案とみなす。

② 役員等の解任に関する議案 当該議案の数にかかわらず、これを1の議案とみなす。

③ 会計監査人を再任しないことに関する議案 当該議案の数にかかわらず、これを1の議案とみなす。

④ 定款の変更に関する2以上の議案 当該2以上の議案について異なる議決がされたとすれば当該議決の内容が相互に矛盾する可能性がある場合には、これらを1の議案とみなす。

5 前項前段の10を超える数に相当することとなる数の議案は、取締役がこれを定める。ただし、第1項の規定による請求をした株主が当該請求と併せて当該株主が提出しようとする2以上の議案の全部又は一部につき議案相互間の優先順位を定めている場合には、取締役は、当該優先順位に従い、これを定めるものとする。

6 第1項から第3項までの規定は、第1項の議案が法令若しくは定款に違反する場合又は実質的に同一の議案につき株主総会において総株主（当該議案について議決権を行使することができない株主を除く。）の議決権の10分の1（これを下回る割合を定款で定めた場合にあっては、その割合）以上の賛成を得られなかった日から3年を経過していない場合には、適用しない。

（改正前会社法305条）

1〜3　（略）

4　前3項の規定は、第1項の議案が法令若しくは定款に違反する場合又は実質的に同一の議案につき株主総会において総株主（当該議案について議決権を行使することができない株主を除く。）の議決権の10分の1（これを下回る割合を定款で定めた場合にあっては、その割合）以上の賛成を得られなかった日から3年を経過していない場合には、適用しない。

◆解説

1　背景

（1）　株主提案権の濫用的行使事例　　昭和56年の商法改正により導入された株主提案権の制度は、株主が自らの意思を株主総会に訴えることができる権利を保障することにより、経営者と株主との間または株主相互間のコミュニケーションをよくし、開かれた株主総会を実現しようとするものである。

　しかし近年、1人の株主により膨大な数の議案が提案されたり、株式会社を困惑させる目的で議案が提案されるなど、株主提案権が濫用的に行使される事例が見られる。たとえば、東京高裁平成27年5月19日判決・金判1473号26頁は、原告である株主が、「株主提案の件数には法律的に上限がない」と述べるなどし、膨大な数の提案を行うなどした事案である。かかる株主提案権の濫用的な行使により、株主総会における審議の時間等が無駄に割かれ、株主総会の意思決定機関としての機能が害されることや、株式会社における株主提案の検討や招集通知の印刷等に要するコストが増加することなどが弊害として指摘されるようになった。

　しかしながら、現行会社法には株主提案権の濫用的な行使を直接制限する規定は存在しない。上記の東京高判は、株主提案権の行使が会社を困惑させる目的のためにされるなど、株主としての正当な目的を有するものでない場合等には、権利濫用として許されないとしているが、どのような場合が権利濫用として許されないのかは必ずしも明確ではなく、実務上、株主の権利である提案権の行使について、株式会社が権利濫用に該当すると判断してこれを取り上げないことは難しいと指摘されている（中間試案補足説明14〜15頁）。

（2）　立法に至る経緯　　こういった背景から、部会では、株主提案権の行使を制限することの当否、および株主提案権の行使を制限することを認めたとし

て、どのように制限するのか、の２点が審議された。１点目の濫用的な株主提案権の行使を何らかの形で制約すべきであるという点については、概ね賛同の方向性で議論が進められていたものの、２点目の実際の行使に関してどのような制約を設けるかという点については議論が分かれた。

中間試案は、株主提案権の濫用的な行使を制限するための措置として、株主が同一の株主総会に提案することができる議案の数を制限することと、株主による不適切な内容の提案を制限する規定を新たに設けることとを提案し、これがパブリックコメントに付された。

その後の部会において、パブリックコメントの結果も受けて審議が行われ、要綱がまとめられた。要綱では、中間試案と同様に、数の制限と内容（目的等）の制限を設けることとしたが、更に、中間試案が、なお検討を要する課題としていた議案の数の制限について、数をいくつとするか、および取締役等の選解任等に関する議案をどう取り扱うかについて複数の案を提示していた点や、定款変更議案の取扱いに関する点などについて、取りまとめた。

国会の審議においては、後述するとおり、株主提案の内容によりこれを拒絶できる場合の規定を設けるか否かは、裁判例や株主総会の実務の集積を踏まえ、権利濫用に該当する株主提案の類型について更に精緻な分析を深めながら、引き続き検討してゆくべきとの理由から、株主提案の制限のうち目的等による議案の提案等の制限を新設する規定を削除する修正案が採択された。その結果、株主提案権については、株主が提案することができる議案の数の制限のみが規律されることとなった。

2 趣旨

（1） 本条４〜５項の適用対象

本条４〜５項は、取締役会設置会社において株主が本条１項に基づく議案要領通知請求権を行使して同一の株主総会に提案することができる議案の数を制限するものである。換言すれば、株主が会社法303条１項に基づく議題提案権を行使して同一の株主総会に提案することができる議題の数や、株主が会社法304条に基づく議場における議案提案権を行使して提案することができる議案の数について制限を設けるものではない。これは会社法303条１項の提案権には、会社法304条ただし書や改正前会社法305条４項のような制限が設けられていないように、株主の基本的な権利であることから、株主が議題提案権に基づき提案することができる議題の数を制限することは相当でないと考えられたこと、および議題請求権に制限を設けなくても、

議題に対応する議案の要領の通知を請求することができる議案の数を制限すれば濫用は防げることから、株主が同一の株主総会に提出することができる議題の数を制限する必要性も大きくないものと考えられたことによる。また、取締役会設置会社においては、議場における議案提案権について、株主が議場において動議を提出しても、招集通知に記載された目的事項以外の事項は決議できないことや議案提案権の行使の態様によっては、議長の議事整理権および秩序維持権（会315条1項）に基づき、議案や修正動議を取り上げないことができると解されていることなど一定の制約があることから、やはり株主が議場において提案することができる議案の数を制限することは相当でないと考えられた（中間試案補足説明15～16頁。一問一答57頁）。

なお、取締役会を設置していない株式会社では、株主総会が会社に関する一切の事項を決議することができ（会295条1項）、株主は株主総会の議場において新たな議題および議案を追加して提出することができること（会309条5項、303条1項参照）から、株主提案権の行使を制限しないこととされた（一問一答56頁）。

（2） 提案可能な議案の数

(a) 改正法の内容　　今回の改正により、「取締役会設置会社の株主が第1項の規定による請求をする場合において、当該株主が提出しようとする議案の数が10を超えるときは、前3項の規定は、10を超える数に相当することとなる数の議案については、適用しない。」と規定され、株主が議案要領通知請求権を行使して同一の株主総会に提案することができる議案の数は10個以下とされた（本条4項）。提案された議案の数が10を超えた場合、超えた数の議案については議案要領通知請求権が否定される。これは、株式会社は10個を超える部分の議案について株主の議案要領通知請求権の行使を拒絶することができるという意味であり、逆に拒絶しないことも認められ、拒絶しなくても株主総会決議が違法となるわけではない。なお、以下に述べる、株主が提出することができる議案の数の制限に関する規定の適用に当たっては、原則として、議案が何を内容としているのかという実質面に着目してその数を数えることとなる（一問一答54頁）。例えば、1つの定款変更議案であっても、異なる内容を含む場合には、複数の議案が存在するものとして取り扱う。つまり、社会通念上同一の事項について、1つの議案と数えることが前提になっている。

(b) 提案可能な議案の数が10個とされた理由　　提案可能な議案の数を何

個とするかは、部会において鋭く対立した論点である。株主提案権の濫用的な行使と評価される事例はごく例外的なものであって、提案することができる議案の数を制限する必要性を基礎づけるような立法事実は存在しないとして、そもそも株主が提案することができる議案の数の上限を設けること自体に反対する意見もあった。しかし、数の制限を設けるべきであるとの意見が有力であり、中間試案4〜5頁では、数の制限を5とする案（A1案・A2案。A1案は後述する役員等〔取締役・会計参与・監査役または会計監査人。以下同じ〕の選解任等議案を役員等の数にかかわらず1つと数える案、A2案は役員等の選解任等議案を数えるべき数から除外する案）と10とする案（B1案・B2案。B1案とB2案の違いはA1案とA2案の違いと同様である）とを提示した。

　数の制限を10とする案に対しては、主として経済界から反対の意見が述べられた。例えば、「上限の個数についてですが、10個では多過ぎるというのが経団連の考えです。実務においても、10個を超えるようなケースは非常に例外的で、10個という上限設定では、実務の感覚から申し上げるとほとんど意味がないものに思えます。経団連といたしましては、上限は1から3個とするのが妥当という考えに変わりはございませんが、それが少なすぎるということであれば、せめて5個を上限にした上で、役員等の選解任議案をその内数としてカウントする、この辺りが現実的なのではないか」（第16回部会議事録17頁［古本省三委員発言]）、「1人の株主から10個の提案ができると、実務的には事前対応や当日の全体の運営等から考えても、非常に多くの時間が割かれます。例えば、複数の株主から提案が10個ずつ出てくると、合計20個以上の提案になります。これでは、非常に厳しい実務運営となります。商工会議所としては、選解任議案を内数に含んだ上で5個が妥当だと考えておりますので、再考をお願いしたいと思います」（第16回部会議事録19頁［小林俊明委員発言]）といったように、提案できる議案の数を10とすることに対して、懸念を示す発言がなされた。

　これに対して、上限を10とするB案に賛成する意見は、株主提案権の重要性に鑑みれば、株主が提案することができる議案の数を制限するとしても必要最小限の制限とすべきであること、機関設計の変更や報酬体系等の会社の事業に関する根本的事項を変更するための株主提案を行う場合には5以上の議案を提案する必要があり得ることなどを理由として挙げた。より具体的には、「近年、提案数が多いとされる電力会社に対する運動型株主の提案に係る議案の数であっても、各提案株主につき多くても10程度にとどまっていることや、株主

が同一の株主総会に議案を何十も提案する必要がある場合は想定しづらいことを踏まえ、株主が提案することができる議案の数を10とすることが考えられる」（中間試案補足説明16頁）といった実務を踏まえた意見が述べられた。

パブリックコメント後の部会での審議により、B1案に基づき要綱が取りまとめられた。議案数が、5ではなく10という数に落ち着いたのは、役員等の選解任等議案を1つと数えることとしたことと定款変更議案の取扱いが後述のように判断基準の明確性を重視し、1の議案とみなすことができる場合を限定的なものとしたこととも密接に関係している。

（3） 株主が提出する議案の数が上限を超える場合の取扱い　株主が提出しようとする議案の数が10を超える場合にどのように取り扱うかについても検討された。その結果、「前項前段の10を超える数に相当することとなる数の議案は、取締役がこれを定める。ただし、第1項の規定による請求をした株主が当該請求と併せて当該株主が提出しようとする2以上の議案の全部又は一部につき議案相互間の優先順位を定めている場合には、取締役は、当該優先順位に従い、これを定めるものとする。」（本条5項）と定められた。この点に関し、上限を超える数の議案が提案された場合にはすべての議案を不適法または無効として拒絶することができるものとすべきであるという意見もあった。しかし、そのような取扱いは、株主提案権の重要性に鑑みれば適切でない。そこで、原則として会社がその取扱いを決定することができるものとするということで要綱がまとめられ、本条5項となった。一方、同条項は、株主に議案相互間の優先順位をつけることを認めており、会社による恣意的な議案の選択への歯止めも設けられている。なお、議案の数の制限に関する規定によって拒絶された議案は、次の株主総会において再び提出することができるが、これは、議案の数の制限に触れることを理由として拒絶された議案は、改正法305条6項（改正前の同条4項）に該当するか否かの判断ができないからである（一問一答67頁）。

（4） 役員等の選任または解任に関する議案の数の数え方（本条4項1～3号）

⒜ 役員等の選任・解任議案をどう数えるか　議案の数の数え方に関し、役員等の選任に関する議案、役員等の解任に関する議案および会計監査人を再任しないことに関する議案は、それぞれ、当該議案に関する役員等の数にかかわらず、1つの議案とみなされる。

部会では、具体的な議案の数の上限と関連して、役員等の選任または解任に関する議案の数の数え方が問題とされた。すなわち、「役員等の選任又は解任

に関する議案は一候補一議案であると解されているところ、形式的に数えることとすると、株主が、役員等の員数に応じた選任又は解任に関する議案を提案しようとする場合には、株主が提案することができる議案の数の上限との関係で、全議案を提案することができないこととなるおそれや、役員等の選任又は解任に関する議案以外の議案を提案することができないこととなるおそれがあり、過度な制限となる懸念」があったからである（中間試案補足説明17頁）。

　この問題については、上記のとおり、中間試案の段階では、役員等の選解任等議案を役員等の数にかかわらず1つと数えるＡ1案およびＢ1案と、役員等の選解任等議案を数えるべき数から除外するＡ2案およびＢ2案という2つの考え方があったが、前者が採用され、結局Ｂ1案が改正法となった。これは、役員等の選任または解任に関する議案であっても、株主提案権の濫用事例において懸念される膨大な数の議案が提出されるという弊害は、他の議案と同様に生じうることから（例えば、様々な組合せの役員等の選任議案が多数提出されることがあり得る）、役員等の選解任に関する議案も議案の数の例外とせずに、候補者の人数にかかわらず、一議案として数えるべきであるという価値判断に基づくものである（中間試案補足説明17頁）。

　(b)　具体的なあてはめ　本条4項1〜3号のあてはめをより具体例に考える。まず、同項1号は、「取締役、会計参与、監査役又は会計監査人（次号において「役員等」という。）の選任に関する議案　当該議案の数にかかわらず、これを1の議案とみなす。」と規定したが、これは取締役、監査役、会計監査人それぞれについての選任議案を1と数えるのではない。例えば、取締役ＡおよびＢ、会計参与Ｃ、監査役ＤおよびＥならびに会計監査人Ｆの選任議案は、まとめて1議案と数える。次に、同項2号により、役員等の解任に関する議案は、当該議案の数にかかわらず、これを1の議案とみなすとされることから、例えば、上記例のＡからＦの解任議案もやはりまとめて1議案と数えることとなる。更に、同項3号により、会計監査人を再任しないことに関する議案は、その当該議案の数にかかわらず、これを1の議案とみなすこととされる。例えば、再任しない対象となる会計監査人が複数であって、当該会計監査人毎に議案が提出されたとしても、1議案と数えることになる。以上のとおり、改正法においては、役員等の種類にかかわらず、役員等の選任または解任に関する議案をそれぞれ1の議案と取り扱うこととなる。

　なお、上記の数え方は、あくまで議案要領通知の対象をカウントする際の問

題であって、株主総会における採決においては、候補者毎に1議案として扱ってよいと思われる。

（5） 定款の変更に関する議案の数の数え方

⒜ 定款変更議案をどう数えるか

本条4項4号では、定款の変更に関する2以上の議案について、「当該2以上の議案について異なる議決がされたとすれば当該議決の内容が相互に矛盾する可能性がある場合には、これらを1の議案とみなす。」と規定された。

株主提案の濫用が疑われる事例では、多数の定款変更事案が提出される場合が多い。改正前の実務では、「関連性のない多数の条項を追加する定款の変更に関する議案であっても、株主が当該議案を分けて提案しない限りは、形式的には一つの議案として扱うことが多い」との指摘がなされていた。しかし、「株主が関連性のない多数の条項を追加する定款の変更に関する議案を一の議案として提案した場合において、これを一の議案として数えるものとすると、株主が提案することができる議案の数を制限する意義が半減するおそれがある」（中間試案補足説明17頁）。このような定款変更議案をどのように数えるかは、非常に困難な問題であり、部会での議論も紆余曲折を経た（部会の審議の経緯については、神田⑵13〜15頁参照）。

⒝ 提案の内容ごとに1議案とする

部会では中間試案の段階において、「定款変更の内容において関連性のある事項ごとに複数の議案があると捉え、議案の数の制限を及ぼすべきであることについては、概ね意見が一致し」た（中間試案補足説明17頁）。しかし、問題は、判断基準の明確性を確保しつつ、どのように「内容において関連性のある事項」であるか否かの判断をするかという点であるが、「個別の事情を考慮した上で、総合的に判断せざるを得ない」との考えが示された（中間試案補足説明17〜18頁）。内容における関連性があることに異論がない例として、監査役設置会社の株主が、監査等委員会の設置および監査役の廃止を内容とする議案を提案する場合が挙げられた。監査等委員会設置会社が監査役を置いてはならないとする会社法327条4項により、監査役の廃止が監査等委員会設置の前提と考えられることから、この2つの議案は「関連性がある」と判断されることになる。このように、法的な不整合を回避するために2つの事項を内容とすることが必要である場合には、内容に「関連性がある」と考えることは比較的容易である。一方、提案理由も考慮して各議案に何らかの一体性が認められるような場合についても「内容において

関連性のある事項」に該当すると考えるのかについては、一定の解釈の余地が残らざるを得ない。そこでこのような判断基準について、明文の規定を設けるかが議論されたが、中間試案においては、「定款の変更に関する議案の数については、内容において関連する事項ごとに区分して数えるものとする旨の明文の規定を設けるものとするかどうかについては、なお検討する」とされた（中間試案5頁。中間試案補足説明17〜18頁）。

パブリックコメント後の部会においても議論が重ねられ、最終的には、「定款の変更に関する2以上の議案」については、「当該2以上の議案について異なる議決がされたとすれば当該議決の内容が相互に矛盾する可能性がある場合には、これらを1の議案とみなす。」との規定となった（本条4項4号）。このような規定ぶりとなった理由については、「法制的な観点からは、株主が提案することができる議案の数の数え方については、一の議案として提案されているかどうかという形式面ではなく、何が内容として提案されているかという実質面に着目し、原則として、提案の内容である事項ごとに一の議案として捉えることを前提としつつ、議案の数の取扱いに関する規律を設けることが適切であると考えられる」と説明されている（部会資料27・6頁）。

(c)　提案理由を考慮するか　　部会審議の過程で、株主提案の内容のみに着目するのか、提案の内容のみならず提案の理由の内容性も踏まえて判断するのかが問題となったが、改正法のあてはめにおいて、「提案の理由を考慮するか、考慮するとしてどのように考慮するか等は、解釈によることになる。これを考慮するとしても相当程度限定的なものとなるものと考えられる。」との指摘がある（神田(2)7頁）。

（6）　複数の株主による共同行使の場合の取扱い　　1人の株主では300個の持株要件（本条1項）を満たさない場合、議案要領通知請求権が、複数の株主によって共同して行使される場合がある。株主が、議案要領通知請求権を単独で行使する場合であっても、他の株主と共同して行使する場合であっても、各株主が提案することができる議案の合計は10という上限を超えることができない。

例えば、株主A、B、Cが全員で共同して議案要領通知請求権を行使し、6個の議案を提案した場合には、A、B、Cの各株主がそれぞれ6個の議案を提案したことになる。したがって、更に株主Aが他の株主Dと共同して議案要領通知請求権を行使しようとするときは、A株主は、すでに提案した6個の議

案のほかに４個までに限って議案を提案することができることになる（中間試案補足説明18頁）。

（７）　**経過措置**　　附則３条により、改正法の施行前にされた本条１項による請求については、なお従前の例によるとされている。したがってそのような請求については、本条４項および５項の個数制限の規律は適用されない。⇨**附則§３**の解説参照。

3　実務への影響

　株主が提案することができる議案の数が制限されることとなり、議案の数の数え方にも新たな基準が設けられることとなったことから、実務上、大きな影響があり得る。

　株主にとっては、提案権の行使において熟慮が求められることなる。本改正のもとにおいて、株主提案をしたとしても、議案の要領の通知請求は10議案に限定されることから、株主による株主提案権の行使には、真に株主総会において議論し、会社・株主相互間において活発なコミュニケーションをすることが望ましい議案の提案を行う姿勢が必要となる。

　会社にとっては、著しく多数の議案を提案されることにより、不当に株主総会の運営が乱されることを回避することが可能となる一方、多数の定款変更議案が提出された場合等、適切に議案の数を判断し、株主の権利の不当な制限を招くことがない運営を行うことが求められる。

　なお、会社としては、株主が10個を超える議案について議案要領通知請求をした場合に備え、あらかじめ株式取扱規程等で、「10を超える数に相当することとなる数の議案」の優先順位の決定方法（本条５項参照）について定めておくことも考えられよう。また、**2（2）(a)**で述べたとおり、取締役は、10を超える数に相当することとなる数の議案に該当する可能性がある提案についても、拒絶しないことができるが、株主ごとに合理的な理由なく異なる取扱いをすることは、株主平等原則に反し、許されないと考えられる（一問一答64頁）。

第3 取締役の報酬等

＜取締役の報酬等の決定方針および株式の払込みに充てるための金銭＞

（取締役の報酬等）

第361条

1　取締役の報酬、賞与その他の職務執行の対価として株式会社から受ける財産上の利益（以下この章において「報酬等」という。）についての次に掲げる事項は、定款に当該事項を定めていないときは、株主総会の決議によって定める。

　①～②　（略）

　③　報酬等のうち当該株式会社の募集株式（第199条第1項に規定する募集株式をいう。以下この項及び第409条第3項において同じ。）については、当該募集株式の数（種類株式発行会社にあっては、募集株式の種類及び種類ごとの数）の上限その他法務省令で定める事項

　④　報酬等のうち当該株式会社の募集新株予約権（第238条第1項に規定する募集新株予約権をいう。以下この項及び第409条第3項において同じ。）については、当該募集新株予約権の数の上限その他法務省令で定める事項

　⑤　報酬等のうち次のイ又はロに掲げるものと引換えにする払込みに充てるための金銭については、当該イ又はロに定める事項

　　イ　当該株式会社の募集株式　取締役が引き受ける当該募集株式の数（種類株式発行会社にあっては、募集株式の種類及び種類ごとの数）の上限その他法務省令で定める事項

　　ロ　当該株式会社の募集新株予約権　取締役が引き受ける当該募集新株予約権の数の上限その他法務省令で定める事項

　⑥　報酬等のうち金銭でないもの（当該株式会社の募集株式及び募集新株予約権を除く。）については、その具体的な内容

2～3　（略）

4　第1項各号に掲げる事項を定め、又はこれを改定する議案を株主総会

に提出した取締役は、当該株主総会において、当該事項を相当とする理由を説明しなければならない。

5〜6　(略)

7　次に掲げる株式会社の取締役会は、取締役（監査等委員である取締役を除く。以下この項において同じ。）の報酬等の内容として定款又は株主総会の決議による第一項各号に掲げる事項についての定めがある場合には、当該定めに基づく取締役の個人別の報酬等の内容についての決定に関する方針として法務省令で定める事項を決定しなければならない。ただし、取締役の個人別の報酬等の内容が定款又は株主総会の決議により定められているときは、この限りでない。

①　監査役会設置会社（公開会社であり、かつ、大会社であるものに限る。）であって、金融商品取引法第24条第１項の規定によりその発行する株式について有価証券報告書を内閣総理大臣に提出しなければならないもの

②　監査等委員会設置会社

会社法施行規則

第98条の２（取締役の報酬等のうち株式会社の募集株式について定めるべき事項）

法第361条第１項第３号に規定する法務省令で定める事項は、同号の募集株式に係る次に掲げる事項とする。

①　一定の事由が生ずるまで当該募集株式を他人に譲り渡さないことを取締役に約させることとするときは、その旨及び当該一定の事由の概要

②　一定の事由が生じたことを条件として当該募集株式を当該株式会社に無償で譲り渡すことを取締役に約させることとするときは、その旨及び当該一定の事由の概要

③　前２号に掲げる事項のほか、取締役に対して当該募集株式を割り当てる条件を定めるときは、その条件の概要（新設）

第98条の３（取締役の報酬等のうち株式会社の募集新株予約権について定めるべき事項）

法第361条第１項第４号に規定する法務省令で定める事項は、同号の募集新株予約権に係る次に掲げる事項とする。

① 法第236条第1項第1号から第4号までに掲げる事項（同条第3項の場合には、同条第1項第1号、第3号及び第4号に掲げる事項並びに同条第3項各号に掲げる事項）

② 一定の資格を有する者が当該募集新株予約権を行使することができることとするときは、その旨及び当該一定の資格の内容の概要

③ 前2号に掲げる事項のほか、当該募集新株予約権の行使の条件を定めるときは、その条件の概要

④ 法第236条第1項第6号に掲げる事項

⑤ 法第236条第1項第7号に掲げる事項の内容の概要

⑥ 取締役に対して当該募集新株予約権を割り当てる条件を定めるときは、その条件の概要（新設）

第98条の4（取締役の報酬等のうち株式等と引換えにする払込みに充てるための金銭について定めるべき事項）

1 法第361条第1項第5号イに規定する法務省令で定める事項は、同号イの募集株式に係る次に掲げる事項とする。

① 一定の事由が生ずるまで当該募集株式を他人に譲り渡さないことを取締役に約させることとするときは、その旨及び当該一定の事由の概要

② 一定の事由が生じたことを条件として当該募集株式を当該株式会社に無償で譲り渡すことを取締役に約させることとするときは、その旨及び当該一定の事由の概要

③ 前2号に掲げる事項のほか、取締役に対して当該募集株式と引換えにする払込みに充てるための金銭を交付する条件又は取締役に対して当該募集株式を割り当てる条件を定めるときは、その条件の概要

2 法第361条第1項第5号ロに規定する法務省令で定める事項は、同号ロの募集新株予約権に係る次に掲げる事項とする。

① 法第236条第1項第1号から第4号までに掲げる事項（同条第3項の場合には、同条第1項第1号、第3号及び第4号に掲げる事項並びに同条第3項各号に掲げる事項）

② 一定の資格を有する者が当該募集新株予約権を行使することができることとするときは、その旨及び当該一定の資格の内容の概要

③ 前2号に掲げる事項のほか、当該募集新株予約権の行使の条件を定めるときは、その条件の概要

④　法第236条第1項第6号に掲げる事項

⑤　法第236条第1項第7号に掲げる事項の内容の概要

⑥　取締役に対して当該募集新株予約権と引換えにする払込みに充てるための金銭を交付する条件又は取締役に対して当該募集新株予約権を割り当てる条件を定めるときは、その条件の概要（新設）

第98条の5（取締役の個人別の報酬等の内容についての決定に関する方針）

法第361条第7項に規定する法務省令で定める事項は、次に掲げる事項とする。

①　取締役（監査等委員である取締役を除く。以下この条において同じ。）の個人別の報酬等（次号に規定する業績連動報酬等及び第3号に規定する非金銭報酬等のいずれでもないものに限る。）の額又はその算定方法の決定に関する方針

②　取締役の個人別の報酬等のうち、利益の状況を示す指標、株式の市場価格の状況を示す指標その他の当該株式会社又はその関係会社（会社計算規則第2条第3項第25号に規定する関係会社をいう。）の業績を示す指標（以下この号及び第121条第5号の2において「業績指標」という。）を基礎としてその額又は数が算定される報酬等（以下この条並びに第121条第4号及び第5号の2において「業績連動報酬等」という。）がある場合には、当該業績連動報酬等に係る業績指標の内容及び当該業績連動報酬等の額又は数の算定方法の決定に関する方針

③　取締役の個人別の報酬等のうち、金銭でないもの（募集株式又は募集新株予約権と引換えにする払込みに充てるための金銭を取締役の報酬等とする場合における当該募集株式又は募集新株予約権を含む。以下この条並びに第121条第4号及び第5号の3において「非金銭報酬等」という。）がある場合には、当該非金銭報酬等の内容及び当該非金銭報酬等の額若しくは数又はその算定方法の決定に関する方針

④　第1号の報酬等の額、業績連動報酬等の額又は非金銭報酬等の額の取締役の個人別の報酬等の額に対する割合の決定に関する方針

⑤　取締役に対し報酬等を与える時期又は条件の決定に関する方針

⑥　取締役の個人別の報酬等の内容についての決定の全部又は一部を取締役その他の第三者に委任することとするときは、次に掲げる事項

　　イ　当該委任を受ける者の氏名又は当該株式会社における地位及び担
　　　当
　　ロ　イの者に委任する権限の内容
　　ハ　イの者によりロの権限が適切に行使されるようにするための措置
　　　を講ずることとするときは、その内容
　⑦　取締役の個人別の報酬等の内容についての決定の方法（前号に掲げ
　　る事項を除く。）
　⑧　前各号に掲げる事項のほか、取締役の個人別の報酬等の内容につい
　　ての決定に関する重要な事項（新設）

（改正前会社法361条）

1　取締役の報酬、賞与その他の職務執行の対価として株式会社から受ける財産上
　の利益（以下この章において「報酬等」という。）についての次に掲げる事項は、
　定款に当該事項を定めていないときは、株主総会の決議によって定める。
　①〜②（略）
　③　報酬等のうち金銭でないものについては、その具体的な内容

2〜3　（略）

4　第1項第2号又は第3号に掲げる事項を定め、又はこれを改定する議案を株主
　総会に提出した取締役は、当該株主総会において、当該事項を相当とする理由を
　説明しなければならない。

5〜6　（略）

◆解説

1　背景

（1）　取締役に対するインセンティブ付与の手段としての報酬等の重要性

取締役の報酬等については、株主の利益を害する形で高額の報酬が取締役に支
払われるいわゆるお手盛りの弊害を防止するという観点から規制が必要となる
だけでなく、近時は、取締役が適切に職務を執行するインセンティブを付与す
るとともに取締役を監督するための手段として重要であり、企業統治を充実さ
せる観点から決定過程の透明性・公正性を確保する要請が高まっている。

　この点、上場会社に関し、東京証券取引所制定のコーポレートガバナンス・
コード原則3-1では、取締役会が経営陣幹部・取締役の報酬を決定するにあ
たっての方針と手続について開示し、主体的な情報発信を行うべきとされてい

る。また、同原則4-2においては、経営陣の報酬について、中長期的な会社の業績や潜在的リスクを反映させ、健全な企業家精神の発揮に資するようなインセンティブづけを行うべきであるとされている。このように、コーポレートガバナンス・コードは経営陣の報酬をインセンティブづけの手段と捉えた上で、報酬決定にあたっての方針・手続の開示を重視している。

さらに、経済産業省は、中長期の企業価値向上に対応する役員報酬プランの導入を促すため、「『攻めの経営』を促す役員報酬—企業の持続的成長のためのインセンティブプラン導入の手引—」を2017年4月に公表し、税制の改正等に合わせて順次改訂を行っている。その中で、株式報酬については、「経営陣に株主目線での経営を促したり、中長期の業績向上インセンティブを与えるといった利点があり、その導入拡大は海外を含めた機関投資家の要望に応えるもの」であると位置づけ、株式報酬や業績連動報酬に関する法令上の論点や税務上の論点等に関するQ&Aや、株主総会報酬議案等の参考例を取りまとめている。

これらの政策的な取組みを受けて、近年、上場会社において信託を用いた株式報酬制度や譲渡制限株式による株式報酬制度などのインセンティブ報酬を導入する事例が増えている。

（2） 改正に至る経緯　このような背景の下、会社法研究会は、取締役の報酬に係る株主総会の決議や開示に関する規律および株式報酬等のインセンティブ報酬を付与する場合の手続や開示に関する規律について見直しをすることを提言した。すなわち、①お手盛りの弊害に関して、指名委員会等設置会社以外の株式会社においては、取締役の報酬について一定の事項を定款または株主総会の決議によって定めることとされているが（改正前会社法361条1項）、同条は緩やかな規制であってお手盛りの弊害を防止するという趣旨から問題がないとはいえず、また、②取締役の報酬をインセンティブ付与の手段として捉えた場合に、現行法上、各取締役の報酬が動機づけの手段として相当なものであることを担保する仕組みがないといった問題意識が示された。その上で、株主が各取締役の報酬の内容に係る決定に関する方針を判断することができるように、取締役の報酬に係る株主総会の決議に関する規律を見直すことが考えられるとの意見が示された。また、株式報酬について、金銭の払込みまたは現物出資財産の給付を要することなく適法に発行することができるようにするなど、株式報酬等のインセンティブ報酬を付与する場合の手続や開示に関する規律の見直

しを検討すべきとの提言がされた（会社法研究会報告書18〜20頁）。

　以上の流れを受け、法制審議会総会第178回会議において採択された諮問第104号においては、検討事項の1つとして「役員に適切なインセンティブを付与するための規律の整備」が掲げられ、部会では取締役の報酬等に関する規律に関して、株式報酬その他の金銭でない報酬等に関する規律と併せて報酬等の決定方針の規律について、検討が行われ、要綱6〜9頁記載の結論が答申された。

　本条の改正事項は、かかる要綱の答申のうち、取締役の報酬等に関する決定方針や、株式報酬等（その払込みに充てるための金銭を含む）についての規律を定めるものである。

　以下では、条文の順序に従い、**2**として「金銭でない報酬等に係る定款または株主総会の決議による定め」について、また、**3**として「報酬等の決定方針」について解説する。

2　金銭でない報酬等に係る定款または株主総会の決議による定め

（1）　趣旨

(a)　改正の経緯

　(i)　はじめに　　本条1項3〜5号は、指名委員会等設置会社以外の株式会社において、当該株式会社の株式または新株予約権を取締役の報酬等（取締役の報酬、賞与、その他の職務執行の対価として株式会社から受ける財産上の利益をいう〔同項柱書〕）とする場合に、定款または株主総会の決議によって定めなければならない事項を具体的にするものである。この見直しは、取締役の報酬等のうち、株式に関するもの（同項3号）、新株予約権に関するもの（同項4号）および株式または新株予約権の取得に要する資金に充てるための金銭に関するもの（同項5号）の3つに分けられる。

　(ii)　金銭でない報酬等の「具体的な内容」の明確化　　改正前会社法361条1項3号の「具体的な内容」として財産上の利益をどこまで特定しなければならないかについては、解釈上必ずしも明らかでなかった。しかし、インセンティブ付与の観点から当該株式会社の株式または新株予約権を報酬等とすることの重要性が指摘されていることや、当該株式会社の株式または新株予約権を報酬等とする場合には、既存の株主に持株比率の低下が生じるだけでなく、希釈化による経済的損失が生ずる可能性があることから、当該株式または新株予約権については、その「具体的な内容」をより明確にすることが望ましい（中

間試案補足説明24〜25頁）。

　そこで、中間試案6頁においては、当該株式会社の株式または新株予約権を取締役の報酬等とする場合、それぞれ、「株式の数……の上限及び当該株式の交付の条件の要綱」、「新株予約権の内容の要綱及び数の上限」を定めるものとし、このうちの「交付の条件の要綱」および「内容の要綱」をどのようなものにするかについてはなお検討するとされた。その後、部会での審議等を経て要綱がとりまとめられ、これを受け、本条1項3〜4号が定められた。

　　(ⅲ)　募集株式等と引換えにする払込みに充てるための金銭を付与する場合

　取締役の報酬等として当該株式会社の株式を交付しようとする株式会社においては、会社法199条1項2号の要請（無償発行の禁止）から、実務上、金銭を取締役の報酬等とした上で、取締役に募集株式を割り当て、引受人となった取締役に株式会社に対する報酬支払請求権を現物出資財産として給付させて株式を交付することがなされている（現物出資方式による株式の交付）。他方、新株予約権については、株式とは異なり、報酬等として金銭の払込みまたは財産の給付を要しないで取締役に交付することができるものの（無償構成による新株予約権の交付。会238条1項2号）、有利発行規制（同条3項1号）に該当しないことおよび税務上の処理が明確であるなどの理由から、実務上、金銭を取締役の報酬等とした上で、取締役に募集新株予約権を割り当て、引受人となった取締役に株式会社に対する報酬支払請求権をもって相殺（会246条2項）させることによって新株予約権を交付することが多い（相殺構成による新株予約権の交付）。

　このように株式または新株予約権の取得資金に充てるための金銭を報酬等とする場合には、改正前会社法361条1項3号に掲げる事項を定款または株主総会の決議によって定める必要がないとの解釈がある。これにより、上記の現物出資構成による株式および相殺構成による新株予約権のいずれについても同号の決議を経ることなく交付することがなされている。

　しかし、このようなやり方は、初めから株式を報酬として付与するのと実質的に変わりがなく、株主から見て分かりにくい。また、このような場合であっても、改正前会社法361条1項3号および同条4項の趣旨は妥当するなどの理由から、当該株式または新株予約権の内容等を株主総会において決議することが望ましい（中間試案補足説明25〜26頁）。

　そこで、中間試案6頁においては、当該株式会社の株式または新株予約権の取得資金に充てるための金銭を取締役の報酬等とする場合であっても、それぞ

れ、「株式の数……の上限及び当該株式の交付の条件の要綱」、「新株予約権の内容の要綱及び数の上限」を定めるものとし、このうちの「交付の条件の要綱」および「内容の要綱」をどのようなものにするかについてはなお検討するとされた。その後、部会での審議等を経て、要綱がとりまとめられ、これを受け、本条1項5号が定められた。

(iv) まとめ　以上のように、本条1項3〜5号は、指名委員会等設置会社以外の株式会社において、当該株式会社の株式または新株予約権（これらの取得に要する資金に充てるための金銭を含む）を報酬等とする場合に、定款または株主総会の決議によって定めなければならない事項を定めたものである。以下、具体的に解説する。

なお、この改正の背景にある問題は、指名委員会等設置会社における報酬委員会の決定事項においても同様に妥当することから、報酬委員会が執行役等の個人別の報酬等の内容として決定しなければならない事項（改正前会社法409条3項）についても、同様の改正が行われた（同項3〜5号）。

(b) **募集株式による報酬等に関する決議事項**　本条1項3号は、指名委員会等設置会社以外の株式会社において、当該株式会社の募集株式（会199条1項に規定する募集株式をいう。以下同じ）を取締役の報酬等とする場合に定款または株主総会の決議によって定める事項に関する規定であり、定款または株主総会の決議によって、「当該募集株式の数（種類株式発行会社にあっては、募集株式の種類及び種類ごとの数）の上限その他法務省令で定める事項」を定めるものとされている。

「その他法務省令で定める事項」は、(i)一定の事由が生ずるまで当該募集株式を他人に譲り渡さないことを取締役に約させることとするときは、その旨および当該一定の事由の概要、(ii)一定の事由が生じたことを条件として当該募集株式を当該株式会社に無償で譲り渡すことを取締役に約させることとするときは、その旨および当該一定の事由の概要、(iii)(i)および(ii)に掲げる事項のほか、取締役に対して当該募集株式を割り当てる条件を定めるときはその条件の概要である（改正施規98条の2）。

上記募集株式の数の上限および(i)〜(iii)の事項は、当該募集株式が取締役に対するインセンティブとしてどのように機能するか、また、既存株主の持株比率の希釈化がどの程度生ずる可能性があるかなどを株主において確認させる観点から、株主総会の決議によって定める事項とされている（部会資料20・5頁）。

すなわち、上記(i)および(ii)は当該募集株式が事前交付型リストリクテッド・ストック（例えば、特定譲渡制限付株式）といわれる株式報酬として、(iii)は、例えば、当該募集株式がいわゆる事後交付型の株式報酬として、それぞれ機能するために重要な事項であり、実質的には報酬等の内容となっている。また、株式報酬等については不当な経営者支配を助長するおそれなどを懸念する指摘もあることから、当該株式が不正な買収防衛策等に用いられる可能性がないかどうかについて株主が判断をすることができるように、株式を交付する条件を定める場合については、その条件の概要を定めなければならない（上記(iii)）。ただし、詳細な条件のすべてを決議事項とすることは必ずしも適当でないことから、その概要を決議事項とすれば足りるとされている。

　なお、これらの事項を法務省令で定めることとしたのは、実務の変化に迅速かつ柔軟に対応することができるようにするためである。

　(c)　**募集新株予約権による報酬等に関する決議事項**　　本条1項4号は、指名委員会等設置会社以外の株式会社において、当該株式会社の募集新株予約権（会238条1項に規定する募集新株予約権をいう。以下同じ）を取締役の報酬等とする場合に定款または株主総会の決議によって定める事項に関する規定であり、定款または株主総会の決議によって、「当該募集新株予約権の数の上限その他法務省令で定める事項」を定めるものとされている。

　「その他法務省令で定める事項」は、(i)会社法236条1項1～4号に掲げる事項（同条3項の場合には、同条1項1号、3号および4号に掲げる事項ならびに同条3項各号に掲げる事項）、(ii)一定の資格を有する者が当該募集新株予約権を行使することができることとするときは、その旨および当該一定の資格の内容の概要、(iii)(i)および(ii)に掲げる事項のほか、当該募集新株予約権の行使の条件を定めるときはその条件の概要、(iv)会社法236条1項6号に掲げる事項、(v)同項7号に掲げる事項の内容の概要、(iv)取締役に対して当該募集新株予約権を割り当てる条件を定めるときはその条件の概要である（改正施規98条の3）。なお、(i)については、募集新株予約権を取締役の報酬とする場合（会236条3項）において、当該新株予約権の行使に際して金銭の払込み等を要しない場合とするときには、同条1項2号に掲げる事項に代えて、同条3項各号に掲げる事項を定款または株主総会決議によって定めなければならないこととされた（改正施規98条の3第1号かっこ書）。

(d) **募集株式または募集新株予約権と引換えにする払込みに充てるための金銭による報酬等に関する決議事項等**　本条1項5号イは、指名委員会等設置会社以外の株式会社において、募集株式と引換えにする払込みに充てるための金銭を取締役の報酬等とする場合に、定款または株主総会の決議によって定める事項に関する規定であり、定款または株主総会の決議によって、「当該募集株式の数（種類株式発行会社にあっては、募集株式の種類及び種類ごとの数）の上限その他法務省令で定める事項」を定めるものとされている。「その他法務省令で定める事項」については、同項3号と同様の事項が定められている（改正施規98条の4第1項）。

本条1項5号ロは、指名委員会等設置会社以外の株式会社において、募集新株予約権と引換えにする払込みに充てるための金銭を取締役の報酬等とする場合に、定款または株主総会の決議によって定める事項に関する規定であり、定款または株主総会の決議によって、「当該募集新株予約権の数の上限その他法務省令で定める事項」を定めるものとされている。「その他法務省令で定める事項」については、同項4号と同様の事項が定められている（改正施規98条の4第2項）。

なお、報酬等として付与される金銭が募集株式または募集新株予約権と引換えにする払込みに充てるための金銭であるかどうかは、当該金銭を付与する際の事実関係に照らして判断される（一問一答86頁）。

また、改正法は、改正前会社法361条1項1号および2号と3号との関係についての考え方を変更することを意図するものではない。したがって、株式または新株予約権である取締役の報酬等については、本条1項3～5号に掲げる事項と併せて、当該報酬等の額またはその具体的な算定方法（会361条1項1号および2号）も同項の株主総会の決議により定めなければならない（中間試案補足説明26頁）。

(e) **金銭でない報酬等に関する決議事項等**　本条1項6号は、指名委員会等設置会社以外の株式会社において、報酬等のうち金銭でないものについて、定款または株主総会の決議によって定める事項の規定である（改正前会社法361条1項3号と同様）が、そのうち募集株式と募集新株予約権については、本項3号および4号において規定が新たに設けられたことから、除外されている。

(f) **相当とする理由の説明責任**　本条4項は、本条1項各号の事項を定め、または、これを改定する議案を株主総会に提出した取締役に、当該株主総会に

おいて、当該事項を相当とする理由の説明責任を負わせる。改正前会社法361条4項と異なり、本条1項1号の確定額報酬も説明の対象とした理由は、確定額報酬もインセンティブ付与の視点から相当性が問われるためである。改正前会社法361条4項が、不確定な金額で支払われる報酬等や金銭でない報酬等（同条1項2号および3号）について、その算定方法や内容を示されただけでは必要性や合理性について株主にとって明確とならないために設けられた趣旨を踏まえると、改正後においては、単なる金額の相当性にとどまらず、同条1項各号に掲げる事項を定める必要性や合理性について、株主が理解をすることができる説明をすることが求められる（中間試案補足説明26頁）。

(g) **改正法の適用時期**　　附則2条（経過措置の原則）本文は、改正法の規定は、同法の施行前に生じた事項についても適用するとするものの、同条ただし書は、「この法律による改正前の会社法……の規定によって生じた効力を妨げない」とする。したがって、基本的には、取締役の報酬等について、これまでになされた報酬決議を取り直す必要はない。しかし、改正法施行後、報酬等を新たに付与し、または従前の報酬等を変更する場合には、改正法による必要がある（⇨(2)(a)(i)）。

（2）　実務への影響

(a) **金銭でない報酬等に係る定款または株主総会の決議による定め**　　本条1項3～5号は、指名委員会等設置会社以外の株式会社において、当該株式会社の株式もしくは新株予約権またはこれらの払込みに充てるための金銭を報酬等とする場合に、定款または株主総会の決議により、株式や新株予約権の数の上限や「その他法務省令で定める事項」を定めなければならないとするものである。新たなインセンティブ報酬の付与にあたり、株主総会決議が必要になることや、株主総会の議案としてどのような内容のものを提出すべきか等の検討が必要になるなど、実務への影響は大きい。以下、重要と思われる事項について、具体的に解説する。

(i) **新たに株主総会で報酬決議をとる必要が生じ得ること**　　従前の実務においては、上述したとおり、取締役に対して株式または新株予約権による報酬等を付与する場合、現物出資構成による株式の交付や、無償構成または相殺構成による新株予約権の交付がなされていた。そして、株式または新株予約権の取得資金に充てるための金銭を報酬等とする場合には、改正前会社法361条1項3号に掲げる事項を定款または株主総会の決議によって定める必要がない

という解釈も示されていたものの、多くの会社は、このような場合にも、株主の承認を得ておくことが好ましいという観点から、改正前会社法361条1項3号を意識して、交付する株式または新株予約権の内容、とりわけ交付する数や交付する条件を記載した議案を株主総会に上呈し、決議していた。しかし、金銭報酬のうち額が確定しているものの総額の上限のみを株主総会の決議によって定めている場合（会361条1項1号）で、現物出資構成による株式の交付や、無償構成または相殺構成による新株予約権の交付をする際に、株主総会の決議なしに、取締役会決議のみでこれらの報酬を付与していた会社は、改正法施行後は、改めてこれらの報酬を付与しようとする場合、上記（1）(g)のとおり、附則2条本文が適用され、本条1項3〜5号に基づく報酬決議を新たに得る必要がないか検討を要する。特に、株主総会において決議された確定報酬額の枠内で、報酬として付与される株式や新株予約権について、取締役会決議を経ているものの、その効力が施行日までに発生していないものについて、新たに株主総会の報酬決議が必要となる可能性があるので、注意が必要である。

　(ii)　株主総会決議の内容　　株式報酬の場合、本条1項3号により、「当該募集株式の数（……）の上限その他法務省令で定める事項」を株主総会決議で定めなければならないものの、改正会社法施行規則98条の2各号においてはいずれも「概要」という文言が使用されており、ある程度柔軟な対応が可能と思われる。もっとも、募集株式を付与することが取締役に適切なインセンティブを付与するものであるかどうかを株主が判断するために必要な事項は、株主総会決議によって定める必要がある（意見募集の結果について14頁）。

　一方、新株予約権の場合には、「その他法務省令で定める事項」として、会社法236条1項1〜4号に掲げる事項があげられているが（改正施規98条の3第1号）、ここでは「概要」という文言は使われていない。とりわけ会社法236条1項1号の対象株式数の算定方法を一義的に決議する必要があるとすると、株式分割または株式併合を行う場合や組織再編時の調整式なども決議の対象となり、決議内容が相当な分量になってしまうのではないかとの懸念もある。

　なお、本条1項3〜5号は、いずれも「数の上限」を定めればよいものとしていることから、取締役に対するエクイティ報酬の株主総会決議は、付与の都度とらなければならないということはなく、議案の内容を工夫することにより（例えば、361条1項1号における解釈と同様に、「1年間に○株を上限として交付する」などと定める）、当該数の上限の範囲内で、適宜付与することができるもの

と思われる。

(b) **株主総会における相当な理由の説明**　従前は、会社法361条1項2号（報酬等のうち額が確定していないもの）および改正前3号（報酬等のうち金銭でないもの）を定めまたはこれを改定する議案を株主総会に提出する場合のみ、当該株主総会において「当該事項を相当とする理由」を説明しなければならないとされていた。しかし、改正法により、確定額報酬の場合を含め改正法361条1項各号すべての場合に、「相当とする理由」を説明しなければならないとされた（本条4項）。今後、どの程度の理由を説明すべきか、株主に対してどの程度の情報を提供することが望ましいかといった観点から、実務においてベストプラクティスが追求されることになる。

3　報酬等の決定方針

(1)　趣旨

(a) **報酬等の決定方針の位置づけ**　新設された本条7項は、一定の会社に対して、「取締役の個人別の報酬等の内容についての決定に関する方針」（以下「報酬等の決定方針」という）を決定しなければならないこととしている。この報酬等の決定方針は、定款または株主総会の決議による本条1項各号に掲げる報酬等についての事項の定めに基づかなければならない。したがって、定款または株主総会の決議によって本条1項各号に掲げる事項について定めた内容を超えたり、これに抵触するような報酬等の決定方針を定めることはできない。

また、決定された報酬等の決定方針に違反する内容で、取締役の個人別の報酬等が決定された場合には、報酬等の決定は違法であり、無効であると解されている（竹林他(3)6頁、久保田安彦「令和元年会社法改正と取締役の報酬等規制」旬刊商事法務2232号21頁〔商事法務・2020〕、一問一答78頁）。

(b) **報酬等の決定方針の内容**　報酬等の決定方針として決定しなければならない事項は、「法務省令で定める事項」とされており（本条7項）、具体的には改正会社法施行規則98条の5において次の項目が定められている。

① 取締役（監査等委員である取締役を除く。以下同じ）の個人別の報酬等（②の業績連動報酬等および③の非金銭報酬等のいずれでもないものに限る）の額またはその算定方法の決定に関する方針

② 取締役の個人別の報酬等のうち、利益の状況を示す指標、株式の市場価格の状況を示す指標その他の当該株式会社またはその関係会社の業績を示す指標（以下「業績指標」という）を基礎としてその額または数が算定され

る報酬等（以下「業績連動報酬等」という）がある場合には、当該業績連動報酬等に係る業績指標の内容および当該業績連動報酬等の額または数の算定方法の決定に関する方針

③　取締役の個人別の報酬等のうち、金銭でないもの（募集株式または募集新株予約権と引換えにする払込みに充てるための金銭を取締役の報酬等とする場合における当該募集株式または募集新株予約権を含む。以下「非金銭報酬等」という）がある場合には、当該非金銭報酬等の内容および当該非金銭報酬等の額もしくは数またはその算定方法の決定に関する方針

④　①の報酬等の額、業績連動報酬等の額または非金銭報酬等の額の取締役の個人別の報酬等の額に対する割合の決定に関する方針

⑤　取締役に対し報酬等を与える時期または条件の決定に関する方針

⑥　取締役の個人別の報酬等の内容についての決定の全部または一部を取締役その他の第三者に委任することとするときは、次に掲げる事項

　イ　当該委任を受ける者の氏名または当該株式会社における地位もしくは担当

　ロ　イの者に委任する権限の内容

　ハ　イの者によりロの権限が適切に行使されるようにするための措置を講ずることとするときは、その内容

⑦　取締役の個人別の報酬等の内容についての決定の方法（⑥に掲げる事項を除く）

⑧　①〜⑦に掲げる事項のほか、取締役の個人別の報酬等の内容についての決定に関する重要な事項

このうち、⑥ハの措置の例としては、任意の報酬諮問委員会等を設置し、委任を受けた代表取締役等が当該報酬諮問委員会等の見解を踏まえて取締役の個人別の報酬等の内容についての決定をすることがあげられる（意見募集の結果について25頁）。また、⑧に該当し得る事項としては、例えば、一定の事由が生じた場合に取締役の報酬等を返還させることとする場合におけるその事由の決定に関する方針等が考えられる（意見募集の結果について26頁）。

このように報酬等の決定方針として決定しなければならない事項を法務省令において定めることとしたのは、実務の変化に迅速に対応することができるようにするためである。

(c)　**報酬等の決定方針を定めることが義務づけられる会社**　　報酬等の決定

方針を定めることが義務づけられるのは、株式会社のうち、①監査役会設置会社（公開会社であり、かつ、大会社であるものに限る）であって、金融商品取引法24条1項の規定によりその発行する株式について有価証券報告書を内閣総理大臣に提出しなければならないもの（本条7項1号）と、②監査等委員会設置会社（同項2号）に限定されている。これらの会社において、取締役会が報酬等の決定方針を定めないまま、取締役の個人別の報酬等が決定された場合、報酬等の決定は違法であり、無効であると解されている（竹林他(3)6頁、久保田・前掲21頁、一問一答78頁）。

　ここで、監査役会設置会社について報酬等の決定方針を定めることが義務づけられる上記①の会社は、社外取締役の設置が義務づけられている株式会社（改正法327条の2）と同じである。この理由は、この範囲の株式会社においては、取締役会による代表取締役に対する監督が最も発揮されるべきであり、社外取締役が取締役会における議決権行使を通じて業務執行者の報酬等の内容が適切なインセンティブとなるように報酬等の決定方針に関与することが期待されることや、上記①に含まれる上場会社については、株価という明示的な指標が存在するために、いわゆるエクイティ報酬を活用する意義が大きく、報酬等の決定方針を定める必要性があることなどにあると考えられる（部会資料20・3頁）。

　また、上記①の社外取締役への期待との整合性の観点からは、社外取締役による機能を活用するために創設された監査等委員会設置会社についても報酬等の決定方針を定める義務を負わせるべきと考えられ（部会資料20・3頁）、上記②のとおり、本条7項の対象には監査等委員会設置会社も含まれている。なお、監査等委員会設置会社において、本条7項に基づく報酬等の決定方針の対象となる取締役には、監査等委員である取締役は含まれない。この点については、「取締役の報酬等に関する会社法361条1項各号の事項は、監査等委員である取締役とそれ以外の取締役とを区別して定めることを要するとされ（同条2項）、監査等委員である取締役の報酬等については、定款または株主総会で各取締役の報酬等を定めない場合には、同条1項の定めの範囲内で（すなわち例えば、株主総会決議で総額の上限を定めた場合にはその範囲内で）監査等委員である取締役の協議によって定めることとされているため（同条3項）、この規律との整合性をとったものである」と説明されている（神田(3)6頁）。

　なお、指名委員会等設置会社については本条7項の対象とされていないが、これは会社法409条1項によって報酬委員会が執行役等の個人別の報酬等の内

容に関する方針を定めることとされているためである（神田(3)5～6頁）。

　(d)　**報酬等の決定方針の決定機関**　　報酬等の決定方針は、取締役会が決定するものとされている（本条7項）。ここで、改正法399条の13第5項7号として「第361条第7項の規定による同項の事項の決定」が加えられており、監査等委員会設置会社においては、取締役会は、報酬等の決定方針の決定を取締役に委任することはできない。そして、このことは、監査等委員会設置会社以外の取締役会設置会社においても、取締役会は報酬等の決定方針の決定を取締役に委任することができないことを前提としていると説明されている（神田(3)7頁）。

　したがって、報酬等の決定方針の決定は、取締役に委任することはできず、常に取締役会によって決定しなくてはならない（決定方針の決定は、「重要な業務執行の決定」に該当する。362条4項柱書）。

　(e)　**報酬等の決定方針の説明**　　取締役の報酬等は、適切に職務を執行するインセンティブを付与するための手段として捉えることができる（⇨1）。その観点からは、取締役に対し、どのような内容の報酬等を支払い、どのようなインセンティブを付与するかといった方針が重要であり、取締役の報酬等に関する議案を株主総会に提出するにあたっては、当該議案が当該方針との関係でどのような意義を有しているかを説明すべきものと考えられる（中間試案補足説明24頁）。すなわち、提出された取締役の報酬等に関する議案が報酬等の決定方針に沿うものであることを取締役がその理由とともに説得的に株主に対して説明することが重要となる（神田(3)6頁）。

　しかし、報酬等の決定方針は、報酬等の内容としての定款または株主総会の決議による本条1項各号に掲げる事項についての定めに基づかなければならない（⇨(a)）。そのため、取締役の報酬等に関する議案を提出した際には、当該議案が可決されたことを前提とする報酬等の決定方針はいまだ存在せず、未確定の報酬等の決定方針について株主総会における説明義務を課すことは困難であることから、そのような明文の規定は、部会において検討されたものの、結局設けられなかった（部会資料28-2・2頁）。

　もっとも、このことは、株主総会で取締役の報酬等に関する議案を審議するのに先立って会社が報酬等の決定方針を定めておくことを否定するものではない。そして、取締役が報酬等について議案を提出した場合において、当該議案の可決後、取締役会等が報酬等の決定方針を定めることが想定されるときは、

当該報酬等の決定方針の内容としてどのようなことを想定しているかということは、株主が当該議案についての賛否を決定する上で重要な情報であると考えられ、また、当該議案の内容の合理性や相当性を基礎づけるものであると考えられる（部会資料28-2・2頁）。

ところで、改正前会社法361条4項では、株主総会において相当とする理由の説明が求められたのは、同条1項2号の「額が確定していないもの」および同項3号の「金銭でないもの」だけであったところ（⇨**2(1)(f)**）、改正法361条4項は、「額が確定しているもの」についても、これを相当とする理由を説明しなければならないものとした。この改正により、実質的には上記の説明義務に代わるものとして、改正法361条1項各号のあらゆる場合において、報酬等の決定方針の内容としてどのようなことを想定しているかについても説明が必要となるものと思われる。

(f) 報酬等の決定方針の開示　　要綱8頁において、会社役員の報酬等に関する事項について、公開会社における事業報告による情報開示に関する規定の充実を図るものとすることが提言されており、開示事項の1つとして「報酬等の決定方針に関する事項」が挙げられていた。これを受けて、報酬等の決定方針に関する一定の事項が加えられている（改正施規121条6号）など事業報告における役員の報酬に関する記載事項が拡充されている。事業報告による取締役の報酬等に関する事項の情報開示については93頁以下を参照されたい。

（2） 実務への影響　　実務上、コーポレートガバナンス・コードを受けて、役員報酬の構成・内容や決定方法に関する方針を決定している上場会社は少なくなく、株式報酬の導入などに合わせてそのような方針を開示している事例も存在する。また、改正前会社法の下でも、同法361条4項により、インセンティブ報酬として株式報酬などの非金銭である報酬等に関する議案が株主総会に提出された場合には、取締役には当該事項を相当とする理由の説明が求められている。更に、上場会社等については、有価証券報告書において役員の報酬等に関する情報開示が求められている。このように、これまでも一定の範囲では、会社が取締役等に対する具体的な報酬等の前提となる方針を決定し、その内容を説明するということが行われていた。

もっとも、今回の改正により、金銭報酬の議案が提出された場合にも株主総会における相当性の説明が求められることになり（本条4項）、また、上場会社などの一定の範囲の会社には報酬等の決定方針の決定が義務づけられること

になる（本条７項)。このような改正により、会社は、取締役に対する報酬等が、取締役が適切に職務を執行するインセンティブを付与するための手段であることを前提として、報酬等の具体的な内容を定めることが求められるとともに、あらかじめ報酬等の決定方針を決定して示すなどして、報酬等の合理性・相当性について株主に対して適切に説明を行うことが必要となる。この点は、コーポレートガバナンスの更なる向上につながることが期待される。一方、株主としても、会社が提示する報酬等に関する議案についての説明や会社が決定する報酬等の決定方針の内容を踏まえて、会社が提案するインセンティブ報酬その他の報酬等が、真に取締役が適切に職務を執行するインセンティブを付与するものとなっているかを検証の上、議決権の行使をすることが求められよう。

なお、本条７項に基づく報酬等の決定方針の決定の義務づけに関して、特段の経過措置は定められていないため、この義務の対象となる会社は、改正法の施行日から当該義務を負うことになると考えられる（高木弘明=辰巳郁「取締役の報酬等に関する改正」旬刊商事法務2232号32頁〔商事法務・2020〕)。他方、改正法の施行前に定められている報酬等の決定方針が改正会社法施行規則98条の５に定める内容を満たすものであれば、改正法の施行後に改めて決定をし直す必要はないと解される（神田秀樹他「〈座談会〉令和元年改正会社法の考え方」旬刊商事法務2230号21頁［竹林俊憲発言]〔商事法務・2020〕)。そのため、この義務の対象となる会社は、改正法の施行に先立って本条７項に即した報酬等の決定方針を決定しておくことが慎重な対応と考えられる。

（報酬委員会による報酬の決定の方法等）
第409条
１～２（略）
３　報酬委員会は、次の各号に掲げるものを執行役等の個人別の報酬等とする場合には、その内容として、当該各号に定める事項について決定しなければならない。ただし、会計参与の個人別の報酬等は、第１号に掲げるものでなければならない。
①～②　（略）
③　当該株式会社の募集株式　当該募集株式の数（種類株式発行会社にあっては、募集株式の種類及び種類ごとの数）その他法務省令で定め

　る事項
④　当該株式会社の募集新株予約権　当該募集新株予約権の数その他法
　務省令で定める事項
⑤　次のイ又はロに掲げるものと引換えにする払込みに充てるための金
　銭　当該イ又はロに定める事項
　　イ　当該株式会社の募集株式　執行役等が引き受ける当該募集株式の
　　　数（種類株式発行会社にあっては、募集株式の種類及び種類ごとの
　　　数）その他法務省令で定める事項
　　ロ　当該株式会社の募集新株予約権　執行役等が引き受ける当該募集
　　　新株予約権の数その他法務省令で定める事項
⑥　金銭でないもの（当該株式会社の募集株式及び募集新株予約権を除
　く。）　個人別の具体的な内容

会社法施行規則

**第111条（執行役等の報酬等のうち株式会社の募集株式について定めるべ
き事項）**

法第409条第3項第3号に規定する法務省令で定める事項は、同号の募集
株式に係る次に掲げる事項とする。

①　一定の事由が生ずるまで当該募集株式を他人に譲り渡さないことを
　執行役等に約させることとするときは、その旨及び当該一定の事由
②　一定の事由が生じたことを条件として当該募集株式を当該株式会社
　に無償で譲り渡すことを執行役等に約させることとするときは、その
　旨及び当該一定の事由
③　前2号に掲げる事項のほか、執行役等に対して当該募集株式を割り
　当てる条件を定めるときは、その条件（新設）

**第111条の2（執行役等の報酬等のうち株式会社の募集新株予約権につい
て定めるべき事項）**

法第409条第3項第4号に規定する法務省令で定める事項は、同号の募集
新株予約権に係る次に掲げる事項とする。

①　法第236条第1項第1号から第4号までに掲げる事項（同条第3項
　（同条第4項の規定により読み替えて適用する場合に限る。以下この
　号において同じ。）の場合には、同条第1項第1号、第3号及び第4
　号に掲げる事項並びに同条第3項各号に掲げる事項）

② 一定の資格を有する者が当該募集新株予約権を行使することができることとするときは、その旨及び当該一定の資格の内容

③ 前2号に掲げる事項のほか、当該募集新株予約権の行使の条件を定めるときは、その条件

④ 法第236条第1項第6号に掲げる事項

⑤ 法第236条第1項第7号に掲げる事項の内容

⑥ 執行役等に対して当該募集新株予約権を割り当てる条件を定めるときは、その条件（新設）

第111条の3（執行役等の報酬等のうち株式等と引換えにする払込みに充てるための金銭について定めるべき事項）

1　法第409条第3項第5号イに規定する法務省令で定める事項は、同号イの募集株式に係る次に掲げる事項とする。

① 一定の事由が生ずるまで当該募集株式を他人に譲り渡さないことを執行役等に約させることとするときは、その旨及び当該一定の事由

② 一定の事由が生じたことを条件として当該募集株式を当該株式会社に無償で譲り渡すことを執行役等に約させることとするときは、その旨及び当該一定の事由

③ 前2号に掲げる事項のほか、執行役等に対して当該募集株式と引換えにする払込みに充てるための金銭を交付する条件又は執行役等に対して当該募集株式を割り当てる条件を定めるときは、その条件

2　法第409条第3項第5号ロに規定する法務省令で定める事項は、同号ロの募集新株予約権に係る次に掲げる事項とする。

① 法第236条第1項第1号から第4号までに掲げる事項（同条第3項（同条第4項の規定により読み替えて適用する場合に限る。以下この号において同じ。）の場合には、同条第1項第1号、第3号及び第4号に掲げる事項並びに同条第3項各号に掲げる事項）

② 一定の資格を有する者が当該募集新株予約権を行使することができることとするときは、その旨及び当該一定の資格の内容

③ 前2号に掲げる事項のほか、当該募集新株予約権の行使の条件を定めるときは、その条件

④ 法第236条第1項第6号に掲げる事項

⑤ 法第236条第1項第7号に掲げる事項の内容

⑥ 執行役等に対して当該募集新株予約権と引換えにする払込みに充て

> るための金銭を交付する条件又は執行役等に対して当該募集新株予約権を割り当てる条件を定めるときは、その条件（新設）

（改正前会社法409条）

1～2　（略）

3　報酬委員会は、次の各号に掲げるものを執行役等の個人別の報酬等とする場合には、その内容として、当該各号に定める事項を決定しなければならない。ただし、会計参与の個人別の報酬等は、第1号に掲げるものでなければならない。

①～②　（略）

③　金銭でないもの　個人別の具体的な内容

◆解説

1　背景

今般の改正により、指名委員会等設置会社以外の株式会社において、当該株式会社の募集株式または募集新株予約権（これらと引換えにする払込みに充てるための金銭を含む）を取締役の報酬等とする場合に、定款または株主総会の決議によって定めなければならない事項が新設された（改正法361条1項3～5号）。この改正の背景にある問題は、指名委員会等設置会社における報酬委員会の決定事項においても同様に妥当すると考えられることから、報酬委員会が執行役等の個人別の報酬等の内容として決定しなければならない事項（改正前会社法409条3項）についても、同様の改正が行われた。

2　趣旨

報酬委員会は、改正法409条3項3～6号に掲げるものを執行役および取締役の個人別の報酬等とする場合には、その内容として、当該各号に定める事項について決定しなければならない。同項3号は当該株式会社の募集株式、同項4号は当該株式会社の募集新株予約権、同項5号は当該株式会社の募集株式または募集新株予約権と引換えにする払込みに充てるための金銭、同項6号は金銭でないもの（当該株式会社の募集株式および募集新株予約権を除く）について、その内容として、報酬委員会が決定しなければならない事項をそれぞれ定めている。これらを受けて、改正会社法施行規則111条、111条の2および111条の3がそれぞれの詳細を定めている。それらの具体的な内容については、改正法361条1項3～6号と同様であるため、その解説を参照されたい（⇨ §361-2

（1）(b)～(e)）。ただし、指名委員会等設置会社においては、報酬委員会は、執行役等の個人別の報酬等の内容を決定することとされていることから（会404条3項）、募集株式等を執行役等の報酬等とする場合において定める事項について、改正会社法施行規則111条～111条の3では、これらの規定に掲げる事項、内容または条件の「概要」ではなく、これら自体とされた（改正施規98条の2～98条の4参照。意見募集の結果について14～15頁）。

3　実務への影響

　指名委員会等設置会社における報酬委員会の運営にあたり、執行役等の個人別の報酬等の内容として決定しなければならない事項を適切に把握することが必要になる。

＜株式報酬＞

（取締役の報酬等に係る募集事項の決定の特則）
第202条の2
1　金融商品取引法第2条第16項に規定する金融商品取引所に上場されている株式を発行している株式会社は、定款又は株主総会の決議による第361条第1項第3号に掲げる事項についての定めに従いその発行する株式又はその処分する自己株式を引き受ける者の募集をするときは、第199条第1項第2号及び第4号に掲げる事項を定めることを要しない。この場合において、当該株式会社は、募集株式について次に掲げる事項を定めなければならない。
　①　取締役の報酬等（第361条第1項に規定する報酬等をいう。第236条第3項第1号において同じ。）として当該募集に係る株式の発行又は自己株式の処分をするものであり、募集株式と引換えにする金銭の払込み又は第199条第1項第3号の財産の給付を要しない旨
　②　募集株式を割り当てる日（以下この節において「割当日」という。）
2　前項各号に掲げる事項を定めた場合における第199条第2項の規定の適用については、同項中「前項各号」とあるのは、「前項各号（第2号及び第4号を除く。）及び第202条の2第1項各号」とする。この場合においては、第200条及び前条の規定は、適用しない。
3　指名委員会等設置会社における第1項の規定の適用については、同項中「定款又は株主総会の決議による第361条第1項第3号に掲げる事項

についての定め」とあるのは「報酬委員会による第409条第3項第3号に定める事項についての決定」と、「取締役」とあるのは「執行役又は取締役」とする。

（新設）

（募集株式の申込み及び割当てに関する特則）

第205条

1～2　（略）

3　第202条の2第1項後段の規定による同項各号に掲げる事項についての定めがある場合には、定款又は株主総会の決議による第361条第1項第3号に掲げる事項についての定めに係る取締役（取締役であった者を含む。）以外の者は、第203条第2項の申込みをし、又は第1項の契約を締結することができない。

4　前項に規定する場合における前条第3項並びに第206条の2第1項、第3項及び第4項の規定の適用については、前条第3項及び第206条の2第1項中「第199条第1項第4号の期日（同号の期間を定めた場合にあっては、その期間の初日）」とあり、同条第3項中「同項に規定する期日」とあり、並びに同条第4項中「第1項に規定する期日」とあるのは、「割当日」とする。

5　指名委員会等設置会社における第3項の規定の適用については、同項中「定款又は株主総会の決議による第361条第1項第3号に掲げる事項についての定め」とあるのは「報酬委員会による第409条第3項第3号に定める事項についての決定」と、「取締役」とあるのは「執行役又は取締役」とする。

（株主となる時期等）

第209条

1～3　（略）

4　第1項の規定にかかわらず、第202条の2第1項後段の規定による同項各号に掲げる事項についての定めがある場合には、募集株式の引受人は、割当日に、その引き受けた募集株式の株主となる。

（改正前会社法205条）

1〜2　（略）

（改正前会社法209条）

1〜3　（略）

◆解説

1　背景

（1）取締役に対する株式報酬の実務　近年、コーポレートガバナンスに関する議論や実務が大きく変化している中で、取締役へのインセンティブ付与の観点から自社の株式を報酬等として交付することの重要性が指摘されている。コーポレートガバナンス・コード原則4-2は、経営陣の報酬については、中長期的な会社の業績や潜在的リスクを反映させ、健全な企業家精神の発揮に資するようなインセンティブづけを行うべきであるとする（同補充原則4-2①では、現金報酬と自社株報酬との割合を適切に設定すべきとされている）。そして、コーポレートガバナンス・コードの適用を受けて、取締役の報酬等として株式を交付する会社が増加している。

　改正前会社法上、会社法199条1項の募集に係る株式の発行または自己株式の処分においては、募集株式の払込金額またはその算定方法を常に定めなければならないこととされている（同項2号）。そのため、取締役の報酬等として株式を交付しようとする株式会社においては、実務上、金銭を取締役の報酬等とした上で、取締役に募集株式を割り当て、引受人となった取締役をして株式会社に対する報酬支払請求権を現物出資財産として給付させることによって株式を交付するという工夫がされている（他方で、新株予約権の発行においては、いわゆる無償構成として、報酬等として新株予約権を金銭の払込みまたは財産の給付を要しないで取締役に交付することができる〔会238条1項2号⇨§236-1(1)〕）。しかし、このような方法は技巧的であり、また、この方法による場合の資本金等の取扱いが不明確である旨の指摘がされていた。

　また、当該株式会社の株式の取得に要する資金に充てるための金銭を報酬等とする場合には、改正前会社法361条1項3号に掲げる事項を定款または株主総会の決議によって定める必要がないという解釈がある。この解釈を前提とすれば、上記の現物出資の方法により株式を交付しようとする場合には、同号の決議を要しないこととなる。しかし、この場合であっても、株式の内容や新株予約権の内容等を株主総会において決議することが望ましいという指摘がされ

ていた。

会社法研究会報告書においても、株式報酬については、金銭の払込みまたは現物出資財産の給付を要することなく適法に発行することができるようにするとともに、そのために必要な手続を定めるべき旨の意見が紹介されていた（会社法研究会報告書20頁）。

（2）　中間試案までの部会での審議の経緯　　前記（1）のとおり、取締役の報酬等として株式を交付しようとする株式会社においては、実務上、金銭を取締役の報酬等とした上で、会社法199条1項の募集をし、取締役に募集株式を割り当て、引受人となった取締役をして株式会社に対する報酬支払請求権を現物出資財産として給付させることによって株式を交付するということ（いわゆる「現物出資方式」）がされている。

部会においては、取締役への適切なインセンティブを付与するために株式を報酬等として交付することの意義が注目されている近年の状況を踏まえ、このような現物出資の方法によらずに、金銭の払込みを要しないで株式を報酬等として交付すること（いわゆる「無償構成による株式発行」または「株式の無償発行」）を認めるべきであるという指摘がされた（第3回部会議事録15～17頁［前田雅弘委員発言・田中亘幹事発言］、19～21頁［沖隆一委員発言］。また、同部会配布の参考資料10参照）。

また、改正前会社法上、新株予約権については、その行使に際して必ず財産の出資をしなければならないこととされているため（236条1項2号参照）、実務上、行使価額を1円にすることにより実質的に行使に際する財産の出資を要しない新株予約権を交付するということ（いわゆる1円ストックオプション）も行われている。部会では、このような規律に対しても、新株予約権をいわゆるストックオプションとして交付する場合には、新株予約権の行使に際して財産の出資をすることを要しないものとすることを認めるべきとの指摘がされた（第3回部会議事録15頁［前田雅弘委員発言］、19～21頁［沖隆一委員発言］）。

そこで、中間試案7頁においては、株式報酬について、「募集事項として、募集株式と引換えに金銭の払込みを要しない旨を定めることができる」ものとするA案が示された。他方で、このような見直しが実質的に取締役による労務出資を認めることとなることや、不当な経営者支配を助長するおそれがあることを理由として慎重に検討すべきであるという指摘もされたため（第3回部会議事録14～15頁［小林俊明委員発言］・17頁［神作裕之委員発言］・21～22頁［尾

崎安央委員発言〕)、「現行法の規律を見直さない」ものとするＣ案も掲げられた。更に、新株予約権についてのみＡ案で示された規律の見直しをし、株式については現行法の規律を見直さないものとするＢ案も掲げられた。

（3） 中間試案後の審議の経緯　パブリックコメントでは、改正の要否について意見が分かれた。現行法の規律を見直すべきでないとする意見からは、その理由として濫用的に利用される懸念があること等が指摘された。同様の懸念から、Ａ案に賛成しつつも、当該制度を利用することができる会社の範囲を上場会社等に限定すべきであるという意見もあった。そこで、第12回部会では、Ａ案を引き継いだ（表現を一部変更した）甲案と、これを利用することのできる会社の範囲を上場会社に限定する乙案が提示された（部会資料20・6頁）。その上で、乙案については、改正前会社法においてすでにいわゆる現物出資方式により実質的に金銭の払込みを要しないで株式を発行することができるとされていることとの関係で、規律の整合性をどのように考えるのかという問題が指摘された（部会資料20・7～8頁）。同会議では、払込みを要しない株式発行を認めることが「役務出資」を認めることになるとして、これに対する疑問が示された（第12回部会議事録17頁〔尾崎安央委員発言〕）。他方、払込みを要しない株式発行が有利発行にならないという方向で整理すべきとの意見も出された（第12回部会議事録15～16頁〔沖隆一委員発言〕・18頁〔梅野晴一郎幹事発言〕、なお、株式発行時の条件も加味して株式の公正評価額を考えれば理論的には有利発行にならないとの整理をすることもできる旨の指摘として、同部会議事録20～21頁〔田中亘幹事発言〕）。

　その後の第14回部会では、前記乙案（対象を上場会社に限定する案）が示され、会計処理についての詳細な提案がされた（部会資料23・10～13頁）。そして、部会第16回会議では前記乙案が案となり（部会資料25・9～10頁）、それが要綱においても維持され、改正法202条の2となった。

2　趣旨

（1） 改正法202条の2　改正法202条の2第1項柱書の「金融商品取引法第2条第16項に規定する金融商品取引所に上場されている株式を発行している株式会社」は、会社法298条2項ただし書にならって上場会社を定義している。本条の適用範囲を上場会社に限った理由は、非上場会社の株式はその公正な価値を算定することが容易ではないため、本条の適用範囲を非上場会社にも拡げると、株式の無償発行が濫用されて不当な経営者支配を助長するおそれが高い

ことが挙げられている（一問一答92〜93頁）。次に、「第361条第1項第3号に掲げる事項についての定め」とは、改正後の同号に掲げる事項、すなわち株式報酬に係る募集株式の数（種類株式発行会社にあっては募集株式の種類および種類ごとの数）の上限その他法務省令で定める事項についての定めを指し、「第199条第1項第2号及び第4号に掲げる事項」とはそれぞれ払込金額（またはその算定方法）および払込期日（または払込期間）を指している。なお、本条は、本条に基づいて無償で発行する株式の種類については限定していない。そのため、上場会社が種類株式を発行している場合に、取締役の報酬等として当該種類株式を無償で交付することも認められる。

　改正法202条の2第1項1号は、払込みを要しないで募集株式の発行等を受けられる（すなわち、株式の無償発行の対象となる）場面を取締役に対する株式報酬の場合のみに限定するため、募集要項において「取締役の報酬等（第361条第1項に規定する報酬等をいう。第236条第3項第1号において同じ。）として当該募集に係る株式の発行又は自己株式の処分をするものであり、募集株式と引換えにする金銭の払込み又は第199条第1項第3号の財産の給付を要しない旨」を定めることを求めている。要綱7頁では、この規定に相当する記載として「募集株式と引換えにする出資の履行（第208条第3項に規定する出資の履行をいう。）を要しない旨」とのみ記載していたが、条文化に際してより明確な文言となっている。同号は、株式の無償発行をすることのできる場合を「『取締役』の報酬等」に限定しており、取締役でない従業員、子会社の役員・従業員、アドバイザーその他の第三者に対する株式の交付については、株式の無償発行の対象としていない。そのため、これらの者に対し株式を交付しようとする場合は、金銭の払込み等が必要となる。

　改正法202条の2第2項は技術的な調整規定である。同条3項は、指名委員会等設置会社においては取締役および執行役について無償発行を認める規定である。

（2）　改正法205条　　改正法205条3項は、株式の無償発行を受けられる者について、「定款又は株主総会の決議による第361条第1項第3号に掲げる事項についての定めに係る取締役（取締役であった者を含む。）」とし、株式報酬を受ける取締役に限定する一方で、元取締役に対する株式の無償発行は認めている（なお、相続人の取扱いに関し、第16回部会議事録27頁［梅野晴一郎幹事発言］参照）。

　改正法205条4項の規定は、株式発行の払込期日について、無償発行におい

ては払込みがされないことを踏まえた技術的な調整をする規定であり、同条5項は指名委員会等設置会社についての技術的な読替え規定である。

(3) 有利発行規制の不適用

(a) 改正法の内容　　要綱7～8頁では、無償発行に係る事項を定めた場合における「第199条第3項の規定の適用については、同項中『第1項第2号の払込金額』とあるのは『出資の履行（第208条第3項に規定する出資の履行をいう。）を要しないこととすること』と、『有利な金額』とあるのは『有利な条件』と、『当該払込金額』とあるのは『当該条件』とするほか、所要の規定を整備するものとする」とされていた。しかし、改正法では、会社法199条3項の適用に関する調整規定は特に設けられていない。

このように、改正法202条の2第1項が、会社法199条1項2号および4号に掲げる募集株式の払込金額・払込期日を定めることを要しないとし、かつ、同条3項の適用に関する調整規定も設けていない結果、株式報酬については、有利発行規制は適用されない（同項の適用はない）こととなった。この点は、要綱から実質的規律に変更があったところである。

(b) 有利発行規制が不適用とされた理由　　株式報酬について有利発行規制が適用されなくなった理由については、立案担当者によれば、株式会社が取締役の報酬等として株式発行または自己株式処分をする場合には、当該株式は取締役の職務執行の対価として交付されることとなり、取締役は株式会社に対して職務執行により便益を提供することとなるため、金銭の払込みを要しないこととすることが特に有利な条件に該当することは想定し難いためと説明されている。また、有利発行規制の趣旨として、1株当たりの価値の減少（希釈化）が生じ得るからという側面もあるが、立案担当者によれば、その問題についても、改正法では、会社の募集株式を取締役の報酬等とする場合に株主総会の決議によって募集株式の数の上限等を定めなければならないこととしている（改正法361条1項3号）ことから、許容される希釈化の限度について株主の意思を確認することとしているため、重ねて有利発行規制を適用しないこととしたと説明されている（一問一答94頁）。

しかし、取締役の職務執行に財産的価値を見出すのであれば、当然その財産的価値の大小が問われるべきであり、職務執行による便益の提供があること自体のみをもって、「金銭の払込みを要しないこととすることが特に有利な条件に該当することは想定し難い」ことの直接的な理由とするには少し無理がある

ようにも思われる。取締役の職務執行が有する財産的価値の大きさ、すなわち報酬額としての多寡という問題は、前述の希釈化の限度の問題と併せ、改正法361条1項3号により募集株式の数の上限を株主総会決議事項とすることによって十分に担保される（なお、同号に掲げる事項を定め、または改定する議案を株主総会に提出した取締役は、当該株主総会において、当該事項を相当とする理由を説明しなければならないものとされている。改正法361条4項）という整理がされたものとも推測される（株式報酬に有利発行規制を適用する必要がないとするものとして、第3回部会に提出された沖隆一委員および梅野晴一郎幹事による参考資料10「新しい報酬規制　会社法361条改正の考え方」12頁参照）。なお、新株予約権の発行に関する規定である会社法238条1項2号・3項および240条1項は今回改正されておらず、取締役の報酬等として新株予約権を発行する場合にも、改正前と同様に、条文上、有利発行規制の適用自体はあり得ることに変わりはない（もっとも、現行法上も、その場合には有利発行に該当することは想定し難いとする見解が有力に主張されている）。⇨§236-2（2）参照。

3　実務への影響

　改正前会社法下の実務では、取締役に対する株式報酬として、特定譲渡制限付株式をはじめとする事前交付型株式報酬、事後交付型株式報酬、信託型株式報酬等、様々な手法が開発されているが、特定譲渡制限付株式や事後交付型株式報酬を導入する場合、現物出資方式により発行している事例が多い。経済産業省「『攻めの経営』を促す役員報酬―企業の持続的成長のためのインセンティブプラン導入の手引」（2019年5月改訂版）においても、11頁で会社法上「無償で株式を発行すること」が認められていないことを指摘した上で、38頁以下で現物出資方式による株式報酬の交付の手続を説明している。

　改正法により、いわゆる無償構成により株式報酬としての株式の交付が認められるようになれば、上場会社の取締役に対する株式報酬については、このスキームを用いた株式報酬が増加するなど実務に変化が生じる可能性がある。他方、改正法により有利発行の適用がないと整理されたのは、取締役に対する株式報酬についてのみであるから、執行役員および従業員に対する株式報酬については、改正前会社法の下における解釈と同様、有利発行規制の適用があると解される。そのため、例えば取締役、執行役員および子会社取締役を対象に一体的に株式報酬を導入する会社においては、改正前会社法下でのスキームと同じものを導入することも含め、その方法を検討する必要があろう。また、前述

のとおり、取締役に対する報酬として新株予約権を発行する場合も、改正前会社法の下における解釈と同様、有利発行規制の適用があると解されるため、実務上、株式と新株予約権で株主総会議案の内容が異なり得る。

（資本金の額及び準備金の額）

第445条

1〜5　（略）

6　定款又は株主総会の決議による第361条第1項第3号、第4号若しくは第5号ロに掲げる事項についての定め又は報酬委員会による第409条第3項第3号、第4号若しくは第5号ロに定める事項についての決定に基づく株式の発行により資本金又は準備金として計上すべき額については、法務省令で定める。

（新設）

会社計算規則

第2条（定義）

3㉞　株式引受権　取締役又は執行役がその職務の執行として株式会社に対して提供した役務の対価として当該株式会社の株式の交付を受けることができる権利（新株予約権を除く。）をいう。（新設）

第42条の2（取締役等が株式会社に対し割当日後にその職務の執行として募集株式を対価とする役務を提供する場合における株主資本の変動額）

1　法第202条の2第1項（同条第3項の規定により読み替えて適用する場合を含む。）の規定により募集株式を引き受ける者の募集を行う場合において、当該募集株式を引き受ける取締役又は執行役（以下この節及び第54条の2において「取締役等」という。）が株式会社に対し当該募集株式に係る割当日（法第202条の2第1項第2号に規定する割当日をいう。以下この節及び第54条の2において同じ。）後にその職務の執行として当該募集株式を対価とする役務を提供するときは、当該募集に係る株式の発行により各事業年度の末日（臨時計算書類を作成しようとし、又は作成した場合にあっては、臨時決算日。以下この項及び第5項において「株主資本変動日」という。）において増加する資本金の額は、この省令に別段の定めがある場合を除き、第1号に掲げる額から第2号に

掲げる額を減じて得た額に株式発行割合（当該募集に際して発行する株式の数を当該募集に際して発行する株式の数及び処分する自己株式の数の合計数で除して得た割合をいう。以下この条において同じ。）を乗じて得た額（零未満である場合にあっては、零。以下この条において「資本金等増加限度額」という。）とする。

① イに掲げる額からロに掲げる額を減じて得た額（零未満である場合にあっては、零）

　イ　取締役等が当該株主資本変動日までにその職務の執行として当該株式会社に提供した役務（当該募集株式を対価とするものに限る。ロにおいて同じ。）の公正な評価額

　ロ　取締役等が当該株主資本変動日の直前の株主資本変動日までにその職務の執行として当該株式会社に提供した役務の公正な評価額

② 法第199条第1項第5号に掲げる事項として募集株式の交付に係る費用の額のうち、株式会社が資本金等増加限度額から減ずべき額と定めた額

2　資本金等増加限度額の2分の1を超えない額は、資本金として計上しないことができる。

3　前項の規定により資本金として計上しないこととした額は、資本準備金として計上しなければならない。

4　法第202条の2第1項（同条第3項の規定により読み替えて適用する場合を含む。）の規定により募集株式を引き受ける者の募集を行う場合において、取締役等が株式会社に対し当該募集株式に係る割当日後にその職務の執行として当該募集株式を対価とする役務を提供するときは、当該割当日において、当該募集に際して処分する自己株式の帳簿価額をその他資本剰余金の額から減ずるものとする。

5　法第202条の2第1項（同条第3項の規定により読み替えて適用する場合を含む。）の規定により募集株式を引き受ける者の募集を行う場合において、取締役等が株式会社に対し当該募集株式に係る割当日後にその職務の執行として当該募集株式を対価とする役務を提供するときは、各株主資本変動日において変動する次の各号に掲げる額は、当該各号に定める額とする。

① その他資本剰余金の額　第1項第1号に掲げる額から同項第2号に掲げる額を減じて得た額に自己株式処分割合（1から株式発行割合を

　減じて得た割合をいう。）を乗じて得た額
　② 　その他利益剰余金の額　第1項第1号に掲げる額から同項第2号に
　　掲げる額を減じて得た額が零未満である場合における当該額に株式発
　　行割合を乗じて得た額
6　法第202条の2第1項（同条第3項の規定により読み替えて適用する
　場合を含む。）の規定により募集株式を引き受ける者の募集を行う場合
　において、取締役等が株式会社に対し当該募集株式に係る割当日後にそ
　の職務の執行として当該募集株式を対価とする役務を提供するときは、
　自己株式対価額は、零とする。
7　第24条第1項の規定にかかわらず、当該株式会社が法第202条の2第
　1項（同条第3項の規定により読み替えて適用する場合を含む。）の規
　定による募集に際して自己株式の処分により取締役等に対して当該株式
　会社の株式を交付した場合において、当該取締役等が当該株式の割当て
　を受けた際に約したところに従って当該株式を当該株式会社に無償で譲
　り渡し、当該株式会社がこれを取得するときは、当該自己株式の処分に
　際して減少した自己株式の額を、増加すべき自己株式の額とする。（新
　設）

第42条の3（取締役等が株式会社に対し割当日前にその職務の執行として
募集株式を対価とする役務を提供する場合における株主資本の変動額）
1　法第202条の2第1項（同条第3項の規定により読み替えて適用する
　場合を含む。）の規定により募集株式を引き受ける者の募集を行う場合
　において、取締役等が株式会社に対し当該募集株式に係る割当日前にそ
　の職務の執行として当該募集株式を対価とする役務を提供するときは、
　当該募集に係る株式の発行により増加する資本金の額は、この省令に別
　段の定めがある場合を除き、第1号に掲げる額から第2号に掲げる額を
　減じて得た額に株式発行割合（当該募集に際して発行する株式の数を当
　該募集に際して発行する株式の数及び処分する自己株式の数の合計数で
　除して得た割合をいう。以下この条において同じ。）を乗じて得た額
　（零未満である場合にあっては、零。以下この条において「資本金等増
　加限度額」という。）とする。
　① 　第54条の2第2項の規定により減少する株式引受権の額
　② 　法第199条第1項第5号に掲げる事項として募集株式の交付に係る
　　費用の額のうち、株式会社が資本金等増加限度額から減ずるべき額と

定めた額

2 　資本金等増加限度額の２分の１を超えない額は、資本金として計上しないことができる。

3 　前項の規定により資本金として計上しないこととした額は、資本準備金として計上しなければならない。

4 　法第202条の２第１項（同条第３項の規定により読み替えて適用する場合を含む。）の規定により募集株式を引き受ける者の募集を行う場合において、取締役等が株式会社に対し当該募集株式に係る割当日前にその職務の執行として当該募集株式を対価とする役務を提供するときは、当該行為後の次の各号に掲げる額は、当該行為の直前の当該額に、当該各号に定める額を加えて得た額とする。

① 　その他資本剰余金の額　イに掲げる額からロに掲げる額を減じて得た額

イ 　第１項第１号に掲げる額から同項第２号に掲げる額を減じて得た額に自己株式処分割合（１から株式発行割合を減じて得た割合をいう。第５項において同じ。）を乗じて得た額

ロ 　当該募集に際して処分する自己株式の帳簿価額

② 　その他利益剰余金の額　第１項第１号に掲げる額から同項第２号に掲げる額を減じて得た額が零未満である場合における当該額に株式発行割合を乗じて得た額

5 　法第202条の２第１項（同条第３項の規定により読み替えて適用する場合を含む。）の規定により募集株式を引き受ける者の募集を行う場合において、取締役等が株式会社に対し当該募集株式に係る割当日前にその職務の執行として当該募集株式を対価とする役務を提供するときは、自己株式対価額は、第１項第１号に掲げる額から同項第２号に掲げる額を減じて得た額に自己株式処分割合を乗じて得た額とする。（新設）

第54条の２

1 　取締役等が株式会社に対し法第202条の２第１項（同条第３項の規定により読み替えて適用する場合を含む。）の募集株式に係る割当日前にその職務の執行として当該募集株式を対価とする役務を提供した場合には、当該役務の公正な評価額を、増加すべき株式引受権の額とする。

2 　株式会社が前項の取締役等に対して同項の募集株式を割り当てる場合には、当該募集株式に係る割当日における同項の役務に対応する株式引

> 受権の帳簿価額を、減少すべき株式引受権の額とする。（新設）

改正会社計算規則
13条2項1号、25条2項、26条1項、27条、29条2項、55条8項、76条1項、96条
2項・8項、105条4号、106条3号、141条1項3号、150条1項7～8号・2項13
～14号、158条1項6号ロ・8号ロ、附則11条5～6号

◆解説

1　背景

　本条6項は、改正法202条の2に基づく株式の無償発行をする場合に計上すべき資本金および準備金の額に関して、法務省令に委任する旨の規定である。具体的な内容は、法務省令で定められた。本条5項については、株式交付の新設に伴う改正として後述**第8**で解説している（⇨本条5項に関する本書301～305頁）。

2　趣旨

　株式の無償発行に伴う資本金等の処理について、事前発行型（最初に株式を報酬として交付し、一定期間の業績等を達成した段階でその譲渡制限を解除する類型）に関する改正会社計算規則42条の2、および事後発行型（一定期間の業績等を達成した段階で株式を報酬として交付する類型）に関する改正会社計算規則42条の3の規定がそれぞれ定めている。

（1）　事前発行型　　事前発行型は、改正会社計算規則では、取締役等が株式会社に対し割当日後にその職務の執行として募集株式を対価とする役務を提供するときと規定されている（改正計規42条の2第1項）。

　(a)　新株発行によるとき　　事前発行型において、株式の交付を新株発行により行うとき、資本金の額は各事業年度の末日（臨時計算書類を作成しようとし、または作成した場合にあっては、臨時決算日。併せて「株主資本変動日」と定義されている）に増加する（改正計規42条の2第1項）。増加すべき資本金の額は、同項で「資本金等増加限度額」と定義され、資本金等増加限度額の2分の1を超えない額は資本金でなく資本準備金に計上することができる（同条2項・3項）。

　資本金等増加限度額は、原則として、取締役等が各事業年度においてその職務の執行として当該株式会社に提供した役務の公正価値である。これは、「株

主資本変動日まで」に提供した役務の公正価値から、「直前の株主資本変動日まで」に提供した役務の公正価値を差し引く形で求めることとされている（改正計規42条の2第1項1号）。「公正価値」の算定方法については、企業会計基準委員会が2020年9月11日に実務対応報告公開草案第60号「取締役の報酬等として株式を無償交付する取引に関する取扱い（案）」（以下「実務対応報告案」という）を公表しており、それによれば、各会計期間における費用計上額（株式の公正評価額のうち、対象勤務期間を基礎とする方法その他の合理的な方法に基づき当期に発生したと認められる額）が公正価値となる（実務対応報告案6項）。ここで、株式の公正評価額は、(i)株式の公正な評価単価に、(ii)株式数を乗じて算定する（同項）。(i)株式の公正な評価単価は、付与日において算定し（すなわち、付与日における株式の市場価格を基礎とし）、原則としてその後は見直さない（実務対応報告案7項）。一方、(ii)株式数は、付与された株式数（失効等を見込まない場合の株式数）から、権利確定条件（勤務条件や業績条件）の不達成による失効等の見積数を控除して算定する（実務対応報告案8項(1)）。付与日から権利確定日の直前までの間に、権利確定条件の不達成による失効等の見積数に重要な変動が生じた場合には、原則として、これに応じて株式数を見直すことに加え（同項(2)）、権利確定日には、株式数を権利の確定した株式数（以下「権利確定数」という）と一致させるため、必要に応じて株式数を見直す（同項(3)）。株式数を見直した場合には、見直し後の株式数に基づく株式の公正な評価額に基づき、その期までに費用として計上すべき額と、これまでに計上した額との差額を見直した期の損益として計上する。そして、年度通算で費用が計上される場合は対応する金額を資本金または資本準備金に計上し、年度通算で過年度に計上した費用を戻し入れる場合は対応する金額をその他資本剰余金から減額する（実務対応報告案9項）。

　なお、改正会社計算規則42条の2第1項2号は、資本金等増加限度額の控除項目として「法第199条第1項第5号に掲げる事項として募集株式の交付に係る費用の額のうち、株式会社が資本金等増加限度額から減ずるべき額と定めた額」を定めているが、同号の額は「当分の間、零」とされている（改正計規附則11条5号）。

　(b)　**自己株式の処分によるとき**　　事前発行型において、新株発行ではなく自己株式処分により取締役等へ株式を交付するときは、割当日（すなわち株式の交付日）において、処分する自己株式の帳簿価額をその他資本剰余金の額か

ら減額する（改正計規42条の2第4項）。この場合、処分する自己株式は、自己株式対価額は零として、株式の交付に伴い自己株式（株主資本の控除項目とされている）の帳簿価額を減額する処理を行うところ（計規24条2項、改正計規42条の2第6項）、同額をその他資本剰余金の額から減額することにより、株主資本の額は全体として変わらないこととなる。

そして、各事業年度における費用計上額（各事業年度において取締役等がその職務の執行として当該株式会社に提供した役務の公正価値）の分だけ、その他資本剰余金を増加させることとなる（改正計規42条の2第5項1号）。このように、自己株式の処分によるときは、その他資本剰余金が株式の交付時点で一旦減って、その後各事業年度に徐々に増えていくことになる。各事業年度における費用計上額の算定方法は、前記(a)新株発行によるときと同じである（実務対応報告案13項）。

（2）　事後発行型の場合　　事後発行型は、改正会社計算規則では、取締役等が株式会社に対し割当日前にその職務の執行として募集株式を対価とする役務を提供するときと規定されている（改正計規42条の3第1項）。

　(a)　**新株発行によるとき**　　前記(1)(a)と同様の算定方法により、各事業年度における費用計上額を算定し、当該額を、株式の発行等が行われるまでの間、貸借対照表の純資産の部の株主資本以外の項目に株式引受権（改正計規2条3項34号）として計上する（改正計規54条の2第1項、76条1項1号ハ、同項2号ハ、実務対応報告案15項）。そして、取締役に株式を交付する際に、当該株式に係る取締役の役務（取締役が職務の執行として提供した役務）に対応する株式引受権の額を減少させた上で（改正計規54条の2第2項）、同額を資本金等増加限度額とし、資本金および資本準備金に振り分ける（改正計規42条の3第1項）。資本金等増加限度額の2分の1を超えない額は資本金でなく資本準備金に計上することができる（同条2項・3項）。

株式引受権の増減は、株主資本等変動計算書にも記載される（改正計規96条2項1号ハ、同項2号ハ、8項）。また、株主資本等変動計算書に係る注記として、当該事業年度または当該連結会計年度の末日における株式引受権に係る当該株式会社の株式の数（種類株式発行会社にあっては、種類および種類ごとの数）を記載することとされている（改正計規105条4号、106条3号）。

なお、株式引受権の額が増加するのは、取締役または執行役が会社法202条の2第1項に基づいて割り当てられた募集株式を対価とする役務を提供した場

合（改正計規54条の２第１項）に限られる。取締役等の株式報酬として株式を交付する場合に現物出資構成をとるときは、取締役等が株式会社に対して提供した役務の対価として受領するのは金銭債権であることから、株式引受権は増減しない（意見募集の結果について58頁）。

⒝　自己株式の処分によるとき　　事後発行型において、自己株式処分により取締役等へ株式を交付するときは、事前発行型で自己株式の処分によるときと同様、前記(１)⒝と同様の算定方法により、各事業年度における費用計上額を算定し、当該額を、株式の発行等が行われるまでの間、貸借対照表の純資産の部の株主資本以外の項目に株式引受権として計上する（改正計規54条の２第１項、実務対応報告案17項、15項）。

その上で、割当日（すなわち株式の交付日）において、自己株式の帳簿価額を減少させる（改正計規54条の２第２項）。この場合、自己株式対価額は、当該株式に係る取締役の役務（取締役が職務の執行として提供した役務）に対応する株式引受権の額とする（改正計規42条の３第５項）。そして、自己株式の取得原価と株式引受権の帳簿価額との差額を、自己株式処分差額として、その他資本剰余金を増減させる（同条４項１号、実務対応報告案18項）。

3　実務への影響

事前発行型による株式の無償交付が行われる場合、原則として各事業年度の末日に資本金が増加することから、その日から２週間以内に資本金に係る変更登記申請が必要となる（会915条１項、911条３項５号）。従前、定時株主総会後の役員交代や新株予約権の行使に伴って変更登記申請が必要であったが、新たな登記申請の事由が生じることになるので、該当する会社は注意が必要である。

＜取締役の報酬等としての新株予約権＞

（新株予約権の内容）

第236条

1～2　（略）

3　金融商品取引法第２条第16項に規定する金融商品取引所に上場している株式を発行している株式会社は、定款又は株主総会の決議による第361条第１項第４号又は第５号ロに掲げる事項についての定めに従い新株予約権を発行するときは、第１項第２号に掲げる事項を当該新株予約

権の内容とすることを要しない。この場合において、当該株式会社は、次に掲げる事項を当該新株予約権の内容としなければならない。

① 取締役の報酬等として又は取締役の報酬等をもってする払込みと引換えに当該新株予約権を発行するものであり、当該新株予約権の行使に際してする金銭の払込み又は第 1 項第 3 号の財産の給付を要しない旨

② 定款又は株主総会の決議による第361条第 1 項第 4 号又は第 5 号ロに掲げる事項についての定めに係る取締役（取締役であった者を含む。）以外の者は、当該新株予約権を行使することができない旨

4 指名委員会等設置会社における前項の規定の適用については、同項中「定款又は株主総会の決議による第361条第 1 項第 4 号又は第 5 号ロに掲げる事項についての定め」とあるのは「報酬委員会による第409条第 3 項第 4 号又は第 5 号ロに定める事項についての決定」と、同項第 1 号中「取締役」とあるのは「執行役若しくは取締役」と、同項第 2 号中「取締役」とあるのは「執行役又は取締役」とする。

（改正前会社法236条）

1 ～ 2 　（略）

◆解説

1 　背景

（1） 改正前の実務 　会社法199条 1 項の募集株式の発行とは異なり、会社法238条 1 項の新株予約権の発行では、条文上、募集新株予約権と引換えに金銭の払込みを要しないこととする場合があることが認められているため（同項 2 号の「募集新株予約権と引換えに金銭の払込みを要しないこととする場合には、その旨」との文言がある）、改正前より報酬等として新株予約権を金銭の払込みまたは財産の給付を要しないで取締役に交付することができた（いわゆる無償構成による交付）。しかし、新株予約権についても、実務上は、金銭を取締役の報酬等とした上で、取締役に募集新株予約権を割り当て、引受人となった取締役に会社に対する報酬債権をもって相殺させることによって新株予約権を交付するということが多く行われている（相殺構成による交付）。このような相殺構成による交付が行われている背景には、相殺構成による交付のほうが、無償構成による交付よりも有利発行規制（同条 3 項）に該当しないことが手続上明確

であるという考え方や、無償構成による交付よりも税務上の処理が明確であるという考え方があると指摘されている。

　加えて、会社の株式または新株予約権の取得資金に充てるための金銭を報酬等とする場合には、改正前会社法361条1項3号の事項を定款または株主総会の決議によって定める必要はないという解釈がある。この解釈を前提とすれば、上述の現物出資の方法により株式を交付しようとする場合および相殺構成により新株予約権を交付しようとする場合には、同号の決議を要しないこととなる。しかし、この場合であっても、株式の内容や新株予約権の内容等を株主総会において決議することが望ましいとされた（以上について、中間試案補足説明25〜26頁参照）。

（2）　部会における審議　　部会における審議経緯については、新株予約権の発行は、株式の発行等とまとめて議論されたため、募集株式の発行等に関する改正法202条の2（取締役の報酬等に係る募集事項の決定の特則）の解説を参照されたい。中間試案の段階では、交付される株式と新株予約権には議決権があるかどうかなどにおいて違いがあることなどから、新株予約権よりも株式の方が懸念は大きいとの理由により、新株予約権の見直しのみをする案も掲げられたが、最終的には、株式報酬と新株予約権報酬（新株予約権の行使）のいずれについても改正することとなり、対象を上場会社に限定することで、改正法361条1項4号の事項を定款または株主総会の決議で定めることを前提として、払込みを要しない新株予約権の行使を認めることとなった。

2　趣旨

（1）　改正の内容　　本条は、改正法361条1項4号の事項を定款または株主総会の決議で定めることを前提として、新株予約権の発行手続の特例を設け、払込みを要しない新株予約権の行使を認めることとする趣旨である。上場会社の定義は、会社法298条2項ただし書にならっている。

　この場合、当該株式会社は、当該新株予約権の内容として、①(a)取締役の報酬等として、または(b)取締役の報酬等をもってする払込みと引換えに、当該新株予約権を発行するものであり、当該新株予約権の行使に際してする金銭の払込みまたは本条1項3号の財産の給付を要しない旨、および②定款または株主総会の決議において改正会社法361条1項4号（新株予約権を報酬等とする場合）または5号ロ（新株予約権の払込みに充てるための金銭を報酬等とする場合）に掲げる事項についての定めに係る取締役（取締役であった者を含む）以外の者は、

当該新株予約権を行使することができない旨を定める必要がある（本条3項）。

　本条4項は、指名委員会等設置会社における本条3項の規定の適用にあたり、必要な手当てをする趣旨であり、取締役および執行役の報酬を報酬委員会において決定することを前提とした手当てがなされている。

（2）　有利発行規制との関係　　新株予約権の発行に関する規定である会社法238条1項2号・3項および240条1項は今回改正されておらず、取締役の報酬等として新株予約権を発行する場合にも、改正前と同様に、条文上、有利発行規制の適用自体はあり得ることに変わりはない。加えて、上記1（1）で述べたように無償構成（会238条3項1号参照）または相殺構成を用いることにより有利発行規制の適用を受けないことが可能であるという改正前の解釈は基本的に維持されるものと考えられる。無償構成について、平成26年改正の立案担当者は、ストックオプションとして新株予約権を無償で発行することにより、本来会社が負担すべき金銭による報酬の額を低く抑えることができるのであれば、その実質的な経済的効果からして、特に有利であるというわけではないと述べており（相澤哲＝郡谷大輔＝葉玉匡美編著『論点解説　新・会社法—千問の道標』〔商事法務・2006〕316頁）、当該解釈に基づいて無償構成による実務が形成されている。この点に関連し、前述したとおり、今回の改正により、株式報酬については有利発行規制自体が適用されないこととなったが、このことは、ストックオプションとして新株予約権を無償で発行する場合には、たとえ当該新株予約権の行使に際してする金銭の払込みまたは本条1項3号の財産の給付を要しないときであっても、解釈上、有利発行とされる余地がほとんどなくなることを意味するように思われる（なお、改正法により、株式報酬については条文上有利発行規制適用の余地がなくなったにもかかわらず、新株予約権の行使時の払込みに関し、同様の手当てがなされなかった理由は必ずしも明らかではない。一問一答95頁）。

3　実務への影響

　本改正により、取締役の報酬として新株予約権を発行する場合には新株予約権の行使価額を無償とすることが主流になることが想定される。しかし、取締役以外の執行役員や従業員については、本条は適用されないため、引き続き行使価額を1円と設定する必要があることに留意が必要である。

＜情報開示の充実＞

会社法施行規則

第121条（株式会社の会社役員に関する事項）

第119条第2号に規定する「株式会社の会社役員に関する事項」とは、次に掲げる事項とする。ただし、当該事業年度の末日において監査役会設置会社（公開会社であり、かつ、大会社であるものに限る。）であって金融商品取引法第24条第1項の規定によりその発行する株式について有価証券報告書を内閣総理大臣に提出しなければならないもの、監査等委員会設置会社又は指名委員会等設置会社でない株式会社にあっては、第6号の2に掲げる事項を省略することができる。

① 会社役員（直前の定時株主総会の終結の日の翌日以降に在任していた者に限る。次号から第3号の2まで、第8号及び第9号並びに第128条第2項において同じ。）の氏名（会計参与にあっては、氏名又は名称）

③ 会社役員（取締役又は監査役に限る。以下この号において同じ。）と当該株式会社との間で法第427条第1項の契約を締結しているときは、当該契約の内容の概要（当該契約によって当該会社役員の職務の執行の適正性が損なわれないようにするための措置を講じている場合にあっては、その内容を含む。）

④ 当該事業年度に係る会社役員の報酬等について、次のイからハまでに掲げる場合の区分に応じ、当該イからハまでに定める事項

イ 会社役員の全部につき取締役（監査等委員会設置会社にあっては、監査等委員である取締役又はそれ以外の取締役。イ及びハにおいて同じ。）、会計参与、監査役又は執行役ごとの報酬等の総額（当該報酬等が業績連動報酬等又は非金銭報酬等を含む場合には、業績連動報酬等の総額、非金銭報酬等の総額及びそれら以外の報酬等の総額。イ及びハ並びに第124条第5号イ及びハにおいて同じ。）を掲げることとする場合 取締役、会計参与、監査役又は執行役ごとの報酬等の総額及び員数

ロ 会社役員の全部につき当該会社役員ごとの報酬等の額（当該報酬等が業績連動報酬等又は非金銭報酬等を含む場合には、業績連動報酬等の額、非金銭報酬等の額及びそれら以外の報酬等の額。ロ及び

ハ並びに第124条第5号ロ及びハにおいて同じ。）を掲げることとする場合　当該会社役員ごとの報酬等の額

(5の2)　前2号の会社役員の報酬等の全部又は一部が業績連動報酬等である場合には、次に掲げる事項

イ　当該業績連動報酬等の額又は数の算定の基礎として選定した業績指標の内容及び当該業績指標を選定した理由

ロ　当該業績連動報酬等の額又は数の算定方法

ハ　当該業績連動報酬等の額又は数の算定に用いたイの業績指標に関する実績（新設）

(5の3)　第4号及び第5号の会社役員の報酬等の全部又は一部が非金銭報酬等である場合には、当該非金銭報酬等の内容（新設）

(5の4)　会社役員の報酬等についての定款の定め又は株主総会の決議による定めに関する次に掲げる事項

イ　当該定款の定めを設けた日又は当該株主総会の決議の日

ロ　当該定めの内容の概要

ハ　当該定めに係る会社役員の員数（新設）

⑥　法第361条第7項の方針又は法第409条第1項の方針を定めているときは、次に掲げる事項

イ　当該方針の決定の方法

ロ　当該方針の内容の概要

ハ　当該事業年度に係る取締役（監査等委員である取締役を除き、指名委員会等設置会社にあっては、執行役等）の個人別の報酬等の内容が当該方針に沿うものであると取締役会（指名委員会等設置会社にあっては、報酬委員会）が判断した理由（新設）

(6の2)　各会社役員の報酬等の額又はその算定方法に係る決定に関する方針（前号の方針を除く。）を定めているときは、当該方針の決定の方法及びその方針の内容の概要

(6の3)　株式会社が当該事業年度の末日において取締役会設置会社（指名委員会等設置会社を除く。）である場合において、取締役会から委任を受けた取締役その他の第三者が当該事業年度に係る取締役（監査等委員である取締役を除く。）の個人別の報酬等の内容の全部又は一部を決定したときは、その旨及び次に掲げる事項

イ　当該委任を受けた者の氏名並びに当該内容を決定した日における

当該株式会社における地位及び担当

ロ　イの者に委任された権限の内容

ハ　イの者にロの権限を委任した理由

ニ　イの者によりロの権限が適切に行使されるようにするための措置を講じた場合にあっては、その内容（新設）

第122条（株式会社の株式に関する事項）

1　第119条第3号に規定する「株式会社の株式に関する事項」とは、次に掲げる事項とする。

②　当該事業年度中に当該株式会社の会社役員（会社役員であった者を含む。）に対して当該株式会社が交付した当該株式会社の株式（職務執行の対価として交付したものに限り、当該株式会社が会社役員に対して職務執行の対価として募集株式と引換えにする払込みに充てるための金銭を交付した場合において、当該金銭の払込みと引換えに当該株式会社の株式を交付したときにおける当該株式を含む。以下この号において同じ。）があるときは、次に掲げる者（次に掲げる者であった者を含む。）の区分ごとの株式の数（種類株式発行会社にあっては、株式の種類及び種類ごとの数）及び株式の交付を受けた者の人数

イ　当該株式会社の取締役（監査等委員である取締役及び社外役員を除き、執行役を含む。）

ロ　当該株式会社の社外取締役（監査等委員である取締役を除き、社外役員に限る。）

ハ　当該株式会社の監査等委員である取締役

ニ　当該株式会社の取締役（執行役を含む。）以外の会社役員（新設）

③　前2号に掲げるもののほか、株式会社の株式に関する重要な事項

第123条（株式会社の新株予約権等に関する事項）

第119条第4号に規定する「株式会社の新株予約権等に関する事項」とは、次に掲げる事項とする。

①　当該事業年度の末日において当該株式会社の会社役員（当該事業年度の末日において在任している者に限る。以下この条において同じ。）が当該株式会社の新株予約権等（職務執行の対価として当該株式会社が交付したものに限り、当該株式会社が会社役員に対して職務執行の対価として募集新株予約権と引換えにする払込みに充てるための金銭を交付した場合において、当該金銭の払込みと引換えに当該株

式会社の新株予約権を交付したときにおける当該新株予約権を含む。以下この号及び次号において同じ。）を有しているときは、次に掲げる者の区分ごとの当該新株予約権等の内容の概要及び新株予約権等を有する者の人数

◆解説

1　背景

　「情報開示の充実」は、取締役を含む会社役員（施規2条3項4号参照）の報酬等について、公開会社における事業報告による情報開示の充実を図るものである。改正前会社法においては、公開会社では会社役員の報酬等に関する一定の事項を事業報告で開示することとされていた（改正前施規121条4号等）。しかし、会社法研究会報告書において、「取締役の報酬に係る開示を充実させること、例えば、代表取締役の報酬の額を開示しなければならないこととすることなども考えられるのではないかという意見」が紹介されるなど（20頁）、これを充実するための見直しをすべきとの指摘がされていた。

2　趣旨

（1）　部会での審議　中間試案（中間試案7〜8頁）の本文では、次の事項を事業報告での情報開示の対象とすることを提案していた。「①報酬等の内容に係る決定に関する方針に関する事項　②報酬等についての株主総会の決議に関する事項　③取締役会による各取締役の報酬等の内容に係る決定の一部又は全部の再一任に関する事項　④業績連動報酬等（株式会社の業績を示す指標を基礎として算定される額又は数の金銭その他の財産による報酬等をいう。）に関する事項　⑤職務執行の対価として株式会社が交付した株式又は新株予約権等（会社法施行規則第2条第3項第14号に規定する新株予約権等をいう。）に関する事項　⑥報酬等の種類ごとの総額」。そして、このほかに、「報酬等の額を個人別に事業報告により開示しなければならないものとするかどうかについては、なお検討する」（中間試案8頁）としていた。

　パブリックコメントでは、中間試案の上記本文については賛成する意見が多かった。他方で、開示手続の負担が増すことや他の開示書類で開示されていることなどを理由としてこれに反対する意見もあったが、投資家等から事業報告における報酬の開示を充実させる必要性や重要性が指摘されていることを踏ま

えると、会社の事務的な負担が一定程度増えることとなったとしても、見直し
をすることが相当であると考えられる（以上について、部会資料20・8頁参照）。
そこで、中間試案の上記①から⑥までを事業報告における開示の対象とする線
で、その後の部会の審議が進められた。この間、**第11の論点3**において述べる
「取締役の個人別の報酬等の内容に関する決定の再一任」に関する手続の規律
の改正が断念されたため、同③の表現ぶりが一部変更されるなどしたが、全体
としては、中間試案の線がほぼそのまま要綱8～9頁に引き継がれた。

**（2）　事業報告における「会社の会社役員に関する事項」についての情報開示
の内容**

　(a)　取締役の個人別の報酬等の内容についての決定に関する方針（改正施規
121条6号）　　改正前の会社法施行規則においても、公開会社が各会社役員
の報酬等の額またはその算定方法に係る決定に関する方針を定めているときは、
当該方針の決定の方法およびその方針の内容の概要を事業報告において開示し
なければならないとされていた（改正前施規121条6号）。しかし、指名委員会
等設置会社以外の公開会社においては、決定方針を定めているときでもこの記
載を省略することが認められていた（同条柱書ただし書）。改正後はそのような
扱いは認められないこととなり、具体的には、改正法361条7項により求めら
れる監査等委員でない取締役の個人別の報酬等の内容についての決定に関する
方針または会社法409条1項により求められる指名委員会等設置会社における
執行役等の個人別の報酬等の内容に係る決定に関する方針（65～69頁参照）に
つき、①当該方針の決定の方法、②当該方針の内容の概要、③当該事業年度に
係る取締役（監査等委員である取締役を除き、指名委員会等設置会社にあっては、
執行役等）の個人別の報酬等の内容が当該方針に沿うものであると取締役会
（指名委員会等設置会社にあっては、報酬委員会）が判断した理由を、事業報告に
おける「株式会社の会社役員に関する事項」として開示する必要がある（改正
施規121条6号）。改正会社法施行規則121条6号は、監査等委員でない取締役ま
たは執行役等に関するものであるが、これらの者以外の会社役員の報酬等の額
またはその算定方法に係る決定に関する方針が任意に定められている場合の当
該方針も、会社役員に適切にインセンティブが付与されているかを株主が判断
するために重要な情報であることから、そのような方針についても事業報告に
記載する必要がある（改正施規121条6号の2。意見募集の結果について37頁）。な
お、改正会社法施行規則121条6号の2に掲げる事項（上記①および②）につい

ては、①当該事業年度の末日において監査役会設置会社（公開会社であり、かつ、大会社であるものに限る）であって金融商品取引法24条1項の規定によりその発行する株式について有価証券報告書を内閣総理大臣に提出しなければならないもの、または②監査等委員会設置会社もしくは指名委員会等設置会社でない株式会社では、記載を省略することができる（同条ただし書）。

　(b)　会社役員の報酬等について定款または株主総会の決議による定めを設けた場合（改正施規121条5号の4）　また、会社役員の報酬等についての定款の定めまたは株主総会の決議による定めを設けた場合には、①当該定款を定めた日または当該株主総会の決議の日、②当該定めの内容の概要、③当該定めに係る会社役員の員数を事業報告に記載する必要がある（改正施規121条5号の4）。例えば、従前より株主総会の決議により定められた取締役の金銭報酬の限度額（会361条1項1号）などがこれに該当する。

　(c)　会社役員の全部につき会社役員ごとの報酬等の総額を掲げる場合等（改正施規121条4号イ〜ハ）　加えて、会社役員の全部について取締役（監査等委員会設置会社にあっては、監査等委員である取締役またはそれ以外の取締役）、会計参与、監査役または執行役ごとの報酬等の総額を掲げることとする場合において、報酬等が業績連動報酬等または非金銭報酬等を含むときには、業績連動報酬等の総額、非金銭報酬等の総額およびそれら以外の報酬等の総額を開示する必要がある（改正施規121条4号イ）。同様に、会社役員の全部または一部につき当該会社役員ごとの報酬等の額を掲げることとする場合（改正施規121条4号ロ・ハ）において、当該報酬等が業績連動報酬等または非金銭報酬等を含むときには、業績連動報酬等の額、非金銭報酬等の額およびそれら以外の報酬等の額を開示する必要がある。なお、「業績連動報酬等」とは、利益の状況を示す指標、株式の市場価格の状況を示す指標その他の当該株式会社またはその関係会社の業績を示す指標（業績指標）を基礎としてその額または数が算定される報酬等を指す（改正施規98条の5第2号）。

　(d)　報酬等の全部または一部が業績連動報酬等または非金銭報酬等である場合（改正施規121条5号の2および同条5号の3）　報酬等の全部または一部が業績連動報酬等である場合には、①当該業績連動報酬等の額または数の算定の基礎として選定した業績指標の内容および当該業績指標を選定した理由、②その額または数の算定方法、ならびに③その額または数の算定に用いた業績指標に関する実績を開示する必要がある（改正施規121条5号の2）。②については、

これらの事項を株主が理解することができる程度の記載が求められ、株主が開示された業績指標に関する実績等から業績連動報酬等の具体的な額または数を導くことができるような記載が必ずしも求められるものではないとされている（意見募集の結果について31頁）。また、報酬等の全部または一部が非金銭報酬等である場合には、当該非金銭報酬等の内容を開示する必要がある（同5号の3）。

　(e)　個人別の報酬等の内容の全部または一部を決定したとき（改正施規121条6号の3）　改正会社法施行規則では、個人別報酬の決定の再一任については、株式会社が当該事業年度の末日において取締役会設置会社（指名委員会等設置会社を除く）である場合において、取締役会から委任を受けた取締役その他の第三者が当該事業年度に係る取締役（監査等委員である取締役を除く）の個人別の報酬等の内容の全部または一部を決定したときは、①その旨、②当該委任を受けた者の氏名ならびに当該内容を決定した日における当該株式会社における地位および担当、③当該委任された権限の内容、④当該権限を委任した理由、⑤当該権限が適切に行使されるようにするための措置を講じた場合にあっては、その内容を開示する必要がある（改正施規121条6号の3）。これは、再一任につき、報酬等の決定方針として取締役会が決定しなければならない事項（改正法361条7項、改正施規98条の5第6号）と同様である。

（3）　事業報告における「社外役員等に関する特則」のうち「当該年度に係る社外役員の報酬等」に関する情報開示の内容（施規124条5号）

　会社法施行規則124条5号の規定による事業報告における当該事業年度に係る社外役員の報酬等に関する記載についても、当該報酬等が業績連動報酬等または非金銭報酬等を含む場合は、業績連動報酬等、非金銭報酬等およびその他の報酬等に分けてその総額または額および員数を記載しなければならないこととされた。これは、改正会社法施行規則121条4号イにおいて、「報酬等の総額」について、「当該報酬が業績連動報酬等又は非金銭報酬等を含む場合には、業績連動報酬の総額、非金銭報酬等の総額及びそれら以外の報酬等の総額」とされたが、会社法施行規則124条5号イおよびハにおいても同様とされ、また、改正会社法施行規則121条4号ロは、会社法施行規則124条5号ロおよびハにおいて同じとされた結果である。社外役員とそれ以外の取締役とでは、企業統治の観点から期待されている役割が異なり、例えば、社外取締役に対する業績連動報酬が過度に多い場合には、業務執行者の業務執行を監督することが期待される社外取締役に対する報酬等として必ずしも適当ではない場合があり得る等、付与すべ

きインセンティブも異なると考えられたため、業績連動報酬等を分けて記載することとされたものである（意見募集の結果について41頁）。

（4）事業報告における「株式会社の株式に関する事項」についての情報開示の内容　事業報告に記載する「株式会社の株式に関する事項」（会119条3号）の開示として、当該事業年度中に当該株式会社の会社役員（会社役員であった者を含む）に対して当該株式会社が交付した当該株式会社の株式（職務執行の対価として交付したものに限り、当該株式会社が会社役員に対して職務執行の対価として募集株式と引換えにする払込みに充てるための金銭を交付した場合において、当該金銭の払込みと引換えに当該株式会社の株式を交付したときにおける当該株式を含む）があるときは、次に掲げる者（次に掲げる者であった者を含む）の区分ごとの株式の数（種類株式発行会社にあっては、株式の種類および種類ごとの数）および株式の交付を受けた者の人数を開示する必要がある（改正施規122条1項2号）。

① 当該株式会社の取締役（監査等委員である取締役および社外役員を除き、執行役を含む）

② 当該株式会社の社外取締役（監査等委員である取締役を除き、社外役員に限る）

③ 当該株式会社の監査等委員である取締役

④ 当該株式会社の取締役（執行役を含む）以外の会社役員

加えて、事業報告に記載する「株式会社の新株予約権等に関する事項」（施規119条4号）の開示範囲について、改正会社法361条1項5号に対応する形で、当該株式会社が会社役員に対して職務執行の対価として募集新株予約権と引換えにする払込みに充てるための金銭を交付した場合において、当該金銭の払込みと引換えに当該株式会社の新株予約権を交付したときにおける当該新株予約権を含むことが明確化された（改正施規123条1号）。

（5）個人別の報酬の額等の開示について　個人別の報酬の額の開示については、パブリックコメントにおいて意見が分かれたため、部会の第12回会議に提示された部会資料20では、対象となる取締役の範囲について3つの案を示して審議が行われた（その理由等を含め詳細については、部会資料20・9頁および第12回部会議事録12〜22頁を参照）。しかしながら、部会の第16回会議に提示された部会資料25において、これは取り上げないこととされた。その結果、要綱には含まれず（神田(3)12頁）、今回の改正の対象とはされなかった。

3　実務への影響

　取締役の個人別の報酬等の内容についての決定方針として取締役会が決定しなければならない事項（改正会社法361条7項、改正施規98条の5）については、65〜70頁をご参照いただきたいが、事業報告では、当該事業年度に係る取締役・執行役の個人別の報酬等の内容が当該方針に沿うものであると取締役会（指名委員会等設置会社にあっては、報酬委員会）が判断した理由を開示する必要がある（改正施規121条6号ハ）点に留意されたい。

　また、報酬等の全部または一部が業績連動報酬等である場合には、当該業績連動報酬等の額または数の算定の基礎として選定した業績指標に関する実績を事業年度に開示する必要があり（改正施規121条5号の2ハ）、これは金融商品取引法上の有価証券報告書においても、最近事業年度における役員の業績連動報酬に係る指標の目標および実績を開示することが要求されている（企業内容等開示府令第3号様式 記載上の注意(38)、第2号様式記載上の注意(57)ｂ）ことと整合する（意見募集の結果について30頁）。

第4　補償契約および役員のために締結される保険契約

（補償契約）

第430条の2

1　株式会社が、役員等に対して次に掲げる費用等の全部又は一部を当該株式会社が補償することを約する契約（以下この条において「補償契約」という。）の内容の決定をするには、株主総会（取締役会設置会社にあっては、取締役会）の決議によらなければならない。

　① 当該役員等が、その職務の執行に関し、法令の規定に違反したことが疑われ、又は責任の追及に係る請求を受けたことに対処するために支出する費用

　② 当該役員等が、その職務の執行に関し、第三者に生じた損害を賠償する責任を負う場合における次に掲げる損失

　　イ 当該損害を当該役員等が賠償することにより生ずる損失

　　ロ　当該損害の賠償に関する紛争について当事者間に和解が成立した
　　　ときは、当該役員等が当該和解に基づく金銭を支払うことにより生
　　　ずる損失
2　株式会社は、補償契約を締結している場合であっても、当該補償契約
　に基づき、次に掲げる費用等を補償することができない。
　①　前項第1号に掲げる費用のうち通常要する費用の額を超える部分
　②　当該株式会社が前項第2号の損害を賠償するとすれば当該役員等が
　　当該株式会社に対して第423条第1項の責任を負う場合には、同号に
　　掲げる損失のうち当該責任に係る部分
　③　役員等がその職務を行うにつき悪意又は重大な過失があったことに
　　より前項第2号の責任を負う場合には、同号に掲げる損失の全部
3　補償契約に基づき第1項第1号に掲げる費用を補償した株式会社が、
　当該役員等が自己若しくは第三者の不正な利益を図り、又は当該株式会
　社に損害を加える目的で同号の職務を執行したことを知ったときは、当
　該役員等に対し、補償した金額に相当する金銭を返還することを請求す
　ることができる。
4　取締役会設置会社においては、補償契約に基づく補償をした取締役及
　び当該補償を受けた取締役は、遅滞なく、当該補償についての重要な事
　実を取締役会に報告しなければならない。
5　前項の規定は、執行役について準用する。この場合において、同項中
　「取締役会設置会社においては、補償契約」とあるのは、「補償契約」と
　読み替えるものとする。
6　第356条第1項及び第365条第2項（これらの規定を第419条第2項に
　おいて準用する場合を含む。）、第423条第3項並びに第428条第1項の規
　定は、株式会社と取締役又は執行役との間の補償契約については、適用
　しない。
7　民法第108条の規定は、第1項の決議によってその内容が定められた
　前項の補償契約の締結については、適用しない。
（新設）

会社法施行規則
第2条（定義）
2 ㊿　補償契約法　第430条の2第1項に規定する補償契約をいう。（新設）

第74条（取締役の選任に関する議案）

1⑤　候補者と当該株式会社との間で補償契約を締結しているとき又は補償契約を締結する予定があるときは、その補償契約の内容の概要（新設）

第121条（株式会社の会社役員に関する事項）

③の2　会社役員（取締役、監査役又は執行役に限る。以下この号において同じ。）と当該株式会社との間で補償契約を締結しているときは、次に掲げる事項

　　イ　当該会社役員の氏名

　　ロ　当該補償契約の内容の概要（当該補償契約によって当該会社役員の職務の執行の適正性が損なわれないようにするための措置を講じている場合にあっては、その内容を含む。）（新設）

③の3　当該株式会社が会社役員（取締役、監査役又は執行役に限り、当該事業年度の前事業年度の末日までに退任した者を含む。以下この号及び次号において同じ。）に対して補償契約に基づき法第430条の2第1項第1号に掲げる費用を補償した場合において、当該株式会社が、当該事業年度において、当該会社役員が同号の職務の執行に関し法令の規定に違反したこと又は責任を負うことを知ったときは、その旨（新設）

③の4　当該株式会社が会社役員に対して補償契約に基づき法第430条の2第1項第2号に掲げる損失を補償したときは、その旨及び補償した金額（新設）

第133条

3①　第120条第1項第4号、第5号、第7号及び第8号、第121条第1号、第2号及び第3号の2から第6号の3まで、第121条の2、第125条第2号から第4号まで並びに第126条第7号の2から第7号の4までに掲げる事項

改正会社法施行規則

74条の3第1項7号、75条5号、76条1項7号、77条6号、125条2〜4号、126条7号の2〜7号の4

◆解説

1　背景

（1）　補償契約に係る明文規定の新設　会社と役員等の間の補償契約については、改正前会社法には規定はなく、新たに規律が設けられることになった。会社補償については、会社法改正前から、同法330条および民法650条の委任の規定などにより、役員等が第三者から責任の追及に係る請求を受けた場合において、当該役員に過失がないときは、「費用」（民法650条3項の「損害」）として補償が認められるという解釈に基づき実務上補償が行われていた例もあったが、今後は明文規定に基づき処理されることになる。

（2）　会社補償の有用性と問題点　会社補償は、役員等としての優秀な人材の確保や、損害賠償責任をおそれることにより職務遂行が委縮することを防止し適切なインセンティブを付与するという利点が挙げられる。また、役員等への責任追及に対して役員等が適切な防御ができるよう会社が費用を負担することで、会社の損害の拡大防止に資する。他方で、会社補償の態様によっては役員等の職務の適切性（モラルハザード）の問題が生じる点や、役員等に対する責任や刑罰に関する規定の趣旨を没却しかねないという点、利益相反との関係が問題になる点も指摘されている。特に利益相反の点については、現行法上、株式会社と取締役間の会社補償に関する契約の締結は直接取引（会356条1項2号）として利益相反取引に該当することとなるため、利益相反取引規制を適用しないものとした上で、それに代わる会社補償に関する適切な規定を設け、もって、現行法上の解釈上の疑義を払拭すべきであるとの指摘がなされていた。

（3）　従前の議論　これら問題点については、経済産業省に設置された「コーポレート・ガバナンス・システムの在り方に関する研究会」で議論され、2015年7月24日公表された報告書「コーポレート・ガバナンスの実践—企業価値向上に向けたインセンティブと改革」の法的論点解釈指針8頁において、民法に基づかない補償の要件（職務に悪意または重過失がないこと）や対象（第三者に対する損害賠償金、争訟費用）などについて考えられる手続（事前の補償契約締結、取締役会決議および社外取締役の関与）について記載されている。

（4）　会社法改正にあたっての議論　会社法研究会では、これらの議論を踏まえ、役員等に対する補償につき手続や範囲を明確にして会社法に規定を設けることの是非について検討することが提案され（会社法研究会報告書21〜25頁）、部会では、「役員に適切なインセンティブを付与するための規律の整備」（諮問

第104号）の中の論点として審議されることとなった。すでに解釈上会社補償が認められていることなどから新たな規定を設けるべきでないとの意見が企業実務家から出されたものの、会社による役員等に対する補償は利益相反取引であることを踏まえて規定を設けるべきであるとの指摘や、解釈上の疑義を払拭し法的安定性を高めるために規定を設けるべきであるとの指摘が出された。

　中間試案に対するパブリックコメントにおいても、会社補償については実務上問題なく運用されているとして規定を設けることに反対する意見も寄せられたが、問題なく運用されているとの評価に足りるだけ現行法の解釈が固まっているかという点には疑問もあり、上記のような有用性と問題点があることから、会社法に適切な規律を設けることとなった。

2　趣旨

(1)　補償契約の内容

本条１項は、補償契約の締結によって民法に基づかない補償が可能であること、会社法上の手続をとるべき補償契約とは、役員等（取締役、監査役、執行役、会計監査人または会計参与）の支出した費用等の全部または一部を当該株式会社が補償することを約する契約であること、および費用等として２つの類型が対象となることを定めている。

　会社法上の補償契約となるものとして、これらの費用等を補償するものに限っているのは、役員等が受けた損害を株式会社が無制限に補償することができるものとすると、役員等の職務の適正性が損なわれたり、役員等の責任や刑罰等を定める規定の趣旨が損なわれたりするおそれがあるためである。また、いずれの費用等にも「その職務の執行に関し」という限定が付されているが、役員等の職務執行の萎縮を防ぎ適切なインセンティブを与える観点からは、職務の執行に関して発生した費用に限定することで十分だと考えられるからである。

(a)　防御費用

本条１項１号では、「当該役員等が、その職務の執行に関し、法令の規定に違反したことが疑われ、又は責任の追及に係る請求を受けたことに対処するために支出する費用」を掲げている。

　この類型には、例えば、役員等の職務の執行に関し第三者から当該役員等に対する損害賠償請求があった場合の手続に関する費用や、当該役員等が職務の執行に関し刑事事件に関する手続または課徴金に係る事件に関する手続の対象となった場合の費用が該当する。

　本号では、これらの費用について、行為者の主観（悪意や重過失）の有無に関わりなく、補償契約で補償できるものとして認めている。中間試案に対する

パブリックコメント等において、悪意または重過失がある場合を補償の対象から除外すべきであるという意見等、モラルハザードを防止する観点から主観的な要件を設けていないことを問題視する意見もあった。しかし、①役員等が第三者から責任の追及に係る請求を受けた場合には、当該役員等に悪意または重大な過失が認められるおそれがあるときであっても、当該役員等が適切な防御活動を行うことができるように、これに要する費用を株式会社が負担することが、株式会社の損害の拡大の抑止等につながり、株式会社の利益になることもあることや、②役員等に悪意または重過失があるときであっても、費用であれば、これを補償の対象に含めたとしても職務の適正性を害するおそれが高いとまではいえないこと等から不要とされた（中間試案補足説明33頁）。

　他方、損害賠償金や、罰金、課徴金等は「法令の規定に違反したことが疑われ、又は責任の追及に係る請求を受けたことに対処するために支出する費用」ではなく、その原因となる行為をしたことにより生ずるものであり、また次の（2）で述べるとおり、罰金等を定める規定の趣旨を損なう可能性があることから、本項の費用等には該当しない。

　(b)　**第三者への損害賠償責任**　本条1項2号では、役員等が、その職務の執行に関し、第三者に生じた損害を賠償する責任を負う場合に、賠償した額または和解の際に支払った額を費用等として掲げている。

　(c)　**本項の性質**　本条1項本文は、「次に掲げる費用等の全部又は一部」との規定となっている。この「一部」について会社がアレンジすることは可能である（第16回部会議事録37頁［竹林俊憲幹事発言］）。すなわち、役員等に対する適切なインセンティブとしての会社補償の内容は、当該株式会社の状況や当該役員の職務内容によって異なり得るため、会社が補償契約の内容を決定するに際し必ず本条1項と同内容の契約としなければならないということではなく、任意に必要な定めをすることができる。例えば、役員等に悪意重過失があると会社が判断するときには、役員等に対する支払を拒絶するといった規定とすることは可能である。契約内容については、後述するように、補償の内容の概要のうち、「当該補償契約によって当該役員の職務の適正性が損なわれないようにするための措置」として開示されることとなる。

（2）　補償契約に基づいて補償できない費用等　本条2項は、以下の(a)〜(c)の費用等について、株式会社が補償契約を締結している場合であっても、その補償契約に基づいて補償することができないと規定している。

　会社補償には、役員等がその職務の執行に伴い損害賠償の責任を負うことを過度に恐れることによりその職務の執行が委縮することがないように適切なインセンティブを付与するという意義があるところ、「会社補償が認められる範囲によっては、役員等の職務の適正性が損なわれたり、役員の責任や刑罰等を定める規定の趣旨が損なわれたりするおそれがあるという懸念」があるため（中間試案補足説明31頁）、その範囲を制限することにしたものである。

　(a)　**防御費用の補償の上限**　　本条2項1号は、本条1項1号に掲げる費用、すなわち「当該役員等が、その職務の執行に関し、法令の規定に違反したことが疑われ、又は責任の追及に係る請求を受けたことに対処するために支出する費用」のうち「通常要する費用の額を超える部分」については、補償契約に基づいて補償することができないと規定している。

　防御費用についての補償が認められる理由は、①「役員等が第三者から責任の追及に係る請求を受けた場合には、当該役員等が適切な防御活動を行うことができるように、これに要する費用を会社が負担することが、株式会社の損害の拡大の抑止等につながり、株式会社の利益にもなることもある」こと、および、②「役員等に悪意又は重大な過失があるときであっても、費用であれば、これを補償の対象に含めたとしても通常は職務の適正性を害するおそれが高いとまではいうことができない」ことにあるから（部会資料25・11頁）、この理由が妥当するのは「通常要する費用の額」の限度であって、それを超える部分についてまで補償を認める合理性は認められない。「通常要する費用の額」とは、防御費用として必要かつ十分な程度として社会通念上相当と認められる額をいい、事案の内容その他諸般の事情を総合的に勘案して、客観的に通常必要とされる金額をいうと考えられる。この点、責任追及等の訴えを提起した株主等が勝訴した場合の費用等の請求に係る会社法852条1項の「相当と認められる額」の解釈が参考になる（一問一答111頁）。下級審判例（大阪地裁平成22年7月14日判決・判時2093号138頁）では、弁護士の報酬についての相当額について、「当該訴訟のために行った活動の対価として必要かつ十分な程度として社会通念上妥当と認められる額をいい、その具体的な額は、当該訴訟における事案の難易、弁護士が要した労力の程度及び時間、認容された額、判決の結果当該会社が回収した額、株主代表訴訟の性格その他諸般の事情を総合的に勘案して定められるべき」としている。

　(b)　**役員等の株式会社に対する損害賠償責任**　　本条2項2号は、役員等の

職務の執行に関して第三者に生じた損害（本条1項2号の損害）を株式会社が賠償するとすれば当該役員等が当該株式会社に対して損害賠償責任（改正法423条1項）を負う場合には、本条1項2号に掲げる損失（「イ　当該損害を当該役員等が賠償することにより生ずる損失」および「ロ　当該損害の賠償に関する紛争について当事者間に和解が成立したときは、当該役員等が当該和解に基づく金銭を支払うことにより生ずる損失」）のうち「当該責任に係る部分」について補償することができないと規定している。

　その趣旨は、役員等が株式会社に対する損害賠償責任（改正法423条1項）を負う場合には、「当該責任に係る部分」については役員等が負担すべきであって、これを会社が補償することは、株式会社に対する責任の免除の手続（会424条等）によらずに、このような損失を株式会社が免除することと実質的に同じこととなり適切でないからである。「当該責任に係る部分」には、会社と役員等が連帯責任を負う損害賠償責任について、会社が賠償した場合に役員等に対して求償（その根拠が会423条1項となる）が可能となる場合が含まれ、会社と役員等の両方に損害賠償責任の負担部分がある場合に会社の負担部分を超える部分もこれに該当する。

　なお、一般的には、株式会社が第三者に対して損害賠償義務を負う場合、株式会社の行為はその代表機関によってなされるため、株式会社に負担部分がなく、役員等に対して求償できる場合が多いと考えられている。したがって、改正法430条の2第1項2号によって株式会社が補償することができる部分とは、例えば、株式会社と社外取締役が責任限定契約を締結しており、当該社外取締役が当該株式会社に損害を賠償する責任を負う損害のうち、当該責任限定契約により当該株式会社が当該社外取締役等に求償できない部分が挙げられると考えられる（一問一答117頁）。

　(c)　**悪意または重大な過失があったことにより役員等が職務の執行に関して第三者に生じた損害を賠償する責任を負う場合**　　本条2項3号は、「役員等がその職務を行うにつき悪意又は重大な過失があったこと」により役員等が職務の執行に関して第三者に生じた損害を賠償する責任（本条1項2号の責任）を負う場合には、同号に掲げる損失（「イ　当該損害を当該役員等が賠償することにより生ずる損失」および「ロ　当該損害の賠償に関する紛争について当事者間に和解が成立したときは、当該役員等が当該和解に基づく金銭を支払うことにより生ずる損失」）の「全部」について補償することができないと規定している。

①「少なくとも、悪意又は重過失がある場合については、現行法の解釈として補償をすることができるものと解することはできない」から、現行法の解釈を明文化するという立法理由からは、これを前提とした要件設定が妥当であること、②この規律を設けるとしても、「真実は悪意又は重過失であるにもかかわらず、善意無重過失だと信じて補償を実行した取締役は、善意無重過失であると過失なく信じていれば会社法423条の責任を負うことはないものと考えられ」、補償した取締役が責任を問われることはないこと、更に、③損害賠償金および和解金の補償の場面は、「既に裁判所の終局的な判断がある場面や和解をしている場面であり、善意無重過失の判断も可能である」という理由に基づく（部会資料20・11頁）。

部会では、役員等が悪意重過失であることが明らかな場合のみを除外すべきであるという意見もあったが、「このような規律を設けると、真実は悪意又は重過失であるにもかかわらず、『明らか』でないという理由で補償を実行すれば、当該補償は有効となり、悪意又は重過失であったことが後日判明した場合であっても、当該補償を受けた役員は当該補償金を返還する必要もないこととなるが、そのような結論となることは、職務の適正性確保の観点から看過することができない問題がある」として採用されなかった（部会資料20・11頁）。

なお、会社法429条は、役員の第三者に対する損害賠償責任の要件として悪意重過失を定めているため、これに基づく損害を賠償することにより生じた損失については本条2項3号による補償はできないが、役員に軽過失があり民法709条等の責任を負うこととなる場合には、同号には該当せず補償の対象となりうる（一問一答118頁）。

（3）補償した費用の返還請求　本条3項は、株式会社が役員等に対して、補償した費用等の金額に相当する金銭の返還を請求することができる場合について規定している。

①「役員等が不当な目的をもって職務を執行していたような悪質な場合であっても、株式会社の費用で防御費用が賄われることとなると、役員等の職務の適正性を害することが懸念される」が、②役員等に悪意または重大な過失が認められるおそれがあっても適切な防御活動を行うことができるように費用等を株式会社が負担することが株式会社の損害の拡大を防止し、その利益にもなることや、これを補償対象に含めても通常は職務の適正性を害するおそれは高くないこと、③「防御費用の補償は訴訟等の進行過程において必要となる可能性

が高いにもかかわらず、当該補償が必要となる時点においては、当該事案の全容が明らかでないことも多く、株式会社において当該役員等が自己若しくは第三者の不正な利益を図り又は当該株式会社に損害を加える目的をもって職務を執行しているかどうかを判断することが通常難しいと考えられるから」その段階では会社が補償することを認めることとし、後日、当該事案の全容が明らかになり、株式会社において当該役員等が自己もしくは第三者の不正な利益を図りまたは当該株式会社に損害を加える目的をもって職務を執行していると判断することができるようになってから、株式会社が返還請求するという形式によることが適切だからという理由に基づく（部会資料25・11〜12頁）。

（4）　補償契約の内容決定の手続

　(a)　**株主総会または取締役会の決議**　　本条1項では、補償契約の内容の決定は、株主総会（取締役会設置会社にあっては、取締役会）の決議を要求している。監査等委員会設置会社および指名委員会等設置会社においては、取締役会は、それぞれこの決定を取締役または執行役に委任することができない（改正法399条の13第5項12号・416条4項14号）。更に、監査役設置会社においても、取締役会は、この決定を取締役に委任することができないことを前提としている。これらの決定機関に関する規定は、会社補償に内在する構造上の利益相反性や補償契約の内容が役員等の職務の適正性に影響することから、利益相反と同レベルの機関で決定することとしたものである。

　本条1項は、補償契約の締結時についての手続を定めており、補償契約に基づいて実際に金銭を役員等に支払う場合には、株主総会や取締役会の決議をとることは求められていない。なお、場合によっては、補償契約に基づく補償の実行が会社法362条4項柱書の「重要な業務執行の決定」に該当することはあり得るので、その場合には取締役会の決議が必要である。

　(b)　**取締役会への報告義務**　　本条4項により、取締役会設置会社においては、補償契約に基づく補償をした取締役および当該補償を受けた取締役は、遅滞なく、当該補償についての重要な事実を取締役会に報告しなければならない。執行役についてもこの規定が準用されている（本条5項）。したがって、補償契約を締結した役員等のうち、実際に補償がされた場合に取締役会への報告義務が定められているのは、補償を実行しまたは受けた取締役および執行役となる。

（5）　利益相反規定・民法108条の不適用　　本条6項では、本条第1項の決

議を受けた役員等が補償を受ける場合について、利益相反規定が適用されないことを定めている。

現行法上、株式会社と取締役・執行役との間の補償契約の締結およびこれに基づく補償は、会社法356条1項2号の利益相反取引に該当する。そのため、取締役会設置会社においては取締役会の承認および取引後の重要な事実の報告が必要となる（会356条1項・365条）とともに、任務懈怠責任の推定がなされ（会423条3項）、更に会社法428条の適用があることとなる。

しかし、改正法においては、補償契約の内容を株主総会（取締役会設置会社においては、取締役会）において定めること、および役員等に対して適切なインセンティブを付与するという会社補償の意義に鑑み、利益相反規制を適用しないこととしたものである。

また、本条7項では、民法108条の規定を補償契約の締結に適用しないこととしており、補償契約の締結について会社側で業務を行う取締役または執行役であっても、補償契約の相手方（補償対象者）として契約（自己契約）を締結することができる。なお、本項は、本条6項により利益相反の規定（会356条1項）の適用を排除した結果、会社法356条2項の規定が適用されず、民法108条の適用可能性が生じるため、別途明記したものである。

（6） 開示 補償契約は、類型的に利益相反性があり、役員等の職務の執行の適正性に影響を与えうるものであるから、株主によるチェックが必要と考えられ、株主に対して情報を開示するための規律が改正会社法施行規則に設けられている。この開示は、取締役の選任に関する議案を提出する場合における取締役候補者についての株主総会参考書類における開示と、事業報告等における開示に分けられる。

（a） 株主総会参考書類 取締役が株主総会において取締役、会計参与、監査役または会計監査人の選任に関する議案を提出する場合には、候補者について一定の事項を株主総会参考書類に記載することとされているが、候補者と株式会社との間で補償契約を締結しているときまたは補償契約を締結する予定があるときには、その補償契約の内容の概要を記載することが必要となる（改正施規74条1項5号、74条の3第1項7号、75条5号、76条1項7号、77条6号）。「内容の概要」としてどのような記載が必要かについての明文規定はないが、候補者が取締役等として選任された場合にどのような補償契約が締結されるのかが一定程度株主に分かるようなものである必要があり、補償の対象（防御費用の

補償と第三者への損害賠償責任についての補償の別）や、補償する場合の主観的要件、上限を定めた場合のその金額などが考えられる。

（b）**事業報告**　事業年度の末日において公開会社である株式会社では、事業報告において、会社役員（取締役、監査役もしくは執行役）、会計参与または会計監査人（以下、本項において、「会社役員等」という）が会社との間で補償契約を締結している場合に、以下の事項を開示することとされている（改正施規121条3号の2〜3号の4、125条2〜4号、126条7号の2〜7号の4）。

① 　会社役員等と株式会社との間で補償契約を締結しているときは、当該会社役員等の氏名・名称および当該補償契約の内容の概要（当該補償契約によって当該会社役員等の職務の執行の適正性が損なわれないようにするための措置を講じている場合は、その内容を含む）

② 　会社が補償契約に基づき会社役員等（当該事業年度の前事業年度の末日までに退任した者を含む。③において同じ）に防御費用を補償した場合において、当該事業年度において、当該会社役員等が職務の執行に関し法令に違反したことまたは責任を負うことを知ったときは、その旨

③ 　会社が会社役員等に対して補償契約に基づき改正法430条の2第1項第2号に掲げる損失（会社役員等が第三者に対する損害賠償を負った場合の損失）を補償した場合には、その旨および補償した金額

　上記のうち、①の「当該補償契約によって当該会社役員等の職務の執行の適正性が損なわれないようにするための措置」については、例えば、補償契約の内容として、補償金額の上限を設けるような措置や、職務執行に悪意または重過失があった場合には費用の補償をしないという主観的要件を定める措置が考えられる。

　また、実際に会社が補償した後の開示については、会社が補償することに問題ないと思われるものについてもすべて開示させることまでは必ずしも必要ではないと考えられる。この観点から、防御費用の支払の場合に、会社役員等が職務の執行に関し法令に違反した場合や会社役員等に責任がある場合については、そのような場合における支払が適切であったか事後的に株主がチェックできるように、上記②のとおり、開示が求められている。

　さらに、会社役員等が第三者に損害賠償責任を負う場合の補償については、やはり補償実行の適正性について株主のチェックが行われるべきであり、その旨および補償した金額が開示の対象とされている（上記③）。

（7）　**経過措置**　補償契約に関する経過措置により、本条は、改正法の施行後に締結された補償契約について適用することとされている（附則6条）。⇨**附則§6**の解説参照。

（8）　**罰則**　取締役または執行役が、会社から補償契約に基づく補償を受けた場合に取締役会に報告をせず、または虚偽の報告をした場合には、100万円以下の過料に処せられる（改正法976条23号）。⇨**§976-2（6）**参照。

3　実務への影響

（1）　**実務における留意点**　これまで法的論点解釈指針等に基づいて処理されていた会社補償について、要件と手続が明文で規律された意義は大きく、実務に影響を与えると考えられる。会社法施行後は会社が役員等と補償契約を締結するには、本条1項に定められた株主総会決議または取締役会決議を経なければならず、補償契約の内容は、本条1項各号に掲げる費用を補償すると共に、本条2項で補償契約に従っていても補償できないとされているものは除外されるように設計しておくべきである。職務に悪意または重過失がある場合にも費用の補償を可能とし、事後的に返還請求が可能とするにとどめたことは補償の対象が拡大されたことになるが、会社に損害賠償責任を負う場合が補償の対象外として明記された点は、会社補償の範囲と運用に難しい課題も提起することになろう。

契約内容として、一定の事由が生じたときに当然に補償する義務的補償を定めるのか、一定の事由が生じた時点において会社が補償するかしないかの選択ができる任意的補償を定めるかは、それぞれの株式会社の選択に委ねられることとなる。

また、**2（1）(c)**において前述したとおり、本条1項と同内容の補償契約を締結する必要は必ずしもなく、役員等に悪意または重過失であったり、図利加害目的があると会社が判断するときには、会社は補償を拒絶することができるといった条項を設けることも可能である。この場合は、「当該補償契約によって当該役員の職務の適正性が損なわれないようにするための措置」として開示が必要になる。

なお、開示については、法務省令の内容を踏まえ、契約内容を具体的にどの程度開示するのか各会社において検討することになる。

（2）　**改正法施行前の留意点**　経過措置により、改正法施行前に締結された補償契約については、本条の適用はないとされるが、コーポレートガバナンス

の観点からは、本条に定められている費用以外のものが補償の対象となっている場合には見直しを検討することが考えられる。補償を受けた際の取締役会への報告についても、会社法上は、改正法施行前に締結された補償契約に基づく補償を受けた取締役や執行役は取締役会に報告する義務はないが、本条を新設した趣旨に沿う扱いとして、改正法施行後の補償契約と同様に報告を行わせることが考えられる。

（3） 従前の民法との関係　　補償契約を締結せずに費用等を補償すること自体は、会社法330条および民法650条の適用が改正会社法の規定の新設により排除されることはないと考えられるため、改正法施行後も民法650条に基づく補償は可能である。

（役員等のために締結される保険契約）

第430条の3

1　株式会社が、保険者との間で締結する保険契約のうち役員等がその職務の執行に関し責任を負うこと又は当該責任の追及に係る請求を受けることによって生ずることのある損害を保険者が塡補することを約するものであって、役員等を被保険者とするもの（当該保険契約を締結することにより被保険者である役員等の職務の執行の適正性が著しく損なわれるおそれがないものとして法務省令で定めるものを除く。第3項ただし書において「役員等賠償責任保険契約」という。）の内容の決定をするには、株主総会（取締役会設置会社にあっては、取締役会）の決議によらなければならない。

2　第356条第1項及び第365条第2項（これらの規定を第419条第2項において準用する場合を含む。）並びに第423条第3項の規定は、株式会社が保険者との間で締結する保険契約のうち役員等がその職務の執行に関し責任を負うこと又は当該責任の追及に係る請求を受けることによって生ずることのある損害を保険者が塡補することを約するものであって、取締役又は執行役を被保険者とするものの締結については、適用しない。

3　民法第108条の規定は、前項の保険契約の締結については、適用しない。ただし、当該契約が役員等賠償責任保険契約である場合には、第1項の決議によってその内容が定められたときに限る。

（新設）

会社法施行規則

第2条（定義）

2⑧　役員等賠償責任保険契約　法第430条の3第1項に規定する役員等賠償責任保険契約をいう。（新設）

第74条（取締役の選任に関する議案）

1⑥　候補者を被保険者とする役員等賠償責任保険契約を締結しているとき又は当該役員等賠償責任保険契約を締結する予定があるときは、その役員等賠償責任保険契約の内容の概要（新設）

第74条の3（監査等委員である取締役の選任に関する議案）

1⑧　候補者を被保険者とする役員等賠償責任保険契約を締結しているとき又は当該役員等賠償責任保険契約を締結する予定があるときは、その役員等賠償責任保険契約の内容の概要（新設）

第75条（会計参与の選任に関する議案）

1⑥　候補者を被保険者とする役員等賠償責任保険契約を締結しているとき又は当該役員等賠償責任保険契約を締結する予定があるときは、その役員等賠償責任保険契約の内容の概要（新設）

第76条（監査役の選任に関する議案）

1⑧　候補者を被保険者とする役員等賠償責任保険契約を締結しているとき又は当該役員等賠償責任保険契約を締結する予定があるときは、その役員等賠償責任保険契約の内容の概要（新設）

第77条（会計監査人の選任に関する議案）

⑦　候補者を被保険者とする役員等賠償責任保険契約を締結しているとき又は当該役員等賠償責任保険契約を締結する予定があるときは、その役員等賠償責任保険契約の内容の概要（新設）

第115条の2

法第430条の3第1項に規定する法務省令で定めるものは、次に掲げるものとする。

①　被保険者に保険者との間で保険契約を締結する株式会社を含む保険契約であって、当該株式会社がその業務に関連し第三者に生じた損害を賠償する責任を負うこと又は当該責任の追及に係る請求を受けることによって当該株式会社に生ずることのある損害を保険者が塡補する

> ことを主たる目的として締結されるもの
> ② 役員等が第三者に生じた損害を賠償する責任を負うこと又は当該責任の追及に係る請求を受けることによって当該役員等に生ずることのある損害（役員等がその職務上の義務に違反し若しくは職務を怠ったことによって第三者に生じた損害を賠償する責任を負うこと又は当該責任の追及に係る請求を受けることによって当該役員等に生ずることのある損害を除く。）を保険者が填補することを目的として締結されるもの（新設）

◆解説

1　背景

（1）　インセンティブとしての意義と利益相反性　役員賠償責任保険（D&O保険）には、役員等に優秀な人材を確保するとともに、役員等が職務の執行に関し、損害を賠償する責任を負うことを過度におそれ萎縮することがないよう、役員等に対してインセンティブを付与するという意義が認められており、上場会社を中心に広く普及している。一方、そもそも取締役を被保険者とする保険契約はその締結が株式会社の債務負担行為または株式会社の支出により取締役に利益が生じる取引として利益相反取引（会356条1項3号）に該当し得る。特に従前のD&O保険の実務においては、役員等が株式会社に対して法律上の損害賠償責任を負うことがある損害を賠償するいわゆる株主代表訴訟担保特約部分の保険料については、利益相反に該当する懸念等から、役員等が負担していた。

（2）　従前の実務の動向　政府は、成長戦略として、企業の収益力を強化する「攻め」のガバナンス体制の強化を打ち出し、その施策として取締役会と社外取締役が経営の実効性を高めるための監督をすることに関連する論点について、会社法の解釈指針を作成することとした（「日本再興戦略」改訂2015・28頁）。

　これを受けて策定された法的論点解釈指針11〜12頁では、上記のように実務上、解釈上の争いから安全策として役員個人が経済的に負担している役員賠償責任保険（D&O保険）の株主代表訴訟担保特約（代表訴訟に敗訴した場合における損害賠償金と争訟費用を担保する部分）の保険料負担について、次のような見解が示された。すなわち、D&O保険に基づく保険金が支払われる場合、会社の損害が回復され、役員の会社に対する損害賠償責任が填補される。また、標

準的な免責事由では、犯罪行為や法令違反を認識しながら行った行為等の悪質な行為は免責とされており、不適切なインセンティブは設定されず、違法行為の抑止の観点からも問題はない。したがって、株主代表訴訟担保特約の保険料を会社負担としても、損害塡補機能や違法行為抑止機能といった役員の損害賠償責任の機能を損なわないから、会社が一定の手続の下に負担してよい。そのための手続の一例としては、利益相反の観点からの取締役会決議の承認、社外取締役による監督（社外取締役が過半数の構成員である任意の委員会の同意を得ること、または社外取締役全員の同意を得ること）が挙げられた。その後、このような手続が履践されることを前提に、株主代表訴訟担保特約の保険料部分を会社が損金算入する税務上の措置も認められ、会社による負担が拡大する方向にあった。

（3）　会社法研究会による提案　　会社法研究会では、上記（1）のような実務の進展を背景に、役員賠償責任保険（D&O 保険）について、高額の保険料の支払により保険金額が高額化するなど役員を過度に保護する内容のモラルハザードが生じるおそれがあること、そのため契約内容の決定は株式会社の「重要な業務執行の決定」（会362条4項柱書）と考えられること、構造上、株式会社と役員との利益が相反し、役員を過度に保護する内容の D&O 保険が締結されるおそれがあること、他方で、利益相反規制を適用すれば、任務懈怠の推定規定（会423条3項）なども適用され、解釈によっては取締役に重い責任を負わせるおそれがあるといった点が指摘された。その上で、取締役会設置会社では、契約内容の決定は取締役会の決議を要するとし、その決定を取締役に委任できないものとすること、および取締役または執行役を被保険者とする契約の締結には、利益相反規制を適用しないことを引き続き検討することが提案された（会社法研究会報告書26頁）。

（4）　部会における審議　　部会では、法務大臣の諮問（諮問第104号）において、企業統治に係る見直しの1つとして、役員に適切なインセンティブを付与するための規律の整備が諮問事項とされたことを受けて、役員等のために締結される保険に係る規律の整備について検討された。

　そして、株式会社が役員賠償責任保険（D&O 保険）契約を締結することについて、会社法上規定はなく、必要な手続等に関する解釈も確立されていないこと、役員等として優秀な人材を確保し、役員等が損害賠償責任を負うことを過度におそれることにより職務執行が萎縮しないように適切なインセンティブを

付与するという意義が認められること、他方、その内容によっては、役員等の職務の適正性が損なわれるおそれがあり、取締役の株式会社に対する損害賠償責任をも塡補の対象とする契約を株式会社が締結することについては、株式会社と取締役との間の利益相反性が顕著であるといった事情が指摘された。これらの事情を踏まえ、契約締結による弊害に対処し、締結手続等を明確にして、D&O保険が適切に運用されるように必要な規律の整備について、具体的には、役員賠償責任保険に係る契約に関する規律を設けることの是非、規律の対象となる役員賠償責任保険に係る契約の定義、および規律の内容（取締役会決議の強制、利益相反規制の適用除外、事業報告による開示）と適用範囲などが検討された（部会資料4・10〜13頁、中間試案補足説明36〜40頁）。

　経済界は、D&O保険は上場会社を中心に広く普及しており、（1）で述べたような株主代表訴訟担保特約部分の保険料負担の問題を除いては実務においても特段の問題はないとして、上記のような規律の新設について難色を示し、特に、保険金額と保険料等を事業報告の開示対象に含めることには強い反対が表明された。最終的には、開示内容に配慮をした上で、改正法430条の3に相当する規律を新設する内容の要綱が答申された（要綱10〜11頁）。

2　趣旨

（1）　3つの保険契約の概念

(a)　役員等賠償責任保険契約

　(i)　「役員等賠償責任保険契約」とは、株式会社が保険者との間で締結する保険契約のうち役員等が①(i)その職務の執行に関し責任を負うことまたは(ii)当該責任の追及に係る請求を受けることによって生ずることのある損害を保険者が塡補することを約するものであって、②役員等を被保険者とするもの（①②の要件を満たすものを「役員等のために締結される保険契約」という）から、③当該保険契約を締結することにより被保険者である役員等の職務の執行の適正性が著しく損なわれるおそれがないものとして法務省令で定めるものを除いたものと定義されている（本条1項）。役員等賠償責任保険契約には、D&O保険やそれに準ずる保険に係る保険契約が該当することを前提としている（一問一答136頁）。

　本条1項において「役員等」とは、取締役、会計参与、監査役、執行役または会計監査人をいう（改正法423条1項）。

　役員等賠償責任保険契約とは、典型的には、D&O保険契約（株主代表訴訟担

保特約や会社訴訟担保特約等の特約を含み、下記(iii)の会社補償特約を除く）とこれに準じる保険契約が該当する（部会資料26・14頁）。

　(ii)　会社法上、「保険契約」の定義はないが、保険法2条1号の保険契約を意味すると解される。同号の定義では、保険契約者が保険料を支払うことを約することが要件とされているが、本条では、この点は明記されていない（部会資料25・13頁では、株式会社が保険料を支払うことを約することが要件とされていたが、要綱で除外された）。本条の保険契約も、株式会社が保険料の支払義務を負うことを前提にしていると解されるが、その実質的な負担者は問われていない。

　(iii)　役員等が受けた損害を株式会社が補償することによって生ずることのある損害を填補することを約する保険契約であって、株式会社を被保険者とする保険契約（会社補償部分を填補するD&O保険の会社補償特約）は、役員等賠償責任保険の定義から除外されている。株式会社による補償について新設の規律（改正法430条の2）が適用されるため、あえて重ねて役員等賠償責任保険契約に関する規律を適用する必要性は大きくないと考えられることから、本条の規律の対象から除外された（部会資料26・14頁。部会第16回会議までは、定義に含め、規律対象とすることが検討されていた）。

　(b)　**取締役または執行役を被保険者とする役員等のために締結される保険契約**　役員等のために締結される保険契約（⇨(a)(i)）のうち、取締役または執行役を被保険者とするもの（以下「取締役または執行役を被保険者とする役員等のために締結される保険契約」という）は、まぎらわしいが、役員等賠償責任保険契約とは、一部重なるものの、別の概念である。両者は役員等のために締結される保険契約である点は共通であるが、前者は被保険者が取締役または執行役に限定されるのに対し、後者は被保険者が役員等（取締役、執行役以外に、会計参与、監査役、会計監査人も含む。改正法423条1項）であるという違いがある。また、前者からは、本条1項かっこ書の「当該保険契約を締結することにより被保険者である役員等の職務の執行の適正性が著しく損なわれるおそれがないものとして法務省令で定めるもの」が除外されていないのに対し、後者からはこれが除外されている（本条1項かっこ書）。取締役または執行役を被保険者とする役員等のために締結される保険契約については、本条1～3項が規律している（ただし、次の(c)に該当するものは、本条1項の対象から除外されている）。

　(c)　**法務省令により除外される保険契約**　役員等賠償責任保険契約から除

外されるものとして法務省令で定めるもの（⇨上記(a)(i)③。本条１項）は、次の
２つの類型である（部会資料24・１頁、部会資料25・14頁、要綱11頁参照）。

　(i)「被保険者に保険者との間で保険契約を締結する株式会社を含む保険
契約であって、当該株式会社がその業務に関連し第三者に生じた損害を賠償す
る責任を負うこと又は当該責任の追及に係る請求を受けることによって当該株
式会社に生ずることのある損害を保険者が塡補することを主たる目的として締
結されるもの」（改正施規115条の２第１号）。これには、通常の生産物賠償責任
保険（PL保険）、企業総合賠償責任保険（CGL保険）、使用者賠償責任保険、個
人情報漏洩保険等が含まれる。この(i)の類型の契約については、①通常は、株
式会社がその業務を行うにあたり、株式会社に生じることのある損害を塡補す
ることを主たる目的として締結され、役員等は株式会社とともに被告とされる
ことが多いことから付随的に被保険者に追加されているため、役員等の職務の
執行の適正性が損なわれるおそれは、役員等自身の責任に起因する損害を塡補
することを主目的とする保険に比べて相対的に小さいと考えられること、②販
売されている数や種類が膨大であるため、契約締結に係る手続や開示に関する
規律を適用すれば実務上甚大な影響が想定されることから、役員等賠償責任保
険契約の定義から除外された。

　特約のある保険や役員および会社の両方の責任が対象となる事項に係る保険
等において、どのように「主たる目的」を判断するのかについては、主契約と
特約が一体のものとして役員等賠償責任保険契約を構成する場合には、主契約
と特約を合わせた契約全体について判断されることとなる。被保険者に役員と
会社の両方を含む役員等賠償責任保険契約についても、それぞれを被保険者と
する部分を別の保険契約であると整理することが適切でない場合には、契約全
体について判断され、その判断は、主契約か特約かなどの外形的な事情だけで
なく、経済的な機能等にも着目し、個別具体的にされる（意見募集の結果につ
いて26～27頁）。

　(ii)「役員等が第三者に生じた損害を賠償する責任を負うこと又は当該責
任の追及に係る請求を受けることによって当該役員等に生ずることのある損害
（役員等がその職務上の義務に違反し若しくは職務を怠ったことによって第三者に生
じた損害を賠償する責任を負うこと又は当該責任の追及に係る請求を受けることに
よって当該役員等に生ずることのある損害を除く。）を保険者が塡補することを目
的として締結されるもの」（改正施規115条の２第２号）。これには、自動車賠償

責任保険、通常の任意の自動車保険、海外旅行保険等が含まれる。この(ii)の類型の契約については、①自動車運転中や旅行行程中における偶然の事故等、役員等としての職務上の義務違反や職務懈怠以外の行為等により第三者に損害が発生する事態を想定して加入するため、被保険者である役員等の職務執行の適正性が損なわれるおそれは大きくないこと、②販売されている数や種類が膨大であるため、契約締結に係る手続や開示に関する規律を適用すれば実務上甚大な影響が想定されることから、役員等賠償責任保険契約の定義から除外された。

上記(i)および(ii)については、本条1項の役員等賠償責任保険契約の内容を決定する手続に関する規律は適用されないこととなる。他方で、役員等賠償責任保険契約のうち「取締役又は執行役を被保険者とするもの」については、利益相反規制は適用除外となる（本条2項）。

なお、将来的に上記(i)および(ii)の文言では適切な対応をすることができない事態が生じた場合には、法務省令を改正することで適切に対応するとされている（部会資料25・14頁）。

(d) **3つの保険契約の概念と規律の適用**　これらの保険契約の概念に応じていかなる規律が適用されるかは複雑なので、少し整理をしておく。

(i) 役員等賠償責任保険契約については、本条の1項が適用され、その内容を決定するには、株主総会（取締役会設置会社にあっては、取締役会）の決議によらなければならない。また、事業報告の開示等（会435条2項、改正施規119条2号の2、121条の2、74条1項6号、要綱11頁）の規律が適用される。

(ii) 取締役または執行役を被保険者とする役員等のために締結される保険契約については、本条1～3項が適用される。この契約にも、本条1項が適用され（ただし、次の(iii)に該当するものは、本条1項の対象から除外されている）、(i)で述べた事業報告による開示の規律が適用される。被保険者が取締役や執行役であることから、株式会社と取締役との間の利益相反性があるが、利益相反取引規制の適用を解除し（本条2項）、更に民法108条の規定を適用しないことにした（本条3項）。

(iii) 役員等賠償責任保険契約から除外されるものとして法務省令で定めるもの（⇨(1)(c)）については、本条1項の規律は適用されないが、このうち取締役または執行役を被保険者とする役員等のために締結される保険契約に含まれるものについては本条2項および3項の対象であり、利益相反規制および民法108条が適用されないこととなる。

（2）　役員等賠償責任保険契約の内容の決定

　(a)　株式会社が役員等賠償責任保険契約の内容の決定をするには、株主総会（取締役会設置会社にあっては、取締役会）の決議によらなければならない（本条1項）。取締役会設置会社において、取締役会は役員等賠償責任保険契約の内容の決定を取締役に委任することはできない（中間試案10頁、中間試案補足説明38頁）。監査等委員会設置会社に関する改正法399条の13第5項13号および指名委員会等設置会社に関する改正法416条4項15号はこのことを前提にした規定である。

　(b)　(a)のような規律とされたのは以下のような理由による。すなわち、株式会社は、役員等賠償責任保険契約を締結するにあたり、役員等賠償責任保険契約の締結の要否や、締結する場合におけるその被保険者の範囲、保険金額、填補すべき損害等の役員等賠償責任保険契約の内容を決定する必要がある（部会資料4・1頁）。役員等賠償責任保険契約には利益相反性が類型的に高いものもあることや、役員等賠償責任保険契約の内容が役員等の職務の適正性に影響を与えるおそれがあることに鑑みると、役員等賠償責任保険契約の内容の決定に必要な機関決定は、利益相反取引に準じたものとすることが相当であると考えられた（中間試案補足説明38頁）。

（3）　取締役または執行役を被保険者とする役員等のために締結される保険契約の締結

　(a)　**締結手続の特則**　　取締役または執行役を被保険者とする役員等のために締結される保険契約の締結手続には、2つの特則が定められている（改正法430条の3第2～3項）。

　(b)　**締結手続についての特則①（利益相反取引規制の適用除外）**

　　(i)　取締役または執行役を被保険者とする役員等のために締結される保険契約については、会社法の利益相反取引規制（会356条1項・365条2項〔これらの規定を419条2項において準用する場合を含む〕・423条3項）を適用しないこととした（本条2項）。

　　(ii)　取締役または執行役を被保険者とする役員等のために株式会社が締結する保険契約は、株式会社による債務負担行為、または株式会社の出損によって取締役に直接的に利益が生ずるものとして、会社法365条1項3号の利益相反取引（間接取引）に該当すると考えられる。

　利益相反取引に関する規定が適用される場合、被保険者となる取締役は、①

取締役会設置会社では取締役会の承認を得て、取引後の重要な事実の報告（取締役会設置会社以外の株式会社では株主総会の承認を得ること）が必要となり（会356条1項・365条・419条2項）、②当該取引によって株式会社に損害が生じた場合には、当該取引に関わった取締役または執行役の任務懈怠が推定される（会423条3項）。

　しかし、①については、本条1項により、役員等賠償責任保険契約の内容は、株主総会（取締役会設置会社においては取締役会）の決議により定められるのであるから、利益相反規定により、取締役に改めて株主総会（取締役会設置会社においては取締役会）の承認を得させる必要性は低いし、②については、株式会社の損害の解釈（支払った保険料を損害とするなど）によっては、取締役または執行役に同項の責任が容易に認められることになり、規制が厳格にすぎると考えられたため、利益相反規制を適用しないこととした（中間試案補足説明38頁）。

(c) 締結手続についての特則②（民法108条の適用除外）

　(i) 取締役または執行役を被保険者とする役員等のために締結される保険契約については、民法108条が適用されない（本条3項本文）。同条2項により、このような契約に利益相反取引規制（会356条1項、419条2項）が適用されないこととなると、会社法356条2項による民法108条の適用除外の規定も適用されないこととなる。そうすると、取締役または執行役を被保険者とする役員等のために締結される保険契約が間接取引に該当しうることから、当該保険契約が民法108条2項の適用により無効となり、当該保険契約の締結が無権代理行為と解されてしまう可能性があるため、このような特則が設けられた。

　(ii) 本条3項ただし書は、「当該契約が役員等賠償責任保険契約である場合には、第1項の決議によってその内容が定められたときに限る。」と定める。取締役または執行役を被保険者とする役員等のために締結される保険契約については、同項本文が規定しているので、この「当該契約が役員等賠償責任保険契約である場合」がいかなる場合を意味するかは必ずしも明確ではないように思われる。この点について、立案担当者は、「当該保険契約が役員等賠償責任保険契約に該当する場合（D&O保険やそれに準ずる保険にかかる保険契約）」には、本条1項の規律が利益相反取引規制に準じたものであり、その手続による承認を利益相反取引規制による承認と同様に扱うことが相当であることから、「株主総会（取締役会設置会社にあっては、取締役会）決議によってその内容が定め

られたときに限り、当該保険契約の締結について、民法108条の規定を適用しないこととしている」と説明している（一問一答146～147頁）。

(d) **保険契約の締結が「重要な業務執行の決定」にあたる場合**　役員等賠償責任保険契約から除外されるものとして法務省令で定めるもの（⇨(1)(c)）についても、保険契約の内容によって、当該保険に係る契約の締結が「重要な業務執行の決定」（会362条4項等）に該当する場合には、取締役会決議が必要となる（部会資料24・3～4頁）。保険金額や保険料が特に大きい場合、事業上発生し得る重大なリスクに対応する保険である場合等はこれに該当する時があると考えられる。

（4）D&O保険について

(a) **基本的な契約形態**　多くの会社に普及しているいわゆる役員賠償責任保険（D&O保険）は、自由化された商品であり、各損害保険会社によって約款は異なるが、基本的な契約形態としては、普通契約約款（①株主代表訴訟および②会社訴訟による損害賠償請求は免責事由とされる）に株主代表訴訟担保特約が自動付帯されている。①についてこのような構成をとった理由は、上記のとおり、株主代表訴訟担保特約部分の保険料を会社が負担することに疑義があったことから、特約部分保険料相当額を役員等から徴収することを可能とするためであり、②が免責とされたのは会社と株主の馴れ合い訴訟を防ぐためであり、一定の場合（第三者委員会の調査に基づく会社訴訟等）に担保する会社訴訟一部担保特約がある。

(b) **本条第1項の手続の必要性**　D&O保険は、役員等賠償責任保険契約に該当するため、本条1項により、株式会社がこれを付保するためには、その内容を株主総会（取締役会設置会社では取締役会）の決議により決定することを要する。

株式会社が本条1項の手続を必要とするか否かは、保険料の実質的な負担の有無ではなく、保険契約の当事者となるか否かによって定まる。

(c) **株主代表訴訟担保特約部分の保険料負担の可否**　株主代表訴訟担保特約部分の保険料についても、役員等賠償責任保険契約は取締役に適切なインセンティブを付与するものとして評価されたこと、利益相反取引規制が適用除外とされ（本条2項）、契約内容の適切性の審査は、株主総会（取締役会設置会社においては取締役会）による決定を強制し、その判断に委ねたこと（本条1項）、および事業報告による開示もなされることから、株主総会（取締役会）により

内容が適正と判断されれば、特段の事情のない限り、取締役に保険料支払の負担を求める必要はないと考えられる。したがって、株主代表訴訟担保特約部分の保険料を役員等から徴収しないことについて、他に特段の手続は必要とされないと解される（もっとも、当該保険料部分について、取締役から徴収する措置をとることは可能である）。

　(d)　**親会社によるグループ単位の付保**　　親会社である株式会社が、D&O保険を付保するにあたり、親会社の役員等だけでなく、子会社の役員等を併せて被保険者として単一の保険契約で締結する場合がある。①親会社は、保険契約の当事者となるため、本条1項の手続により、保険契約の内容を決定する必要がある。子会社に子会社役員等が被保険者となる部分の保険料を負担させるか否かを含め、その内容は、親会社が契約内容を定めるにあたり、株主総会（取締役会設置会社においては取締役会）において決議することが必要である。②子会社は、自ら保険契約の当事者とはならないため、子会社役員等が被保険者となる部分の保険料を負担するか否かにかかわらず、本条1項の手続は不要と解される。

（5）　経過措置　　改正法の施行前に締結された役員等のために締結される保険契約については、本条の規定は、適用しないこととされている（附則7条）。
⇨**附則§7**の解説参照。

3　実務への影響

（1）　規律の新設による影響　　役員等賠償責任保険契約（D&O保険）を含む役員等のための保険契約の締結について、会社法上規律が新設され、手続が明確にされた。D&O保険は上場会社を中心に広く普及しているが、その内容の決定につき株主総会（取締役会設置会社にあっては取締役会）の決議を経ていなかった株式会社も存在すると思われる。改正法施行後は、そのような株式会社も新たにD&O保険契約の内容の決定をするためには株主総会（取締役会設置会社にあっては取締役会）の決議を経る必要があり、その意味でも、実務に与える影響は大きいといえる。

（2）　新設された規律による実務上の手続の概要

　(a)　役員等賠償責任保険契約（D&O保険）は、その内容を株主総会（取締役会設置会社においては取締役会）決議で定める必要がある（本条1項）。この内容には、保険金額、保険料のほか、各種の特約（会社補償特約を除く）、株主代表訴訟担保特約の保険料負担、子会社役員等を被保険者とするか、その部分の保

険料負担等が含まれる。

　(b)　取締役または執行役を被保険者とする役員等のために締結される保険契約については、取締役または執行役に関する利益相反取引規制が適用除外となる。民法108条も適用除外となる。

　もっとも、利益相反取引規制が適用されないとしても、被保険者となる取締役は、D&O 保険契約の内容を決定する取締役会の決議について、会社法369条2項に規定する「特別の利害関係」を有していると解される。なお、取締役会の決議についてすべての取締役が共通の利害関係を有している場合には、同項は適用されないとする見解があり、この見解によれば、取締役の全員が被保険者であり、取締役の全員が決議について共通の利害関係を有しているときは、同項は適用されないこととなる（会社法研究会報告書26頁、一問一答144〜145頁）。

＜保険契約に関する開示＞

> **会社法施行規則**
> 第74条（取締役の選任に関する議案）
> 1⑥　候補者を被保険者とする役員等賠償責任保険契約を締結しているとき又は当該役員等賠償責任保険契約を締結する予定があるときは、その役員等賠償責任保険契約の内容の概要（新設）
> 第119条（公開会社の特則）
> 株式会社が当該事業年度の末日において公開会社である場合には、次に掲げる事項を事業報告の内容に含めなければならない。
> 　②の2　株式会社の役員等賠償責任保険契約に関する事項（新設）
> 第121条の2（株式会社の役員等賠償責任保険契約に関する事項）
> 第119条第2号の2に規定する「株式会社の役員等賠償責任保険契約に関する事項」とは、当該株式会社が保険者との間で役員等賠償責任保険契約を締結しているときにおける次に掲げる事項とする。
> 　①　当該役員等賠償責任保険契約の被保険者の範囲
> 　②　当該役員等賠償責任保険契約の内容の概要（被保険者が実質的に保険料を負担している場合にあってはその負担割合、塡補の対象とされる保険事故の概要及び当該役員等賠償責任保険契約によって被保険者である役員等（当該株式会社の役員等に限る。）の職務の執行の適正性が損なわれないようにするための措置を講じている場合にあっては

> その内容を含む。）（新設）

◆解説

1 背景

（1） 開示の必要性　役員等賠償責任保険（D&O保険）は、上場会社や一部非上場会社に普及している。しかし、会社法には従前これを正面から認める規定はなく、したがって、会社と役員がどのようなD&O保険に加入しているかについての開示制度もなく、株主としてはその内容や保険金額、保険料、保険金支給の有無について知る手段がなかった。

　D&O保険には、優秀な人材の確保と職務執行が萎縮しないようにすること等の意義がある。一方、役員が会社に対して負う損害賠償債務について保険金が支払われるという仕組み上、その内容によっては役員の職務の適正性が損なわれるおそれがあるなど、会社と役員の間での利益相反性が常に内包されている。これに加えて、D&O保険の保険料は低額とは言い難いこと、また、保険金が支払われる場合は、役員に何らかの故意過失があって会社に損害が生じたために保険金で塡補する必要があったといった会社経営において重要な事実が発生している可能性があるなど、D&O保険に関連する事実は、会社や株主にとって重要なものがあり得る。

　そこで、D&O保険に関する規律の新設と共に、事業報告における開示の是非が検討された。

（2） 会社法研究会における検討　会社法研究会では、D&O保険契約について、取締役の全員が被保険者となることが通常であるから、構造上利益が相反するおそれがあるという問題を取締役会決議だけで解決することは困難であり、開示規制を設けることにより、株式会社が役員を過度に保護する内容のD&O保険契約を締結することに歯止めをかける必要性が高いと考えられた。D&O保険契約の内容等を開示することについては、資産規模、売上高、事業展開をしている国等の状況を考慮した適切な支払限度額の設定が容易になることや、株式会社が抱えているリスクを投資家が評価する際に保険料等の契約内容が指標として機能するといった積極面がある（中間試案補足説明39頁）。その反面、被保険者である役員が濫訴の対象となりやすいといった懸念があること、株主の動向次第では定時株主総会での混乱を招きかねないこと、法律による開

示の義務づけはグローバルスタンダードではないこと、また、損害保険会社の立場からは、保険契約者である会社ごとに保険金額、保険料等が公表され比較の対象となることにより、保険引受（アンダーライティング）の実務に支障が生じるという消極論もあった。このため、開示規制の是非と開示すべき事項について、生ずる可能性がある弊害等を含め実務に及ぼす影響を考慮しながら、引き続き検討することが相当とされた（会社法研究会報告書26〜27頁）。

（3）　部会における審議

（a）　**開示すべき要項等**　　部会では、取締役等への適切なインセンティブを付与するための規律の見直しの1つとして、役員等賠償責任保険契約に対する規律を新設することと併せ、事業報告による開示の是非と開示事項について検討した。事業報告の内容に含める役員等賠償責任保険に関する事項としては、次の項目が考えられた。

① 被保険者

② 保険金額

③ 保険料

④ 保険期間

⑤ 役員等が保険料の一部を負担している場合には、その旨およびその割合

⑥ 塡補の対象とされる保険事故の概要

⑦ 役員等の株式会社に対する責任を負う場合を塡補の対象とする場合には、その旨

⑧ 当該契約によって当該役員等の職務の適正性が損なわれないようにするための措置（例えば、一定額に至らない損害については塡補の対象としないことなど）を講じているときは、その措置

　部会の審議では、事業報告による開示に対して、濫訴や和解額のつり上げが惹起されるなど、実務上の弊害が生じる懸念があるという指摘がなされた。これに対しては、上場会社の9割以上がいわゆるD&O保険に加入しているという現状に照らすと、役員等賠償責任保険契約を締結している事実等について開示することにより、直ちにそのような弊害が生ずるとは考えられないという指摘や、開示の対象となる事項ごとにその弊害が発生する可能性を検討すべきであるという指摘もあった（中間試案補足説明39〜40頁）。更に、役員等賠償責任保険契約の保険料を開示した場合には、保険会社の当該会社に対するリスク評価やリスク自体の変化を示唆することにつながり、一般的に公表すべきでない

事実の詮索や健全なリスクヘッジの妨げになる可能性がある、ということも併せて主張された。

(b) **開示すべきとされなかった事項**　特に、保険金額、保険料または当該契約に基づいて行われた保険給付の金額を事業報告の内容に含めるものとするかどうかについて先鋭的な対立があり（中間試案10頁では、これらの事項を事業報告の内容に含めるか否かはなお検討するとされている）、要綱11頁では、これらの事項は開示事項として明記されなかった。そして、改正会社法施行規則上も、開示項目については「内容の概要」と規定されるのみで、これらについて開示義務があるとはされなかった。

2　趣旨

(1)　開示に関する規律

(a) **事業報告における開示**　株式会社が事業年度の末日において公開会社である場合において、役員等賠償責任保険契約（その定義は、改正法430条の3第1項による）を締結しているときは、当該保険契約に関する一定の事項を当該事業年度に係る事業報告の内容に含めなければならない（改正施規119条2号の2）とされている。

そして、改正会社法施行規則121条の2において、以下のとおり、記載事項が規定されている。

① 当該役員等賠償責任保険契約の被保険者の範囲

本号では、具体的な被保険者の範囲が記載されていない。しかし、保険契約上被保険者の範囲は必ず定められることから、それぞれの保険契約に沿って開示することになる。

ただし、条文上「範囲」と明記されていること、また、投資家に対するリスク情報の判断に個々の役員の氏名までは不要なことから、被保険者となる役員の役職と人数を開示すれば足り、個々の氏名まで開示する必要はないと思われる。

記載する被保険者については、以下のとおりと考えられるが、記載の要否は条文上は明確でないため、解釈の余地がある。

(i) **現役役員等**　事業年度内に役員等（取締役、会計参与、監査役、執行役または会計監査人〔会423条〕）に就任しており、被保険者とされた者。記載義務があることは明確である。

(ii) **退任役員等**　退任後の役員等も填補対象とするため、D&O保険契

約の特約により、過去に役員等に就任していた者を被保険者に追加することがある。

「被保険者」とされている退任後の役員等は、厳密には会社役員でない。しかし、退任役員に対して保険料を負担することがどうか、といった役員等賠償責任保険契約の内容の妥当性や会社のリスクに関する情報を株主や投資家が検証する機会を与えることは重要である。

また、役員等への責任追及は、退任した役員等に対しても行われることから、「被保険者」として開示対象に含まれると解することが無難と思われる。

また、被保険者の範囲は、役員の賠償責任の時効期間とも関わることから、被保険者となる退任役員等の退任時期を明確化することが、開示の趣旨をくみ取った対応になると解される。

(iii) **子会社役員等**　親会社が締結する役員等賠償責任保険契約の被保険者に子会社の役員等を追加し、1つの保険契約（ポリシー）で契約することがある。「被保険者」とされている子会社の役員等は会社役員でないため開示対象から除外されるのかという疑問もある。

この点、退任役員と同様、被保険者の範囲の妥当性や会社のリスクを株主や投資家が検証する機会を付与することは重要であろう。特に、上場子会社の場合、当該上場子会社自身で保険料を負担すべきではないかという問題もある。

また、子会社の役員等を開示の対象としたとしても、被保険者の範囲についての開示内容は、役職と人数の開示でよいと解されることから、プライバシー等にも配慮でき、会社の負担も軽いであろう。

なお、この場合、子会社は保険契約者でなく、保険料の支払義務も負わないことから、子会社の事業報告では開示の対象にはならないと解されること（一問一答149頁）からも、保険契約の被保険者となる子会社役員は、親会社の事業報告の開示対象となる「被保険者の範囲」に含まれると解することが適切と考えられる。

(iv) **執行役員、重要な使用人**　事業報告上の役員ではなく、また過去にも役員となったことがない場合は株主代表訴訟の被告とならず、役員等賠償責任保険における利益相反性も薄いことから、法令上は開示対象に含まれないとする考え方が妥当であろう。

②　当該役員等賠償責任保険契約の内容の概要

役員等賠償責任保険契約の「内容の概要」を開示する必要がある。

「概要」には次の事項が含まれる。

(ⅰ) **役員等による保険料の負担割合**　役員等賠償責任保険契約は株式会社が保険契約者として保険料を支払うことを約するものであるが、株主代表訴訟担保特約部分（または会社訴訟一部担保特約部分）等の保険料について、被保険者である役員等から徴収し、負担させる場合がある。

この場合には、役員等による保険料の負担部分を割合として記載する。保険料全額を会社が負担し、役員等に負担させない場合には、記載の必要がないと解される。そのため、今後は、保険料を全額会社負担とする実務が普及することが予想される。

(ⅱ) **塡補の対象とされる保険事故の概要**　約款の定める塡補対象として、普通保険約款部分に加え、各種特約（株主代表訴訟担保特約、会社補償、会社訴訟一部担保〔監査役訴訟〕、情報開示危険担保特約〔証券訴訟〕、危機管理費用特約、敵対的買収担保特約等）も、役員等賠償責任保険契約としてパッケージとなっている場合も少なくない。

この場合、株主代表訴訟担保特約、会社訴訟〔監査役訴訟〕一部担保特約、情報開示危険〔証券訴訟〕担保特約については、役員等が直接責任を問われた場合の保険金が支給される特約であることから、役員等賠償責任保険契約として、開示の必要がある。

一方、危機管理費用特約、敵対的買収担保特約等の会社の臨時支出への対応保険がパッケージになっている場合、その内容は実質的には役員等賠償責任保険ではなく、会社の費用負担を塡補する保険と解される。すると、こうした特約部分については開示をする必要がないと考えられる。

なお、会社補償担保特約は、会社を被保険者とする契約であるため、役員等賠償責任保険契約から除外されており、開示対象にならないものと思われる。

(ⅲ) **当該役員等賠償責任保険契約によって当該役員等の職務の適正性が損なわれないようにするための措置を講じているときは、その措置の内容**　こうした措置については、保険契約の内容に関する措置とそれ以外の措置が考えられる。前者としては、免責金額、縮小支払割合の定めのほか、約款上の免責事由の定めが適切に設定されていることや、役員等の会社に対する責任を塡補する契約部分の保険料を役員等に負担させることも、保険金額が過大になることを防止する機能がある。

後者としては、役員等による職務の適正性を確保するためのコンプライアン

ス規定、役員報酬に関するクローバック条項等、様々な社内ルールの整備が含まれると解する。

　当該措置を講じるか否かは株式会社の判断に委ねられている。しかし、役員等賠償責任保険の付保を適切に行うことに無関心であるといった印象を株主に与えないためには、約款の適切さや、コンプライアンスに関する社内ルールが整備されていることから役員等賠償責任保険によるモラルハザードが生じないと考えていることなどを開示することが考えられる。

　そして、措置がとられていないときは、その旨を記載することになる。

　(iv)　**保険金額（支払限度額）、保険料、保険期間、事故発生時の支払保険金額等**　これらの事項は、役員等賠償責任保険契約の内容の基本的な要素であるが、開示することには弊害が大きいという指摘を受けて、開示事項としては明記されないこととなった。したがって、開示するか否かは会社の判断に委ねられ、開示しない会社が大部分になるのではないかと推測される。

　また、保険金が保険会社から役員等に対して支払われたり、役員から会社に対する損害賠償金が保険金によって支払われた事実も、開示事項とされていない。この点、保険金が支払われた目的が弁護士費用等の訴訟費用等多額でない場合であれば、重要性がないであろう。しかし、和解金や判決に基づく損害賠償金の場合は、株式会社の会社役員に関する重要な事項（施規121条11号）となり、かかる重要事項として開示が必要となる可能性がある。

　(b)　**株主総会参考書類に関する規律**　株主総会参考書類についても開示義務が規定され、取締役の選任に関する議案を提出する場合には、候補者を被保険者とする役員等賠償責任保険契約を締結しているときまたは当該役員等賠償責任保険契約を締結する予定があるときは、その役員等賠償責任保険契約の内容の概要について開示することとされた（改正施規74条1項6号）。監査役（改正施規76条1項8号）、監査等委員である取締役（改正施規74条の3第1項8号）、会計参与（改正施規75条6号）および会計監査人（改正施規77条7号）についても同様の規定がある。

　事業報告上の記載ほど詳しく記載事項が規定されているわけではないが、概ね同様の記載となろう。

3　実務への影響

（1）　責任追及訴訟等への影響　役員等賠償責任保険について、事業報告による開示の規律が定められることの意義や影響は大きく、D&O保険の付保の

手続や、株主代表訴訟や株主総会の運営の今後の実務に一定の影響があると考えられる。

（2） 具体的な影響

　(a)　**責任追及の訴え**　取締役に対する責任追及の訴えの提訴請求または株主代表訴訟の提訴にあたって、株主は、前事業年度に係る事業報告で開示された役員等賠償責任保険契約に関する情報（付保の有無や契約内容の概要）を参考にすることになろう。従前からD&O保険への加入は想定されていたことでもあり、また、案件によってD&O保険が免責となる場合もあるなど、原告株主の訴訟行動にどこまで影響するかは不明確である。

　もっとも、役員等に対する損害賠償請求については、D&O保険が付保されているかどうかは被告の支払能力に関わるので、株主代表訴訟における和解の可能性や和解条件に影響することも考えられる。

　(b)　**株主総会への影響**　　株主総会においては、前事業年度の事業報告の記載に基づいて、株主がD&O保険について質問をすることが考えられる。この場合の取締役の説明義務の範囲は、会社法施行規則で定められる予定の事業報告の記載の範囲内において、株主の理解に資する程度とされることとなる。

第5　社外取締役

（社外取締役の設置義務）
第327条の2
監査役会設置会社（公開会社であり、かつ、大会社であるものに限る。）であって金融商品取引法第24条第1項の規定によりその発行する株式について有価証券報告書を内閣総理大臣に提出しなければならないものは、社外取締役を置かなければならない。

会社法施行規則
第2条（定義）
3　この省令において、次の各号に掲げる用語の意義は、当該各号に定め

るところによる。
⑤　社外役員　会社役員のうち、次のいずれにも該当するものをいう。
　　ロ　当該会社役員が次のいずれかの要件に該当すること。
　　　⑴　当該会社役員が法第327条の2、第331条第6項、第373条第1項第2号、第399条の13第5項又は第400条第3項の社外取締役であること。
⑦　社外取締役候補者　次に掲げるいずれにも該当する候補者をいう。
　　ロ　次のいずれかの要件に該当すること。
　　　⑴　当該候補者を法第327条の2、第331条第6項、第373条第1項第2号、第399条の13第5項又は第400条第3項の社外取締役であるものとする予定があること。

第74条（取締役の選任に関する議案）
4　第1項に規定する場合において、候補者が社外取締役候補者であるときは、株主総会参考書類には、次に掲げる事項（株式会社が公開会社でない場合にあっては、第4号から第8号までに掲げる事項を除く。）を記載しなければならない。
③　当該候補者が社外取締役（社外役員に限る。以下この項において同じ。）に選任された場合に果たすことが期待される役割の概要
④　当該候補者が現に当該株式会社の社外取締役である場合において、当該候補者が最後に選任された後在任中に当該株式会社において法令又は定款に違反する事実その他不当な業務の執行が行われた事実（重要でないものを除く。）があるときは、その事実並びに当該事実の発生の予防のために当該候補者が行った行為及び当該事実の発生後の対応として行った行為の概要

第124条（社外役員等に関する特則）
④　各社外役員の当該事業年度における主な活動状況（次に掲げる事項を含む。）
　　ホ　当該社外役員が社外取締役であるときは、当該社外役員が果たすことが期待される役割に関して行った職務の概要（イからニまでに掲げる事項を除く。）

改正会社法施行規則
74条の3第4項3〜4号

【削除された条文】

改正前会社法施行規則

2条3項5号ロ(1)、2条3項7号ロ(1)、74条の2、124条2〜3項

（改正前会社法327条の2）

（社外取締役を置いていない場合の理由の開示）

事業年度の末日において監査役会設置会社（公開会社であり、かつ、大会社であるものに限る。）であって金融商品取引法第24条第1項の規定によりその発行する株式について有価証券報告書を内閣総理大臣に提出しなければならないものが社外取締役を置いていない場合には、取締役は、当該事業年度に関する定時株主総会において、社外取締役を置くことが相当でない理由を説明しなければならない。

◆解説

1 背景

（1） ソフトローによる社外取締役の導入促進　平成26年改正法の立法過程では、法制審議会会社法制部会において、社外取締役の設置の義務づけについて検討された。検討に際しては、取締役会の監督機能の充実という観点から、取締役会において議決権を有する社外取締役に、次のような経営の監督に関する機能が期待されるものと整理された（平成26年改正に関する法務省民事局参事官室「会社法制の見直しに関する中間試案の補足説明」〔平成23年12月〕2頁）。

「①経営全般の監督機能　(a)取締役会における重要事項の決定に関して議決権を行使すること等を通じて経営全般を監督する機能　(b)経営全般の評価に基づき、取締役会における経営者の選定・解職の決定に関して議決権を行使すること等を通じて経営者を監督する機能（経営評価機能）

②利益相反の監督機能　(a)株式会社と経営者との間の利益相反を監督する機能　(b)株式会社と経営者以外の利害関係者との間の利益相反を監督する機能」

しかしながら、上記の会社法制部会においては、賛成および反対の双方の意見が厳しく対立し、コンセンサスが得られず、社外取締役を置くことの義務づけはなされなかった。その代わり、事業年度の末日において監査役会設置会社（公開会社であり、かつ、大会社であるものに限る）であって金融商品取引法の有価証券報告書提出会社（以下、「上場会社等」ということがある）が社外取締役を置いていない場合には、取締役は、その事業年度に関する定時株主総会におい

て、「社外取締役を置くことが相当でない理由」を説明しなければならないこととされ（改正前会社法327条の2）、また、「社外取締役を置くことが相当でない理由」を株主総会参考書類および事業報告の内容とし、株主に開示することとされた（改正前施規74条の2第1項・124条2項）。これらは上場会社等に社外取締役の選任を強く勧奨するための措置としてコンプライ・オア・エクスプレイン・ルールを定めたものであった。

　更に、平成26年改正法の附則25条は、「政府は、この法律の施行後2年を経過した場合において、社外取締役の選任状況その他の社会経済情勢の変化等を勘案し、企業統治に係る制度の在り方について検討を加え、必要があると認めるときは、その結果に基づいて、社外取締役を置くことの義務付け等所要の措置を講ずるものとする。」と定めた。

　一方、いわゆるソフトローの領域においては、東京証券取引所の上場規則上、上場会社は、独立役員（一般株主との利益相反が生じるおそれのない社外取締役または社外監査役）を1名以上確保することが義務づけられるとともに（東京証券取引所の有価証券上場規程436条の2）、取締役である独立役員を少なくとも1名以上確保するよう努めなければならないこととされている（同445条の4）。さらに、コーポレートガバナンス・コードにおいて、上場会社は、独立社外取締役を少なくとも2名以上選任すべきであるとされており（原則4-8）、市場第一部および市場第二部の上場会社は、2名以上の独立社外取締役の選任を行わない場合には、その理由を説明することが求められている（上記有価証券上場規程436条の3）。その結果、上場会社における社外取締役の導入が進んできているところである。

　会社法研究会報告書においては、「社外取締役を置くことの義務付け等の措置を講ずるかどうかについては、社外取締役の選任状況その他の社会経済情勢の変化等を勘案し、引き続き検討することとしてはどうか」（36頁）と提案した。

　このような背景から、法務大臣は、平成29年2月9日、法制審議会に対し、「近年における社会経済情勢の変化等に鑑み……社外取締役を置くことの義務付けなど、企業統治等に関する規律の見直しの要否を検討の上、当該見直しを要する場合にはその要綱を示されたい。」との諮問（諮問第104号）をした。これを受け、法制審議会に設置された部会において、社外取締役を置くことの義務づけについて検討がされることとなった。

（2） 部会における審議経緯

(a) 中間試案まで　部会においては、東京証券取引所上場会社における社外取締役の選任状況や社外取締役に関する実証分析の資料等が検討された（第5回部会において配布された参考資料等参照）。部会での議論は、大きく2つに分かれた。まず、義務づけすべきとの立場は、大要、平成26年改正法の施行後、上場会社による社外取締役の選任比率が大幅に増加していることから選任を義務付けても上場会社等の負担は必ずしも大きくなく、また、社外取締役は、少数株主を含むすべての株主に共通する株主共同の利益を代弁する立場にあるので、少なくとも1人の社外取締役を置くことが必要であるといったものであった。これに反対する立場は、社外取締役を置かなくてよいと説明しているごく少数の株式会社についてまで社外取締役を置くことを一律に強制することは適切でないといった意見であった。

(b) 中間試案およびパブリックコメント　部会のこのような審議の状況を受け、中間試案11頁は、現行法上「社外取締役を置くことが相当でない理由」を説明しなければならないこととされている上場会社等について、少なくとも1人の社外取締役を置かなければならないものとするかどうかについて、次のような提案をした（提案理由については、中間試案補足説明45～46頁参照）。

【A案】　監査役会設置会社（公開会社であり、かつ、大会社であるものに限る。）であって金融商品取引法第24条第1項の規定によりその発行する株式について有価証券報告書を内閣総理大臣に提出しなければならないものは、社外取締役を置かなければならないものとする。

【B案】　現行法の規律を見直さないものとする。

中間試案に対するパブリックコメントにおいても、A案に賛成するものとB案に賛成するものとに意見が分かれた。

(c) 要綱まで　部会では、中間試案とこれに対するパブリックコメントの結果に基づいて審議が行われたが、引き続き意見は分かれた。第15回会議に提示された部会資料24・4～7頁に、社外取締役の義務づけに賛成する立場と反対する立場について、それぞれの論拠が紹介されている。両説の論拠は、

（i）　現在の社外取締役の選任状況をどう評価するか

（ii）　社外取締役による監督機能・ガバナンスの充実および企業価値の向上といった観点から社外取締役の役割をどう評価するか（実証分析を含む）

（iii）　資本市場との関係から社外取締役の選任義務化をどう評価するかとい

った観点から分析することができる。両説の論拠を整理すると、概ね以下のとおりであった。社外取締役の選任義務化は、本改正において議論がされた主要な論点であり、詳細に紹介する。

(i) 現在の社外取締役の選任状況をどう評価するか

・賛成説

① 現在の社外取締役の選任比率が大幅に増加していることやコーポレートガバナンス・コードの規律等を考慮すると、社外取締役を1人以上選任することは、上場会社が満たすべき最低限の要求ないしはミニマムスタンダードとして、会社法によって義務づける段階にある。

② 現在の社外取締役の選任状況を前提とすると、社外取締役を置くことを義務づけることに伴うコストよりも、上場会社には社外取締役が必ず1人以上置かれているという分かりやすい制度とするメリットの方が大きい。

③ 大多数の上場会社においてすでに社外取締役が選任されているのは、社外取締役の重要性および有用性が認められているからである。また、現在社外取締役を置いていない上場会社の多くも、適任者がまだ見つかっていないことをその理由としており、社外取締役の意義を否定しているわけではない。

・反対説

a すでにほとんどの上場会社が社外取締役を選任しているという状況からすれば、平成26年改正法の狙いはすでに実現しつつある状況にあり、更に進んで、社外取締役を置くことを義務づける必要はない。

(ii) 社外取締役による監督機能・ガバナンスの充実および企業価値の向上の観点から社外取締役の役割をどう評価するか（実証分析を含む）

・賛成説

④ 社外取締役を選任したことにより直ちに企業価値が向上するという相関関係が実証されたか否かにかかわらず、社外取締役には、少数株主を含むすべての株主に共通する利益を代弁する立場にある者として、業務執行者から独立した客観的な立場から会社経営の監督を行い、また、経営者あるいは支配株主と少数株主との間の利益相反の監督を行うという役割を果たすことが期待されており（1の冒頭で紹介した社外取締役に期待される機能参照）、その役割の重要性は増している。業務執行者から一

定の独立性を有し、また、監査役と異なり、取締役会において議決権を有し、場合によっては議案に反対することのできる社外取締役がいる会社といない会社では、取締役会の監督機能には質的な相違がある。更に、社長を頂点とするピラミッドに属していない社外取締役には、いわゆる「社内の常識」が通じず、社外取締役の賛成を得るために、合理的な説明が必要となり、取締役会の意思決定の慎重性・透明性も向上する。

⑤　企業価値を向上させるためには、社外取締役を活用した視野の拡大や多様性の確保は必須である。

⑥　実証研究等により社外取締役を少なくとも１人置くことにより企業価値が向上するという効果が示されていないとしても、企業価値の向上のために、社外取締役の員数を増やしつつ、社外取締役の質や多様性を向上させるべきである。

⑦　社外取締役を置くことが義務づけられないならば、株主が会社提案に係る社外取締役候補者をガバナンスの観点などから適切ではないと反対した結果、当該候補者が選任されないときに、当該株式会社は、他のより適切な候補者を擁立する必要はないことになってしまう。ガバナンスの実効性強化のために社外取締役の義務づけは必要である。

・反対説

b　近年、社外取締役の導入が急速に進展したことから、現時点は、社外取締役が企業価値に与える影響や課題について実証的に検証する段階にある。社外取締役の選任義務づけなどのコーポレートガバナンスに関する規律は、企業価値の向上につながるからこそ講ずべきものであって、社外取締役を選任したことが企業価値を向上させたか否かが実証研究等によって明らかでない段階で、社外取締役を置くことを義務づけるのは、時期尚早である。

c　社外取締役を置くことを義務づけるべきかどうかは、企業価値に与える影響という観点から検討すべきである。取締役会の最適な構成は企業によって大きく異なるということが分かってきている。にもかかわらず、会社法が、社外取締役を置くことを一律に強制し、多様性を排するべきではない。

d　適切なガバナンス体制は、個々の上場会社等が、創意工夫しながら構築していくことが原則である。経営判断の迅速性の観点等からあえて社

外取締役を選任しないと判断している上場会社もあり、そのようなごく少数の個別の上場会社の事情を考慮せずに、画一的に社外取締役を置くことを義務づけるとすると、弊害が生じ得る。更に、形式的に社外取締役を選任すればよいといった対応がされかねず、制度が形骸化するおそれがある。

(iii)　資本市場との関係から社外取締役の義務化についてどう評価するか

・**賛成説**

⑧　我が国の資本市場が信頼される環境を整備するという観点からは、上場会社において、上記④で述べたような社外取締役による客観的立場からの監督がされないことは、もはや容認されない（上記①および②も参照）。

・**反対説**

e　社外取締役を置いていない個別の上場会社については、投資家による議決権行使や市場における評価に委ねればよい。

この論点に関し、部会での審議において、義務づけに消極的な立場からも、法律により強制をするのであれば、それは日本の資本市場に対する信頼といったマクロ的な観点から、上場会社等においては社外取締役による監督が最低限保証されている旨のメッセージを発信するためであるといった説明をして、義務づける理由を明らかにすべきであるとの指摘がなされた（第15回部会議事録34頁［藤田友敬委員発言］）。これを受けて、部会資料25・15頁の補足説明において、「我が国の資本市場が信頼されるようにするためには、業務執行者から独立した客観的な立場からの監督機能が期待される社外取締役を活用することを、法的規律により一律に強制することが考えられる」とされた。

このような審議を経て、第17回部会に提示された部会資料26・15頁において、義務づけをするという案に一本化され、その後の審議を経て、社外取締役を置くことを義務づける要綱が採択され、これが改正法327条の2となった。

2　趣旨

(1)　趣旨　社外取締役を置くことを義務づけることの趣旨は、上記の部会における義務づけに賛成する立場の論拠が基本的にそのまま妥当する。端的には、我が国の資本市場が信頼されるようにするために、業務執行者から独立した客観的な立場からの監督機能を果たすことが期待される社外取締役を活用することを、上場会社等に一律に強制することにあるといえよう。加えて、ソフ

トローによる社外取締役の導入が進んできている現状に鑑み、上記のとおり、本条は、我が国の資本市場が信頼される環境を整備し、社外取締役による監督が保証されているというメッセージを内外に発信する意図に基づくものである。

（2）　対象となる会社の範囲　　社外取締役の選任を義務づけられる会社は、「監査役会設置会社（公開会社であり、かつ、大会社であるものに限る。）であって金融商品取引法第24条第1項の規定によりその発行する株式について有価証券報告書を内閣総理大臣に提出しなければならないもの」とされている（前記のとおり「上場会社等」ということがある）。規律の対象となる会社については、改正前会社法327条の2から変更はない。

　改正前会社法327条の2が規律の対象を上場会社等としたのは、まず、監査役会設置会社の中には、株主数の少ない小規模な株式会社も含まれ、そのような会社をすべて規律の対象とすることは相当ではないためである。また、公開会社（会2条5号）であり、かつ、大会社（同条6号）である株式会社と限定したのは、このような会社は、類型的にみて、株主構成が頻繁に変動することや会社の規模に鑑みた影響力の大きさから、社外取締役による業務執行者に対する監督の必要性が高く、また、会社の規模から、社外取締役の人材確保に伴うコストを負担し得るためである。更に、有価証券報告書提出会社に限定したのは、そのような株式会社は、類型的に、不特定多数の株主が存在する可能性が高いことから、社外取締役による業務執行者に対する監督の必要性が特に高いと考えられたためである。今回、社外取締役を置くことを義務づけられる株式会社についても、これらの理由がそのまま妥当することから、本条の対象会社については変更されなかった。

　なお、監査役会設置会社のみが対象とされたのは、監査等委員会設置会社および指名委員会等設置会社については、2人以上の社外取締役を必ず置くこととされているためである（会331条6項、400条1項3項）。

（3）「事業年度の末日において」との要件の削除　　本条では、改正前会社法327条の2の冒頭にあった「事業年度の末日において」との要件が削除されている。改正の趣旨は必ずしも明らかではないが、例えば、大会社ではなかった株式会社において、事業年度の末日である2XX3年の3月末日後、同年4月において、増資等により資本金額が5億円以上となった場合、この会社が大会社となるのは、2XX4年3月末日までの事業年度に関する2XX4年の定時株主総会において、資本金額が5億円以上となった貸借対照表が報告された時点である

（会439条の場合。会2条6号イ）。上記の「事業年度の末日において」との要件
が削除された結果、この会社においては、2XX4年の定時株主総会において上記
の報告がなされた段階で社外取締役の選任義務が生じることとなる。上記の要
件が削除されていなければ、この会社が事業年度の末日において大会社となる
のは、2XX5年の3月末日であるから、選任義務が生じるのは2XX5年の定時株主
総会となる。

　このように、社外取締役の選任義務の早期化が上記の修正により図られてい
るといえよう。

（4）　社外取締役を欠く取締役会決議の効力

　(a)　問題の所在および部会における審議の経緯　　社外取締役を置くことを
義務づけた場合、社外取締役に欠員が生じている状況でなされた取締役会決議
に瑕疵が生じるのではないかが問題となる。

　この点、部会資料26・15〜16頁においては、「社外取締役に欠員を生じたこ
とが直ちに取締役会決議の効力に影響すると考える必要はないと考えられる」
とされ、会社法においては、「『上場会社等は、社外取締役を置かなければなら
ない』という定め方をすることを想定しており、このような定め方であれば、
取締役会の決議要件との関係においては社外取締役を特別扱いせず、社外取締
役を欠いている場合であっても、直ちに有効に取締役会の決議をすることがで
きないこととなるものではないと整理することができる」とされていた。

　しかし、部会において、会社法の条文の規定ぶりから直ちに社外取締役の欠
員が取締役会決議の効力に影響することはないといった結論を導かれるという
点には疑問が呈され、それをきっかけとして、活発な議論がされた（第17回部
会議事録22頁以下および第18回部会議事録15頁以下）。例えば、監査役会設置会社
の社外取締役に期待される機能としては、代表取締役から独立した立場からの
議決権行使を通じた監視機能があり、社外取締役がいないことが決議の結果に
およそ定型的に影響を与えることがないとまでは言い切れないのではないかと
いった意見が出された（第17回部会議事録23頁［前田雅弘委員発言］）。

　これらの議論を受け、部会資料27・13頁においては、「社外取締役が欠けて
いる状況が長期間に及ぶ場合等には、社外取締役が欠けていることが取締役会
の決議の効力におよそ影響を及ぼさないとまで言うことは難しいが、社外取締
役が欠けた場合であっても、遅滞なく社外取締役が選任されるときは、その間
にされた取締役会の決議は無効とならないと解釈することができると考えられ

る。」とされた。この点、立案担当者によれば、社外取締役が欠けた場合であっても、「社外取締役を選任するための手続を遅滞なく進め、合理的な期間内に社外取締役が選任されたときは、その間にされた取締役会の決議を含め、取締役会の決議は無効とならないと考えられる」とされている（竹林他(5)8頁、神田(5)10頁、一問一答160頁。なお、これらの説明については、合理的な期間内に後任の社外取締役選任がされなかった場合に、それまでになされた取締役会決議が遡って無効となるのか、または将来に向かってのみ無効になるのか、必ずしも明瞭でない点があるように思われる）。

　(b)　**社外取締役が欠けた場合に遅滞なく後任の社外取締役が選任されればよいとの説**　このようにこの問題は解釈に委ねられることになったが、若干敷衍する。まず、社外取締役が欠けた場合の決議の効力については、社外監査役の員数を欠く場合（法令・定款に定める社外監査役の員数を満たさずになされた監査は、資格要件を欠く監査役によりなされたという手続的瑕疵を帯びるとされている〔会335条3項〕）とは異なり、取締役会開催の必要性といった実務上の要請に鑑みれば、社外取締役を欠けば取締役会の決議をすることができなくなるわけではないという点にはほぼ異論がないと思われる。上記の立案担当者の考えによれば、社外取締役が欠けた場合の取締役会決議の効力を原則として無効であると考える必要はなく、有効ではあるものの、社外取締役の欠員が生じた後「遅滞なく」合理的な期間内に社外取締役が選任されなかった場合等に、それ以降の取締役会決議が無効となる可能性が生じるものと考えることになる。すなわち、法的安定性の観点から、合理的な期間内に遅滞なく後任の社外取締役が選任されなかった場合、それ以降の取締役会決議が将来にわたって無効となる可能性が生じる（いつの時点から無効になるのかは困難な問題ではあるが）にとどまり、それまでになされた取締役会決議が遡って無効になることはないと解することになる。

　この考えによる場合、どの程度の時間の範囲内で次の社外取締役を選任すれば「遅滞なく」合理的な期間内にといえるのか、また、取締役会決議の有効性を判断するために、時間的要素以外の要素も考慮すべきかといった疑問が生じる。

　この点、社外取締役を選任（一時取締役の選任を含む）することが容易な状況であるにもかかわらずこれを怠り、時間を徒過した場合が、「遅滞なく」合理的な期間内に選任しなかった場合として、無効となる余地があると考えるべき

であろう。「遅滞なく」選任したか否かについては、社外取締役を欠いた後の当該会社による候補者選定のための準備の状況や、臨時株主総会を開催するためにどれくらいの期間と費用を要するかなど、当該会社における個別具体的な事情が考慮されることになろう。

(c) **社外取締役に期待される機能から考える説**　更に、部会においては、「社外取締役を入れることが比較的容易であるにもかかわらず、入れないまま延々と取締役決議を続けている場合は、コーポレート・ガバナンスの観点から問題が生じている……。社外取締役がいれば、そのような問題は生じなかったから、そこで決議の効力に影響を及ぼすかもしれないというふうな、そういった解釈によって、決議が無効とされるということはあり得る」(第18回部会議事録17頁[田中亘幹事発言])であるとか、「会社法上のコーポレート・ガバナンスのシステムをどれだけ会社が実現・維持しようとしたかが問われ、その努力を怠った場合には取締役会決議の効力が否定される場合もある」(第18回部会議事録18頁[中東正文幹事発言])といった指摘がなされた。このような点を考慮すると、無効か否かの判断にあたっては、単に時間的な要素のみならず、会社として社外取締役が欠けたというガバナンス上問題のある状態を是正するためにどのような努力をしたか、ひいては社外取締役が欠けていた状態が、改正法において社外取締役の選任を義務づけた趣旨に反するかどうか(竹林他(5)8頁)、といった点も考慮されることになるのではなかろうか(例えば、会社が適任と思われる候補者を見つけ、臨時株主総会を開催してその者の選任をしようとしたが、株主総会で否決されたような場合であれば、その間の取締役会決議を無効とする必要はないものと思われる)。

このような考えを推し進め、社外取締役に期待される機能に鑑み、社外取締役が欠けていることを取締役会決議の瑕疵としてどの程度重要視しなければならないか、つまり社外取締役の欠員が取締役会決議の有効性を失わせるような本質的な瑕疵といえるか否かという観点から取締役会決議の効力を検討すべきであるとの説も唱えられている(白井正和「社外取締役の選任義務づけと業務執行の委託」旬刊商事法務2234号5〜6頁〔商事法務・2020〕)。株主総会参考書類等において、社外取締役に選任された場合に果たすことが期待される役割の概要を記載することが義務づけられたが(改正施規74条4項3号等)、この説によれば、「期待される役割」も、瑕疵の重大性を判定する要素となり得る。そして、取締役会決議の効力は、取締役会決議の内容によって異なることになる。例え

ば、MBOに関する意見表明を取締役会においてする場合のように、取締役会決議の内容が会社・少数株主と取締役・支配株主との間の利益相反の要素を伴うものである場合は、まさに社外取締役に利益相反の監督機能が強く期待されている場面であるから、社外取締役が欠けているときには、取締役会決議の瑕疵として軽微であるとは言えないとするものである。この考えによれば、遅滞なく社外取締役が選任されたか否かとか、欠員が生じたことについて会社に帰責性があるかといった事情は、取締役会決議の瑕疵の重大性を考える際の一要素にすぎないこととなる。

　(d)　**最高裁判決との関係**　　この議論に関連し、一部の取締役に対する招集通知を欠いた場合、その取締役が出席してもなお決議の結果に影響がないと認めるべき特段の事情があるときは、当該瑕疵により決議は無効にならないとする最高裁判決（⇨**判例**）の射程が及ぶか、すなわち、社外取締役が出席していても決議の結果に影響がないと認めるべき特段の事情があれば決議の効力に影響はないとすべきかといった点も議論がされた。この点について、同判決は、当該取締役が出席していたか否かによって結論が変わったかを問題としているところ、議論の対象となっているのは、社外取締役自体が選任されていない場合であって事案が異なること、むしろ業務執行者から独立した客観的立場から会社経営の監督を行うために社外取締役の選任が義務化されたという趣旨からみて社外取締役が選任されていないこと自体が問題であることから、この最高裁判決の射程は及ばないと解すべきとの意見があった点に留意すべきと思われる（上記田中幹事発言および中東幹事発言等参照）。

　いずれにせよ、この点は、今後の判例・学説の積み重ねによって結論を導かざるを得ない問題である。

（5）　社外取締役の設置義務づけに伴う会社法施行規則の改正　　改正会社法327条の2により、上場会社等は社外取締役を置くことが義務づけられることに伴い、以下のような改正がなされた。

　(a)　**社外役員の定義の変更**　　「社外役員」は事業報告の記載事項（改正施規124条）との関係で定められている概念である。社外取締役の選任が義務付けられることに伴い、会社役員が改正会社法327条の2の社外取締役であることが、社外役員の要件として追加された（改正施規2条3項5号ロ(1)）。同号の規定によれば、社外取締役（会2条15号）の要件を満たす会社役員であって、一定の要件を充足する者が社外役員に該当するとされているが、上場会社等の

役員のうち、改正会社法327条の2に基づいて選任された者は、この「社外役員」に該当することになる。社外取締役が複数選任された場合における追加選任された社外取締役については、改正会社法施行規則2条3項5号ロ(1)の「法第327条の2……の社外取締役」に該当しないときであっても、例えば同ロ(4)「社外取締役……であるものとして計算関係書類、事業報告、株主総会参考書類……に表示していること」等に該当することがあり、その場合には下記(c)の社外取締役として期待される役割の概要等の開示が義務づけられる（意見募集の結果について1～2頁参照）。

　(b)　**社外取締役候補者の定義の変更**　改正会社法施行規則2条3項7号ロ(1)の改正により、改正会社法327条の2の社外取締役とする予定がある者を社外取締役候補者の定義に加えた。

　(c)　**社外取締役として期待される役割の概要の株主参考書類への記載**　会社が取締役の選任議案を提出する場合において、候補者が社外取締役（社外役員に限る）の候補者であるときには、株主総会参考書類において、当該候補者が社外取締役に選任された場合に果たすことが期待される役割の概要を記載することが必要となった（改正施規74条4項3号）。監査等委員である社外取締役候補者についても同様である（同74条の3第4項3号）。社外取締役には、上記**1(1)**のような機能を果たすことが期待されるが、社外取締役に期待される機能を果たし得るか否かの評価に資する情報が十分に株主に提供されていないのではないかとの指摘があった。そこで、株式会社が当該社外取締役候補者にどのような役割を期待しているかをより具体的に記載すること（例えば、どのような視点からの取締役の職務の執行の監督を期待しているかなど）を要求し、株主による判断材料とするものである（意見募集の結果について11頁）。なお、期待するという行為の主体は当該議案を提出する株式会社であって、当該記載によっても、法令上社外取締役に求められる職責の範囲が縮減するといった影響を受けるものではない（同12頁）。

　(d)　**社外取締役が果たすことが期待される行為に関して行った職務の概要の事業報告への記載**　改正会社法施行規則により、会社役員のうち社外役員である社外取締役が存する場合には、株式会社の役員に関する事項として、事業報告において、当該社外取締役が果たすことが期待される役割に関して行った職務の概要の記載が必要となった（改正施規124条4号ホ。ただし同号イからニまでに掲げる事項を除く）。これは、社外取締役に期待される役割を当該社外取締

役がどの程度果たしたかについて事後的に検証することを可能にし、もって社外取締役による監督の実効性を担保するための規定である（意見募集の結果について46頁）。監査等委員会設置会社において、監査等委員である取締役に占める社外取締役割合要件における社外取締役（会400条3項）等の会社法施行規則2条3項5号ロ(1)に列挙されている社外取締役も、社外役員として、この対象となる。

(e)　削除された規定　改正前会社法においては、上場会社等において、社外取締役を置いていない場合には、「社外取締役を置くことが相当でない理由」の①定時株主総会における説明（改正前会社法327条の2。本条に改正された）、②株主総会参考書類への記載（改正前施規74条の2）、および③事業報告への記載または記録（同124条2～3項）が定められていたが、②および③の改正前会社法施行規則の各規定が削除された。また、①～③に関連する規定（同2条3項5号ロ(1)、同項7号ロ(1)、同94条1項2号）が削除された。

（6）　改正法適用の時期　社外取締役を確保するためには時間的余裕が必要である。そこで、社外取締役の設置義務等に関する経過措置として、附則5条は、「この法律の施行の際現に監査役会設置会社（会社法第2条第5号に規定する公開会社であり、かつ、同条第6号に規定する大会社であるものに限る。）であって金融商品取引法……第24条第1項の規定によりその発行する株式について有価証券報告書を内閣総理大臣に提出しなければならないものについては、新法第327条の2の規定は、この法律の施行後最初に終了する事業年度に関する定時株主総会の終結の時までは、適用しない。この場合において、旧法第327条の2に規定する場合における理由の開示については、なお従前の例による。」と規定した。すなわち、改正法施行の際社外取締役を置いていない株式会社は、改正法施行後最初に終了する事業年度に関する定時株主総会では、改正前会社法327条の2の社外取締役を置くことが相当でない理由の説明義務があるとともに、同定時株主総会において社外取締役を選任しなければならないこととなる（なお、改正前施規74条の2の削除については、改正施規附則2条7項参照）。⇨ **附則§5**の解説参照。

（7）　罰則　改正法976条19号の2が新設され、「第327条の2の規定に違反して、社外取締役を選任しなかったとき」には、100万円以下の過料に処せられる。なお、社外取締役が欠けた場合であっても、遅滞なく社外取締役が選任されるときは、直ちに過料の制裁が課せられることにはならないと解釈するこ

とができるとされている（部会資料27・13頁）。⇨ **§976-2（5）**参照。

3　実務への影響

（1）　適切な社外取締役候補者の選定　上記のとおり、東京証券取引所の有価証券上場規程は、取締役である独立役員を少なくとも1名以上確保するように努めなければならないとしている（東京証券取引所・有価証券上場規程445条の4）。さらに、コーポレートガバナンス・コードによれば、市場第一部・第二部上場会社は、独立社外取締役を2名以上選任していない場合には、東京証券取引所に提出するコーポレート・ガバナンス報告書においてその理由を説明することが要求されている（同規程436条の3、コーポレートガバナンス・コード原則4-8）。したがって、市場第一部・第二部上場会社の多くはすでに社外取締役1名を選任していると思われるが、そうではない会社は、改正法施行後社外取締役を選任する必要が生じる。社外取締役としての適格者の数も限定され、かつ、兼任できる会社数にも限度があることから、いかに適切な社外取締役の候補者を見つけるかといった課題があるところであり、実務上の影響は大きい。

（2）　補欠社外取締役の選任　上述したとおり、社外取締役が欠けた状況でなされた取締役会決議は瑕疵を帯びる可能性があり、そのような事態をいかにして避けるかが実務上の課題となる。もちろん、複数の社外取締役を選任できれば問題はほぼないものと思われる。しかし、そうではない場合においては、まず、株主総会において、補欠社外取締役をあらかじめ選任しておくことが考えられる（会329条3項、施規96条2項2号）。ただし、この場合でも、補欠社外取締役候補者としての適格者を見つけなければならないという課題が残る。

（3）　権利義務取締役　社外取締役が任期の満了または辞任により欠けた場合には、その退任した社外取締役は、新たに選任された社外取締役が就任するまで、いわゆる権利義務取締役として、なお役員としての権利義務を有する（会346条1項）。この点議論の余地はあるが、部会資料27・12頁によれば、社外取締役の員数が欠けた場合にも、権利義務取締役や、次に述べる一時役員の規定の適用があるとされている。権利義務役員の規定が適用される結果、社外取締役の選任義務がある株式会社において社外取締役が辞意を表明しても、それにより社外取締役が欠けることになる場合には、後任の社外取締役が選任されるまで、なお役員としての権利義務を負い、退任の変更登記も受理されないことになる。したがって、そのような社外取締役は、株式会社と対立が生じ、責任を持って職務遂行ができないと考えられるような事態が発生したときにも、

株式会社が後任の社外取締役を選任するまでの間は意のままに退任することもできない立場にあることを理解しておく必要がある。

（4）　一時社外取締役　　社外取締役が欠けた場合には、会社が利害関係人として、一時社外取締役の職務を行うべき者の選任を裁判所に申し立てること（会346条2項）が考えられる。一時役員については、裁判所の実務上、「株主総会によって後任取締役の選任決議をすることができる場合には、仮取締役を選任する必要はない」とされており（東京地方裁判所商事研究会編『類型別会社非訟』〔判例タイムズ社・2009〕31頁）、定時株主総会の6か月以上前に欠員が生じた場合には、臨時株主総会を開催して後任の取締役を選任すべきとされているようである。一方、監査役に関し「株主数が多いなどの事情により監査役選任のための臨時株主総会開催がコストの面で困難であるような場合」は一時監査役選任の必要性を認めているようである（同33頁）。上場会社の場合、臨時株主総会を開催するコストは高額であることから、裁判所が、社外取締役の欠員が生じた時期および事情、当該株式会社が臨時総会により選任した社外取締役を必要とする状況に置かれているかといった点を総合的に考慮して、一時社外取締役の選任の必要性を判断することが望まれる。さらに、一時（仮）取締役については、裁判所は、「会社内部の勢力争いが存在する場合もあるため、推薦人を仮取締役に選任していないのが原則である。この場合には、弁護士を選任する」とされている（前掲『類型別会社非訟』35頁）。しかし、例えば、会社が次の定時株主総会において当該推薦人を社外取締役候補者として提案することを誓約し、当該推薦人の独立性に問題がないような場合には、当該会社において買収提案の対象とされているであるとか内紛があるといった特段の事情がない限り、当該推薦人を一次取締役として選任するといったプラクティスが確立されることが望まれる。

（5）　社外取締役の人材充実の必要性　　経済産業省は、2020（令和2）年7月31日、「社外取締役の在り方に関する実務指針（社外取締役ガイドライン）」を公表し、社外取締役としての役割認識や心構え、具体的な行動の在り方および会社側のサポート体制についてのベストプラクティスを取りまとめた。今回の改正により、上場会社等において、社外取締役の選任が義務づけられたが、今後は、社外取締役に期待される役割を果たすことができる人材の充実を図る必要がある。

【参考判例等】

最高裁昭和44年12月2日判決・民集23巻12号2396頁

　「取締役会の開催にあたり、取締役の一部の者に対する招集通知を欠くことにより、その招集手続に瑕疵があるときは、特段の事情のないかぎり、右瑕疵のある招集手続に基づいて開かれた取締役会の決議は無効になると解すべきであるが、この場合においても、その取締役が出席してもなお決議の結果に影響がないと認めるべき特段の事情があるときは、右の瑕疵は決議の効力に影響がないものとして、決議は有効になると解するのが相当である」。

（業務の執行の社外取締役への委託）

第348条の2

1　株式会社（指名委員会等設置会社を除く。）が社外取締役を置いている場合において、当該株式会社と取締役との利益が相反する状況にあるとき、その他取締役が当該株式会社の業務を執行することにより株主の利益を損なうおそれがあるときは、当該株式会社は、その都度、取締役の決定（取締役会設置会社にあっては、取締役会の決議）によって、当該株式会社の業務を執行することを社外取締役に委託することができる。

2　指名委員会等設置会社と執行役との利益が相反する状況にあるとき、その他執行役が指名委員会等設置会社の業務を執行することにより株主の利益を損なうおそれがあるときは、当該指名委員会等設置会社は、その都度、取締役会の決議によって、当該指名委員会等設置会社の業務を執行することを社外取締役に委託することができる。

3　前二項の規定により委託された業務の執行は、第2条第15号イに規定する株式会社の業務の執行に該当しないものとする。ただし、社外取締役が業務執行取締役（指名委員会等設置会社にあっては、執行役）の指揮命令により当該委託された業務を執行したときは、この限りでない。

（新設）

会社法施行規則

第2条（定義）

3⑥　業務執行者　次に掲げる者をいう。

　　イ　業務執行取締役、執行役その他の法人等の業務を執行する役員

　　（法第348条の２第１項及び第２項の規定による委託を受けた社外取
　　締役を除く。）
第74条（取締役の選任に関する議案）
３③　候補者が過去10年間に当該他の者の業務執行者であったことを当該
　　株式会社が知っているときは、当該他の者における地位及び担当
４⑦ロ　当該株式会社の親会社等（自然人であるものに限る。ロ及びホ(1)
　　において同じ。）であり、又は過去10年間に当該株式会社の親会社
　　等であったことがあること。
　　ハ　当該株式会社の特定関係事業者の業務執行者若しくは役員であり、
　　又は過去10年間に当該株式会社の特定関係事業者（当該株式会社の
　　子会社を除く。）の業務執行者若しくは役員であったことがあるこ
　　と。
第120条（株式会社の現況に関する事項）
１⑦　重要な親会社及び子会社の状況（当該親会社と当該株式会社との間
　　に当該株式会社の重要な財務及び事業の方針に関する契約等が存在す
　　る場合には、その内容の概要を含む。）

改正会社法施行規則

74条の３第３項３号・同条４項７号ロ～ハ（監査等委員である取締役）、第76条３項
３号・同条４項７号ロ～ハ（監査役）

◆解説

１　背景

（１）　社外取締役に期待される役割　　社外取締役には、①取締役会における
重要事項の決定に関して議決権を行使すること等を通じて経営全般を監督した
り、経営全般の評価に基づき、取締役会における経営者の選定・解職の決定に
関して議決権を行使すること等を通じて経営者を監督するという経営全般の監
督機能、および②株式会社と経営者または経営者以外の利害関係者との間の利
益相反を監督するという利益相反の監督機能が期待されている（⇨**§327の
2-1（1）**）。

　また、コーポレートガバナンス・コードでは、独立社外役員に期待される役
割として、①経営の方針や経営改善について、自らの知見に基づき、会社の持
続的な成長を促し中長期的な企業価値の向上を図る、との観点から助言を行う

こと、②経営陣幹部の選解任その他の取締役会の重要な意思決定を通じ、経営
の監督を行うこと、③会社と経営陣・支配株主等との間の利益相反を監督する
こと、および④経営陣・支配株主から独立した立場で、少数株主をはじめとす
るステークホルダーの意見を取締役会に適切に反映させること、が挙げられて
いる（コーポレートガバナンス・コード原則4-7）。

（2）　社外取締役に期待される行為と「業務執行」該当性　　このように、社
外取締役には、利益相反の監督や、少数株主などの意見を取締役会に反映させ
る役割も期待されている。そこで、実務において、取引の構造上株主と買収者
である取締役との間に利益相反関係が認められると評価されるマネジメント・
バイアウト（典型的には、会社経営者が自ら当該会社の株式を株主から買収する
ことをいう）等、株式会社と業務執行者その他の利害関係者との利益相反が問題
となる場面において、取引の公正さを担保する措置として、対象会社の社外取
締役が、対象会社の独立委員会の委員として、当該マネジメント・バイアウト
等の諸条件の検討をするにとどまらず、買収者との交渉を行うことなどが期待
されるようになった。

　しかしながら、社外取締役は、「業務を執行」することができない（2条15
号イ）。社外取締役が会社の業務を執行したときは業務執行取締役に該当して、
社外取締役の要件を欠くこととなり、また、責任限定契約を締結していても将
来に向かってその効力が失われる（会427条2項）。そのため、社外取締役が上
記のような行為をすることが「業務を執行」に該当するか否かが問題となる。
仮に、このような行為をしたことが「業務を執行」したことに該当するならば、
株式会社と業務執行者その他の利害関係者との間の利益相反の問題を回避する
観点から、社外取締役に期待される役割にかなうと考えられるにもかかわらず、
当該行為をした取締役は、社外取締役の要件に該当しないこととなってしまう
（中間試案補足説明40頁）。

（3）　「業務を執行した」の解釈とセーフ・ハーバー・ルール　　「業務を執行
した」（2条15号イ）の意義については、伝統的に、会社事業に関する諸般の事
務を処理することと広く解釈されてきた。しかし、「業務を執行した」の意義
を広く捉えすぎると、社外取締役の活動機会を過度に制約するおそれがある。

　この点、取締役が継続的に業務に関与するか、または代表取締役等の業務執
行機関に従属的な立場で業務に関与した場合のみ、「業務を執行した」ことと
なると解すれば十分であって、特定の事項について株式会社から委託を受けて、

業務執行機関から独立した立場で一時的に業務に関与することは、「業務を執行した」こととはならないという見解もある（例えば、法的論点解釈指針5頁は、業務執行者の指揮命令系統に属して行う場合を「業務執行」としている）。これは、「業務を執行した」取締役が社外取締役となれない趣旨が、監督機能を担う社外取締役の被監督者である業務執行者からの独立性を確保することにあることを理由とする。ただし、部会においては、このような解釈が「業務を執行した」の文言から導かれるかどうかなどについては、疑問があり得るという指摘もなされた。

　他方、上記のような見解とは異なる立場に依拠して、マネジメント・バイアウトの際に株式会社のために買収者との間で交渉等の対外的行為を伴う行為をした社外取締役は社外性を失うという主張がされるとすれば、株式会社と業務執行者その他の利害関係者との間の利益相反の問題を回避する観点から、社外取締役が合理的に活動することが妨げられてしまうという懸念も指摘された（中間試案補足説明40～41頁）。

　そこで、このような懸念を予防する方策の1つとして、社外取締役に期待される行為について、いわゆるセーフ・ハーバー・ルールとして機能するような規律を設けることが有用であるとの意見が多く出されるに至った。

（4）　中間試案以降の議論の経緯　　以上の経緯を経て、中間試案10～11頁の「業務執行の社外取締役への委託」では、次のような提案がなされた。

　「①　株式会社（指名委員会等設置会社を除く。以下①において同じ。）と取締役との利益が相反する状況にある場合その他取締役が株式会社の業務を執行することにより株主の共同の利益を損なうおそれがある場合には、当該株式会社は、その都度、取締役の決定（取締役会設置会社にあっては、取締役会の決議）によって、当該株式会社の業務を執行することを社外取締役に委託することができるものとする。ただし、業務執行取締役の指揮命令の下に執行する業務については、この限りでないものとする。

　②　①により委託を受けた行為をしたことは、会社法第2条第15号イの『当該株式会社の業務を執行した』に当たらないものとする。」

　パブリックコメントでは、中間試案について賛成する見解が多数であったが、このような規律が設けられることにより「当該株式会社の業務を執行した」（2条15号イ）に関する現在の解釈を変更するものではないことを明らかにすべきである旨の意見も出された。このような経緯を経て、要綱がまとめられ、本

条となった。

2　趣旨

（1）　本条の意義：セーフ・ハーバー・ルール　　本条は、「当該株式会社の業務を執行した」（2条15号イ）についての何らかの解釈に基づき、仮に社外取締役によってなされた行為が業務の執行にあたると評価される場合であっても、当該行為が本条1項または2項に基づき当該株式会社から委託を受けた行為であれば、「当該株式会社の業務を執行した」にあたらないものとした。会社法施行規則上も、本条第1項および第2項の規定よる委託を受けた社外取締役は、「業務執行者」たる役員から除かれることが明示された（改正施規2条3項6号イ）。このように本条は、社外取締役が委縮することなく、その期待される機能を円滑に実現できるようにするためのセーフ・ハーバーとして機能することを意図したものである。

　本条1項は、「当該株式会社の業務を執行することを社外取締役に委託することができる」との文言であり、これは、解釈上業務の執行に該当する行為のみが本条の適用対象であり、解釈上業務の執行に該当しない行為をしたことは本条の適用対象ではないことを示している。したがって、本条は、現行法の解釈上そもそも業務の執行に当たらないと解釈される行為について、本条によらない限り業務の執行に当たり社外取締役が行うことができないものとすることを意図するものではない（セーフ・ハーバー・ルールとはこのような意味である。以上について、中間試案補足説明41頁参照）。もっとも、業務執行にあたるかどうかは明確でないから、解釈上業務執行に該当しないと思料される行為について本条による委託の決議を行うことは妨げられない。このような決議によって、後日、仮に業務執行に該当すると判定された場合、セーフ・ハーバー・ルールとしての機能が発揮されることになる。

　ただし、社外取締役が業務執行取締役（指名委員会等設置会社にあっては、執行役）の指揮命令により当該委託された業務を執行したときは、この限りでない（本条3項ただし書）。これは、業務執行取締役からの独立性が疑われる者は社外取締役になることができないとする会社法2条15号イの趣旨に反するからである。

（2）　「株式会社と取締役との利益が相反する状況にあるとき」（本条1項）に該当する場合　　本条1項の「当該株式会社と取締役との利益が相反する状況にあるとき」とは、会社法356条1項2号および3号に掲げる場合には必ずし

も限定されない。この要件は、実務上社外取締役の行為が期待される場合に柔軟に当てはめてよいものと考えられる。例えば、株式会社が取引の当事者とはならないものの、取引の構造上取締役と株主との間に利益相反関係が認められると評価されるマネジメント・バイアウトの場合には、社外取締役が監督機能を発揮することが期待され、「株式会社と取締役との利益が相反する状況にあるとき」に該当することとなるものと思われる。

　株式会社は会社の企業価値を向上させ、会社ひいては企業所有者たる株主の共同の利益を図る仕組みの営利企業であり、取締役の会社に対する善管注意義務は会社ひいては株主の共同の利益を図ることを目的とする。それゆえに、取締役は、善管注意義務の一環として、株主間の公正な企業価値の移転を図らねばならない義務を負うと考えられる（東京高裁平成25年4月17日判決・判時2190号96頁参照⇨**判例**）。このような義務が適正に果たされるように、社外取締役による利益相反の監督機能が発揮されることが期待される場合には、「株式会社と取締役との利益が相反する状況にあるとき」、または次に論じる「取締役が当該株式会社の業務を執行することにより株主の利益を損なうおそれがあるとき」に該当するものとして、改正法348条の2第1項の規律の対象とすることが適切だと考えられる（部会資料20・18頁）。

（3）「その他取締役が当該株式会社の業務を執行することにより株主の利益を損なうおそれがあるとき」に該当する場合　「その他取締役が当該株式会社の業務を執行することにより株主の利益を損なうおそれがあるとき」には、次のようなキャッシュ・アウトや親子会社間取引の場合が該当することとなる。

　すなわち、取締役自身が買収者またはこれと同視することができる者でない場合であっても、現金を対価とする少数株主の締め出し（キャッシュ・アウト）や株式会社と親会社との間の取引といった少数株主と支配株主との間の利害が対立し得るとき、経営者が支配株主の利益を優先し、少数株主の利益をないがしろにすることが懸念される。この場合、株主間の公正な企業価値の移転が損なわれるべきでないという観点から、社外取締役が監督機能を発揮することが期待され、「取締役が株式会社の業務を執行することにより株主の利益を損なうおそれがある場合」に含まれる（部会資料20・18頁）。

　なお、要綱案を検討する過程において、中間試案の「その他取締役が株式会社の業務を執行することにより『株主の共同の利益』を損なうおそれがある場合」という表現が、上記のような、現金を対価とする少数株主の締出し（キャ

ッシュ・アウト）の場合など、支配株主と少数株主という株主同士の利害が対立する場合などを念頭に置いた場合に適切なものであるかは再考すべきであると指摘されたことなどから、「その他取締役が株式会社の業務を執行することにより『株主の利益』を損なうおそれがある場合」という表現に改められ（第12回部会議事録54頁［梅野晴一郎幹事発言］・57頁［藤田友敬委員発言］、部会資料25・15頁）、本条1項の文言となった。

（4）　業務執行の委託をする取締役会の決議　　本条に基づき社外取締役に対して業務執行の委託をする取締役会の決議は、委託の都度、なされる必要がある（改正法348条の2第1～2項）。社外取締役は、当該規律により委託を受けた業務の執行について、業務執行取締役の指揮命令の下に執行することはできず、独立してこれを執行することが想定されているところ、社外取締役が誰の監督も受けずに野放図に継続的に業務を執行するという事態が生じないようにするためである（部会資料20・19頁）。この趣旨から、個別の事案ごとではなく、一般的に業務を執行することを委託することはできない。そこで、具体的な事由が発生した際には、取締役会による監督の実効性を確保するため、社外取締役に委託する業務の具体的な内容、権限の範囲、委託の期間等の事項を定めて委託することが必要となる。なお、委託する業務の具体的な内容に関しては、内容ごとに別の決議をする必要まではなく、同じ決議において複数の業務の委託をすることも、取締役会による監督を損なわない範囲であれば認められるものと思われる。

　また、業務執行の委託を受ける社外取締役は、委託される業務内容に利害関係を有していないために委託を受けるのであって、このような決議の趣旨に照らして、業務執行の委託を受けること自体は、委託に関する取締役会決議における特別利害関係人（会369条2項）にはあたらないと考えられる。ただし、委託される行為が社外取締役にとって利益相反行為や特別利害関係人に該当する場合には、それらの規律に服することは当然である。

（5）　監査等委員会設置会社および指名委員会等設置会社における委託の決定
　一定の範囲で重要な業務執行の決定を執行役または取締役に委任することが認められている監査等委員会設置会社および指名委員会等設置会社においても、本条1項または2項にかかる委託の決定については、取締役会は、その決議によって取締役または執行役に委任することができない（改正法399条の13第5項6号・416条4項6号）。委託するかどうかについては、委託の都度、取締役会

が自ら慎重に判断すべきであり、その権限を取締役または執行役に委任することを禁ずる趣旨である（部会資料20・19頁）。

（6） 指名委員会等設置会社の場合

（a） 指名委員会等設置会社において、執行役が株式会社の業務を執行することにより株主の利益を損なうおそれがある場合についても、上記のようなセーフ・ハーバー・ルールを設ける趣旨は同様に妥当する。そこで、本条2項において、同条1項と同様の規律を設けた。

（b） 指名委員会等設置会社の取締役は、会社法または会社法に基づく命令に別段の定めがある場合を除き、指名委員会等設置会社の業務を執行することができないこととされている（会415条）。仮に、社外取締役の行為が業務の執行に該当すると評価される場合には、本条2項が会社法415条の定める「別段の定め」に該当することとなる。

（c） なお、上記のとおり、指名委員会等設置会社においては、取締役は、法令に別段の定めがあるときを除き、株式会社の業務を執行することはできず、執行役が、株式会社の業務を執行することとされている（会418条2号）。そのため、本条2項においては、「株式会社と執行役との利益が相反する状況にある場合その他執行役が株式会社の業務を執行することにより株主の利益を損なうおそれがある場合」としており、取締役が株式会社の業務を執行することにより株主の利益を損なうおそれがある場合については、規律の対象に含めていない（中間試案補足説明42頁）。

（7） 事業報告における開示

本条に基づき、業務の執行を社外取締役に委託した事実を事業報告の内容に含める必要はない。しかし、社外取締役が委託された業務執行が重要な場合には、「株式会社の会社役員に関する重要な事項」（施規121条11号）、または「各社外役員の当該事業年度における主な活動状況」（施規124条1項4号）として事業報告の内容に含めなければならない場合があり得る（竹林他(4)5頁）。

（8） 社外監査役への委任について

本条の対象は、社外取締役の行為に限定されており、社外監査役の行為については本条のような制度は設けられていない。実務上、MBOの交渉等を行う特別委員会のメンバーに社外取締役と社外監査役の双方が含まれる場合があるが、この場合に、社外監査役に関し、本条を使って特別委員会への就任を委託できるかが問題となり得る。

社外監査役については、業務執行を行うと社外性を失うという条文（会2条

15号イ）は存在しない。そこで、この問題については、社外監査役の兼任規制（会335条2項）の解釈に委ねられるものと考えられる（神田秀樹ほか「＜座談会＞令和元年改正会社法の考え方」商事法務2230号〔2020〕32頁［竹林俊憲発言]）。兼職禁止規定の趣旨が、監査役等が自らの職務執行を監督すること（自己監査）や監査の対象である業務執行機関に従属することにより実効的な監査が行われなくなることを防止する点にある点に鑑み、業務執行機関に従属せず、会社の業務執行に属する特定事項について個別に委任を受けて処理をする場合には、「使用人」に該当せず兼任規定に抵触しないと解釈することができよう。

（9）　上場子会社における少数株主保護の観点からの会社法施行規則の改正

　本条の検討において、特に上場子会社を念頭に、親会社等が存在する株式会社における少数株主の保護の必要性についての議論等がなされたことから、この趣旨を徹底するため、親会社等との関係の開示を拡充すべく、以下の改正がなされた。

　ⓐ　**株主総会参考書類への記載事項の拡充**　　上場子会社における少数株主保護の議論等を踏まえ、株主総会参考書類における役員（取締役および監査役）候補者と親会社等の関係に関する記載事項の拡充がなされた。

　すなわち、取締役（監査等委員会設置会社の監査等委員である取締役を除く）の選任に関する議案について、①株式会社が公開会社であり、他の者の子会社等であるときは、「候補者が過去10年間に当該他の者の業務執行者であったことを当該株式会社が知っているときは、当該他の者における地位及び担当」（改正施規74条3項3号）とされ、従前の5年間の期間が延長された。また、②候補者が社外取締役候補者であるときの、当該候補者と親会社等や特定関係事業者との関係に関し、改正前には5年間とされていた期間が、やはり10年間に延長された（改正施規74条4項7号ロ～ハ）。なお、「知っているとき」とは、これらの事項が開示事項とされていることを前提として行われる調査の結果として知っている場合を意味し、そのような調査をしても知り得なかった事実を記載することを求めるものではない（意見募集の結果について14頁）。

　監査等委員会設置会社の監査等委員である取締役の選任議案については、上記①および②と同様の修正が、改正会社法施行規則74条の3第3項3号および同条4項7号ロ～ハでなされた。

　また、監査役の選任議案については、上記①および②と同様の修正が改正会社法施行規則第76条第3項3号および同条4項6号ロ～ハでなされた。

　なお、施行日（令和3年3月1日）以降にその末日が到来する事業年度のうち最初のものに係る定時株主総会より前に開催される株主総会または種類株主総会に係る株主総会参考書類の記載については、上記改正会社法施行規則の規定にかかわらず、従前の例による（改正施規附則2条7項）。

　(b)　**事業報告に関する規定の改正**　　さらに、上場子会社における少数株主保護の議論等を踏まえ、事業報告において、「株式会社の現況に関する事項」として、「重要な親会社及び子会社の状況（当該親会社と当該株式会社との間に当該株式会社の重要な財務及び事業の方針に関する契約等が存在する場合には、その内容の概要を含む。）」を記載しなければならなくなった（改正施規120条1項7号）。

3　実務への影響

　実務上、マネジメント・バイアウト等の場面において社外取締役が独立委員会の委員となったり、買収者との交渉等の対外的行為を行うケースが見られる。かかる行為のゆえに「業務を執行した」として社外性を失うという主張がされるリスクがあるとすれば、社外取締役の合理的な活動が妨げられかねない。

　そういった事態を予防する方策の1つとして、セーフ・ハーバー・ルールとして、本条に基づく委託がなされることが有用である。

　ちなみに、「法的論点解釈指針」6頁では、以下の行為は、通常は業務執行者の指揮命令系統に属しては行われない行為であり、原則として「業務を執行した」にはあたらないとしている。しかし、異なる解釈もあり得るところであり、本条の活用も検討すべき場面と思われる。

①　業務執行者から独立した内部通報の窓口となること。

②　業務執行者から独立した立場で調査を行うために、企業不祥事の内部調査委員会の委員として調査に加わること。

③　内部統制システムを通じて行われる調査等に対して、業務執行者から独立した立場に基づき、指示や指摘をすること。

④　マネジメント・バイアウトにおける次のような行為：対象会社の取締役会の意見表明（例えば、賛同の是非、応募推奨の是非、アドバイザーの選任等）について検討を行うこと、マネジメント・バイアウトや買付者に関する情報収集を行うこと、買付者との間で交渉を行うこと。

⑤　第三者割当による株式の発行、支配株主との重要な取引等を行う場合等、上場規則に基づき必要となる場合において、業務執行者から独立した立場

から意見を述べること。

⑥ 任意に設置されたコンプライアンス委員会に出席し、自らの経験を基に役職員に対するレクチャーを行う等、社内におけるコンプライアンス向上の活動に関与すること。

⑦ 経営会議その他、経営方針に関する協議を行う取締役会以外の会議体に社外取締役が出席し、意見すること。

⑧ 社外取締役が、その人脈を生かして、自ら M&A その他の商取引の相手方を発見し、紹介すること。

⑨ 株主や投資家との対話や面談を行うこと。

【参考判例等】

東京高裁平成25年4月17日判決・判時2190号96頁

　「株式会社は、会社の企業価値を向上させて、会社の利益ひいては企業所有者たる株主の共同の利益を図る仕組みの営利企業であり、取締役及び監査役の会社に対する善管注意義務は、会社、ひいては、株主の共同の利益を図ることを目的とするものと解される。（中略）したがって、取締役及び監査役は、善管注意義務の一環として、MBO に際し、公正な企業価値の移転を図らなければならない義務（以下、便宜上『公正価値移転義務』という。）を負うと解するのが相当であり、MBO を行うこと自体が合理的な経営判断に基づいている場合……でも、企業価値を適正に反映しない買収価格により株主間の公正な企業価値の移転が損なわれたときは、取締役及び監査役に善管注意義務違反が認められる余地があるものと解される。」

第6　社債管理補助者

【社債管理補助者の総論】

1　社債管理補助者制度の創設

（1）　社債管理者の設置の原則　　募集社債を発行する場合、会社は、原則として、社債管理者を定め、社債権者のために、弁済の受領、債権の保全その他の社債の管理を行うことを委託する必要がある（会702条本文）。しかし、例外

的に、各社債の金額が1億円以上である場合、およびある種類の社債の総額を当該種類の各社債の金額の最低限で除して得た数（社債の数）が50を下回る場合には、社債管理者の設置は求められない（同条ただし書、施規169条）。社債管理者の設置が義務づけられていない社債について、社債発行会社は、任意で社債管理者を設置することができる。

（2）　社債管理者不設置債　　上記のとおり、社債管理者の設置されない社債が許容されており、多数を占めている（実務では、社債管理者の設置された募集社債を「社債管理者設置債」、社債管理者が設置されない募集社債を「社債管理者不設置債」と称している）。

　「社債管理者不設置債」については、社債発行会社の代理人として財務代理人という名称の委託契約に基づく権限を有する法人（通常は銀行）を事実上設置することがある。実務上、「社債管理者不設置債」は「財務代理人設置債」であり、これは財務代理人の英文名称（Fiscal Agent）の頭文字をとって「FA債」と呼称されている。財務代理人は会社法に根拠を有するものでないが、振替社債については、社債発行者が当該社債に関する発行代理人および支払代理人（金融機関）を証券保管振替機構に届け出る必要があるため（証券保管振替機構の「社債等に関する業務規程」12条）、かかる発行代理人および支払代理人となる銀行をもって財務代理人と称しているともいえる。

（3）　社債管理補助者制度の創設に至る経緯

　（a）　会社法702条本文の定めによれば、社債管理者設置債が原則であるにもかかわらず、実務における実情は、多数の募集社債が社債管理者不設置債であり（第4回部会参考資料17・8頁参照）、その背景としては、社債管理者の権限が広範であり、また、その義務、責任および資格要件が厳格であること、社債管理者の設置に要するコストが高くなること、そのため社債管理者となる者の確保が難しいことなどが指摘されている（部会資料1・4頁、中間試案補足説明46頁参照）。しかしながら、近年、社債管理者不設置債につき、債務の不履行が発生し、社債権者に損失や混乱が発生する事例が見られたことを契機に、社債の管理に関する最低限の事務を第三者に委託することが望まれるようになった（中間試案補足説明46頁）。

　（b）　日本企業の資金調達における社債発行の重要性は現在においてもさほど高くない。しかし、業種や規模によっては社債による資金調達を考える企業が存在し、また、投資家にとっても、社債の発行・流通市場の不透明性が払拭さ

れることは、投資先の多様性につながる。日本証券業協会は、継続的に社債の発行・流通市場における課題の解決に取り組んできた。このような流れの中で、日本証券業協会の社債市場の活性化に向けたインフラ整備に関するワーキング・グループは、「社債権者保護のあり方について—新たな情報伝達インフラ制度及び社債管理人制度の整備に向けて」（平成27年3月）を公表し、その法律家会合が、会社法の規律に拠らない社債要項および委託契約に基づく社債管理人（後に名称を社債権者補佐人に変更）制度を提唱した。この制度は、将来の社債市場の拡大を想定し、社債管理者の設置義務がない社債を対象に、発行会社との間の委託契約に基づき、第三者のための契約構成により、社債権者のために、社債管理者よりも限定された権限と責任により社債管理を行うことを目的としていた。

折しも、最高裁平成28年6月2日判決・民集70巻5号1157頁（⇨**判例**）は、アルゼンチン共和国発行の円建て債券（ソブリン債）について、管理委託契約によって管理会社に選任された銀行に、第三者のためにする契約構成に基づき、社債権者のための訴訟追行権を認めた。この判例の論理を援用すれば、社債管理人（社債権者補佐人）にも、社債発行会社との間の第三者（社債権者）のためにする契約に基づき、少なくとも最初の社債権者のために訴訟行為の一定の権限が認められる余地がある。しかし、訴訟行為以外の権限の範囲と、社債が第三者に譲渡された場合の法律関係の明確化等が課題として残っており、立法措置が求められていた。

(c)　このような経過を受け、会社法研究会では、新たな社債管理制度として、社債管理者を設置することを要しない社債について、①社債権者のために、第三者に対して一定の権限を付与して社債管理業務を委託する制度を創設すること、②その権限は、社債管理者の権限（またはその中で更に限定した権限）の範囲内において契約により定めることができることなどが検討され、報告書にも盛り込まれた（会社法研究会報告書28頁以下）。

(d)　これらの動きを背景として、法務大臣の法制審議会に対する諮問第104号には、諮問事項の1つとして「社債管理のあり方の見直し」が含まれた。部会では、社債管理者や担保付社債を発行する場合に義務づけられる受託会社（担保付社債信託法2条1項）を定めることを要しない社債について、社債権者のために、社債管理者よりも限定された範囲内で社債の管理を委託する新たな社債管理機関の制度が検討された。その際、上記の契約に基づく構成をとる上

記社債権者補佐人の取組みの問題点として、すべての社債者債権者の代理人として行為をする場合でも顕名として個別の社債権者を表示することが必要となり煩雑であること、および訴訟行為以外に、裁判所に対して、社債権者集会の招集の許可（会718条3項）や決議認可（会732条）の申立てをする権限を付与することが難しいことが指摘されている（部会資料5・1頁）。

　部会では、社債管理者が社債の管理に必要な権限を包括的に有し、広い裁量を持って行使するため、その責任も重いものとなり、社債管理者の成り手が少ないという課題を踏まえ、新たな社債管理機関の権限を限定することを通して、その責任を限定されたものとすることが検討された。その結果、新たな社債管理機関として、社債管理補助者を設けることとし、社債管理補助者制度は、社債権者が自ら社債の管理をすることを前提として、第三者である社債管理補助者が社債権者のために社債権者による社債の管理の補助を行う制度と位置づけ、社債管理者よりも裁量の余地が乏しく、限定された権限のみを有するものとされた（部会資料11・1頁）。このため、①社債権者のための破産手続参加等のみを固有の権限としながら、②それ以外の権限を委託契約の範囲内としつつ、社債の弁済を受ける権利以外の多くの権限は、社債権者集会の決議によらなければ行えず、③社債権者集会の招集を行う権限も限られた場合だけとすることにより、その権限を限定した。他方で、社債権者が自ら社債管理を行うために必要な情報の提供を社債管理補助者の役割として重視し、社債の管理に関する事項を社債権者に報告し、社債権者がこれを知ることができるようにする措置をとることを社債管理補助者の権限に含めることとした（要綱13～14頁）。要綱では、新たな社債管理機関として、このような社債管理補助者の制度の創設が答申された。

2　実務への影響

（1）　社債管理補助者の選択　　社債管理者を定めることを要せず、かつ、担保付社債でない社債について、新たな社債管理機関として、社債管理補助者を創設したことは、社債に関する今後の実務に一定の影響があると考えられる。社債を発行する会社は、社債管理者の設置を義務づけられる社債を発行するか、または社債管理者の設置を義務づけられない社債を発行し、任意に(a)社債管理者を定めるか、(b)社債管理補助者を定めるか、もしくは(c)いずれも定めないことを選択できることとなる。

（2）　財務代理人との関係　　社債管理補助者の制度は、将来の社債市場の拡

大を見据えて新たな社債管理機関を創設するものである。しかし、これまで社債管理者の権限と責任の重大さを考慮し、資格要件を有する金融機関が就任を避ける傾向があったが、これまで財務代理人に就任していた金融機関が社債管理補助者に就任することに応ずる可能性がある。

社債管理補助者設置債についても、振替社債とする限りは、証券保管振替機構の「社債等に関する業務規程」に従い発行代理人および支払代理人の届出を行う。金融機関が社債管理補助者に就任すれば、それとは別に財務代理人という名称の代理人を設置する必要性は低下することになり、その際は、「FA債」という実務でのこれまでの呼称も変化する可能性がある。

また、弁護士および弁護士法人にも社債管理補助者の資格要件が認められる予定であり、弁護士または弁護士法人が社債管理補助者に就任した場合には、これとは別に、これまでのように金融機関が財務代理人に就任する場合があると考えられる。

【参考判例等】

最高裁平成28年6月2日判決・民集70巻5号1157頁

アルゼンチン共和国と、その発行する円建て債券（ソブリン債）の管理会社との間で締結された、債券の弁済を受け、または債券を保全するために必要な一切の裁判上または裁判外の行為をする権限を有する授権条項を含む管理委託契約は、第三者である債券保有者のためにする契約である。この授権条項は、三者間の契約関係を規律する要項の内容を構成し、債券保有者に交付される目論見書にも記載されていたし、授権条項の内容は、社債に類似する性質に鑑みて、債券保有者の合理的意思にもかなうものであるから、債券保有者は、債券購入に伴い、債券の償還請求等訴訟を提起することを含む管理委託について、受益の意思表示をしたものである。

本件債券には社債に関する法令の規定が適用されないが、社債権者保護のために、社債管理会社（旧商法309条1項）に類した訴訟追行権を認める仕組みを構築したものである。管理会社は銀行であって、銀行法に基づく規制や監督に服し、管理委託契約上、公平誠実義務や善管注意義務を負うから、債券保有者との間に抽象的な利益相反関係が生じる可能性があるとしても、訴訟追行権の適切な行使が期待でき、弁護士代理の原則を回避し、訴訟信託の禁止を潜脱するおそれがなく、かつ、これを認める合理的必要性がある。したがって、管理会社は、本件訴訟について債券保有者のための任意的訴訟担当の要件を満たし、原告適格を有する。

（募集社債に関する事項の決定）

第676条

会社は、その発行する社債を引き受ける者の募集をしようとするときは、その都度、募集社債（当該募集に応じて当該社債の引受けの申込みをした者に対して割り当てる社債をいう。以下この編において同じ。）について次に掲げる事項を定めなければならない。

①〜⑦　（略）

⑦の2　社債管理者を定めないこととするときは、その旨

⑧　（略）

⑧の2　社債管理補助者を定めることとするときは、その旨

⑨〜⑪　（略）

⑫　前各号に掲げるもののほか、法務省令で定める事項

会社法施行規則

第162条（募集事項）

法第676条第12号に規定する法務省令で定める事項は、次に掲げる事項とする。

⑤　法第711条第2項本文（法第714条の7において読み替えて準用する場合を含む。）に規定するときは、同項本文に規定する事由（新設）

⑥　法第714条の2の規定による委託に係る契約において法第714条の4第2項各号に掲げる行為をする権限の全部若しくは一部又は法に規定する社債管理補助者の権限以外の権限を定めるときは、その権限の内容（新設）

⑦　法第714条の2の規定による委託に係る契約における法第714条の4第4項の規定による報告又は同項に規定する措置に係る定めの内容（新設）

第163条（申込みをしようとする者に対して通知すべき事項）

法第677条第1項第3号に規定する法務省令で定める事項は、次に掲げる事項とする。

②　社債管理補助者を定めたときは、その氏名又は名称及び住所（新設）

（改正前会社法676条）

会社は、その発行する社債を引き受ける者の募集をしようとするときは、その都度、募集社債（当該募集に応じて当該社債の引受けの申込みをした者に対して割り当てる社債をいう。以下この編において同じ。）について次に掲げる事項を定めなければならない。

　　①～⑦　（略）

　　⑧　（略）

　　⑨～⑪　（略）

　　⑫　前各号に掲げるもののほか、法務省令で定める事項

◆解説

1　背景

　本条は、会社が社債を引き受ける者の募集をしようとするときに、当該募集社債について決定すべき重要な事項を定める規定である。平成17年制定の会社法は、旧商法296条が、社債を募集するには取締役会の決議が必要であるとのみ規定し、具体的な募集事項を規定しておらず、解釈により重要な事項を定めなければならないと解されていたところ、重要な事項として決定すべき事項を具体化した。なお、本条各号により決定された事項は、募集社債の引受けの申込みをしようとする者に対し、通知される（会677条1項2号）。

2　趣旨

（1）　募集社債に関する新たな決定事項　　本条において、会社がその発行する社債を引き受ける者の募集をしようとするときに決定すべき重要な事項として、新たに以下の2つが追加された。

　　①　「社債管理者を定めないこととするときは、その旨」（本条7号の2）

　　②　「社債管理補助者を定めることとするときは、その旨」（本条8号の2）

　また、改正会社法施行規則162条5～7号により、会社が、社債管理補助者を設置して発行する社債を引き受ける者の募集をしようとするときには、以下の事項の決定が必要とされることとなった。

　　①　社債発行会社と社債管理補助者との委託契約に定めた事由があるときは辞任することができる（ただし、当該契約に事務を承継する社債管理補助者に関する定めがないときはこの限りでない）と規定するとき（改正法714条の7により準用される会711条2項）は、その事由（5号）

　　②　社債発行会社と社債管理補助者との委託契約において、当該契約に定め

る範囲において、社債権者のために一定の行為（改正法714条の4第2項各号に掲げる行為）をする権限（その全部もしくは一部）を定めるとき、または、会社法に規定する社債管理補助者の権限以外の権限を定めるときは、その権限の内容（6号）

③　社債発行会社と社債管理補助者との委託契約にしたがい、改正法714条の4第4項の規定により、社債に関する事項を社債権者に報告し、または社債権者がこれを知ることができるようにする措置に係る定めの内容（7号）

（2）「社債管理者を定めないこととするとき」　「社債管理者を定めないこととするときは、その旨」が募集社債に関する決定事項の1つとされた（本条7号の2）。

この趣旨は、前記のとおり、募集社債を発行する場合、会社は、原則として、社債管理者を定めることが必要とされ（会702条本文）、例外的に、会社法702条ただし書の場合には、社債管理者を設置しないことができる。そして、社債管理者不設置債についても、社債発行会社は、任意で社債管理者を設置することができる。したがって、社債管理者が設置されているか否か（社債管理者設置債か、社債管理者不設置債か）は募集社債の申込みを行う場合に重要な事項であるところ、会社法上は、社債管理者が設置されることが原則であるため、例外として社債管理者が設置されないことを募集事項の決定事項の1つとしたものである。

なお、社債管理補助者が設置されるのは、社債管理者を設置せず、かつ、担保付社債（受託会社の設置が義務づけられる。担保付社債信託法2条1項）でない場合とされ（改正法714条の2）、社債管理者と社債管理補助者の双方を同じ募集社債につき設置することは許容されない（会714条の6参照）。その併存を認める必要性がないからである。したがって、本条8号の2により社債権者補助者の定めがされるときには、必ず、その前提として、本号の定めがされることになる。

また、社債管理補助者は社債権者の法定代理人であり、社債発行会社の代理人として事実上設置される財務代理人とは異なるため、社債管理補助者を設置しつつ、財務代理人を設置することが否定されるものではない（部会資料5・2頁）。すなわち、社債管理補助者と財務代理人の併存はあり得る（第4回部会議事録15頁も参照）。

（3）「社債管理補助者を定めることとするとき」　社債管理補助者の定めが
あることは募集社債の申込みを行う場合の重要な事項の１つであるため、募集
社債に関する決定事項の１つとされた（本条８号の２）。「社債管理補助者を定
めることとするときは」と規定されるため、社債管理補助者を定めることは社
債発行会社の任意であり、募集社債の発行に際し、社債管理補助者を設置しな
いときは、募集社債につき「社債管理補助者を設置しない」との決定をする必
要はない。

（4）　委託に係る契約に関する事項　　社債発行会社と社債管理補助者との間
の社債の管理の補助に関する委託契約（以下本（4）において「委託契約」とい
う）に関する事項については、部会において、会社法施行規則の改正により、
決定すべき事項が追加されることとされていた（本条12号、要綱16頁）。これを
受け、上記２（1）のとおり、改正会社法施行規則162条５〜７号により、会
社が社債管理補助者を設置して発行する社債を引き受ける者の募集をしようと
するときには、以下の事項の決定が必要とされることとなった。

　①　社債管理補助者は、委託契約に辞任事由を定め、また、当該契約に事務
　　を承継する社債管理補助者に関する定めをおいた場合、その事由があると
　　きは辞任ができるとされた（改正法714条の７により準用される会711条２項）。
　　かかる辞任事由は、会社がその発行する社債を引き受ける者の募集をしよ
　　うとするときに決定すべき重要な事項である。そこで、この辞任事由は、
　　会社法676条12号により、会社が決定すべき事由として法務省令において
　　追加されたものである（５号）。

　②　社債管理補助者は、委託契約に定めがある場合には、当該契約に定める
　　範囲内において、社債権者のために一定の行為をする権限（いわゆる約定
　　権限）を有するとされたが（改正法714条の４第２項各号）、かかる約定権限
　　は、会社がその発行する社債を引き受ける者の募集をしようとするときに
　　決定すべき重要な事項である。そこで、この辞任事由は、会社法676条12
　　号により、会社が決定すべき事由として法務省令において追加された（６
　　号）。

　③　社債管理補助者は、委託契約に従い、社債の管理に関する事項を社債権
　　者に報告し、または社債権者がこれを知ることができるようにする措置を
　　とることが必要である（改正法714条の４第４項）。かかる定めは、会社法
　　676条12号により、会社がその発行する社債を引き受ける者の募集をしよ

うとするときに決定すべき事由として法務省令において追加された（7号）。これは、社債権者による円滑な社債の管理が行われるためには、社債発行会社と社債権者との間や社債権者間の情報伝達が円滑に行われることが重要であり、このような情報伝達を円滑に行う機能が社債管理補助者の重要な職務となるため、その権限を社債管理補助者の委託契約において決定すべき重要な事項としたものである（一問一答172頁）。

（5）　新株予約権付社債の場合　　株式会社がその発行する新株予約権を引き受ける者の募集をしようとする場合において、当該募集新株予約権が新株予約権付社債に付されたものであるときも、上記**（2）**ないし**（4）**と同様の事項を定めなければならない（会238条1項6号）。

（6）　募集社債の申込みの通知　　会社は、募集に応じて募集社債の引受けの申込みをしようとする者に対して一定の事項を通知しなければならないところ（会677条1項）、募集社債に関する決定事項（本条各項）はいずれも、当該通知事項とされている（会677条1項2号）。したがって、本条7号の2および同条8号の2に掲げる事項は、募集社債の引受けの申込みをしようとする者に対し通知される。これにより、その者は、当該募集社債が、①「社債管理者不設置債」であるときはその旨（同条7号の2）、また、②社債管理補助者が設置されるときはその旨（同条8号の2）を知ることとなる。

　さらに、会社法施行規則の改正により追加された募集事項（改正施規162条5～7号）も通知されることになった（会677条1項2号、676条12号）ほか、社債管理補助者を定めたときにおける、その氏名または名称および住所も、通知される事項に追加された（会677条1項3号、改正施規163条2号）。弁護士が社債管理補助者となる場合には、この「住所」は、個人の生活の本拠ではなく、弁護士の法律事務所の所在場所および名称と解すべきである。

（7）　銘柄公示情報　　なお、振替機関は、振替社債（振替法66条柱書に規定する振替社債をいう）について、加入者が社債管理補助者の権限の内容等を社債権者が知ることができるようにする措置をとらなければならないとの規定を設けることが予定されている（中間試案15頁）。

3　実務への影響

　会社は、その発行する社債を引き受けるものの募集をするときは、本条に従った募集要項を決定する必要がある。

　社債管理補助者に関する改正法の施行日より前に、すでに発行されている社

債であって社債管理者を定めていないもの（施行の日以後に社債管理者を定めないで発行された社債または新株予約権付社債で、施行日前に募集事項の決定がされたもの〔附則8条1項により、従前の例によるとされている〕を含む）は、社債管理者を定めない旨の定め（本条7号の2）があるものとみなされる（附則8条2項）。

（社債原簿）
第681条
会社は、社債を発行した日以後遅滞なく、社債原簿を作成し、これに次に掲げる事項（以下この章において「社債原簿記載事項」という。）を記載し、又は記録しなければならない。
　　①　第676条第3号から第8号の2までに掲げる事項その他の社債の内容を特定するものとして法務省令で定める事項（以下この編において「種類」という。）
　　②〜⑥　（略）

会社法施行規則
第165条（社債の種類）
法第681条第1号に規定する法務省令で定める事項は、次に掲げる事項とする。
　　⑥　社債管理者を定めないこととするときは、その旨（新設）
　　⑧　社債管理補助者を定めることとするときは、その旨（新設）
　　⑪　社債管理補助者を定めたときは、その氏名又は名称及び住所並びに法第714条の2の規定による委託に係る契約の内容（新設）

（改正前会社法681条）
会社は、社債を発行した日以後遅滞なく、社債原簿を作成し、これに次に掲げる事項（以下この章において「社債原簿記載事項」という。）を記載し、又は記録しなければならない。
　　①　第676条第3号から第8号までに掲げる事項その他の社債の内容を特定するものとして法務省令で定める事項（以下この編において「種類」という。）
　　②〜⑥　（略）

⑦　前各号に掲げるもののほか、法務省令で定める事項

◆解説

1　背景

社債原簿には、社債管理者を定めたときは、その名称および住所ならびに会社法702条による委託に係る契約の内容等を、社債原簿に記載し、または記録しなければならない（会681条1号、改正施規165条10号）。会社法681条1号の事項は、「社債の内容を特定するもの」として、社債の「種類」とされている（同号かっこ書）。

社債管理補助者の制度が創設されたことを受けて、社債管理者の場合との整合性の観点から、社債の「種類」に係る事項の1つとして、社債管理補助者に関する事項を社債原簿の記載・記録事項とすることにした（本条7号、改正施規165条6号・8号・11号。なお、中間試案14頁、中間試案補足説明54頁、要綱16頁参照）。

2　趣旨

社債管理補助者の制度が創設され、募集社債に関する決定事項が追加された（改正法676条）ため、社債原簿に記載し、または記録すべき事項に、社債の種類（社債の内容を特定するもの）の1つとして、次の事項が追加された。

（1）本条1号　「社債管理者を定めないこととするときは、その旨」（改正法676条7号の2）、および、「社債管理補助者を定めることとするときは、その旨」（同条8号の2）。

（2）法務省令　社債原簿に記載または記録すべき事項として、その他の社債の内容を特定するものとして法務省令で定める事項（社債の種類）に、社債管理補助者の委託に係る契約（改正法714条の2）に関する事項が追加されることが部会において予定されていた（要綱16頁）。これを受け、改正会社法施行規則165条において、①社債管理者を定めないこととするときは、その旨、②社債管理補助者を定めることとするときは、その旨、および③社債管理補助者を定めたときは、その氏名または名称および住所ならびに委託に係る契約の内容を、社債原簿に記載し、または記録しなければならないとされた（改正法681条1号、改正施規165条6号・8号・11号）。

上記のとおり、社債の種類は改正法681条1号により定められるところ、上記①ないし③の事項（改正施規165条6号・8号・11号）が追加された理由は、これらの事項は、いずれも社債の内容を特定するものとして重要な事項である

ためである。

3 実務への影響

　社債管理者を定めない社債を発行する場合、および、社債管理補助者を定めた社債を発行する場合に、それぞれ社債原簿の記載・記録事項が追加されることになる。

（社債管理補助者の設置）
第714条の2
会社は、第702条ただし書に規定する場合には、社債管理補助者を定め、社債権者のために、社債の管理の補助を行うことを委託することができる。ただし、当該社債が担保付社債である場合は、この限りでない。
（新設）

◆解説

1 背景

　【社債管理補助者の総論】を参照されたい。

2 趣旨

（1）　社債管理補助者の設置　　社債管理補助者は、社債権者による社債の管理の補助を行うものであり、社債権者が自ら社債の管理を行うことが前提となる。そこで、社債権者が自ら社債の管理を行うことを期待することができ、社債権者を定めることを要しない場合（会702条ただし書）に、社債管理補助者を置くことができる（本条）。

　また、本条ただし書において、社債が担保付社債である場合にも、社債管理補助者を設置することはできない。担保付社債については担保付社債信託法の適用があり、担保付社債の場合には、担保の受託会社を定めなければならず、受託会社が社債権者のために社債の管理を行うとされるためである（担保付社債信託法2条）。

（2）　社債の管理の補助　　社債管理補助者は、社債権者のために、社債の管理の補助を行うことを委託されたものである（本条本文）。ここに「社債の管理」でなく、「社債の管理の補助」を行うと規定された趣旨は、会社法702条本

文の社債管理者においては、第三者である社債管理者が社債権者のために社債の管理を行う制度であるため、社債の管理に関して包括的に権限を有し、広い裁量をもつと解されてきたのに対して、社債管理補助者は債権の管理の円滑化の補助を行うものと位置づけられたからである。したがって、社債管理補助者は、社債管理者よりも裁量の余地の限定された権限を有する存在とされ（中間試案補足説明47頁参照）、社債管理補助者が委託を受ける業務は、「社債権者のために、社債の管理の補助を行うこと」とされる（本条本文）。

　かかる業務の詳細は、改正法714条の4（社債管理補助者の権限等）以下の規定の解説を参照されたい。なお、1点補足すると、社債にデフォルト等（債務不履行等）の問題が起こったときに、社債権者が社債管理のため、情報を得て、より合理的な意思決定ができるよう、社債管理補助者が発行会社と社債権者との間を取り結んで情報を伝達するとの制度設計とすべきとの意見が表明され（第4回部会議事録12頁・第7回部会議事録18頁［いずれも神作裕之委員発言］参照）、このような権限が社債管理補助者による社債の管理の補助という権限の1つとして規定されることとなった（改正法714条の4第4項）。

（3）　会社との委託契約　　社債管理補助者を設置するか否かは、発行会社において決定する事項であり（改正法676条8号の2）、そして、発行会社が社債管理補助者を設置すると決定した場合、社債管理補助者となるべき者との間でその委託に係る契約を締結することになる（本条本文）。この点は、社債管理者への委託は発行会社が行うとの枠組み（会702条本文）と同様である。

　社債の発行会社が社債管理補助者との間で締結した委託契約の効果は、会社法の本条等の規律の効果として当然に社債権者に及び、転々流通した社債の譲受人に対しても同様である。最高裁平成28年6月2日判決・民集70巻5号1157頁（⇨【社債管理補助者の総論】の判例）は、アルゼンチン共和国債について委託契約に基づいて選任された債券の管理会社である銀行に、「第三者のためにする契約」構成に基づいて訴訟追行権を肯定した。しかし、その射程が、社債の譲受人にまで及ぶのかは明らかではなく、社債管理補助者の権限を明確にするために社債管理補助者を創設する立法措置がとられたものである。したがって、社債管理補助者の委託契約の効力が発生するために、社債権者の受益の意思表示（民537条3項）は必要なく、本条その他の会社法の規律に準拠した委託契約を締結し、社債が発行されることによって、当然にすべての社債権者にその効力が及ぶ。

3 実務への影響

（1） 発行会社と社債権者への影響　　会社は、社債を発行しようとする場合において、社債管理者設置債とするか、社債管理者不設置債とするかの選択肢が制度上では存在するが、前記のとおり、社債管理者の成り手の確保が困難である等との実態に鑑み、これまで多くの社債が社債管理者不設置債であった。

　しかし、今後、会社が社債を発行しようとする場合、社債管理補助者を設置する社債、すなわち、「社債管理補助者設置債」を選択するとの選択肢が加わることとなる。

　また、社債権者の立場からは、社債に何か問題が起こったときに、社債の管理に関する一定の事務を第三者に委託できるとする社債管理補助者設置債が発行されることになり、かかる仕組みをもつ債券への投資を行うとの選択肢が社債発行市場へと提示され得ることを意味する。

（2） 社債管理補助者の委託契約　　今後、実際に社債管理補助者を設置する社債を発行するにあたり、社債管理補助者が締結する委託契約の検討が必要とされるほか、社債管理補助者の成り手の確保が検討課題となる。⇨ **§714の3** の解説参照。

（社債管理補助者の資格）
第714条の3
社債管理補助者は、第703条各号に掲げる者その他法務省令で定める者でなければならない。
（新設）

会社法施行規則
第171条の2 （社債管理補助者の資格）
法第714条の3に規定する法務省令で定める者は、次に掲げる者とする。
　① 　**弁護士**
　② 　**弁護士法人**（新設）

◆解説

1　背景

（1）　会社法研究会では、新たな社債管理機関の資格要件について、社債管理者よりも緩和するか、または要件を設けないことも検討され、日本証券業協会が委託契約に基づく制度として提言した「社債管理人」の担い手について、社債管理者の資格要件のある銀行および信託会社等のほか、弁護士および弁護士法人が適切とされている事実が参考として指摘されていた。会社法研究会報告書では、適格機関投資家等以外の者も新たな管理機関が管理する社債を購入する可能性があることから、何らかの資格要件が必要であり、社債管理者の資格要件を参考に、新たな管理機関の資格要件をどのようなものとすることが適切であるかについては、引き続き検討するべきであると提案された（会社法研究会報告書31〜32頁）。

（2）　部会では、社債管理補助者の権限を社債管理者よりも限定されたものとする方向で検討しながら、その資格要件を、設けないこと、社債管理者の資格要件よりも広いものとすること、または広く資格を認め、社債発行会社の子会社等社債発行会社との間で一定の利害関係がある者についてのみ資格を認めないものとすることなどの案も検討された（部会資料5・12頁、同11・5頁）。中間試案では、①社債管理補助者は、会社法703条（社債管理者の資格）に掲げる者でなければならないとしつつ、②例えば、弁護士、弁護士法人その他の者についても、社債管理補助者の資格を付与するものとするかどうかについては、なお検討するとされ（中間試案12頁）、パブリックコメントに付された。その結果を踏まえ、要綱では、社債管理補助者の資格は、703条各号に掲げる者その他法務省令で定める者でなければならないとされた（要綱12頁）。

（3）　なお、弁護士および弁護士法人以外の者にも社債管理補助者の資格を認めるべきかについては、パブリックコメントにおいて具体的な提案がなされなかったため、検討の俎上に載せられなかった（第13回部会議事録1頁［邉英基関係官発言］）。

2　趣旨

（1）　**社債管理補助者の資格要件**　本条は、社債管理補助者の資格要件を(a)会社法703条各号に掲げる者および(b)その他法務省令で定める者と定めている。

　(a)　**会社法703条各号に掲げる者**　会社法703条各号には、銀行、信託会社など、社債管理者の資格を有する者が定められており、これらの者に社債管

理補助者の資格が認められている（会703条、施規170条）。

　社債管理者の資格要件が、そもそも債権管理の能力を有し、あるいは、社債管理者たる信用を備える者として定められていること、また、社債管理補助者の権限が社債管理者の権限に包摂されることからすれば、社債管理者が社債管理補助者となり得る資格を有することは当然の帰結である。

　(b)　その他法務省令で定める者　　「その他法務省令で定める者」として社債管理補助者となることができる者は、弁護士および弁護士法人とされている（改正施規171条の2第1号・2号）。

（2）　資格要件の設定とその範囲が拡大された理由

　(a)　社債管理補助者が社債管理者よりも限定された権限を有するとしても、社債管理補助者は、委託契約に定める範囲内において、社債権者のために、社債の償還金を受領する権限や訴訟遂行等を適切にすることができる者である必要がある。そのため、適切な社債の管理を実現することができるよう、社債管理補助者においても一定の資格要件を定める必要があった。

　資格要件を認める範囲について、社債管理補助者が、社債管理者に比べて、社債管理者よりも裁量の余地の限定された権限のみを有することから、権限範囲に応じた適切な資格要件の範囲として、社債管理者よりも広げることに合理性がある（中間試案補足説明47頁）。

　(b)　弁護士および弁護士法人にも社債管理補助者の資格を付与することとなったのは、次のような理由によるものである。

　すなわち、社債管理補助者が行う中心的な業務として想定されるのは、債権の届出等の倒産手続への参加、配当要求等であるところ、これらの業務は、弁護士および弁護士法人が、破産管財人（破産法2条12項、74条）のほか会社更生において管財人として選任され（会更法67条1項・2項）、また、破産債権者や更生債権者の代理人として債権の届出を行うなど（破産法111条1項、会更法138条1項）、弁護士および弁護士法人の業務として行われているものである。つまり、弁護士および弁護士法人は、債権管理に関する専門的な能力を備え、前記の社債管理補助者の業務を担うにふさわしく、社債管理補助者としての適性を有すると考えられる（第13回部会議事録3～4頁［神作裕之委員発言］）のである。このように弁護士および弁護士法人に社債管理補助者の資格を付与することについては、日本弁護士連合会により、認められるべきとの意見書（第9回部会参考資料36「新たな社債管理機関の資格要件に関する意見書」）が提出され

ていたほか、パブリックコメントでは賛成が多数を占めていた（部会資料18・120〜121頁、同21・1頁）。

　他方で、パブリックコメントにおいては、賛成意見だけではなく、懸念する意見も同時に示されていた。1つは、弁護士および弁護士法人による利益相反行為等について懸念する意見である。そこで、部会においては、「仮に、弁護士及び弁護士法人について社債管理補助者の資格を付与するものとする場合には、利益相反行為等についての懸念に対する弁護士会の会則等による適切な実務対応のルール作りが必要であるとも考えられる」との指摘がなされた（部会資料21・1頁）。また、もう1つは、自然人である弁護士が社債管理補助者となる場合には、社債の償還期間が長期にわたると、途中で死亡等により社債管理補助者が不在となる可能性があることについて懸念するものであった。そこで、部会においては、「仮に、弁護士について社債管理補助者の資格を付与する場合には、弁護士は自然人であるということを踏まえた弁護士会の会則等による適切な実務対応のルール作りが必要であるとも考えられる」との指摘がされた（部会資料21・1頁）。これらの指摘を受け、日本弁護士連合会において、弁護士もしくは弁護士法人が社債管理補助者を受任し、またはその職務もしくは業務を行うことに関連し、利益相反等に関する弁護士職務基本規程の解釈を示すとともに、社債管理補助者が死亡した場合等に備えるために、「社債管理補助者に関する指針」が作成され、令和2（2020）年2月21日に公表された。

3　実務への影響

（1）　社債管理補助者の利用の促進
社債管理補助者の資格要件が、社債管理者の資格要件を有する金融機関に加えて、弁護士および弁護士法人にも認められたことは、その権限と責任が社債管理者と比べて限定されたこととも併せて、社債管理補助者の確保や就任を促進し、社債管理のコストの低下をもたらす可能性があり、将来的な社債管理の実務に一定の影響を与えると考えられる。また、金融機関と弁護士または弁護士法人が社債管理補助者に複数就任し、その専門性をそれぞれ活かして、職務を分担することも想定される。

（2）　社債管理補助者に就任する弁護士または弁護士法人の規律
社債管理補助者は、社債発行会社との間で委託契約を締結しながら、社債権者の法定代理人として、社債管理の補助という各種業務を遂行するものであるところ、弁護士または弁護士法人が社債管理補助者となった場合には、利益相反行為や期中不在となり得るおそれ等がある。利益相反行為については、利益相反等を規

律する弁護士職務基本規程が存するが、その適用にあたっては、具体的解釈が明らかではない。そこで、上記のとおり、日本弁護士連合会において、利益相反等に関する解釈指針および死亡等による社債管理補助者の不在に備えた「社債管理補助者に関する指針」が策定された。社債管理補助者に就任する弁護士または弁護士法人は、この指針を参考に、適切な職務・業務を行うことが要請される。

（社債管理補助者の権限等）

第714条の4

1　社債管理補助者は、社債権者のために次に掲げる行為をする権限を有する。

① 破産手続参加、再生手続参加又は更生手続参加

② 強制執行又は担保権の実行の手続における配当要求

③ 第499条第1項の期間内に債権の申出をすること。

2　社債管理補助者は、第714条の2の規定による委託に係る契約に定める範囲内において、社債権者のために次に掲げる行為をする権限を有する。

① 社債に係る債権の弁済を受けること。

② 第705条第1項の行為（前項各号及び前号に掲げる行為を除く。）

③ 第706条第1項各号に掲げる行為

④ 社債発行会社が社債の総額について期限の利益を喪失することとなる行為

3　前項の場合において、社債管理補助者は、社債権者集会の決議によらなければ、次に掲げる行為をしてはならない。

① 前項第2号に掲げる行為であって、次に掲げるもの

イ　当該社債の全部についてするその支払の請求

ロ　当該社債の全部に係る債権に基づく強制執行、仮差押え又は仮処分

ハ　当該社債の全部についてする訴訟行為又は破産手続、再生手続、更生手続若しくは特別清算に関する手続に属する行為（イ及びロに掲げる行為を除く。）

　② 前項第3号及び第4号に掲げる行為
4 社債管理補助者は、第714条の2の規定による委託に係る契約に従い、社債の管理に関する事項を社債権者に報告し、又は社債権者がこれを知ることができるようにする措置をとらなければならない。
5 第705条第2項及び第3項の規定は、第2項第1号に掲げる行為をする権限を有する社債管理補助者について準用する。
（新設）

◆解説

1 背景

（1） 会社法研究会における検討　　会社法研究会では、新たな社債管理機関の権限について、①社債管理者に認められる権限の範囲内において、委託契約により定めることができること、②委託契約により定めることができる権限を一定の範囲に限定する必要性は、新たな社債管理機関の義務、責任および資格要件に関する規律等を踏まえ、引き続き検討することが提案された（会社法研究会報告書28〜29頁）。

（2） 部会における検討　　部会では、新たな社債管理機関の権限を、社債管理者の権限の一部に限られたものとすることが提案された（部会資料5・2頁）。

　(a) 社債管理者の権限には、次のものなどがある。

　① 社債権者のために社債に係る債権の弁済を受け、または社債に係る債権の実現を保全するために必要な一切の裁判上または裁判外の行為をする権限（会705条1項）

　② 社債権者集会の決議により、当該社債の全部についてするその支払の猶予、その債務の不履行によって生じた責任の免除または和解（③に掲げる行為を除く）をする権限（改正前会社法706条1項1号）

　③ 社債権者集会の決議により、当該社債の全部についてする訴訟行為または破産手続、再生手続、更生手続もしくは特別清算に関する手続に属する行為（①の行為を除く）をする権限（同項2号）

　なお、①の権限には、社債の元本および利息の支払請求（催告を含む）、弁済金の受領、支払請求に係る訴えの提起、破産債権等の届出ならびに社債権の保全のための仮差押えおよび仮処分の申立ての権限が含まれると考えられている。

そして、このうち①の権限は社債権の完全な満足につながる権限であるのに対し、②および③の権限は社債権の処分につながる権限であると考えられている。

(b) 部会では、当初、新たな社債管理機関の権限を社債管理者よりも限定された範囲内において社債管理を行う機関と位置づけ、基本的に(a)①を委託契約に定める範囲内でその権限とし、(a)②および③をその権限としないこと、ならびに社債権者集会の招集権を有するものとすることが検討された（部会資料5・2～4頁）。しかし、中間試案においては、社債管理補助者制度を、社債権者が自ら社債権者集会の決議等を通して社債管理を円滑に行うことを第三者である社債管理補助者が補助する制度と位置づけ、権限を裁量の余地の少ない行為に限定し、かつ、多くの行為を社債権者集会の決議によらなければならないものとするとともに、社債権者集会の招集権も付与しないものとして、本条1～4項と同様の内容が提案された（中間試案12～13頁）。

パブリックコメントにおいて本条3項については、機動的な対応が求められる仮差押え・仮処分等の債権保全手続や倒産手続上の債権査定の申立てについて、社債権者集会の決議を要するとすることは社債権者の利益を確保する観点から合理性を欠くとの反対意見が述べられた（これに対する部会の検討については、⇨後記2（3））。要綱では、中間試案の考えがそのまま維持され、中間試案12頁において「社債管理補助者が社債に係る債権の弁済を受ける権限を有する場合について、会社法第705条第2項及び第3項と同様の規定を設けるものとする」とされていたものが取り入れられている（要綱13頁）。要綱13～14頁は、本条1～5項として規定されるに至った。

2　趣旨

本条は、社債管理補助者の権限等について定める。

（1）　社債管理補助者が必ず有する権限（本条1項）

(a) 本条1項は、社債管理補助者が必ず有する権限として、破産手続参加、再生手続参加または更生手続参加（1号）、強制執行または担保権の実行の手続における配当要求（2号）、会社法499条1項の期間内に債権の申出をする権限を有すること（3号）を挙げている。

(b) このうち、1号の破産手続、再生手続または更生手続への参加は、社債に係る債権に関して破産債権者等としての届出等をする権限である。この権限は、社債の管理を行うために必要であるとして実務からの要望が強く、また、届出等はすでに開始された破産手続等の中で社債権を確保する行為で裁量の余

地が乏しく社債管理補助者の過度な負担とはならないと考えられたことから、社債管理補助者が必ず有する権限とされた。更に、社債管理補助者には発行会社と社債権者の間を取り結び、情報を伝達することが期待されることから、例えば、破産の際に破産債権者集会に出席し、情報収集をすることなども、「破産手続参加」として認められるといった考えもあり得よう。

（2）　委託契約に定める範囲内において有する権限（本条2項）

　(a)　本条2項は、委託契約に定める範囲内において社債管理補助者が有する権限として、1号から3号までの権限（社債管理者の法定権限）と、4号の権限（社債管理者の約定権限）を挙げている。社債管理補助者は、「委託に係る契約に定める範囲内において」権限を有することから、委託契約においてある権限の行使の時期、条件または方法等を定めることだけでなく、委託契約においてある権限を全く有しないと定めることもでき、この場合には、社債管理補助者は当該権限を有しないものとなる。

　(b)　本条2項の定める権限は次のとおりである。

　①　社債に係る債権の弁済を受けること（1号）

　　　社債に係る債権の弁済を受ける権限は、社債の管理を行うにあたって、最も基本的な権限であると考えられることから、社債管理補助者が必ず有するものとすることも考えられた。しかし、仮に、社債管理補助者が社債に係る債権の弁済を受ける権限を有するものとする場合には、社債発行会社が社債管理補助者に支払をする時点で社債に係る債権の弁済があったものとなるため、この権限を社債管理補助者に対して付与せずに、社債権者に対して実際に支払をする時点までは社債に係る債権の弁済はないものとする方が、社債権者にとって有利な場合があるという考え方もあり得る。そこで、社債に係る債権の弁済を受ける権限については、社債管理補助者が必ず有する権限ではなく、委託契約の定める範囲内において有するものとしている。

　②　社債に係る債権の保全を実現するため必要な一切の裁判上または裁判外の行為（本条1項各号または本項1号の行為を除く）（2号）

　　　この権限は、状況に応じていつどのようにその行為をするかが重要な権限であり、裁量の範囲が広いものであると考えられる。そして、当該権限については、社債の管理を行うために必要であるとして実務からの要望があると同時に、当該権限を有するものとすることで過大な負担になるので

はないかという懸念が示されている。そこで、本条2項2号は、社債管理補助者が、常に有していなければならないものではなく、また、その権限の範囲を限定することができるようにするため、委託契約によってその権限の範囲を定めることができるものとしている。

③(ア) 当該社債の全部についてするその支払の猶予、その債務もしくはその債務の不履行によって生じた責任の免除または和解（(イ)に掲げる行為を除く）（3号、会706条1項1号）

(イ) 当該社債の全部についてする訴訟行為または破産手続、再生手続、更生手続もしくは特別清算に関する手続に属する行為（本項1号および2号の行為を除く）（3号、会706条1項2号）

(ア)(イ)の権限は、社債権の処分につながる権限であり、社債管理補助者が必ず有する権限ではなく、委託契約に定める範囲内で有する権限とする。

④ 社債発行会社が社債の総額について期限の利益を喪失することとなる行為（4号）

(c) なお、本項に掲げられていない権限であっても、委託契約により社債管理補助者に対して付与することができるものとすることが、社債管理者において約定権限を付与することが認められていることとの均衡等からして妥当であると思われる。したがって、本項は、委託契約により社債管理補助者に対して付与することができる権限を限定列挙するものではない。ただし、会社法705条1項および改正法706条1項の規定以外の規定によって社債管理者に付されている権限（例えば、裁判所の許可を得て社債発行会社の業務および財産の状況を調査する権限〔会705条4項、706条4項〕）については、委託契約によっても社債管理補助者に付与することはできない（竹林他(6)6〜7頁）。

（3） 社債権者集会の決議によらなければならない行為（本条3項）

(a) 本条3項は、本条2項の行為のうち、社債権者集会の決議によらなければならない行為を挙げている。

社債管理補助者は、社債管理者よりも裁量の余地の限定された権限を有し、自らが広い裁量をもって社債の管理を行うものではないものと位置づけられ、そのような意味において社債管理補助者と社債管理者とは区別される。にもかかわらず、委託契約により社債管理補助者に裁量の範囲の広い権限を付与することを認めるものとすると、社債管理者との区別が曖昧となり、社債権者に不測の損害を与えることが懸念される。

　そこで、本条3項においては、社債管理者において社債権者集会の決議により行わなければならないこととされている会社法706条1項各号に掲げる行為（本条2項3号の行為）については社債管理補助者においても同様とする（本項2号）。更に、社債管理者であれば社債権者集会の決議によらずにすることができる行為であっても性質上裁量の余地が限定されているとはいえない行為、具体的には、会社法705条1項の行為（本条2項2号の行為）のうち、本項1号イからハまでに掲げる行為と、社債発行会社が社債の総額について期限の利益を喪失することとなる本条2項4号の行為（本条3項2号）については、社債管理補助者については社債権者集会の決議によらなければならないものとしている。

　(b)　部会においては、委託契約の定めによって、仮差押えや仮処分も社債権者集会の決議によらずにすることができるようにするべきであるという指摘もされた。しかし、仮差押えや仮処分をどのような場合にすべきかという判断は、その性質上裁量をもって行うものであることから、社債管理補助者の権限を社債管理者よりも裁量の余地の限定された権限のみとし、責任についても社債管理者ほどの厳格な規定を設けないものとする社債管理補助者の基本的な位置づけからすると、社債管理補助者に仮差押え、仮処分等の債権保全手続を社債権者集会の決議によらずに行うことができるとすることは難しいとされた。

　また、パブリックコメントにおいて、倒産手続における債権査定の申立て（破産法125条1項、民再法105条1項、会更法151条1項）についても、社債権者集会の決議によらずにすることができるようにすべきという意見があった。他方で、倒産手続における債権査定の申立てをし、手続を追行することは、訴訟手続を追行することと同程度に裁量のある行為であることなどからすると、社債権者集会の決議によらなければならない対象から除外すべきでないという指摘があった。そこで、倒産手続における債権査定の申立てについても、社債権者集会の決議によらなければならないとすることが相当であるとされた。

　(c)　なお、社債権者は、仮差押え、仮処分または倒産手続における債権査定の申立てをすべきであると判断する場合において、常に社債権者集会を招集し、社債管理補助者を通じて社債のすべてについて仮差押えまたは仮処分をしなければならないものではない。社債権者は、自ら、その有する社債についてのみ仮差押え等をすることができる。

（4） 社債発行会社と社債権者との間の情報伝達の仲介等（本条4項）

(a) 本条4項は、社債管理補助者は、委託に係る契約に従い、社債の管理に関する事項を社債権者に報告し、または社債権者がこれを知ることができるようにする措置をとらなければならないとしている。委託契約では必ずこの定めをしなければならない。

これは、社債権者による社債権者集会の決議等を通じた社債の管理が円滑に行われるように補助するという社債管理補助者の意義を踏まえ、社債の管理に関する事項の社債権者への報告、および社債発行会社と社債権者との間の情報伝達の仲介を社債管理補助者の中心的な職務と位置づけるとともに、社債の総額の10分の1に満たない社債を有する社債権者であっても（会718条1項参照）、社債管理補助者を通じて、他の社債権者に社債権者集会の開催の要否の意思確認をすることができるような仕組みが必要であると考えられたことによるものである。

なお、社債管理補助者は善管注意義務を負うため（改正法714条の7・704条2項）、本条4項の報告義務等をあえて設ける必要はないとの考えもあり得る（部会資料15・7頁）。しかし、部会においては、社債発行会社の信用状態やデフォルト等に関して、社債権者が情報を得て、社債管理のために合理的な意思決定ができるよう、社債管理補助者が社債発行会社と社債権者との間を取り結んで情報を伝達するとの制度設計を基本思想とすべきであるとの意見が表明され、本条4項が設けられた。

(b) 社債管理補助者から社債権者への報告の方法等は、当該社債が、記名社債であるか、無記名社債であるかなどによっても適切なものが異なり得る。そのため、画一的な内容の報告義務を社債管理補助者に負わせることは相当でない。そこで、本項においては、報告等の義務の対象となる事項の範囲や報告等の方法は、委託契約の定めに従うものとしている。

（5） 社債の弁済に関する社債管理者の規定の準用（本条5項）　本条5項は、社債に係る債権の弁済を受ける権限を有する社債管理補助者について、その弁済を受けた場合には、次のように、社債管理者（会705条2～3項）と同様の規律の適用があるものとした。

①社債管理補助者が社債に係る債権の弁済を受けた場合には、社債権者は、その社債管理補助者に対し、社債の償還額およびその利息の支払を請求することができる。

②社債券を発行する旨の定めがあるときは、社債管理補助者は、社債券と引換えに償還額、利札と引換えに利息の支払を請求しなければならない。

③請求権（①）は10年間の時効によって消滅する。

3　実務への影響

（1）　限定された社債管理補助者の権限　　本条は、社債管理補助者について、必ず有する権限を限定し、他の権限は委託契約に定める範囲内とし、しかも、多くの権限を社債権者集会の決議に基づくことにすることによって、その裁量を限定するものである。このことによって、社債管理補助者の権限と責任を限定し、また、委託契約による柔軟な制度設計を可能とすることにより、これまで権限や責任の大きさから社債管理者への就任を回避する傾向もみられた金融機関にも社債管理補助者への就任を促進する効果があり、今後の社債管理の実務に一定の影響があると考えられる。

　他方で、一定の事項について社債権者集会の決議によらなければならないとしていることから、すでにパブリックコメントでも指摘されているとおり、時間的制約がある手続において機動的な対応を行うことにつき支障が生じないかという懸念がある。例えば、倒産手続における債権査定の申立て（破産法125条等）に関し、無記名社債が発行されている場合は、社債権者集会の日の3週間前までの公告が義務づけられているため（会720条4項）、社債権者集会を債権査定の申立ての不変期間内に開催できない場合があり、この場合には、社債管理補助者による債権査定申立ては不可能となるから、社債権者各人が債権査定を申し立てるほかない。

（2）　情報仲介等の役割　　報告や情報仲介等の役割については、社債管理補助者の中心的な職務と位置づけられているが、委任契約に委ねられた抽象的な定めとなっていることから（本条4項）、個別的な事情に応じた適切な定めが必要となってくるものと考えられる。

（2以上の社債管理補助者がある場合の特則）
第714条の5
1　2以上の社債管理補助者があるときは、社債管理補助者は、各自、その権限に属する行為をしなければならない。

> **2 社債管理補助者が社債権者に生じた損害を賠償する責任を負う場合に
> おいて、他の社債管理補助者も当該損害を賠償する責任を負うときは、
> これらの者は、連帯債務者とする。**
>
> （新設）

◆解説

1 背景

（1）　2以上の社債管理者　　社債管理者については、2以上の社債管理者が
ある場合が想定されている（会709条）。これは、1993（平成5）年商法改正に
より社債管理者の制度が創設されるに際し、改正前にあった、社債募集の受託
会社が複数でも良いとされていた旧商法310条を承継したものである。この旧
商法310条は、実務において、社債総額が多い場合には募集の受託会社が複数
存在したという背景をもつものであった。

　部会では、これと同様に、複数の社債管理補助者の設置が認めることを前提
として、その権限と責任の在り方の検討が行われた。

（2）　権限の各自行使と責任　　2以上の社債管理者がある場合には、これら
の者は、共同してその権限に属する行為をするとされている（会709条1項）。
このため、社債管理者が社債権者のために社債権の弁済を受けた（社債権者の
固有の権限とされている。会705条1項）ときは、社債権者に対して連帯して当
該弁済額を支払う義務を負うほか（会709条2項）、社債管理者が会社法または
社債権者集会の決議に違反する行為をしたときは、社債権者に対して連帯して
損害賠償責任を負う（会710条1項）。

　これに対し、2以上の社債管理補助者がある場合には、社債管理者の場合と
異なり、各自がその権限に属する行為をしなければならないとすること（要綱
14頁）が検討された。その背景には、弁護士および弁護士法人に対しても、社
債管理補助者の資格要件を拡大するとの議論がされ、この場合には金融機関が
同一社債につき併せて社債管理補助者となることが想定されたことから、これ
ら2以上の社債管理補助者が各自にふさわしい業務を各自の権限として行使す
ることに合理性があると考えられたことがある。そして、各自がその権限に属
する権限を行使するとされたことに伴い、要綱では、社債管理者とは異なり、
複数の社債管理補助者のうち、ある社債管理補助者が社債権者に責任を負う場

合に、それ以外の社債管理補助者が必ず連帯責任を負うこととはせず、社債管理補助者が各自損害賠償責任を負う場合に限り、その間の関係が連帯責任とされることとされた（要綱14頁）。

2 趣旨

（1）　複数の社債管理補助者　社債発行会社は、社債を発行しようとする場合、2以上の社債管理補助者との間で社債の管理の補助の委託に係る契約を締結することができる（本条1項）。この場合、各社債管理補助者は、社債発行会社との間で、社債管理の補助を行うことの委託契約を締結する。社債管理補助者の権限は、改正法714条の2および同714条の4第2項、4項の規律に従って、各社債管理補助者との間で締結された委託契約による。

（2）　権限

　(a)　2以上の社債管理補助者は、各自、その権限に属する行為を行う（本条1項）。したがって、他の社債管理補助者の行為について責任を負わない。各社債管理補助者が、各自、その権限に属する行為をするものとされた趣旨は、次のとおりである（中間試案補足説明51頁）。

①　社債管理補助者の権限は裁量の余地の限定されたものであり、したがって、その行使を他の社債管理補助者と共同で行う実益が乏しい。

②　その権限の共同行使を求めるとすれば、迅速かつ円滑なる事務の遂行の妨げとなるおそれがある。

③　かかる権限の各自行使の前提として、委託契約において一部の社債管理補助者にのみ一定の権限を認めることにより、社債管理補助者間で事務の分掌が可能となる。

　(b)　上記③の点の背景は、上述したとおり、弁護士および弁護士法人に対しても、社債管理補助者の資格要件を拡大するとされたこと（改正法714条の3、改正施規171条の2）にある。社債管理補助者に弁護士または弁護士法人が就任する場合、弁護士および弁護士法人にふさわしい権限とされるのは、例えば、倒産手続への参加権限（債権の届出等）、執行手続における配当要求、清算での参加権限としての債権の届出等（改正法714条の4第1項各号参照）その他訴訟行為があるとの指摘がされた。これに対し、改正前から社債管理者として資格要件を認められていた金融機関は、もともと社債に関する債権の弁済を受ける（同条2項1号）といった権限の行使に親和性がある。このように、2以上の社債管理補助者が設置され、それらが異なる権限を行使する場合があり得る。

　以上から、2以上の社債管理補助者においては、権限の各自行使が許容されている。

（3）　責任

　(a)　社債管理補助者は、会社法の規定または社債権者集会の決議に違反したときは、社債権者に対し、これにより生じた損害を賠償する責任を負う（改正法714条の7で準用する会710条1項）。

　複数の社債管理補助者の損害賠償債務の関係をどう規律すべきかについて、本条2項は、2以上の社債管理補助者がある場合に、ある社債管理補助者が社債権者に生じた損害を賠償する責任を負う場合（改正法714条の7第1項で準用する会710条1項が適用される場合）に、「他の社債管理補助者も当該損害を賠償する責任を負うときは、これらの者は連帯債務者と」なる旨規定されている。

　前記のとおり、2以上の社債管理補助者がある場合に、社債管理補助者間で事務の分掌が認められることから（本条1項）、ある社債管理補助者が会社法の規定または社債権者集会の決議に違反したとしても、当該事項につき権限のない他の社債管理補助者は、その責任を負わないと解される。さもなければ、社債管理補助者間で事務の分掌が認められることの意味がないからである。そこで、本条2項は、「他の社債管理補助者も当該損害を賠償する責任を負うときは」と規定し、ある社債管理補助者の責任を当然に他の社債管理補助者が連帯して負担するものではないことが示された。

　(b)　2以上の社債管理補助者がある場合には、本条2項により、ある社債管理補助者が社債権者に生じた損害を賠償する責任を負う場合に、他の社債管理補助者も当該損害を賠償する責任を負うときは、これら2以上の社債管理補助者は連帯債務者となる。同一の事案から複数の社債管理補助者が損害賠償責任を負う場合、理論上連帯債務となることが多いと考えられるが、必ず連帯債務となるかどうかは明らかではなく、役員等の責任に関する会社法430条と同様に、連帯責任とする旨の明文の規定を設けたものである。

（4）　相互の監視義務

2以上の社債管理補助者がある場合に、前記のとおり、社債管理補助者間で事務の分掌が認められるとしても（本条1項）、社債管理補助者間で監視義務が生じることはないかとの質問が部会でなされ、これに対し、法務省の立案担当者より、複数の社債管理補助者において、相互に監視義務を課するようなことは想定していないとの回答がされた（第9回部会議事録3～4頁[竹林俊憲幹事発言]）。実際上も、社債管理補助者間で事務の分掌

を認めつつ、社債管理補助者間で監視義務が生じると解することは、本条１項が「各自、その権限に属する行為をしなければならない」と規定する趣旨と相容れないと思われる。なぜなら、複数の社債管理補助者に「各自の権限」があると規定することは、権限のない事項が存在し得ることを意味するものであり、したがって、当該権限のない事項については、それを的確に把握し監視することが基本的に期待できないからである。

3　実務への影響

　複数の社債管理補助者が選任された場合、社債管理者とは異なり、各自その権限を行うとされたことは、各社債管理補助者が、自らの属性や専門分野に応じた権限を分掌することを可能とし、社債管理補助者への就任を促進する効果があり、社債管理の実務の進展に一定の影響を及ぼす可能性がある。

　弁護士および弁護士法人に社債管理補助者の資格要件が拡大されたため（改正施規171条の２）、金融機関である社債管理補助者と弁護士または弁護士法人である社債管理補助者という２以上の社債管理補助者を設置し、その相互間でそれぞれに適した事務の分掌を行うことが可能となった。

（社債管理者等との関係）

第714条の６

第702条の規定による委託に係る契約又は担保付社債信託法（明治38年法律第52号）第２条第１項に規定する信託契約の効力が生じた場合には、第714条の２の規定による委託に係る契約は、終了する。

（新設）

◆解説

1　背景

　社債管理補助者の制度は、社債管理者または受託会社を定めることを要しない社債を対象として、社債権者が自ら社債の管理を行うことを補助するための制度である（詳しくは、⇨【**社債管理補助者の総論**】）。このため、社債管理補助者が設置された後に、社債管理者または受託会社が設置された場合の処理について本条に定めを置いた。

部会における審議経緯としては、第4回部会（平成29年7月26日開催）で、本条と同内容の提案がなされ（部会資料5・11頁）、特段の異論はなかったことから、その提案が維持され（中間試案13頁）、要綱（14頁）、更には本条となった。

2　趣旨

社債管理補助者が設置された後に、社債管理者（会702条）あるいは受託会社（担保付社債信託法2条1項）が設置された場合の、社債管理補助者との関係が問題となる。

会社法702条による委託に係る契約が締結された場合、社債管理者が社債の管理を行うこととなる。また、担保付社債の管理については、受託会社が社債管理者と同一の権限を有し、義務を負うこととされており（担保付社債信託法2条）、社債権者が自ら担保付社債の管理を行うことは想定されていない。社債管理補助者制度は、社債権者が自ら社債の管理を行うことを前提としているので、いずれの場合においても、社債管理補助者を置くことは相当ではない。

そのため、社債管理者または受託会社が設置されたときは、社債管理補助者を設置する契約自体が終了することとされた（竹林他(4)4〜5頁）。

3　実務への影響

特にない。社債管理者設置債が少ないため、本条が想定する事態が生じる場合はあまりないのではないかと思われる。

（社債管理者に関する規定の準用）
第714条の7
第704条、第707条、第708条、第710条第1項、第711条、第713条及び第714条の規定は、社債管理補助者について準用する。この場合において、第704条中「社債の管理」とあるのは「社債の管理の補助」と、同項中「社債権者に対し、連帯して」とあるのは「社債権者に対し」と、第711条第1項中「において、他に社債管理者がないときは」とあるのは「において」と、同条第2項中「第702条」とあるのは「第714条の2」と、第714条第1項中「において、他に社債管理者がないときは」とあるのは「には」と、「社債の管理」とあるのは「社債の管理の補助」と、「第703条各号に掲げる」とあるのは「第714条の3に規定する」と、「解散した」とあるのは「死亡し、又は解散した」と読み替えるものとする。

（新設）

改正会社法施行規則

162条5号

◆解説

1 背景

　社債管理補助者は、社債権者が自ら社債の管理を行うことを補助することを目的とした制度であり、その権限は社債管理者に比べて限定されている（詳しくは、⇨**【社債管理補助者の総論】**および**§714の4**の解説）。社債管理補助者の選任、権限、義務、行為責任等については、①社債管理者と異なる規律を設けるべき事項と、②社債管理者と基本的に同じ規律の適用があるものとすることが相当な事項とがある。本条は、社債管理者の規定を準用することによって、②について定める。

　部会における審議経緯としては、第4回部会（平成29年7月26日開催）で、本条と同内容の提案がなされ（部会資料5・10頁以下）、特段の異論はなかったことから、その提案が維持され（中間試案12〜14頁）、本条となった。

2 趣旨

（1）社債管理補助者の義務（会704条の準用）

　(a) **公平義務・誠実義務等**　　本条による会社法704条の準用により、社債管理補助者は、社債管理者と同様の公平義務および誠実義務（1項）ならびに善管注意義務（2項）を負うこととなる。公平義務とは、社債の管理の補助を行うにあたり、社債権者を、その内容・数額に応じて公平に取り扱う義務をいう。また、誠実義務とは、自己または第三者の利益と社債管理補助者の利益とが相反する場合に、自己または第三者の利益を図ることなく誠実に行為すべき義務をいい、例えば、社債管理補助者が社債発行会社に対して債権を有している場合であっても、自己の債権の回収を社債権の回収に優先させてはならない義務をいう。社債管理補助者は、社債の管理の補助について委託を受けて職務を行う以上は、委託者の信頼を裏切ることがないようにこれらの義務を負わせることが相当であると考えられた。

　(b) **部会における議論**　　部会においては、社債管理補助者に、社債管理者と同様に、誠実義務や善管注意義務を負わせることに対しては、社債管理補

者の設置に要するコストが高くなったり、社債管理補助者となる者を確保することが難しくなってしまうなどの懸念が指摘された。しかし、社債管理補助者は、社債管理者とは異なり、裁量の余地が限定された権限のみを有する者であることから、公平誠実義務または善管注意義務違反が問われ得る場合は、限定的なものとなると考えられる。また、例えば、改正法714条の4第2項や4項に掲げる行為をする権限についても、委託契約の定めにより、社債管理補助者の裁量の範囲を限定することによって、公平誠実義務違反または善管注意義務違反が問われ得る場合を限定することができると考えられる。これらのことから、上記の懸念は払拭されると考えられた。

　また、部会においては、社債管理者の誠実義務が厳格に考えられていることから、社債管理補助者にも誠実義務を認めることが妥当であるかについても議論がなされた。社債管理者は、社債の管理に必要な権限を包括的に有し、広い裁量をもってそれを行使することが求められている。一方、社債管理補助者は、社債管理者よりも裁量の余地の限定された権限のみを有し、社債権者による社債権者集会の決議等を通じた社債の管理が円滑に行われるように補助する者と位置づけられている。誠実義務の具体的内容は、委託の趣旨に照らして決定されると考えられるところ、社債管理者と社債管理補助者に対する委託の趣旨は異なるものとなると考えられる。したがって、社債管理者であれば誠実義務違反とされる行為について、社債管理補助者がこれをした場合に当然に誠実義務違反になるものではないと解される。

　(c)　**事前免責の可否**　社債管理補助者について、社債管理者と同様に、善意でかつ重大な過失がない善管注意義務違反に関して事前に免責することは認められない。これは、社債管理補助者は、かならずしも適切に社債の管理の補助を行うインセンティブを有しているものではなく、また、社債発行会社および社債管理補助者となろうとする第三者が社債権者のために契約をするという構造上、社債発行会社および当該第三者の双方が当該第三者の義務は軽ければ軽いほど良いと考えるおそれもあるからである（中間試案補足説明48頁）。

（2）　特別代理人の選任（会707条の準用）　社債管理者については、社債権者と社債管理者との利益が相反する場合において、社債権者のために裁判上または裁判外の行為をする必要があるときは、裁判所は、社債権者集会の申立てにより、特別代理人を選任しなければならないこととされている（会707条）。

　社債管理補助者についても、社債権者と社債管理補助者の利益が相反する場

合には、同様の規律の適用があるものとすることが相当であると考えられることから、会社法707条が準用されることとなった。社債管理補助者の任務懈怠により社債権者に損害が発生したなど、社債権者と社債管理補助者との利益が相反する場合には、社債権者集会の請求により、裁判所に特別代理人を選任してもらい、裁判上または裁判外の行為をさせることができる。

（3） 社債管理補助者の行為の方式（会708条の準用）　社債管理補助者またはその特別代理人（本条による会707条の準用）は、社債権の管理の補助に際し、社債権者の法定代理人として行為をするが、社債権者のために裁判上または裁判外の行使権限をすることは、社債権者にとっては商行為にあたらないから、非顕名代理（商504条）の適用はない（最高裁昭和51年2月26日判決・金法784号33頁）。すなわち、社債権者のためにする代理行為は、商行為でないため、本人である社債権者のためにすることを示してしなければならないことが原則となる（民法99条参照）。しかし、社債権者は多数で常に変動する可能性があり、無記名社債の場合には、社債権者を確知することが困難であり、記名社債の場合にも、多数の社債権者をすべて表示することは煩雑である。

　そこで、社債管理者については、社債管理者が社債権者のために裁判上または裁判外の行為をするときは、個別の社債権者を表示することを要しないこととされている（会708条）ところから、社債管理補助者およびその特別代理人についても、同条が準用されるものとされた。本条は、社債管理補助者を置いた場合に、顕名代理によらざるを得ない場合の問題点について、立法的に解決したものである。

（4） 社債管理補助者の責任（会710条1項の準用）　社債管理者は、会社法または社債権者集会の決議に違反する行為をしたときは社債権者に対して、これによって生じた損害を賠償する責任を負うが、社債管理補助者においても同様の責任を負わせるのが相当として、会社法710条1項が準用されることとなった。

　ただし、本条後段に、「同項（注：会710条1項のこと）中『社債権者に対し、連帯して』とあるのは『社債権者に対し』と」とあるが、これは、社債管理補助者が複数ある場合でも、各自がその権限に属する行為を行うことから（改正法714条の5第1項）、責任は当然には連帯しないこととされたものである（例外は、同条2項の場合）。

　また、会社法710条2項では、社債管理者について、一定の利益相反行為の

類型に限って、誠実義務違反および因果関係の証明責任の転換を図った条項が置かれている。中間試案前の部会では同様の規律を及ぼすべきかどうか議論されたが、社債管理補助者については、社債管理者よりも裁量の範囲が限定された権限のみしか有しないことから、重大な利益相反行為を行う懸念が類型的に小さいと考えられたこと、および同項の規定が厳格であることが社債管理者の成り手の確保を難しくしているとの指摘があること等を考慮した結果、同項の準用規定は設けないこととされた（中間試案補足説明51〜52頁）。

（5）　辞任、解任および事務の承継（会711条・713条・714条の準用）

　(a)　会社法711条等の準用　　委任契約は自由に解除できるのが原則であるため、委託契約も自由に解除できるのが原則となるが、社債管理補助者の有無は、社債権者による社債の管理の方法等に影響を与え、社債発行会社および社債権者の利害に大きく影響することから、解除の自由を制限する必要がある。また、委託契約が終了した場合には、社債発行会社は、新たな社債管理補助者を選任しなければならない。

　そのため、社債管理補助者の辞任、解任および事務の承継については、社債管理者に関する規定（会711条、713条および714条）を基本的に準用することとなった。

　(b)　会社法711条の準用についての留意点　　本条後段に、「第711条第1項中『において、他に社債管理者がないときは』とあるのは『において』と」とあるが、これは、同項後段を「この場合において、当該社債管理補助者は、あらかじめ、事務を承継する社債管理補助者を定めなければならない。」と読むこととするもので、複数の社債管理補助者がいる場合でも、事務承継者を定めておかなければ辞任できないことを意味している。社債管理補助者は各自がその権限に属する行為を行うからである（改正法714の5第1項）。

　また、「同条第2項中『第702条』とあるのは『第714条の2』と」とあるとおり、改正法714条の2における社債管理補助者の委託契約においては、辞任事由を定めることができる点も明らかにされた。

　(c)　改正法714条の準用における留意点　　上記の辞任の場合と同様に、複数の社債管理補助者がいる場合でも、会社法714条1項の適用があるものとされた（中間試案補足説明52頁）。本条後段中、「第714条第1項中『において、他に社債管理者がないときは』とあるのは『には』と、『社債の管理』とあるのは『社債の管理の補助』と」との部分は、そのことを意味している。すなわち、

2以上の社債管理補助者がある場合には、各自がその権限に属する行為をするものとされているため（改正法714条の5第1項）、社債管理補助者が改正法714条1項各号の1つに該当することとなった場合、他に社債管理補助者がいないことを要件とせずに、社債発行会社は事務を承継する社債管理補助者を定めなければならない。

また、事務の承継に関する会社法714条1項4号を準用するに際しては、社債管理補助者の資格要件が自然人である弁護士にも認められることが想定されていることから、「死亡」が事務の承継の事由として追加されている。

本条で準用する会社法714条1項の規定に違反して、事務を承継する社債管理補助者を定めなかったときには、過料が科される（改正法976条33号）。⇨§976-2（8）参照。

3　実務への影響

本条は、社債管理補助者の義務、責任、行為、辞任等の事項について、社債管理者と同様の規律を定めるとともに、本条後段において、社債管理者の場合と異なる規律が若干定められており、実務上も重要である。

なお、弁護士および弁護士法人に社債管理補助者の資格が付与されること（⇨§714の3の解説）に関連し、「弁護士は自然人であるということを踏まえた弁護士会の会則等による適切な実務対応のルール作りが必要である」と部会資料21・2頁で指摘されたことから、上記のとおり（⇨§714の3）、日本弁護士連合会においては、辞任や死亡の際の事務を承継する者を委託契約中に定めなければならないとすることを内容とする「社債管理補助者に関する指針」を策定した。その場合であっても、社債管理補助者に本条により準用される会社法714条1項のいずれかに該当することとなった場合、社債発行会社または社債管理補助者は社債権者集会の招集を請求し（改正法717条3項）、新たな社債管理補助者について同意を得るか、その同意を得ることができなかったときは、その同意に代わる裁判所の許可の申立てをしなければならない（会714条）。

（社債権者集会の招集）
第717条
**　1　（略）**
**　2　社債権者集会は、次項又は次条第3項の規定により招集する場合を除**

き、社債発行会社又は社債管理者が招集する。

3 次に掲げる場合には、社債管理補助者は、社債権者集会を招集することができる。

① 次条第1項の規定による請求があった場合

② 第714条の7において準用する第711条第1項の社債権者集会の同意を得るため必要がある場合

（改正前会社法717条）

1 （略）

2 社債権者集会は、次条第3項の規定により招集する場合を除き、社債発行会社又は社債管理者が招集する。

◆解説

1 背景

　部会において、当初は、新たな社債管理機関は、社債権者集会を招集することができるものとしてはどうかとされ、社債管理者と同様に招集権限を限定しないことが提案されていた（部会資料5・5頁）。しかし、社債管理補助者を、社債権者による社債権者集会の決議等を通じた社債の管理を補助する者と位置づける場合には、社債管理補助者が主体的に行使する社債権者集会の招集権を付与する必要性は高くないと考えられる。そこで、中間試案において、社債管理補助者は、少数社債権者から請求を受けた場合および自らの辞任のために必要な場合に限り、社債権者集会を招集することができるものとする旨の提案がなされた（中間試案14頁）。

　また、部会においては、社債管理補助者は、委託契約において別段の定めがある場合にも、当該定めに従って社債権者集会を招集することができるようにすべきであるという指摘もされた。しかし、仮に、社債権者による請求がない場合であっても、社債管理補助者が主体的に社債権者集会を招集することができるものとするときは、社債管理補助者は当該招集の権限を裁量をもって行使することとなる。社債管理補助者の権限を社債管理者よりも裁量の余地の限定された権限のみとし、社債管理補助者の責任も社債管理者ほどの厳格な規定を設けないものとしていることからすると、上記の指摘のような規律を採ることは難しいと考えられた。

　以上のような経緯により、要綱15頁においても、中間試案と同様の規定が維

持され、本条として規定されるに至った。

2　趣旨

　本条は、上記1のとおり、社債管理補助者を社債権者による社債権者集会の決議等を通じた社債の管理を補助する者であると位置づけたことから、社債管理補助者が主体的に社債権者集会の招集権を行使する必要性は高くない。そこで、ある種類の社債の総額（償還済みの額を除く）の10分の1以上にあたる社債を有する社債権者から社債権者集会の招集の請求（改正法718条1項）を受けた場合（本条3項1号）および辞任するにあたり社債権者集会の同意（改正法714条の7、会711条1項）を得るために必要がある場合（本条3項2号）に限り、社債権者集会を招集することができるとしている。

　社債の総額の10分の1に満たない社債を有する社債権者が社債権者集会の招集を請求した場合においても、社債管理補助者が社債権者集会を招集することができるようにすべきであるという考え方もあり得るが、社債管理補助者または社債管理者が設置されていない社債については、社債の総額の10分の1以上の社債を有する少数社債権者のみが社債権者集会の招集を請求することができること（会718条1項）との均衡を考慮すると、そのような規律をとることは難しい。

　なお、社債管理補助者が社債の総額の10分の1に満たない社債を有する一定の社債権者から社債権者集会の開催の意向を受けた場合において、社債管理補助者がその他の社債権者の意向を確認することは、委託契約の内容によっては、社債管理補助者の義務となる（改正法714条の4第4項）。

3　実務への影響

　社債管理補助者の権限は、社債管理者の権限より限定されたこととなる。

　なお、本条に基づき、社債管理補助者が社債権者集会を招集し、社債権者集会の決議があったときは、当該社債管理補助者は、「招集者」として決議の認可の申立てをしなければならない（会732条）。

（社債権者による招集の請求）
第718条
1　ある種類の社債の総額（償還済みの額を除く。）の10分の1以上に当

> たる社債を有する社債権者は、社債発行会社、社債管理者又は社債管理
> 補助者に対し、社債権者集会の目的である事項及び招集の理由を示して、
> 社債権者集会の招集を請求することができる。
>
> 2〜3　（略）
>
> 4　第1項の規定による請求又は前項の規定による招集をしようとする無
> 記名社債の社債権者は、その社債券を社債発行会社、社債管理者又は社
> 債管理補助者に提示しなければならない。

（改正前会社法718条）

1　ある種類の社債の総額（償還済みの額を除く。）の10分の1以上に当たる社債を
　有する社債権者は、社債発行会社又は社債管理者に対し、社債権者集会の目的で
　ある事項及び招集の理由を示して、社債権者集会の招集を請求することができる。

2〜3　（略）

4　第1項の規定による請求又は前項の規定による招集をしようとする無記名社債
　の社債権者は、その社債券を社債発行会社又は社債管理者に提示しなければなら
　ない。

◆解説

1　背景

　本条は、少数社債権者が社債権者集会を招集するための要件・手続（本条1
項）と無記名社債の社債券の提示（本条4項）について定めた規定であるが、
社債管理補助者が創設されることに伴い、社債管理補助者に対応する定めを追
加したものである。

　部会における審議経緯としては、当初、社債管理補助者に、社債管理者と同
様、社債権者集会の招集権限を与えるとの提案がなされたが（部会資料5・5
頁）、社債管理補助者に広い裁量を与えることにならないかとの懸念が示され
た。そのため、社債管理補助者の補助者としての性格に照らし、招集権限を限
定することとなり（部会資料11・3頁以下）、その提案が維持され（中間試案14
頁）、本条となった。

2　趣旨

　社債管理補助者は、社債権者による社債権者集会の決議等を通じた社債の管
理を補助する者と位置づけられ、社債管理補助者が主体的に行使する社債権者
集会の招集権を付与する必要性は高くはない。そのため、社債権者による社債

権者の招集権が認められるのは、改正法717条3項記載の場合に限られることとなった。

　本条は、改正法717条3項1号の規定による場合で、社債権者の10分の1以上にあたる社債を有する社債権者から招集の請求があった場合に、社債管理補助者にも社債権者集会の招集権を認めたものである（本条1項）。なお、社債管理補助者が、10分の1未満の社債を有する社債権者から社債権者集会開催の意向を受けた場合、委託契約の内容によっては、社債管理補助者が他の社債権者の意向を確認する義務を負うことがあるので（改正法714条の4第4項、中間試案補足説明53頁）、注意が必要である。

　また、無記名社債権者が、社債権者集会の招集を請求するためには、社債権者であることを示すため社債券を提示する必要があるが、社債管理補助者が設置されているときも同様の規律としたものである（本条4項）。

3　実務への影響

　社債管理補助者が設置される社債では、社債権者は、社債管理補助者に対しても社債権者集会の招集の請求ができるため、招集の請求を受けた社債管理補助者は適切な対応をとる必要があるので留意が必要である。

（社債権者集会の招集の通知）
第720条
1　社債権者集会を招集するには、招集者は、社債権者集会の日の2週間前までに、知れている社債権者及び社債発行会社並びに社債管理者又は社債管理補助者がある場合にあっては社債管理者又は社債管理補助者に対して、書面をもってその通知を発しなければならない。
2〜5　（略）

会社法施行規則
第173条（社債権者集会参考書類）
1　社債権者集会参考書類には、次に掲げる事項を記載しなければならない。
　　②　議案が代表社債権者の選任に関する議案であるときは、次に掲げる事項

> 　ハ　候補者が社債発行会社、社債管理者又は社債管理補助者と特別の
> 　　利害関係があるときは、その事実の概要
> 第174条（議決権行使書面）
> 1　法第721条第1項の規定により交付すべき議決権行使書面に記載すべ
> 　き事項又は法第722条第1項若しくは第2項の規定により電磁的方法に
> 　より提供すべき議決権行使書面に記載すべき事項は、次に掲げる事項と
> 　する。
> 　⑤　議決権を行使すべき社債権者の氏名又は名称及び行使することがで
> 　　きる議決権の額

（改正前会社法720条）

1　社債権者集会を招集するには、招集者は、社債権者集会の日の2週間前までに、知れている社債権者及び社債発行会社並びに社債管理者がある場合にあっては社債管理者に対して、書面をもってその通知を発しなければならない。

2〜5　（略）

◆解説

1　背景

　社債管理者についての社債権者集会の手続のうち、招集通知に関する規定について、社債管理補助者制度の新設に伴い、規定を整備した。

　審議経緯としては、第4回部会（平成29年7月26日開催）で、本条と同内容の提案がなされ（部会資料5・5頁以下）、特段の異論はなかったことから、その提案が維持され（中間試案14頁）、本条となった。

2　趣旨

（1）　社債管理補助者への通知　　社債権者集会を招集する場合、その通知先について、社債管理補助者が設置されている場合には、社債管理補助者に対しても書面をもって通知しなければならないことを定めたものである。

（2）　社債権者集会参考書類および議決権行使書面の改正（改正施規173条、174条）　　社債権者集会を招集するときは、招集者は、知れている社債権者に対し、社債権者集会参考書類および議決権行使書を交付するとされ（会721条1項）、かかる社債権者集会参考書類および議決権行使書の内容が、社債管理補助者制度が新設されたことなどに伴って、会社法施行規則により、一部改正された。

200

　第一に、社債権者集会参考書類に関し、社債権者集会の議案が代表者債権者の選任に関する議案である場合において、候補者が社債管理補助者と特別の利害関係があるときは、その事実の概要を記載することが追加された（改正施規173条2号ハの改正後の規定において、「候補者が社債発行会社、社債管理者又は社債管理補助者と特別の利害関係があるときは、その事実の概要」〔改正部分下線〕と改正された）。第二に、社債権者集会に係る議決権行使書の記載事項の一部（改正施規174条1項5号）が「議決権を行使すべき社債権者の氏名又は名称及び行使することができる議決権の額」（改正部分下線）と改正された。

3　実務への影響

　社債管理補助者が設置されている場合に、招集者は、社債管理補助者にも招集通知を発しなければならないので留意が必要である。

（社債権者集会の決議）

第724条

1　（略）

2　前項の規定にかかわらず、社債権者集会において次に掲げる事項を可決するには、議決権者の議決権の総額の5分の1以上で、かつ、出席した議決権者の議決権の総額の3分の2以上の議決権を有する者の同意がなければならない。

　①　（略）

　②　第706条第1項、第714条の4第3項（同条第2項第3号に掲げる行為に係る部分に限る。）、第736条第1項、第737条第1項ただし書及び第738条の規定により社債権者集会の決議を必要とする事項

3　（略）

（改正前会社法724条）

1　（略）

2　前項の規定にかかわらず、社債権者集会において次に掲げる事項を可決するには、議決権者の議決権の総額の5分の1以上で、かつ、出席した議決権者の議決権の総額の3分の2以上の議決権を有する者の同意がなければならない。

　①　（略）

② 第706条第1項、第736条第1項、第737条第1項ただし書及び第738条の規定により社債権者集会の決議を必要とする事項

3 （略）

◆解説

1 背景

中間試案13頁において、社債管理補助者の権限のうち、社債権者集会の決議によらなければならない行為が挙げられているところ、社債権者集会において会社法706条1項各号に掲げる行為（中間試案12頁の(4)②ウの行為）について可決するには、特別決議を要すべきことが提案された（中間試案13頁）。これは、改正前会社法724条2項で、会社法706条1項各号に掲げる行為について可決するには社債権者集会の特別決議が必要とされていることを踏まえたものである（中間試案補足説明50頁）。

要綱13頁において維持され、本条に規定されるに至った。

2 趣旨

本条の改正部分は、社債権者集会において、改正法714条の4第3項のうち同条2項3号に掲げる行為に係る部分、すなわち、会社法706条1項に掲げる事項（当該社債の全部についてするその支払の猶予等）を可決するためには、議決権者の議決権の総額の5分の1以上で、かつ、出席した議決権者の議決権の総額の3分の2以上の議決権を有するものの同意がなければならないものとするものである。これは、上記のとおり、改正前会社法も724条2項で会社法706条1項各号に掲げる行為について社債権者集会で可決するには社債権者集会の特別決議が必要とされていることと平仄を合わせるものである。

3 実務への影響

特にない。

（社債発行会社の代表者の出席等）
第729条

1 社債発行会社、社債管理者又は社債管理補助者は、その代表者若しくは代理人を社債権者集会に出席させ、又は書面により意見を述べることができる。ただし、社債管理者又は社債管理補助者にあっては、その社

> 債権者集会が第707条（第714条の7において準用する場合を含む。）の特別代理人の選任について招集されたものであるときは、この限りでない。
>
> 2　（略）

（改正前会社法729条）

1　社債発行会社又は社債管理者は、その代表者若しくは代理人を社債権者集会に出席させ、又は書面により意見を述べることができる。ただし、社債管理者にあっては、その社債権者集会が第707条の特別代理人の選任について招集されたものであるときは、この限りでない。

2　（略）

◆解説

1　背景

　社債管理者についての社債権者集会の手続のうち、社債権者集会への出席等に関する規定について、社債管理補助者の新設に伴い、規定を整備したものである。

　部会における審議経緯としては、第4回部会（平成29年7月26日開催）で、本条と同内容の提案がなされ（部会資料5・5頁以下）、特段の異論はなかったことから、その提案が維持され（中間試案14頁）、本条となった。

2　趣旨

　社債管理補助者にも、社債管理者の場合と同様に、社債権者集会が招集されたときの社債権者集会への出席権を認めたものである。

　社債管理補助者には、自然人である弁護士にも資格要件が認められる予定であることから（⇨§714の3の解説参照）、本条の「代表者」には、自然人である弁護士が社債管理補助者である場合の弁護士本人も含まれると解される。

3　実務への影響

　社債管理補助者は、その委託契約の内容にも照らし、出席を要するか否かを判断する必要があるので留意が必要である。

（議事録）

第731条

1〜2　（略）

3　社債管理者、社債管理補助者及び社債権者は、社債発行会社の営業時間内は、いつでも、次に掲げる請求をすることができる。

①〜②　（略）

会社法施行規則

第177条（社債権者集会の議事録）

3　社債権者集会の議事録は、次に掲げる事項を内容とするものでなければならない。

④　社債権者集会に出席した社債発行会社の代表者又は代理人の氏名

⑤　社債権者集会に出席した社債管理者の代表者若しくは代理人の氏名又は社債管理補助者若しくはその代表者若しくは代理人の氏名（新設）

（改正前会社法731条）

1〜2　（略）

3　社債管理者及び社債権者は、社債発行会社の営業時間内は、いつでも、次に掲げる請求をすることができる。

①〜②　（略）

◆解説

1　背景

　社債管理者についての社債権者集会の手続のうち、社債権者集会の議事録の閲覧等の請求に関する規定について、社債管理補助者制度の新設に伴い、規定を整備したものである。

　部会における審議経緯としては、第4回部会（平成29年7月26日開催）で、本条と同内容の提案がなされ（部会資料5・5頁以下）、特段の異論はなかったことから、その提案が維持され（中間試案14頁）、本条となった。

2　趣旨

　社債権者集会の議事録の閲覧等の請求について、社債管理者の場合と同様の規律を定めたものである。

具体的には、社債権者集会の議事録につき、以下の改正がされた。

第一に、社債権者集会に、社債管理補助者、その代表者または代理人が出席したときはそれらの者の氏名を社債権者集会の議事録の内容とすることと改正され、併せて、社債管理者に関しても同様の改正がなされた（改正施規177条3項4～5号）。

第二に、改正会社法735条の2により、社債権者集会の決議の省略の規定が設けられたことに伴い、同条により社債権者集会の決議があったものとみなされた場合には、①当該決議があったものとみなされた事項の内容、②当該議案の提案をした者の氏名または名称、③当該決議があったものとみなされた日、および④議事録の作成に係る職務を行った者の氏名または名称を、社債権者集会の議事録の内容に追加するとの改正がされた（改正施規177条4項）。

3　実務への影響

社債管理補助者にとっては、社債権者に報告等をしなければならないため（改正法714条の4第4項）、必要な情報収集の方法の1つとして重要な意味があるものと思われる。

（社債権者集会の決議の執行）
第737条
1　社債権者集会の決議は、次の各号に掲げる場合の区分に応じ、当該各号に定める者が執行する。ただし、社債権者集会の決議によって別に社債権者集会の決議を執行する者を定めたときは、この限りでない。
①　社債管理者がある場合　社債管理者
②　社債管理補助者がある場合において、社債管理補助者の権限に属する行為に関する事項を可決する旨の社債権者集会の決議があったとき　社債管理補助者
③　前2号に掲げる場合以外の場合　代表社債権者
2　（略）

（改正前会社法737条）
1　社債権者集会の決議は、社債管理者又は代表社債権者（社債管理者があるときを除く。）が執行する。ただし、社債権者集会の決議によって別に社債権者集会の

決議を執行する者を定めたときは、この限りでない。

2　（略）

◆解説

1　背景

　部会において、当初は新たな社債管理機関の権限の範囲が限定されていることを理由に，社債権者集会の決議を執行する者は社債権者集会がその都度判断することが前提とされていた（部会資料5・5頁）。しかし、中間試案14頁において、「社債管理補助者の権限に属する行為に関する事項を可決する旨の社債権者集会の決議は、社債管理補助者が執行するものとする。ただし、社債権者集会の決議によって別に社債権者集会の決議を執行する者を定めたときは、この限りでないものとする。」との提案がなされた。これは、社債管理補助者がある場合における社債権者集会の決議の執行については、改正前会社法737条1項と同様の規律を設け、社債権者集会の決議は原則として社債管理補助者が執行し、例外として社債権者集会の決議によって別に社債権者集会の決議を執行する者を定めることができるものとしておく方が簡明であり、社債権者の通常の意思にもかなうと考えられたことによる。

　パブリックコメントにおいては、社債管理補助者の制度趣旨や社債権者の合理的意思に合致する規律である等、賛成意見が寄せられ、要綱16頁において維持され、本条として規定されるに至った。

2　趣旨

　本条は、社債管理補助者がある場合において、社債管理補助者の権限に属する行為に関する事項を可決する社債権者集会の決議の執行については、原則として社債管理補助者が執行し、例外として社債権者集会の決議によって別に社債権者集会の決議を執行する者を定めることができるものとした（⇨1）。そのように規定することが簡明であり、社債権者の通常の意思にもかなうと考えられたことによるものである。

　もっとも、社債管理補助者の権限に属する行為に関する事項以外の事項であっても、社債管理補助者が原則として決議を執行しなければならないものとする場合には、社債管理補助者が委託契約締結時に想定していなかったような事項に係る社債権者集会の決議であっても執行しなければならないものとなるという懸念もあり得る。このような懸念を踏まえ、本条1項2号は、「社債管理

補助者がある場合において、社債管理補助者の権限に属する行為に関する事項を可決する旨の社債権者集会の決議があったとき」に限定して、社債管理補助者は、当該決議を執行するものとした。その上で、本条1項柱書ただし書として、社債管理者と同様に、社債権者集会の決議によって別に社債権者集会の決議を執行する者も定められるものとしている（中間試案補足説明53頁）。

なお、本条1項1号および3号は、社債管理補助者に関する同項2号を付加したことに伴う技術的修正であり、改正前会社法737条1項と実質的な相違はない。

3　実務への影響

社債管理補助者の社債権者集会の決議の執行義務を明記する一方で、その範囲を限定するものであり、社債管理補助者の職務の執行を円滑にするものと思われる。

（債権者の異議手続の特則）
第740条
1　第449条、第627条、第635条、第670条、第779条（第781条第2項において準用する場合を含む。）、第789条（第793条第2項において準用する場合を含む。）、第799条（第802条第2項において準用する場合を含む。）、第810条（第813条第2項において準用する場合を含む。）又は第816条の8の規定により社債権者が異議を述べるには、社債権者集会の決議によらなければならない。この場合においては、裁判所は、利害関係人の申立てにより、社債権者のために異議を述べることができる期間を伸長することができる。
2　（略）
3　社債発行会社における第449条第2項、第627条第2項、第635条第2項、第670条第2項、第779条第2項（第781条第2項において準用する場合を含む。以下この項において同じ。）、第789条第2項（第793条第2項において準用する場合を含む。以下この項において同じ。）、第799条第2項（第802条第2項において準用する場合を含む。以下この項において同じ。）、第810条第2項（第813条第2項において準用する場合を含む。以下この項において同じ。）及び第816条の8第2項の規定の適用に

> ついては、第449条第2項、第627条第2項、第635条第2項、第670条第2項、第779条第2項、第799条第2項及び第816条の8第2項中「知れている債権者」とあるのは「知れている債権者（社債管理者又は社債管理補助者がある場合にあっては、当該社債管理者又は社債管理補助者を含む。）」と、第789条第2項及び第810条第2項中「知れている債権者（同項の規定により異議を述べることができるものに限る。）」とあるのは「知れている債権者（同項の規定により異議を述べることができるものに限り、社債管理者又は社債管理補助者がある場合にあっては当該社債管理者又は社債管理補助者を含む。）」とする。

（改正前会社法740条）

1　第449条、第627条、第635条、第670条、第779条（第781条第2項において準用する場合を含む。）、第789条（第793条第2項において準用する場合を含む。）、第799条（第802条第2項において準用する場合を含む。）又は第810条（第813条第2項において準用する場合を含む。）の規定により社債権者が異議を述べるには、社債権者集会の決議によらなければならない。この場合においては、裁判所は、利害関係人の申立てにより、社債権者のために異議を述べることができる期間を伸長することができる。

2　（略）

3　社債発行会社における第449条第2項、第627条第2項、第635条第2項、第670条第2項、第779条第2項（第781条第2項において準用する場合を含む。以下この項において同じ。）、第789条第2項（第793条第2項において準用する場合を含む。以下この項において同じ。）、第799条第2項（第802条第2項において準用する場合を含む。以下この項において同じ。）及び第810条第2項（第813条第2項において準用する場合を含む。以下この項において同じ。）の規定の適用については、第449条第2項、第627条第2項、第635条第2項、第670条第2項、第779条第2項及び第799条第2項中「知れている債権者」とあるのは「知れている債権者（社債管理者がある場合にあっては、当該社債管理者を含む。）」と、第789条第2項及び第810条第2項中「知れている債権者（同項の規定により異議を述べることができるものに限る。）」とあるのは「知れている債権者（同項の規定により異議を述べることができるものに限り、社債管理者がある場合にあっては当該社債管理者を含む。）」とする。

◆解説

1 背景

（1） 組織再編等と社債権者 会社債権者は、組織変更や組織再編など一定の場合に、会社に対し異議を述べることができる（異議申述権）。社債管理者には異議申述権があるが、委託契約において異議申述権がない旨を定めることもでき（本条2項ただし書）、実務的には、多くの委託契約で異議申述権が与えられていないこととされている（このような異議申述権がない社債管理者も「知れている債権者」として個別催告が行われる）。

（2） 会社法研究会における検討 会社法研究会では、社債管理の在り方に関連する論点として、組織再編等における債権者異議手続において、募集事項に定めた場合には、社債権者が社債権者集会の決議なく個別に異議を述べることを可能とする立法措置の是非について検討された（会社法研究会資料4・8～10頁、同14・6～7頁）が、会社法研究会報告書では特定の提案はされなかった。

2 趣旨

（1） 株式交付に対する社債権者の異議と社債権者集会の決議

　（a）　本条1項は、組織再編等の場合に会社債権者が有する異議申述権を社債権者が行使する場合には、社債権者集会の決議を要する旨を定めている。今回の改正により、株式交付制度が創設されたことに伴い（改正法774条の2以下）、株式交付に際しても、会社債権者が損失を受けるおそれがあるため、異議を述べることができるとされる（改正法816条の8第1項）。そこで、この場合においても、社債権者が異議を述べるには、社債権者集会の決議が必要であるとの改正がされたものである（本条1項）。

　（b）　社債権者が異議を述べるには、社債権者集会の決議を要するとされる理由として、①社債が公衆に対する起債である点で集団性を有しており、その集団的かつ画一的な取扱いが要請されること、②社債の償還は集団的かつ画一的にされるべきであり、異議を述べた社債権者に対して個別の償還を認めることは適切でないこと、③社債権者を「害するおそれがない」として弁済等をしないという判断も全社債権者に対して同一に判断されるべきこと等が挙げられている（会社法研究会資料4・9頁）。これらの理由は引き続き妥当するものとして、上記のとおり、社債権者が社債権者集会の決議なく個別に異議を述べることは認められず、社債権者集会の決議を要するとする規律は、維持されている。

（2）　社債管理補助者への催告

　(a)　新設された株式交付の場合、株式交付親会社は、知れている債権者に対し催告すべきと規定されるところ（改正法816条の8第2項）、それが社債発行会社であるときは、「知れている債権者」（本条3項）には、社債管理者のほか、社債管理補助者が含まれることとされた。したがって、社債管理補助者があれば、「知れている債権者」として、催告を受けることとなる。ただし、社債管理補助者は、催告に対して異議を述べることはできない（会740条2項参照）。

　(b)　社債管理補助者は、「社債権者のために、社債の管理の補助を行うこと」の委託を受けるものである（改正法714条の2本文）。その機能の1つに、社債管理補助者が発行会社と社債権者との間を取り結んで情報を伝達することが挙げられる。そこで、社債につき社債管理補助者が設置されている場合には、社債発行会社は、「知れている債権者」の1つとして社債管理補助者へ催告を行う。社債管理補助者には、委託契約に従い、社債に関する事項を社債権者に対して報告し、または社債権者がこれを知ることができるようにする措置をとる義務を負うため（改正法714条の4第4項）、この報告等により、催告を受けたこと、および、催告の内容等について、社債権者はこれを知ることが可能となる。

3　実務への影響

（1）　従前の実務の延長線　改正前の規定に、新設された株式交付と社債管理社補助者に対応する規定を追加したものであり、その意味では、これまでの実務の延長線上にある。

（2）　組織再編と社債権者　社債発行会社は、資本金等の減少（会449条および627条）、組織変更（会779条）および組織再編行為（会789条、799条および810条）、株式交付（改正法774条の2以下）等に際しては、「知れている債権者」の1つとして社債管理補助者に対しても催告を要することに留意すべきである。また、社債権者は、これらに際して異議申述する際は、社債権者集会の決議によることとなる。

（3）　委託契約における定めの必要性　社債管理補助者の社債権者に対する報告等の義務は委託契約の定めに基づくものではあるが、社債管理補助者は上記の株式交付等の際には「知れている債権者」として社債権者のために催告を受けることからすれば、それを社債権者に報告し、周知する措置について、あらかじめ社債発行会社との委託契約において規定を設けておくことが必須とな

ると考えられる。また、この催告を受け、ある種類の社債の総額（償還済みの額を除く）の10分の1以上にあたる社債権者が社債管理補助者に対し、社債権者集会の招集を請求した場合には、社債管理補助者は、社債権者集会を招集することができるとされている（改正法717条3項および718条1項）。

（社債管理者等の報酬等）
第741条
1　社債管理者、社債管理補助者、代表社債権者又は決議執行者に対して与えるべき報酬、その事務処理のために要する費用及びその支出の日以後における利息並びにその事務処理のために自己の過失なくして受けた損害の賠償額は、社債発行会社との契約に定めがある場合を除き、裁判所の許可を得て、社債発行会社の負担とすることができる。
2　前項の許可の申立ては、社債管理者、社債管理補助者、代表社債権者又は決議執行者がする。
3　社債管理者、社債管理補助者、代表社債権者又は決議執行者は、第一項の報酬、費用及び利息並びに損害の賠償額に関し、第705条第1項（第737条第2項において準用する場合を含む。）又は第714条の4第2項第1号の弁済を受けた額について、社債権者に先立って弁済を受ける権利を有する。

（改正前会社法741条）
1　社債管理者、代表社債権者又は決議執行者に対して与えるべき報酬、その事務処理のために要する費用及びその支出の日以後における利息並びにその事務処理のために自己の過失なくして受けた損害の賠償額は、社債発行会社との契約に定めがある場合を除き、裁判所の許可を得て、社債発行会社の負担とすることができる。
2　前項の許可の申立ては、社債管理者、代表社債権者又は決議執行者がする。
3　社債管理者、代表社債権者又は決議執行者は、第1項の報酬、費用及び利息並びに損害の賠償額に関し、第705条第1項（第737条第2項において準用する場合を含む。）の弁済を受けた額について、社債権者に先立って弁済を受ける権利を有する。

◆解説

1 背景

社債管理の報酬等について、社債管理補助者制度の新設に伴い、規定を整備するものである。

審議経緯としては、第4回部会（平成29年7月26日開催）で、本条と同内容の提案がなされ（部会資料5・10頁以下）、特段の異論はなかったことから、その提案が維持され（中間試案14頁）、本条となった。

2 趣旨

社債管理補助者の報酬、その事務処理のために要する費用およびその支出の日以後における利息ならびにその事務処理のために自己の過失なくして受けた損害の賠償額等について、社債管理者の場合と同様の規律を定めたものである。

3 実務への影響

特にない。

> **（非訟事件の管轄）**
> 第868条
> 1～3 （略）
> 4 第705条第4項及び第706条第4項の規定、第707条、第711条第3項、第713条並びに第714条第1項及び第3項（これらの規定を第714条の7において準用する場合を含む。）の規定並びに第718条第3項、第732条、第740条第1項及び第741条第1項の規定による裁判の申立てに係る事件は、社債を発行した会社の本店の所在地を管轄する地方裁判所の管轄に属する。
> 5～6 （略）

（改正前会社法868条）

1～3 （略）

4 第705条第4項、第706条第4項、第707条、第711条第3項、第713条、第714条第1項及び第3項、第718条第3項、第732条、第740条第1項並びに第741条第1項の規定による裁判の申立てに係る事件は、社債を発行した会社の本店の所在地を管轄する地方裁判所の管轄に属する。

5〜6　（略）

◆解説

1　背景

非訟事件についての管轄を定めるものである。

2　趣旨

社債管理補助者制度の新設等に際して、以下の非訟事件についての管轄が明記された。

① 　会社法706条4項（社債管理者が株式会社の業務および財産の状況の調査をするための裁判所の許可の申立て）

② 　会社法714条1項（社債管理者の事務の承継に際しての社債権者集会の同意に代わる裁判所の許可の申立て）

③ 　会社法714条1項（上述）および3項（利害関係人の裁判所に対する事務承継者の選任の申立て）を改正法714条の7において社債管理補助者に準用する場合

④ 　会社法718条3項（社債権者が社債権者集会を招集するための裁判所の許可の申立て）

3　実務への影響

特にない。

（陳述の聴取）

第870条

1　裁判所は、この法律の規定（第2編第9章第2節を除く。）による非訟事件についての裁判のうち、次の各号に掲げる裁判をする場合には、当該各号に定める者の陳述を聴かなければならない。ただし、不適法又は理由がないことが明らかであるとして申立てを却下する裁判をするときは、この限りでない。

①　（略）

②　清算人、社債管理者又は社債管理補助者の解任についての裁判　当該清算人、社債管理者又は社債管理補助者

③〜⑪　（略）

> 2 　裁判所は、次の各号に掲げる裁判をする場合には、審問の期日を開いて、申立人及び当該各号に定める者の陳述を聴かなければならない。ただし、不適法又は理由がないことが明らかであるとして申立てを却下する裁判をするときは、この限りでない。
> ① 　（略）
> ② 　第117条第2項、第119条第2項、第182条の5第2項、第193条第2項（第194条第4項において準用する場合を含む。）、第470条第2項、第778条第2項、第786条第2項、第788条第2項、第798条第2項、第807条第2項、第809条第2項又は第816条の7第2項の規定による株式又は新株予約権（当該新株予約権が新株予約権付社債に付されたものである場合において、当該新株予約権付社債についての社債の買取りの請求があったときは、当該社債を含む。）の価格の決定　価格の決定の申立てをすることができる者（申立人を除く。）
> ③～⑥ 　（略）

（改正前会社法870条）

1 　裁判所は、この法律の規定（第2編第9章第2節を除く。）による非訟事件についての裁判のうち、次の各号に掲げる裁判をする場合には、当該各号に定める者の陳述を聴かなければならない。ただし、不適法又は理由がないことが明らかであるとして申立てを却下する裁判をするときは、この限りでない。

① 　（略）

② 　清算人又は社債管理者の解任についての裁判　当該清算人又は社債管理者

③～⑪ 　（略）

2 　裁判所は、次の各号に掲げる裁判をする場合には、審問の期日を開いて、申立人及び当該各号に定める者の陳述を聴かなければならない。ただし、不適法又は理由がないことが明らかであるとして申立てを却下する裁判をするときは、この限りでない。

① 　（略）

② 　第117条第2項、第119条第2項、第182条の5第2項、第193条第2項（第194条第4項において準用する場合を含む。）、第470条第2項、第778条第2項、第786条第2項、第788条第2項、第798条第2項、第807条第2項又は第809条第2項の規定による株式又は新株予約権（当該新株予約権が新株予約権付社債に付されたものである場合において、当該新株予約権付社債についての社債の買取

りの請求があったときは、当該社債を含む。）の価格の決定　価格の決定の申立
てをすることができる者（申立人を除く。）

③〜⑥　（略）

◆解説

1　背景

社債管理補助者および株式交付の制度が新設されたことに伴う非訟事件に関
する手続の改正である。

2　趣旨

本条1項2号により、裁判所が、社債管理補助者の解任の裁判をする場合に、
当該社債管理補助者の陳述を聴かなければならないものとされた。

また、本条2項2号により、株式交付における反対株主の株式買取請求にお
ける価格決定申立事件（改正法816条の7第2項）において、価格の決定の申立
てをすることができる者の陳述を聴かなければならないものとされた。

3　実務への影響

特にない。

（不服申立ての制限）
第874条
次に掲げる裁判に対しては、不服を申し立てることができない。

①　第870条第1項第1号に規定する一時取締役、会計参与、監査役、
代表取締役、委員、執行役若しくは代表執行役の職務を行うべき者、
清算人、代表清算人、清算持分会社を代表する清算人、同号に規定す
る一時清算人若しくは代表清算人の職務を行うべき者、検査役、第
501条第1項（第822条第3項において準用する場合を含む。）若しく
は第002条第1項の鑑定人、第508条第2項（第822条第3項において
準用する場合を含む。）若しくは第672条第3項の帳簿資料の保存をす
る者、社債管理者若しくは社債管理補助者の特別代理人又は第714条
第3項（第714条の7において準用する場合を含む。）の事務を承継す
る社債管理者若しくは社債管理補助者の選任又は選定の裁判

②〜④　（略）

（改正前会社法874条）

次に掲げる裁判に対しては、不服を申し立てることができない。

① 第870条第1項第1号に規定する一時取締役、会計参与、監査役、代表取締役、委員、執行役若しくは代表執行役の職務を行うべき者、清算人、代表清算人、清算持分会社を代表する清算人、同号に規定する一時清算人若しくは代表清算人の職務を行うべき者、検査役、第501条第1項（第822条第3項において準用する場合を含む。）若しくは第662条第1項の鑑定人、第508条第2項（第822条第3項において準用する場合を含む。）若しくは第672条第3項の帳簿資料の保存をする者、社債管理者の特別代理人又は第714条第3項の事務を承継する社債管理者の選任又は選定の裁判

②～④ （略）

◆解説

1 背景

社債管理補助者制度の新設に伴う改正である。

2 趣旨

改正法714条の7が社債管理補助者について準用する会社法707条（裁判所による特別代理人の選任）および714条3項（利害関係人による裁判所に対する事務承継者の選任の申立て）の裁判について、不服を申し立てることができないものとされた。

3 実務への影響

特にない。

第7 社債権者集会

第706条

1 社債管理者は、社債権者集会の決議によらなければ、次に掲げる行為をしてはならない。ただし、第2号に掲げる行為については、第676条第8号に掲げる事項についての定めがあるときは、この限りでない。

① 当該社債の全部についてするその支払の猶予、その債務若しくはそ

> の債務の不履行によって生じた責任の免除又は和解（次号に掲げる行
> 為を除く。）
> ②　（略）
> 2〜4　（略）

（改正前会社法706条）

1　社債管理者は、社債権者集会の決議によらなければ、次に掲げる行為をしては
　ならない。ただし、第2号に掲げる行為については、第676条第8号に掲げる事項
　についての定めがあるときは、この限りでない。
　①　当該社債の全部についてするその支払の猶予、その債務の不履行によって生
　　じた責任の免除又は和解（次号に掲げる行為を除く。）
　②　（略）

2〜4　（略）

◆解説

1　背景

（1）　問題の所在

（a）　改正前会社法706条1項1号において、当該社債の全部についてする
「支払の猶予」「債務の不履行によって生じた責任の免除」「和解」の3つが規
定されていたところ、その規定を根拠として、社債の元利金の減免が可能かに
つき争いがあった。

本条1項1号は、1993（平成5）年商法改正により新設された旧商法309条
ノ2第1項1号の規定を承継したものであり、また、これは同年改正前の担保
附社債信託法85条を承継したものである。そこで、明治38年制定の担保付社債
信託法のもと、担保付社債が社債権者集会決議により株式に交換された事例を
踏まえ、「和解」の文言に社債の元利金の減免を読み込むことは可能との見解
が有力であった。

（b）　しかし、社債の元利金の減免は、「和解」における「互いに譲歩をし
て」（民法695条）との要件、すなわち互譲があるといえるか明確でないとの批
判があった（例えば、会社法研究会報告書32頁参照）。2010（平成22）年に通信事
業者の社債が債務不履行になった事案等では、社債の処理が可能であれば私的
整理（事業再生 ADR）による事業再生の可能性があったが、社債権者集会決議
による社債の元本減免の可否が明らかでないため、法的整理への移行を選択せ

ざるを得なくなったといわれている。その後、「和解」の内容として、社債の元本および利息の全部または一部の免除が可能との見解が示され、これが有力説となったが、「和解」の内容としなくても、社債権者集会の決議による元本減免が可能なことを明らかにする立法的措置を講じるべきとの指摘があり、会社法研究会報告書32頁においても、「社債権者集会の特別決議により、社債の元本及び利息の全部又は一部の免除をすることができる旨の規定を設けることとしてはどうか」とされた。

（2） 部会の審議　部会では、法的安定性の見地から、明文の規定を設けることにより、社債の元本の減免を可能とすることについて検討がされた（部会資料5・13頁、中間試案補足説明55頁）。

　部会においては、社債権者集会の多数決によって社債権を消滅させることの要件として、社債発行契約において定めた場合にのみ、社債の元利金の減免は可能となるとすべきであるとの議論もなされた（部会資料5・13頁および第4回部会議事録25頁［神作裕之委員発言］）。しかし、社債権者集会の決議は裁判所の認可を得なければその効力を生じないこととされており（会734条1項）、特に、①決議が著しく不公正であり、または、社債権者の一般の利益に反するといった場合、認可ができないと規定されていること（会733条3～4号）、また、②現行法上、償還期限の延長など、他の行為について社債発行契約に定めることが必要とされていないこととの平仄等に照らし、要綱では、社債発行契約における定めの存在は、社債の元利金の減免の要件とされなかった（中間試案補足説明55頁、要綱16頁）。これが改正法において取り入れられた。

2　趣旨

（1） 社債の元利金の免除の要件　本条1項は、社債管理者が有する権限（法定権限）のうち、社債権者集会の決議によらなければならない行為を定める規定である。これを受けて、①社債権者集会が各行為を決議するための要件（会724条2項1号）と、②社債管理者が各行為をするために必要な社債権者集会の決議をするための要件（改正法724条2項2号）が定められている（①は社債権者がこれらの行為を行う場合であり、②は、社債権者集会の授権を受けて、社債管理者がこれらの行為を行う場合である）。

　改正前会社法706条1項1号に「若しくはその債務」との文言を追加することで、「その債務……の免除」が可能になるとして、次の事項を明らかにした。

　①　社債権者集会の決議により、社債の元利金の減免（社債の全部について

その債務の全部または一部を免除すること）を行うことが認められること（改正法706条1項1号、会724条2項1号）。

② 社債管理者は、社債権者集会の授権決議により、かかる元利金の減免ができること（改正法706条1項1号、会724条2項2号）。

（2） 裁判所の認可　上記①および②のいずれの場合においても、裁判所の認可が必要とされ（会733条）、かかる認可がなければ社債権者集会の決議はその効力を有しない（会734条1項）。認可がされれば、当該社債権者集会の決議は、すべての社債権者に対してその効力を有する（同条2項）。

（3） 清算価値保障原則　従来の裁判実務において、社債権の減免を内容とする和解が認可される条件として、社債発行会社の清算価値保障原則（和解によって社債権者に破産配当以上の配当がなされることが保障されること）の要件を満たすことが必要とされていたものと理解されている。本条によって、社債権の減免を内容とする社債権の減免の決議が認可される要件としても、社債発行会社の清算価値保障原則の要件を満たすことが条件となると思われる。

この条件の下では、特に、社債権の全額を免除する社債権者集会の決議が認可されるためには、社債発行会社の清算価値がゼロである場合か、またはある社債の種類と他の社債の種類の社債権者の構成が同一であり、一方の社債権の全額を免除することによって、他方の社債権の弁済が増加する場合のような、特別の場合である必要があると考えられる。なお、この点に関連し、今後、社債権者集会の決議によって、元利金の減免を含む抜本的なリストラクチャリングが行われる場合、それが過剰にならないように注意を払う必要があるとの指摘がなされている（行岡睦彦「社債の管理に関する会社法改正の意義と課題」旬刊商事法務2235号〔商事法務・2020〕18頁）。

3　実務への影響

従来から、社債権の減免が「和解」として可能とする見解が示されていた。しかし、例えば、事業再生ADRや、民事再生または会社更生といった法的整理において、いわゆる債権カットをする際に、社債についても、社債権者集会の決議により、社債管理者は、当該社債の元利金の減免ができることが会社法上明らかとされたことの意義は否定できず、社債権の減免を内容とする再生計画が前向きに策定されるなど、今後の実務に一定の影響を及ぼす可能性がある。

なお、本条は、施行日までに発行された社債についても適用される（附則2条）。

（社債権者集会の決議の省略）

第735条の2

1　社債発行会社、社債管理者、社債管理補助者又は社債権者が社債権者集会の目的である事項について（社債管理補助者にあっては、第714条の7において準用する第711条第1項の社債権者集会の同意をすることについて）提案をした場合において、当該提案につき議決権者の全員が書面又は電磁的記録により同意の意思表示をしたときは、当該提案を可決する旨の社債権者集会の決議があったものとみなす。

2　社債発行会社は、前項の規定により社債権者集会の決議があったものとみなされた日から10年間、同項の書面又は電磁的記録をその本店に備え置かなければならない。

3　社債管理者、社債管理補助者及び社債権者は、社債発行会社の営業時間内は、いつでも、次に掲げる請求をすることができる。

　①　前項の書面の閲覧又は謄写の請求

　②　前項の電磁的記録に記録された事項を法務省令で定める方法により表示したものの閲覧又は謄写の請求

4　第1項の規定により社債権者集会の決議があったものとみなされる場合には、第732条から前条まで（第734条第2項を除く。）の規定は、適用しない。

（新設）

会社法施行規則

第177条（社債権者集会の議事録）

4　法第735条の2第1項の規定により社債権者集会の決議があったものとみなされた場合には、社債権者集会の議事録は、次の各号に掲げる事項を内容とするものとする。

　①　社債権者集会の決議があったものとみなされた事項の内容

　②　前号の事項の提案をした者の氏名又は名称

　③　社債権者集会の決議があったものとみなされた日

　④　議事録の作成に係る職務を行った者の氏名又は名称（新設）

◆解説

1 背景

（1） 社債権者集会の決議と裁判所の認可　社債権者集会は、会社法に規定する事項および社債権者の利害に関する事項について決議をすることができるとされ（会716条）、その決議は、裁判所の認可を受けなければその効力を有しないとされる（会734条1項）。

　これは、社債権者集会の決議が、一般に、支払の猶予や債権の一部放棄など、社債権者に譲歩を強いる内容となり得るため、裁判所の認可を要することとして、裁判所の強い後見的な機能を通じて社債権者を保護することが期待されたためである。

　この裁判所の認可制度については、同じ投資家であっても、株主の場合と異なり、社債権者の場合に裁判所が常に決議内容について後見的保護を与えることの必要性に疑問が提起されていた。会社法研究会では、将来の社債市場の拡大を想定した場合、認可制度を廃止し、社債権者が自ら権利を守る制度として、社債権者集会の決議の効力を事後的に争う規定（株主総会における決議不存在、無効確認、取消しの訴えに相当する）を設けることがより適切であるという指摘がされた（会社法研究会資料4・7頁）。しかし、これに対しては、社債権者集会の決議の効力を事後的に争う規定を設ける場合、その要件をどのように設定するかという課題があり、その設計によっては法的安定性を害するという指摘もされた。このため、裁判所による認可制度と決議の効力を争う制度の優劣は現時点では判断できないとして、社債権者保護の必要性が相対的に低いと考えられる場合として、社債権者全員の同意がある場合に限って、裁判所の認可を不要とすることを検討すべきとの提案がなされた（会社法研究会報告書33頁）。

（2） 社債権者集会の決議の省略　部会では、諮問事項にある「社債管理の在り方」に付随した論点として、社債権者集会の権限や手続についても検討された。

　社債権者全員の同意がある場合には、社債権の内容を変更することができると解釈されているが、他方で、強行法規として要求されている社債権者集会の決議（会706条等）を社債権者全員の同意をもって代えることはできないという解釈がある（中間試案補足説明55頁）。これらの解釈を踏まえ、社債権者全員の同意をもって、社債権者集会の決議に代える立法的措置が検討され、①社債発行会社、社債管理補助者または社債権者が、社債権者集会の目的である事項に

ついて提案（社債管理補助者にあっては、辞任の同意のみ提案できる）をした場合
において、その提案に議決権者（会724条1項参照）の全員が書面または電磁的
方法により同意の意思表示をしたときは、社債権者集会の決議があったものと
みなすこと、そして、②この場合には、裁判所の認可に係る規定は適用されな
いことが要綱の内容とされた（要綱16〜17頁）。

2　趣旨

（1）　社債権者集会の決議の省略の要件と効果

(a)　社債権者集会の決議の省略の要件は次の①と②の両方を満たすことであ
る（改正法735条の2第1項）。

①　社債発行会社、社債管理者、社債管理補助者または社債権者が、社債権
　者集会の目的である事項（社債管理補助者にあっては、改正法714条の7にお
　いて準用する会711条1項の社債権者集会の同意をすること）について提案を
　すること。

本条1項かっこ書は、社債管理補助者が辞任する場合に社債発行会社の同意
と共に必要となる社債権者集会の同意についての規定である。

②　当該提案につき議決権者の全員が書面または電磁的記録により同意の意
　思表示をすること。

「議決権者」とは、議決権を行使できる社債権者をいう（会724条1項）。

(b)　(a)の手続をとった効果は、「当該提案を可決する旨の社債権者集会の決
議があったものとみな」されることである。会社法734条2項が適用されるた
め（本条4項かっこ書）、みなし決議は、社債権者集会の議決権を有しない社債
権者に対する関係でも、その効力が生じる。

社債権者集会では、常に書面による議決権行使ができるとされているので
（会721条1項）、書面による議決権の行使をすることができる場合には、招集手
続を省略できないという株主総会の規律（会300条ただし書）との整合性から、
社債権者集会についてだけ招集手続の省略を認める措置は妥当でないと考えら
れた（会社法研究会報告書32頁）。このため、(a)の手続は、社債権者集会の決議
がなされたということではなく、社債権者集会の決議と同じ効果をみなし措置
により認めるものとされている。

（2）　社債権者集会の決議の省略における議事録　　改正会社法735条の2第
1項の規定に基づき、社債権者全員の同意により、社債権者集会の決議があっ
たとみなされる場合には、①当該決議があったものとみなされた事項の内容、

②当該議案の提案をした者の氏名または名称、③当該決議があったものとみなされた日、および④議事録の作成に係る職務を行った者の氏名または名称を、社債権者集会の議事録の内容に追加する旨、改正された（改正施規177条4項）。

（3） 裁判所の認可に係る規定の不適用

（a） 上記（1）により社債権者集会の決議があったとみなされる場合には、会社法732条、733条、734条1項および735条の規定は適用されない（本条4項）。すなわち、本条1項により社債権者集会の決議があったとみなされる場合には、①決議につき裁判所の認可の申立て（会732条）は必要とされない。したがって、②不認可とすべき事由（会733条）の適用はなく、③社債権者集会の決議は裁判所の認可なしには効力を生じないとの規定（会734条1項）は適用されず、④決議の認可または不認可の裁判所の決定の公告（会735条）も要しない。

社債権者集会の決議は、支払の猶予など、社債権者に譲歩を強いる内容であることが多いが、本条による社債権者集会の決議の省略は、議決権を有する社債権者全員の同意を要するものであり、裁判所による認可を要しないこととしても、多数決による弊害は問題とならない。

（b） 提案された書面に対する同意に意思表示の瑕疵や無効事由がある場合には、社債権者集会の決議があったとはみなされない。社債権者のほか、訴えの利益を有する者は、誰でもいつでもどのような方法によってもその無効を主張することが可能である（中間試案補足説明56頁）。また、このように社債権者集会決議の有効性が後日に争われることを回避するために、社債権者全員の同意が得られる場合にも、あえて社債権者集会を招集し、決議を行うことも可能である。

（4） 書面または電磁的記録の備置および閲覧・謄写請求　　社債発行会社は、本条1項により社債権者集会の決議があったものとみなされた日から10年間、同意の意思表示をした書面または電磁的記録をその本店に備え置かなければならない（本条2項）。

また、社債管理者、社債管理補助者および社債権者は、社債発行会社の営業時間内は、いつでも、かかる書面についての閲覧または謄写の請求（本条3項1号）、および上記電磁的記録に記録された事項（法務省令で定める方法により表示したもの）の閲覧または謄写の請求（本条3項2号）ができる。

社債権者集会の決議がされた場合の議事録（改正法731条）に代わるものとして、提案された書面の保存義務および閲覧等請求権を定めたものである。

3 実務への影響

　社債権者全員の同意がある場合にも社債権者集会の決議を必要としていた解釈を変更するものであり、実務に影響がある。社債権者集会の決議が必要な場合において、社債権者全員に同意が得られるときは、あえて会場設営等の費用を要してまで社債権者集会を開催することは要請されず、また、社債権者集会の決議があったとみなされる場合、裁判所による認可も必要とされないため、手続はより迅速なものとなり得る。

　社債権者が、社債管理のために社債権者集会の決議を必要としている場合、社債管理補助者は、委託契約に基づく情報の伝達の1つとして、社債権者が社債権者集会の決議事項について書面により提案し、これに対して社債権者全員の同意を得られるように、社債権者相互間で意思の伝達を行い、本条により社債権者集会の決議がされたものとみなされるように迅速に活動することなどが考えられる。

第8　株式交付

＜株式交付の意義＞

（定義）
第2条
　①～㉜　（略）
　㉜の2　株式交付　株式会社が他の株式会社をその子会社（法務省令で定めるものに限る。第774条の3第2項において同じ。）とするために当該他の株式会社の株式を譲り受け、当該株式の譲渡人に対して当該株式の対価として当該株式会社の株式を交付することをいう。
　㉝～㉞　（略）
（新設）

会社法施行規則
第4条の2（株式交付子会社）

> 法第2条第32号の2に規定する法務省令で定めるものは、同条第3号に規定する会社が他の会社等の財務及び事業の方針の決定を支配している場合（第3条第3項第1号に掲げる場合に限る。）における当該他の会社等とする。（新設）

改正会社法施行規則2条2項115号、116条（新設）

（改正前会社法2条）
①〜㉜　（略）
㉝〜㉞　（略）

◆解説

1　背景

（1）　概要　　株式交付とは、株式会社（A社）が、他の株式会社（B社）をA社の子会社とするために、B社株主からB社株式を譲り受け、その対価としてA社の株式を交付することをいう（本条32号の2）。改正法は、B社株主への対価としてA社株式を発行する場合でも、A社において組織再編手続をとることによって、募集株式発行手続における現物出資財産等の規制を不要とする手続を新設した（以下の説明でも分かりやすさのために、当事会社をA社、B社と表記することがある）。

（2）　制度創設の必要性　　株式交換（会767条）は、A社がB社の発行済株式のすべてを取得して完全子会社化するための組織再編手続であって（本条31号参照）、A社がB社を完全子会社とすることまでを企図していない場合には利用できない。現行法下でも、A社がA社株式を対価としてB社を子会社とする手法として、B社株式という現物出資財産（会199条1項3号）を出資の目的とする募集株式の発行手続が設けられているが、現物出資規制は、①原則として検査役の調査が必要となるため（会207条）、手続に一定の時間を要し、費用が発生すること、②引受人であるB社株主およびA社取締役等が財産価額填補責任を負う可能性があること（会212条、213条）などの理由から、実務ではほとんど利用されていない（結果として、A社は、金銭を対価としてB社株式を譲り受ける方法を選択している）。

　しかし、株式会社が他の株式会社を子会社化する場合において、完全子会社

化を企図すれば株式交換という組織再編規制を利用できるにもかかわらず、完全子会社化の場合とそうではない子会社化の場合とにおいて規律に大きな違いを設ける理由はなく、株式交換でない場合においても株式交換の場合と同様の規律を適用して、株式会社が株式を対価とする買収を認める必要性は高い。そこで、完全子会社化以外の子会社化についても、株式交換と同様、組織法上の行為と位置づけ、組織再編に関する規律を新設することにした（一問一答187頁）。

2 趣旨

（1） 株式交付における各概念について　　株式交付（本条32号の2）で用いられる各概念について説明しておく。なお、改正法774条の3第1項1号は、株式交付をする株式会社（A社）を株式交付親会社、株式交付親会社が株式交付に際して譲り受ける株式を発行する株式会社（B社）を株式交付子会社と定義しており、本条32号の2の解説でも、同条の定義を用いることにする。

　(a)　本条32号の2は、株式交付を「株式会社」（株式交付親会社）が「他の株式会社」（株式交付子会社）をその子会社とするための行為と定めているから、いずれの会社も株式会社に限られる。持分会社（合名会社、合資会社および合同会社）は含まれない（中間試案補足説明58頁。一問一答194頁）。なお、清算株式会社も株式交付親会社になることができない（改正法509条1項3号）。

　(b)　「子会社」に、「法務省令で定めるものに限る」旨の限定が付され、さらに改正会社法施行規則は、「法務省令で定めるものは、同条第3号に規定する会社が他の会社等の財務及び事業の方針の決定を支配している場合（第3条第3項第1号に掲げる場合に限る。）における当該他の会社等とする」とした（改正法2条32号の2、改正施規4条の2）。

　会社法は子会社の定義に実質基準を採用しているが（会2条3号、施規3条3項）、株式交付は他の株式会社を子会社とするための組織法上の行為であるから、その規律の適用の可否は客観的かつ形式的な基準によって判断できるようにするべきである。そこで、改正会社法施行規則4条の2は，他の株式会社を、自己の計算において所有している議決権の数を基準として該当の有無を判断することができる会社法施行規則3条3項1号に掲げる子会社としようとする場合に限り、株式交付をすることができる旨を定めている（一問一答193頁）。

　会社法施行規則3条3項1号は、会社が他の会社等の「財務及び事業の方針の決定を支配している場合における当該他の会社等」が子会社であると定めている。この点に関連し、法務省は、会社更生手続が開始され管財人が選任され

た更生会社は、更生管財人の管理下に置かれ、会社との間で有効な支配従属関係がなく子会社に該当しないため、当該更生会社を子会社とする株式交付はできないが、民事再生手続が開始され監督委員の選任に留まる場合（管財人が選任されていない場合）には、当該会社を株式交付により子会社とすることができるとしている（意見募集の結果について3頁）。

(c) 更に、株式交付子会社（B社）は、「他の株式会社」であるため、会社法上の株式会社に限られ、外国会社（会2条2号）は含まない。外国会社が「株式会社」に類似するか否かの判断は、外国会社の設立準拠法の内容に基づく評価によらざるを得ないが、外国会社の性質はその類型ごとに千差万別であるため、その該当性を客観的かつ形式的な基準によって判断することは必ずしも容易でない（神田(7)7頁、部会資料27・18頁。一問一答194〜195頁）。そこで、中間試案の時点では「これと同種の外国会社」を含めるかどうかが議論されたが（中間試案15頁）、外国会社を株式交付子会社とする株式交付は見送られた。

(d) 株式交付は、「子会社」とするための組織法上の行為であることが必要である。したがって、すでに子会社である他の株式会社の株式を追加で取得したとしても、親子会社関係が創設される要素はなく、株式交付に関する規律の適用対象とはならない。ただし、(b)で指摘したとおり、子会社が実質基準による子会社に留まる場合には株式交付子会社から除外されているから、株式交付親会社が実質基準の子会社の株式を追加的に譲り受けることによって当該子会社を形式基準による子会社としようとするときは、株式交付に該当する（中間試案補足説明58頁）。

ところで、株式交付は「子会社」とするための組織法上の行為であるから、効力発生日においてB社株主から譲渡しを受けたB社株式の総数が、株式交付計画で定めた下限に満たない場合には、A社株主とならない旨が定められており（改正法774条の11第5項3号）、この場合には、A社は譲渡しを受けたB社株式をB社株主に返還しなければならない（同条6項）。

株式交付親会社は、株式交付に際して、株式交付子会社の株主から株式を譲り受ける場合に限り、株式交付子会社の新株予約権者から株式交付子会社の新株予約権または新株予約権付社債（以下「新株予約権等」と総称する）を譲り受けることができる（改正法774条の3第1項7号）。他方、株式交付親会社は、株式交付に際して、株式交付子会社の株式または新株予約権等の対価として「金銭等」を交付することができるが（同条項5号・8号）、この「金銭等」には、

株式交付親会社の親会社である株式会社の株式も含まれる。したがって、株式交付親会社は、株式交付子会社の株式または新株予約権等の対価として株式交付親会社が既に適法に有するその親会社の株式を交付することができる。

　もっとも、改正法は、株式交付に際して株式交付子会社の株式または新株予約権等の対価として交付するために、株式交付親会社がその親会社である株式会社の株式を取得することを認めていないことに注意する必要がある（つまり、対価は、すでに保有している親会社株式に限られることになる。竹林・前掲199頁）。

（2）　組織法上の行為としての株式交付　　株式交付は、親子会社関係がなかった株式交付親会社と株式交付子会社との間に親子会社関係が創設されるという点において、いわば部分的な株式交換として、組織法上の行為として位置づけられている。

　手続の詳細は「第5編　組織変更、合併、会社分割、株式交換、株式移転及び株式交付」において規定されているので（改正法第4章の2〔株式交付〕、同第5章第4節〔株式交付の手続〕）、個々の条文の内容は逐条解説に譲り、ここでは、株式交付全体の制度設計、特色について解説する。

　(a)　比較の対象としての株式交換　　株式交付は、部分的株式交換として位置づけられることから、比較対象として株式交換について説明する。株式交換は、会社法制定前の平成11年商法等改正（平成11年法律第125号）において、株式移転と同時に導入された（改正前商法352条以下）。株式交換は、効果の点から見ると、完全子会社となる会社の株主が、保有する株式を完全親会社となる会社に対し現物出資して募集株式の発行等を受けたのと同じであるが、現物出資に似た手続（現物出資的構成）では検査役による調査を必要とするため、これを回避するべく、完全親子関係の形成を目的とする制度であることに着目し、合併と類似の手続（組織法的な行為）として構成された。株式交換は、他社を完全子会社化する手段として広く用いられているが、平成17年会社法制定に際して対価の柔軟化が認められたことから、金銭を対価とする株式交換はキャッシュ・アウトの手段としても用いられている。

　(b)　組織再編の手続の概要

　(i)　組織再編の手続では、組織再編契約を締結または組織再編計画を作成し、原則として株主総会の特別決議による承認を受ける必要がある。また、組織再編の種類に応じて、会社の株主、新株予約権者、債権者といった利害関係者の利益に配慮した一定の手続が必要になる（株式交換、株式交付では、会社財

産が流出しないので、原則として債権者異議手続は不要であるが、対価に金銭が支払われる等の場合は、債権者保護手続も必要となる）（改正法816条の8）。

（ⅱ）　組織法上の行為に位置づけられるとしても、株式交換と株式交付は、当事会社が異なる。株式交換では、株式交換完全親会社と株式交換完全子会社双方による組織法上の行為となるが、株式交付では、株式交付子会社は株式交付の当事会社ではなく、株式交付親会社の行為のみが組織法上の行為と整理される。

（c）　**株式交付親会社における組織法上の行為**　　組織法上の行為の重要性に鑑み、組織再編の内容の決定は、監査等委員会設置会社、指名委員会等設置会社では取締役会の専決事項とされているが（改正法399条の13第5項17～21号〔改正前会社法13～17号〕、改正法416条4項19～23号〔改正前会社法16～20号〕）、改正法は、株式交付親会社における取締役会の専決事項として株式交付を追加している（改正法399条の13第5項22号・同416条4項24号）。

なお、監査役（会）設置会社については、従前から組織再編の内容の決定について取締役会の専決事項である旨の明文の規定はないが、「その他の重要な業務執行の決定」（会362条4項柱書）に含まれると解釈されており、株式交付の内容の決定についても、株主総会に付議する前に取締役会の決議を要することになる。

（3）　株式交付における株主の保護

（a）　株式交付親会社（A社）株主の保護

（ⅰ）　株式交付は、株式交換と異なり、B社の発行済株式のすべてを取得するものでないことから、A社は、B社の株式を法律上当然に「取得」するものとは構成せずに、B社株主から個別に譲り受けるものと整理している（組織行為ではなく、取引法理による規律）。そのため、株式交付については、A社とB社との間に組織再編契約は必要としない（A社が作成するのは、株式交付「計画」である〔改正法774条の2・774条の3〕）。A社は、A社とB社株主との合意に基づきB社株式を譲り受け、B社をA社の子会社とするためには、原則として、株式交付計画の承認のため（改正法816条の3）株主総会の特別決議を要するが（会309条2項12号）、株主の判断に供するため、交付計画には対価の割当てに関する事項を定められ（改正法774条の3第4項）、対価の相当性に関する事項が事前開示される（改正法816条の2。具体的な内容は法務省令で定められる）。

(ii)　A社の反対株主は、A社に対し、差止請求や株式買取請求権を行使することができるし（改正法816条の5、816条の6）、無効の訴えの提起もできる（改正法828条2項13号）。

(b)　株式交付子会社（B社）株主の保護

(i)　株式交付は、株式交換と異なり、B社株主から個別に譲り受けるものであり、その対象もB社の発行済株式のすべてではない。あくまでもB社株主の自主性に委ねられている。そのため、B会社は当事者性を有せず、平成26年改正で導入された特別支配株主の売渡請求におけるようなB社の取締役会決議（会179条の3第3項）も必要なく、B社からB社株主への通知（会179条の4第1項1号）や事前開示（会179条の5、施規33条の7）も要求されない。株式交付手続としては、B社の取締役は、譲渡人であるB社株主の利益を最大化するための善管注意義務も規定はされていない。なお、B社株主は、A会社の備置書類について閲覧等を請求することはできない（改正法816条の2第3項柱書本文参照）。

部会では、A社とB社株主の情報格差、B社が子会社化され、少数株主に陥ることに伴う強圧性を理由にB社の関与や、B社株主が情報を取得する方途を検討すべきではないかと議論がされたが（議論の状況については、神田(7)16頁参照）、それらの規律は採用されなかった。

(ii)　B社株主でA社にB社株式を譲渡した者も、A社に対し、株式交付無効の訴え（改正法828条1項13号）を提起することができる。改正法828条2項13号は、「当該行為の効力が生じた日において株式交付親会社の株主等であった者、株式交付に際して株式交付親会社に株式交付子会社の株式若しくは新株予約権等を譲り渡した者又は株式交付親会社の株主等、破産管財人若しくは株式交付について承認をしなかった債権者」と定めており、株式交付に際してA社にB社株式を譲り渡した者もこれに該当する。この部分では、片面的な組織法上の行為を修正している。なお、A社にB社株式を譲渡しなかったB社株主やB社には原告適格はない。

(c)　B社株主からのB社株式の譲渡し

(i)　A社は、B社の発行済株式のすべてを取得するものでないことから、A社は、B社株主から個別にB社株式を譲り受けるという構成を採用している。そのため、A社とB社株主とのB社株式の譲渡しについては、募集株式発行規制における発行会社と株式引受人に関する規律に準じた処理（申込み、割当

て、総数引受けに準じた総数譲渡し、出資の履行としての譲渡し等）を定めている（改正法774条の4～774条の7）。

　B社株主からのB社株式の譲渡しについては、引受けの無効または取消しの制限（会211条）に準じた規定が設けられている（改正法744条の8）。会社法211条については、同条の制限を受けることなく引受けが取り消された場合には、当該引受けにかかる募集株式の発行等は、新株発行無効の訴え（会828条1項2号）・自己株式処分の無効の訴え（会828条1項3号）を経ることなく、無効となり、無効の一般ルールに従った処理（例えば、払込金額の返還）がなされる（酒巻俊雄＝龍田節編集代表『逐条解説会社法第3巻』〔中央経済社・2009〕154頁〔洲崎博史担当〕）。本条の解釈としても、株式交付における株式交付子会社の株式の個別の譲受けが無効等となり、その結果として、株式交付親会社が譲り受けた株式交付子会社の株式の数の総数が、その下限（改正法774条の3第1項2号）の数に満たないこととなった場合には、株式交付全体の無効原因となるものと考えられる（神田(7)11頁、部会資料26・25頁を参照）。

　　(ii)　株式交付によるB社株式の譲受けは、A社から見れば、有償の譲受けに該当するので、公開買付規制（金商法27条の2以下）の対象となることがある。また、B社株式が譲渡制限株式である場合には、B社による譲渡承認手続（会136条以下）を要する。

　　(iii)　他方、A社によるA社株式の交付は、金融商品取引法上の発行開示規制（4条1項、5条1項）の適用対象となることがある。

3　実務への影響

（1）　自社株対価TOB制度　　株式交付は本改正により会社法に新設されたが、他の法令に先行モデルがある。それは、自社株対価TOB制度であり、産業活力の再生及び産業活動の革新に関する特別措置法（以下「産活法」という。平成11年法律第131号）を2011（平成23）年に改正した際に導入された（以下「改正産活法」という）。同法は、2014（平成26）年1月20日に産業競争力強化法（以下「産競法」という。平成25年法律第98号）の施行に伴い廃止されたが、改正産活法の規定の多くが産競法に引き継がれている。

　産競法においても、自社株対価TOBに関する上記の特例措置が維持されていた（平成30年改正前産競法の旧34条）が、2018（平成30）年改正（平成30年法律第26号）により、産競法の定める会社法の特例措置が、自社株対価TOBを通じた対象会社の株式取得だけでなく、（TOBによらない）自社株対価相対株式

取得を通じた対象会社の株式取得にも適用されることとなった。その結果、産競法の定める会社法の特例措置は、対象会社が非上場会社である場合にも利用できることとなった。本改正は、このような背景の下、会社法本体に自社株を対価とする M&A を導入するものである。

（2） 譲渡所得等の課税の特例の必要性　　他方、産競法2018（平成30）年改正前は、合併や株式交換等の株式を対価とする他の買収手法が用いられた場合と異なり、自社株対価 TOB を利用した場合には、いわゆる組織再編税制の適用がないため、対象会社の株主で自社株対価 TOB に応募した者は、対価として受領した買収会社の株式の時価と、それと引換えに手放した対象会社の株式の税務上の取得価額（簿価）との差額につき、キャピタル・ゲイン課税に服するものとされていた。

　しかし、2018（平成30）年度の税制改正では、改正産競法の施行の日から2021（令和3）年3月31日までの期間限定であるが、一定の要件の下、その有する株式（出資を含む）を譲渡し、その認定を受けた事業者の株式の交付を受けた場合には、その譲渡した株式の譲渡損益の計上を繰り延べることが認められている（所得税についても同様）。

　したがって、株式交付が会社法に導入され、その際、株主への譲渡所得等の課税の繰延べが認められることになれば、株式交付が日本企業による国内の企業の買収に用いられる可能性は小さくないと考えられる。なお、新聞報道によると、政府・与党は2021（令和3）年度の税制改正に向け、産競法の期限（2021〔令和3〕年3月31日）を延長し、使いやすさを高めるために、国の計画認定がなくても課税繰り延べが活用できる案（恒久化案も含む）を検討しているようである（日経新聞2020年12月11日〔朝刊〕）。

＜株式交付（第4章の2）＞

（株式交付計画の作成）
第774条の2
株式会社は、株式交付をすることができる。この場合においては、株式交付計画を作成しなければならない。
（新設）

◆解説

1 背景

§2 ㉜の2 -1で述べた背景から、改正法においては、新たに株式交付（改正法2条32号の2）の制度が導入されている。

株式交付は、株式会社（A社）が、その株式を対価として他の株式会社（B社）の発行済株式の一部のみを取得し、これによりB社をA社の子会社としようとする場合に、B社の株式を現物出資財産とする募集株式の発行等（会199条1項以下）によることなく、B社の子会社化を実現するための制度として、新たに導入されたものである。株式交付は、いわば部分的な株式交換ともいうべき効果を有し、株式交換のような組織法上の行為と同様の性質を有する行為と整理されている。そのため、株式交付に関する規定は、株式交換と同様に、会社法の第5編に置かれている。

2 趣旨

本条前段は、株式会社が株式交付をすることができることを明らかにしている。株式交付の定義（改正法2条32号の2）のほか、本規定からも明らかなとおり、株式交付をすることによって他社の親会社となることができるのは株式会社に限られ、持分会社（合名会社、合資会社および合同会社）は、株式交付の主体にはなり得ない。

本条後段は、株式会社が株式交付をするにあたっては、株式交付計画を作成しなければならないことを定めたものである。株式交付は、上記1で述べたとおり、株式交換のような組織法上の行為と同様の性質を有する行為と整理されているため、募集株式の発行等の場合における募集事項の決定（会199条1項）のように株式会社が単に一定の事項を定めるのではなく、「株式交付計画」の作成という形式をとるべきこととされている。もっとも、株式交換とは異なり、株式交付の当事会社は1社のみであるため、「契約の締結」ではなく、組織変更（会743条）、新設分割（会762条）および株式移転（会772条）の場合と同様に、「計画の作成」という形式をとる。

3 実務への影響

株式交付の制度が導入されること自体による実務への影響は、§2 ㉜の2 -3で述べたとおりであるが、「株式交付計画」の作成手続については、新設分割計画の作成などの場合と基本的に同様の取扱いになることが想定され、それらの従前の取扱いが参考になると考えられる。

（株式交付計画）

第774条の3

1　株式会社が株式交付をする場合には、株式交付計画において、次に掲げる事項を定めなければならない。

　① 　株式交付子会社（株式交付親会社（株式交付をする株式会社をいう。以下同じ。）が株式交付に際して譲り受ける株式を発行する株式会社をいう。以下同じ。）の商号及び住所

　② 　株式交付親会社が株式交付に際して譲り受ける株式交付子会社の株式の数（株式交付子会社が種類株式発行会社である場合にあっては、株式の種類及び種類ごとの数）の下限

　③ 　株式交付親会社が株式交付に際して株式交付子会社の株式の譲渡人に対して当該株式の対価として交付する株式交付親会社の株式の数（種類株式発行会社にあっては、株式の種類及び種類ごとの数）又はその数の算定方法並びに当該株式交付親会社の資本金及び準備金の額に関する事項

　④ 　株式交付子会社の株式の譲渡人に対する前号の株式交付親会社の株式の割当てに関する事項

　⑤ 　株式交付親会社が株式交付に際して株式交付子会社の株式の譲渡人に対して当該株式の対価として金銭等（株式交付親会社の株式を除く。以下この号及び次号において同じ。）を交付するときは、当該金銭等についての次に掲げる事項

　　イ 　当該金銭等が株式交付親会社の社債（新株予約権付社債についてのものを除く。）であるときは、当該社債の種類及び種類ごとの各社債の金額の合計額又はその算定方法

　　ロ 　当該金銭等が株式交付親会社の新株予約権（新株予約権付社債に付されたものを除く。）であるときは、当該新株予約権の内容及び数又はその算定方法

　　ハ 　当該金銭等が株式交付親会社の新株予約権付社債であるときは、当該新株予約権付社債についてのイに規定する事項及び当該新株予約権付社債に付された新株予約権についてのロに規定する事項

　　ニ 　当該金銭等が株式交付親会社の社債及び新株予約権以外の財産であるときは、当該財産の内容及び数若しくは額又はこれらの算定方

法

⑥　前号に規定する場合には、株式交付子会社の株式の譲渡人に対する同号の金銭等の割当てに関する事項

⑦　株式交付親会社が株式交付に際して株式交付子会社の株式と併せて株式交付子会社の新株予約権（新株予約権付社債に付されたものを除く。）又は新株予約権付社債（以下「新株予約権等」と総称する。）を譲り受けるときは、当該新株予約権等の内容及び数又はその算定方法

⑧　前号に規定する場合において、株式交付親会社が株式交付に際して株式交付子会社の新株予約権等の譲渡人に対して当該新株予約権等の対価として金銭等を交付するときは、当該金銭等についての次に掲げる事項

　イ　当該金銭等が株式交付親会社の株式であるときは、当該株式の数（種類株式発行会社にあっては、株式の種類及び種類ごとの数）又はその数の算定方法並びに当該株式交付親会社の資本金及び準備金の額に関する事項

　ロ　当該金銭等が株式交付親会社の社債（新株予約権付社債についてのものを除く。）であるときは、当該社債の種類及び種類ごとの各社債の金額の合計額又はその算定方法

　ハ　当該金銭等が株式交付親会社の新株予約権（新株予約権付社債に付されたものを除く。）であるときは、当該新株予約権の内容及び数又はその算定方法

　ニ　当該金銭等が株式交付親会社の新株予約権付社債であるときは、当該新株予約権付社債についてのロに規定する事項及び当該新株予約権付社債に付された新株予約権についてのハに規定する事項

　ホ　当該金銭等が株式交付親会社の株式等以外の財産であるときは、当該財産の内容及び数若しくは額又はこれらの算定方法

⑨　前号に規定する場合には、株式交付子会社の新株予約権等の譲渡人に対する同号の金銭等の割当てに関する事項

⑩　株式交付子会社の株式及び新株予約権等の譲渡しの申込みの期日

⑪　株式交付がその効力を生ずる日（以下この章において「効力発生日」という。）

2　前項に規定する場合には、同項第2号に掲げる事項についての定めは、株式交付子会社が効力発生日において株式交付親会社の子会社となる数

を内容とするものでなければならない。

3　第1項に規定する場合において、株式交付子会社が種類株式発行会社であるときは、株式交付親会社は、株式交付子会社の発行する種類の株式の内容に応じ、同項第4号に掲げる事項として次に掲げる事項を定めることができる。

①　ある種類の株式の譲渡人に対して株式交付親会社の株式の割当てをしないこととするときは、その旨及び当該株式の種類

②　前号に掲げる事項のほか、株式交付親会社の株式の割当てについて株式の種類ごとに異なる取扱いを行うこととするときは、その旨及び当該異なる取扱いの内容

4　第1項に規定する場合には、同項第4号に掲げる事項についての定めは、株式交付子会社の株式の譲渡人（前項第1号の種類の株式の譲渡人を除く。）が株式交付親会社に譲り渡す株式交付子会社の株式の数（前項第2号に掲げる事項についての定めがある場合にあっては、各種類の株式の数）に応じて株式交付親会社の株式を交付することを内容とするものでなければならない。

5　前2項の規定は、第1項第6号に掲げる事項について準用する。この場合において、前2項中「株式交付親会社の株式」とあるのは、「金銭等（株式交付親会社の株式を除く。）」と読み替えるものとする。

（新設）

会社法施行規則

第2条（定義）

2⑮　株式交付親会社　法第774条の3第1項第1号に規定する株式交付親会社をいう。（新設）

⑯　株式交付子会社　法第774条の3第1項第1号に規定する株式交付子会社をいう。（新設）

第4条の2（株式交付子会社）

法第2条第32号の2に規定する法務省令で定めるものは、同条第3号に規定する会社が他の会社等の財務及び事業の方針の決定を支配している場合（第3条第3項第1号に掲げる場合に限る。）における当該他の会社等とする。（新設）

会社計算規則

第2条（定義）

3 ⑰　株式交付親会社　法第774条の3第1項第1号に規定する株式交付親会社（保険業法第96条の9の2第1項に規定する組織変更株式交付をする相互会社を含む。）をいう。（新設）

⑱　株式交付子会社　法第774条の3第1項第1号に規定する株式交付子会社（保険業法第96条の9の2第2項に規定する組織変更株式交付子会社を含む。）をいう。（新設）

第39条の2

1　株式交付に際し、株式交付親会社において変動する株主資本等の総額（以下この条において「株主資本等変動額」という。）は、次の各号に掲げる場合の区分に応じ、当該各号に定める方法に従い定まる額とする。

①　当該株式交付が支配取得に該当する場合（株式交付子会社による支配取得に該当する場合を除く。）　吸収型再編対価時価又は株式交付子会社の株式及び新株予約権等の時価を基礎として算定する方法

②　株式交付親会社と株式交付子会社が共通支配下関係にある場合　株式交付子会社の財産の株式交付の直前の帳簿価額を基礎として算定する方法（前号に定める方法によるべき部分にあっては、当該方法）

③　前2号に掲げる場合以外の場合　前号に定める方法

2　前項の場合には、株式交付親会社の資本金及び資本剰余金の増加額は、株主資本等変動額の範囲内で、株式交付親会社が株式交付計画の定めに従い定めた額とし、利益剰余金の額は変動しないものとする。ただし、法第816条の8の規定による手続をとっている場合以外の場合にあっては、株式交付親会社の資本金及び資本準備金の増加額は、株主資本等変動額に対価自己株式の帳簿価額を加えて得た額に株式発行割合（当該株式交付に際して発行する株式の数を当該株式の数及び対価自己株式の数の合計数で除して得た割合をいう。）を乗じて得た額から株主資本等変動額まで（株主資本等変動額に対価自己株式の帳簿価額を加えて得た額に株式発行割合を乗じて得た額が株主資本等変動額を上回る場合にあっては、株主資本等変動額）の範囲内で、株式交付親会社が株式交付計画の定めに従いそれぞれ定めた額とし、当該額の合計額を株主資本等変動額から減じて得た額をその他資本剰余金の変動額とする。

3　前項の規定にかかわらず、株主資本等変動額が零未満の場合には、当

該株主資本等変動額のうち、対価自己株式の処分により生ずる差損の額をその他資本剰余金の減少額とし、その余の額をその他利益剰余金の減少額とし、資本金、資本準備金及び利益準備金の額は変動しないものとする。（新設）

第54条（土地再評価差額金を計上している会社を当事者とする組織再編行為等における特則）

2　株式交換、株式交付又は株式移転（以下この項において「交換交付移転」という。）に際して前条第3号に掲げる再評価差額を計上している土地が株式交換完全子会社、株式交付子会社又は株式移転完全子会社（以下この項において「交換交付移転子会社」という。）の資産に含まれる場合において、当該交換交付移転子会社の株式につき株式交換完全親会社、株式交付親会社又は株式移転設立完全親会社が付すべき帳簿価額を算定の基礎となる交換交付移転子会社の財産の帳簿価額を評価すべき日における当該交換交付移転子会社の資産（自己新株予約権を含む。）に係る帳簿価額から負債（新株予約権に係る義務を含む。）に係る帳簿価額を減じて得た額をもって算定すべきときは、当該土地に係る土地の再評価に関する法律の規定による再評価前の帳簿価額を当該土地の帳簿価額とみなして、当該交換交付移転に係る株主資本等の計算に関する規定を適用する。

◆解説

1　背景

本条は、株式交付計画に定めるべき事項を規定するものである。

その内容は、株式交付に固有の規律を除き、株式交換契約などの組織再編行為に係る契約・計画に準じたものとなっている。

2　趣旨

株式交付計画に定めるべき事項は、次のとおりである。

（1）　株式交付子会社の商号および住所　　本条1項1号においては、株式交付子会社を特定するため、その商号および住所を株式交付計画に定めることとされている。

株式交付子会社とは、株式交付をする株式会社（株式交付親会社）が株式交付に際して譲り受ける株式を発行する株式会社をいい、株式交付親会社が株式

交付をすることによってその子会社となることが想定される会社を指す。

　株式交付の定義（改正法2条32号の2）のほか、かかる株式交付子会社の定義からも明らかなとおり、株式交付によって子会社となることが想定される会社は、会社法上の株式会社に限られており、持分会社（合名会社、合資会社および合同会社）は、株式交付子会社にはなり得ない（⇨ §2(<u>32の2</u>)-2(1)(ⓐ)）。その理由としては、株式交付は、その制度趣旨から、株式交付親会社が株式交付子会社をその子会社としようとする場合に限って用いることができるものとされているところ、仮に持分会社を株式交付子会社とする株式交付を行うことができるものとすると、会社の業務の決定が持分の過半数ではなく、社員または業務執行社員の過半数をもって行うこととされているという持分会社の特徴から（会590条・591条1～2項）、株式交付の実施の可否（株式交付子会社を子会社とすることができるかどうか）をその実施前に客観的かつ形式的な基準によって判断することができなくなるからであると説明されている（中間試案補足説明58頁）。

　また、外国会社（会2条2号）も、会社法上の株式会社には該当せず、株式交付子会社の上記の定義上、株式交付子会社にはなり得ないため、外国会社を子会社とするために株式交付を用いることはできない（⇨ §2(<u>32の2</u>)-2(1)(ⓒ)）。中間試案では、株式交付子会社となることができるものとして、会社法上の株式会社のほか、これと同種の外国会社が挙げられていたが（中間試案15頁）、その後の部会における検討段階で、これが除かれることとされた。その理由は、外国会社が会社法上の株式会社と同種であるかどうかについての判断は、当該外国会社の設立準拠法の内容に基づく評価によらざるを得ないが、当該外国会社の性質はその類型ごとに千差万別であるため、私人間の取引である株式交付において、客観的かつ形式的な基準により株式交付の可否を判断することは必ずしも容易でないからであるとされている（部会資料27・18頁。一問一答194～195頁）。

（2）　譲り受ける株式交付子会社の株式の数の下限　　本条1項2号においては、株式交付親会社が株式交付に際して譲り受ける株式交付子会社の株式の数（株式交付子会社が種類株式発行会社である場合にあっては、株式の種類および種類ごとの数）の下限を株式交付計画に定めることとされている。

　この下限の定めは、株式交付子会社が効力発生日（後記(11)のとおり株式交付計画に定めることとなる）において株式交付親会社の子会社となる数を内容と

するものでなければならないこととされている（本条2項）。株式交付は、その制度趣旨から、株式交付親会社が株式交付子会社をその子会社としようとする場合に限って用いることができるとされたものであり、この下限が、株式交付の実施の可否を画する基準となる。

ここでいう「子会社」の定義は、改正会社法施行規則4条の2において、会社法2条3号に規定する会社が他の会社等の財務および事業の方針の決定を支配している場合（施規3条3項1号に掲げる場合に限る）における当該他の会社等と定義されており、株式交付の実施の可否をその実施前に客観的かつ形式的な基準によって判断することができるようにするという観点から、会社法施行規則3条3項2号または3号に掲げる場合における子会社は、ここでいう「子会社」には含まれないこととされている。⇨§2（32の2）-2（1）(b)の解説参照。

本号で定める下限の定めの内容は、もとより株式交付計画の作成時に定められるものである。しかし、その内容として株式交付親会社が譲り受けるべき株式交付子会社の株式の数を定めるにあたり、株式交付子会社が株式交付親会社の子会社になるかどうかは、株式交付計画の作成時から見て将来の日にあたる効力発生日の時点が基準となる。そのため、下限の定めの内容は、株式交付計画の作成時から効力発生日までに生じ得る事情を合理的な範囲内で勘案した上で定める必要がある。かかる事情として、株式交付親会社が保有する株式交付子会社の株式の数の効力発生日までの増減や株式交付子会社の議決権の数の効力発生日までの増減があり得る。下限となるべき株式交付子会社の株式の数を意図的に少なくするために、効力発生日までにおよそ生じ得ない事情（株式交付親会社が保有する株式交付子会社の株式の数の増加事由や株式交付子会社の議決権の数の減少事由）を勘案したり、逆に、効力発生日までに生じることが合理的に見込まれる事情（株式交付親会社が保有する株式交付子会社の株式の数の減少事由や株式交付子会社の議決権の数の増加事由）を無視したりして、下限の内容を定めた場合には、株式交付計画の内容に瑕疵があったものとして、株式交付の無効事由が生じ得る。もっとも、効力発生日までに生じ得る事情を合理的な範囲内で勘案した上で下限の内容を定めたにもかかわらず、想定外の事情（一例としては、株式交付子会社が株式交付親会社の買収に反対し、第三者に対して募集株式の発行等を行った場合などが想定され得るが、具体的な状況においてどの程度に想定外の事情かについても程度の違いがあり得ると思われる）が生じたために、結果的に、下限を満たすだけの株式交付子会社の株式の譲渡しの申込み・給付

があったにもかかわらず、実際には株式交付子会社が株式交付親会社の子会社になるには至らないような場合に、法的にどのような帰結となるのか（なお株式交付の無効事由が生じることになるのか等）については、議論の余地があるように思われる。

この点については、会社法施行規則等の改正に関するパブリック・コメントにおいて、「株式交付親会社が株式交付計画において定めた『下限』以上の数の株式交付子会社の株式を譲り受けたが、株式交付子会社の議決権総数の変動により、結果的に、会社法第2条第32号の2に定める『子会社』にならなかった場合の効果（当然に効力が生じないのか、株式交付の無効の訴えの対象になるのか）について明らかにされたい。」との問いに対し、法務省からは、「株式会社が株式交付をする場合には、株式交付計画において、株式交付親会社が株式交付に際して譲り受ける株式交付子会社の株式の数の下限を定めなければならないこととされており（会社法第774条の3第1項第2号）、この下限についての定めは、株式交付子会社が効力発生日において株式交付親会社の子会社（会社法施行規則第3条第3項第1号に掲げる場合に該当する子会社に限る。）となる数を内容とするものでなければならないこととされている（同法第774条の3条第2項、第2条第32号の2、同令第4条の2）。したがって、御指摘のような場合には、株式交付計画において定めた下限が同項の要件を満たしておらず、当該計画には瑕疵があることとなる。なお、株式交付の無効は、訴えをもってのみ主張することができることとされている（同法第828条第1項第13号）。」との考え方が示されている（意見募集の結果について3〜4頁）。すなわち、株式交付子会社が効力発生日の時点において結果的に株式交付親会社の子会社にならなかった場合には、そのような結果に至った事情の如何を問わず、株式交付計画に瑕疵があることとなり、株式交付の無効事由が生じ得ると解するのが法務省の考え方である。しかしながら、上記のような想定外の事情による場合であっても、あくまで結果のみに基づいて一律に株式交付の無効事由が生じ得ると解するとすれば、著しく不合理な帰結となる場合が生じかねないことから、果たしてそのように硬直的に解すべきかどうかについては、なお検討の余地があるように思われる。

（3）　対価として交付する株式交付親会社の株式の数等　本条1項3号においては、株式交付親会社が株式交付に際して株式交付子会社の株式の譲渡人に対して当該株式の対価として交付する株式交付親会社の株式の数（種類株式発

行会社にあっては、株式の種類および種類ごとの数）またはその数の算定方法を株式交付計画に定めることとされている。株式交付は、株式交付親会社の株式を対価として株式交付子会社を買収するための制度であり、株式交付により株式交付親会社の株式を全く交付しないことは想定されていないため、対価として交付する株式交付親会社の株式の数を0と定めることや、その数を定めないことは、認められない（中間試案補足説明59頁。一問一答200頁）。

　また、同じく本条1項3号においては、株式交付親会社が株式の交付に際して計上する資本金および準備金の額も併せて株式交付計画に定めることとされている。株式交付に際して資本金または準備金として計上すべき額については、法務省令で定められることとされており（改正法445条5項）、これを受けて、改正会社計算規則39条の2において、株式交換の対価の全部または一部が株式交換完全親会社の株式である場合について定める会社計算規則39条の規定に準じた規定が設けられている。また、土地再評価差額金を計上している株式交換完全子会社が株式交換を行う場合における株主資本等の計算の特則を定める改正計算規則54条2項の規定が、株式交付の場合にも適用されることとされた。

（4）　交付する株式の割当てに関する事項　　本条1項4号においては、株式交付子会社の株式の譲渡人に対して対価として交付する株式交付親会社の株式の割当てに関する事項を株式交付計画に定めることとされている。これにより、上記（3）でその数が定まる株式交付親会社の株式を各譲渡人に対してどのように割り当てるかが決まることになる。

　株式交付子会社が種類株式発行会社であるときは、株式交付親会社は、株式交付子会社の発行する種類の株式の内容に応じ、上記の割当てに関する事項として、①ある種類の株式の譲渡人に対して株式交付親会社の株式の割当てをしないこととするときは、その旨および当該株式の種類、②株式交付親会社の株式の割当てについて株式の種類ごとに異なる取扱いを行うこととするときは、その旨および当該異なる取扱いの内容を定めることができる（本条3項）。

　また、上記の割当てに関する事項についての定めは、株式交付子会社の株式の譲渡人（上記①の種類の株式の譲渡人を除く）が株式交付親会社に譲り渡す株式交付子会社の株式の数（上記②の定めがある場合にあっては、各種類の株式の数）に応じて株式交付親会社の株式を交付することを内容とするものでなければならない（本条4項）。これにより、譲渡人は、対価の点において基本的に平等に取り扱われることになる。

（5）　対価として交付する金銭等の内容、数または額等　　本条1項5号においては、株式交付親会社が株式交付に際して株式交付子会社の株式の譲渡人に対し、当該株式の対価として、株式交付親会社の株式以外の金銭等（株式交付親会社の社債、新株予約権もしくは新株予約権付社債、またはそれら以外の財産）を交付するときは、当該金銭等の内容、数もしくは額またはこれらの算定方法などを株式交付計画に定めることとされている。これは、対価として、株式交付親会社の株式のみならず、それ以外の財産も併せて譲渡人に交付することができることとした。

　上記（3）のとおり、株式交付子会社の株式の対価として株式交付親会社の株式を全く交付しないことは認められない。しかし、株式交付子会社が種類株式発行会社である場合には、一部の種類の株式交付子会社の株式についてのみ株式交付親会社の株式を対価とした上で、その他の種類の株式については無対価とし、または株式交付親会社の株式以外の財産を対価とすることはできる（中間試案補足説明59頁）。

　なお、株式交換の場合と同様、株式交付親会社が対価として株式交付親会社の社債または新株予約権等を交付する場合であっても、これらの発行の手続を別途とる必要はない（中間試案補足説明59頁）。

（6）　交付する金銭等の割当てに関する事項　　本条1項6号においては、上記（5）のように株式交付子会社の株式の譲渡人に対し、当該株式の対価として、株式交付親会社の株式以外の金銭等を交付する場合に、当該譲渡人に対して対価として交付する当該金銭等の割当てに関する事項を株式交付計画に定めることとされている。これにより、上記（5）でその内容、数または額等が定まる金銭等を各譲渡人に対してどのように割り当てるかが決まることになる。

　この割当てについても、上記（4）で述べた本条3項および4項の規定が準用される（本条5項）。

（7）　譲り受ける株式交付子会社の新株予約権等の内容および数等　　本条1項7号により、株式交付親会社が株式交付に際して株式交付子会社の株式と併せて株式交付子会社の新株予約権または新株予約権付社債（会社法上、併せて「新株予約権等」と定義される）を譲り受けるときは、当該新株予約権等の内容および数またはその算定方法を株式交付計画に定めなければならない。

　株式交付の実行後に株式交付子会社の発行している新株予約権が存在していると、それが行使されることにより、株式交付親会社と株式交付子会社との間

の親子会社関係が失われる可能性がある。また、株式交付に際して株式交付親会社が金融商品取引法上の公開買付規制の適用を受ける場合には、株式交付親会社が、公開買付規制上、いわゆる全部勧誘義務および全部買付義務を負い、株式交付子会社の株式のみならず新株予約権等についても公開買付けで買い付けることが義務づけられる場合もあり得る。そのため、株式交付親会社が株式交付に際し、株式交付子会社の株式と併せて新株予約権等を譲り受けることもできることとしたものである（中間試案補足説明60頁）。もっとも、株式交付子会社が発行している新株予約権等が存在していても、当該新株予約権等を譲り受けないことを選択することは可能である。

なお、株式交付の制度趣旨から、株式交付により株式交付子会社の新株予約権等のみを取得し、株式交付子会社の株式を全く取得しないようなことは認められない（中間試案補足説明60頁。一問一答198頁）。

（8） 対価として交付する株式その他の金銭等の内容、数または額等　本条1項8号においては、上記（7）のように株式交付親会社が株式交付子会社の新株予約権等を譲り受ける場合において、当該新株予約権等の譲渡人に対し、当該新株予約権等の対価として、株式交付親会社の株式その他の金銭等を交付するときは、当該金銭等の内容、数もしくは額またはこれらの算定方法などを株式交付計画に定めることとされている。

また、当該対価に株式交付親会社の株式が含まれる場合においては、株式交付親会社が当該株式の交付に際して計上する資本金および準備金の額も併せて定めることとされている。株式交付に際して資本金または準備金として計上すべき額については、法務省令で定められることとされており（改正法445条5項）、これを受けて、改正会社計算規則39条の2において、株式交換の対価の全部または一部が株式交換完全親会社の株式である場合について定める会社計算規則39条の規定に準じた規定が設けられている。⇨301～305頁の**§445**の解説参照。

なお、株式交付親会社が株式交付によって株式交付子会社の新株予約権等を譲り受ける場合には、株式を譲り受ける場合とは異なり、無対価とすることや、株式交付親会社の株式以外の財産のみを対価とすることもできる（中間試案補足説明60頁）。

（9） 交付する金銭等の割当てに関する事項　本条1項9号により、上記（8）のように株式交付親会社が株式交付に際し、株式交付子会社の新株予約権等の譲渡人に対し、当該新株予約権等の対価として、株式交付親会社の株式

その他の金銭等を交付する場合には、当該譲渡人に対して対価として交付する当該金銭等の割当てに関する事項を株式交付計画に定めなければならない。これにより、上記（8）でその内容、数または額等が定まる金銭等を各譲渡人に対してどのように割り当てるかが決まることになる。

なお、株式交付親会社が株式交付によって株式交付子会社の新株予約権等を譲り受ける場合には、株式を譲り受ける場合とは異なり、上記（4）で述べた本条4項の規定は準用されない。

（10）　譲渡しの申込みの期日　　本条1項10号においては、株式交付子会社の株式および新株予約権等の譲渡しの申込みの期日を株式交付計画に定めることとされている。株式交付においては、株式交換の場合とは異なり、株式交付親会社が株式交付子会社の株式の全部を法律上当然に取得するものではなく、当該株式を有する者による株式の譲渡しの申込みに基づき、これを個別に譲り受けるものとしていることから、その申込みの期日を定めるものである。株式交付子会社の新株予約権等の譲渡しについても同様である。

（11）　効力発生日　　本条1項11号は、株式交付がその効力を生ずる日（会社法上、「効力発生日」と定義される）を株式交付計画に定めなければならないとしている。

3　実務への影響

本条に定める株式交付計画の内容は、多くの部分において、株式交換契約などの組織再編行為に係る契約・計画に準ずるものまたは類似するものとなっているため、従前から実務において規定されてきた当該契約・計画の定めの内容が参考になると考えられる。

（株式交付子会社の株式の譲渡しの申込み）
第774条の4
1　株式交付親会社は、株式交付子会社の株式の譲渡しの申込みをしようとする者に対し、次に掲げる事項を通知しなければならない。
　①　株式交付親会社の商号
　②　株式交付計画の内容
　③　前2号に掲げるもののほか、法務省令で定める事項
2　株式交付子会社の株式の譲渡しの申込みをする者は、前条第1項第10

号の期日までに、次に掲げる事項を記載した書面を株式交付親会社に交付しなければならない。

① 申込みをする者の氏名又は名称及び住所

② 譲り渡そうとする株式交付子会社の株式の数（株式交付子会社が種類株式発行会社である場合にあっては、株式の種類及び種類ごとの数）

3 前項の申込みをする者は、同項の書面の交付に代えて、政令で定めるところにより、株式交付親会社の承諾を得て、同項の書面に記載すべき事項を電磁的方法により提供することができる。この場合において、当該申込みをした者は、同項の書面を交付したものとみなす。

4 第1項の規定は、株式交付親会社が同項各号に掲げる事項を記載した金融商品取引法第2条第10項に規定する目論見書を第1項の申込みをしようとする者に対して交付している場合その他株式交付子会社の株式の譲渡しの申込みをしようとする者の保護に欠けるおそれがないものとして法務省令で定める場合には、適用しない。

5 株式交付親会社は、第1項各号に掲げる事項について変更があったとき（第816条の9第1項の規定により効力発生日を変更したとき及び同条第5項の規定により前条第1項第10号の期日を変更したときを含む。）は、直ちに、その旨及び当該変更があった事項を第2項の申込みをした者（以下この章において「申込者」という。）に通知しなければならない。

6 株式交付親会社が申込者に対してする通知又は催告は、第2項第1号の住所（当該申込者が別に通知又は催告を受ける場所又は連絡先を当該株式交付親会社に通知した場合にあっては、その場所又は連絡先）に宛てて発すれば足りる。

7 前項の通知又は催告は、その通知又は催告が通常到達すべきであった時に、到達したものとみなす。

（新設）

会社法施行規則

第179条の2（申込みをしようとする者に対して通知すべき事項）

1 法第774条の4第1項第3号（法第774条の9において準用する場合を含む。）に規定する法務省令で定める事項は、次に掲げる事項とする。

① 交付対価について参考となるべき事項

② 株式交付親会社の計算書類等に関する事項

2 この条において「交付対価」とは、株式交付親会社が株式交付に際して株式交付子会社の株式、新株予約権（新株予約権付社債に付されたものを除く。以下この条において同じ。）又は新株予約権付社債の譲渡人に対して当該株式、新株予約権又は新株予約権付社債の対価として交付する金銭等をいう。

3 第1項第1号に規定する「交付対価について参考となるべき事項」とは、次に掲げる事項その他これに準ずる事項（これらの事項の全部又は一部を通知しないことにつき法第774条の4第1項（法第774条の9において準用する場合を含む。）の申込みをしようとする者の同意がある場合にあっては、当該同意があったものを除く。）とする。

① 交付対価として交付する株式交付親会社の株式に関する次に掲げる事項

　イ 当該株式交付親会社の定款の定め

　ロ 次に掲げる事項その他の交付対価の換価の方法に関する事項

　　⑴ 交付対価を取引する市場

　　⑵ 交付対価の取引の媒介、取次ぎ又は代理を行う者

　　⑶ 交付対価の譲渡その他の処分に制限があるときは、その内容

　ハ 交付対価に市場価格があるときは、その価格に関する事項

　ニ 株式交付親会社の過去5年間にその末日が到来した各事業年度（次に掲げる事業年度を除く。）に係る貸借対照表の内容

　　⑴ 最終事業年度

　　⑵ ある事業年度に係る貸借対照表の内容につき、法令の規定に基づく公告（法第440条第3項の措置に相当するものを含む。）をしている場合における当該事業年度

　　⑶ ある事業年度に係る貸借対照表の内容につき、金融商品取引法第24条第1項の規定により有価証券報告書を内閣総理大臣に提出している場合における当該事業年度

② 交付対価の一部が法人等の株式、持分その他これらに準ずるもの（株式交付親会社の株式を除く。）であるときは、次に掲げる事項（当該事項が日本語以外の言語で表示されている場合にあっては、当該事項（氏名又は名称を除く。）を日本語で表示した事項）

イ　当該法人等の定款その他これに相当するものの定め
ロ　当該法人等が会社でないときは、次に掲げる権利に相当する権利その他の交付対価に係る権利（重要でないものを除く。）の内容
　⑴　剰余金の配当を受ける権利
　⑵　残余財産の分配を受ける権利
　⑶　株主総会における議決権
　⑷　合併その他の行為がされる場合において、自己の有する株式を公正な価格で買い取ることを請求する権利
　⑸　定款その他の資料（当該資料が電磁的記録をもって作成されている場合にあっては、当該電磁的記録に記録された事項を表示したもの）の閲覧又は謄写を請求する権利
ハ　当該法人等が、その株主、社員その他これらに相当する者（以下この号、第182条第4項第2号及び第184条第4項第2号において「株主等」という。）に対し、日本語以外の言語を使用して情報の提供をすることとされているときは、当該言語
ニ　株式交付が効力を生ずる日に当該法人等の株主総会その他これに相当するものの開催があるものとした場合における当該法人等の株主等が有すると見込まれる議決権その他これに相当する権利の総数
ホ　当該法人等について登記（当該法人等が外国の法令に準拠して設立されたものである場合にあっては、法第933条第1項の外国会社の登記又は外国法人の登記及び夫婦財産契約の登記に関する法律第2条の外国法人の登記に限る。）がされていないときは、次に掲げる事項
　⑴　当該法人等を代表する者の氏名又は名称及び住所
　⑵　当該法人等の役員（⑴の者を除く。）の氏名又は名称
ヘ　当該法人等の最終事業年度（当該法人等が会社以外のものである場合にあっては、最終事業年度に相当するもの。以下この号において同じ。）に係る計算書類（最終事業年度がない場合にあっては、当該法人等の成立の日における貸借対照表）その他これに相当するものの内容（当該計算書類その他これに相当するものについて監査役、監査等委員会、監査委員会、会計監査人その他これらに相当するものの監査を受けている場合にあっては、監査報告その他これに相当するものの内容の概要を含む。）

　ト　次に掲げる場合の区分に応じ、次に定める事項
　　⑴　当該法人等が株式会社である場合　当該法人等の最終事業年度に係る事業報告の内容（当該事業報告について監査役、監査等委員会又は監査委員会の監査を受けている場合にあっては、監査報告の内容を含む。）
　　⑵　当該法人等が株式会社以外のものである場合　当該法人等の最終事業年度に係る第118条各号及び第119条各号に掲げる事項に相当する事項の内容の概要（当該事項について監査役、監査等委員会、監査委員会その他これらに相当するものの監査を受けている場合にあっては、監査報告その他これに相当するものの内容の概要を含む。）
　チ　当該法人等の過去5年間にその末日が到来した各事業年度（次に掲げる事業年度を除く。）に係る貸借対照表その他これに相当するものの内容
　　⑴　最終事業年度
　　⑵　ある事業年度に係る貸借対照表その他これに相当するものの内容につき、法令の規定に基づく公告（法第440条第3項の措置に相当するものを含む。）をしている場合における当該事業年度
　　⑶　ある事業年度に係る貸借対照表その他これに相当するものの内容につき、金融商品取引法第24条第1項の規定により有価証券報告書を内閣総理大臣に提出している場合における当該事業年度
　リ　前号ロ及びハに掲げる事項
　ヌ　交付対価が自己株式の取得、持分の払戻しその他これらに相当する方法により払戻しを受けることができるものであるときは、その手続に関する事項
③　交付対価の一部が株式交付親会社の社債、新株予約権又は新株予約権付社債であるときは、第1号ロ及びハに掲げる事項
④　交付対価の一部が法人等の社債、新株予約権、新株予約権付社債その他これらに準ずるもの（株式交付親会社の社債、新株予約権又は新株予約権付社債を除く。）であるときは、次に掲げる事項（当該事項が日本語以外の言語で表示されている場合にあっては、当該事項（氏名又は名称を除く。）を日本語で表示した事項）
　イ　第1号ロ及びハに掲げる事項

　　ロ　第２号イ及びホからチまでに掲げる事項
　⑤　交付対価の一部が株式交付親会社その他の法人等の株式、持分、社債、新株予約権、新株予約権付社債その他これらに準ずるもの及び金銭以外の財産であるときは、第１号ロ及びハに掲げる事項
４　第１項第２号に規定する「株式交付親会社の計算書類等に関する事項」とは、次に掲げる事項とする。
　①　最終事業年度に係る計算書類等（最終事業年度がない場合にあっては、株式交付親会社の成立の日における貸借対照表）の内容
　②　最終事業年度の末日（最終事業年度がない場合にあっては、株式交付親会社の成立の日。次号において同じ。）後の日を臨時決算日（２以上の臨時決算日がある場合にあっては、最も遅いもの）とする臨時計算書類等があるときは、当該臨時計算書類等の内容
　③　最終事業年度の末日後に重要な財産の処分、重大な債務の負担その他の会社財産の状況に重要な影響を与える事象が生じたときは、その内容（新設）
第179条の３（申込みをしようとする者に対する通知を要しない場合）
法第774条の４（法第774条の９において準用する場合を含む。以下この条において同じ。）第４項に規定する法務省令で定める場合は、次に掲げる場合であって、株式交付親会社が法第774条の４第１項の申込みをしようとする者に対して同項各号に掲げる事項を提供している場合とする。
　①　当該株式交付親会社が金融商品取引法の規定に基づき目論見書に記載すべき事項を電磁的方法により提供している場合
　②　当該株式交付親会社が外国の法令に基づき目論見書その他これに相当する書面その他の資料を提供している場合（新設）

◆解説

1　背景

　株式交付においては、株式交付親会社と株式交付子会社の株式の譲渡人との間の個別の合意に基づき、株式交付親会社が当該株式を譲り受ける。その関係は、募集株式の発行等における株式会社と引受人との間の関係に類似するため、株式交付子会社の譲渡しの申込みに関する手続は、募集株式の発行等における引受けの申込みに関する手続（会203条）に準じたものとなる。

2 趣旨

(1) 申込みをしようとする者に対する通知

(a) **通知事項**　本条1項においては、株式交付親会社は、株式交付子会社の株式の譲渡しの申込みをしようとする者に対し、①株式交付親会社の商号、②株式交付計画の内容、および③その他法務省令で定める事項（後記(b)）を通知しなければならないこととされている。

　なお、株式交付親会社が株式交付子会社の株式の対価として株式交付親会社の振替株式、振替社債（短期社債を除く）、振替新株予約権または振替新株予約権付社債を交付すべき場合には、上記の通知において、当該振替株式等について社債、株式等の振替に関する法律の規定の適用がある旨を示さなければならない（改正振替法160条の2第1項・86条の3第1項・189条の2第1項・223条の2第1項）。株式交付親会社が株式交付子会社の株式の対価として交付すべき株式交付親会社の新株予約権の目的である株式が振替株式である場合についても、同様である（改正振替法160条の2第3項）。

(b) **法務省令で定める通知事項**　改正会社法施行規則179条の2においては、前記(a)③の法務省令で定める事項として、(イ)交付対価（株式交付親会社が株式交付に際して株式交付子会社の株式、新株予約権または新株予約権付社債の譲渡人に対して当該株式、新株予約権または新株予約権付社債の対価として交付する金銭等〔同条2項〕）について参考となるべき事項、および(ロ)株式交付親会社の計算書類等に関する事項が定められている（同条1項）。これらの事項は、株式交付子会社の株式の譲渡しの申込みをしようとする者に対して、その者が株式交付によって具体的にどのような内容・価値の権利を取得することになるのかを示す上で重要なものといえる。

　本条1項の規定は、募集株式の発行等における引受けの申込みについて定めた会社法203条1項の規定に準じた規定であるものの、募集株式の発行等の場合に申込者が取得するのが当該会社の株式のみであるのに対し、株式交付の場合、申込者は、交付対価として、株式交付親会社の株式の交付を受けるほか、株式交付計画に従い、その他の財産の交付を受ける場合がある。そのため、本条1項に関して法務省令で定める事項は、募集株式の発行等の場合について法務省令で定める事項（施規41条）に準じたものではなく、むしろ株式交換の場合における株式交換完全子会社の事前開示事項（改正施規184条）に類似したものとなっている。

　もっとも、株式交換の場合における株式交換完全子会社の事前開示事項には、交換対価の相当性に関する事項（施規184条1項1号）や株式交換に係る新株予約権の定めの相当性に関する事項（同項3号）が含まれているのに対し、改正会社法施行規則179条の2においては、交付対価の相当性に関する事項が申込者に対する通知事項とはされていない。これは、株式交換の場合においては、株式交換完全子会社の株主がその意思に反してその有する株式を株式交換完全親会社に取得されることがあるのに対し、株式交付の場合には、株式交付子会社の株式の譲渡人がその株式をあくまで自らの意思に基づいて株式交付親会社に譲り渡すことになることが考慮されたものと思われる。

　前記のとおり、改正会社法施行規則179条の2第1項においては、通知事項として、交付対価について参考となるべき事項（前記(イ)）が定められているが（同項1号）、その細目として、同条3項において、交付対価として交付する株式交付親会社の株式に関する事項（同項1号）が定められているほか、交付対価の一部が法人等の株式、持分その他これらに準ずるものである場合（同項2号）、交付対価の一部が株式交付親会社の社債、新株予約権または新株予約権付社債である場合（同項3号）、交付対価の一部が法人等の社債、新株予約権、新株予約権付社債その他これらに準ずるものである場合（同項4号）、交付対価の一部が上記のものおよび金銭以外の財産である場合（同項5号）に区分して、それぞれの場合に通知すべき事項が定められている。

　また、改正会社法施行規則179条の2第1項においては、通知事項として、株式交付親会社の計算書類等に関する事項（前記(ロ)）も定められているが（同項2号）、その細目として、同条4項において、最終事業年度に係る計算書類等（最終事業年度がない場合にあっては、株式交付親会社の成立の日における貸借対照表）の内容（同項1号）、最終事業年度の末日（最終事業年度がない場合にあっては、株式交付親会社の成立の日）後の日を臨時決算日（2以上の臨時決算日がある場合にあっては、最も遅いもの）とする臨時計算書類等がある場合には当該臨時計算書類等の内容（同項2号）、最終事業年度の末日（最終事業年度がない場合にあっては、株式交付親会社の成立の日）後に重要な財産の処分、重大な債務の負担その他の会社財産の状況に重要な影響を与える事象が生じた場合にはその内容（同項3号）が、通知すべき事項として定められている。

　改正会社法施行規則179条の2において定められている上記のいずれの通知事項についても、株式交換完全子会社の事前開示事項（改正施規184条）のうち

当該通知事項に相当する事項について論じられている内容（当該事前開示事項についての立案担当者による解説として、相澤哲ほか「合併等対価の柔軟化の施行に伴う『会社法施行規則の一部を改正する省令』」旬刊商事法務1800号〔商事法務・2007〕4頁）が当てはまると考えられる。

　なお、株式交付子会社の株式の譲渡しの申込者に対する通知事項を定める本条1項は、株式交付子会社の新株予約権等の譲渡しについて準用されているため（改正法774条の9）、改正会社法施行規則179条の2において定められている通知事項は、株式交付子会社の新株予約権等の譲渡しの申込者に対する通知事項としても適用される（同条1項柱書中のかっこ書）。

（2）　株式交付親会社に交付すべき申込書面　　本条2項によれば、株式交付子会社の株式の譲渡しの申込みをする者は、株式交付計画に定められた申込期日（改正法774条の3第1項10号）までに、①申込みをする者の氏名または名称および住所、ならびに②譲り渡そうとする株式交付子会社の株式の数（株式交付子会社が種類株式発行会社である場合にあっては、株式の種類および種類ごとの数）を記載した書面を株式交付親会社に交付しなければならない。

　本規定は、会社法203条2項の規定に準じた規定であるが、同項2号の規定においては、引き受けようとする募集株式の数が当該書面の記載事項とされているのに対し、本規定においては、上記②のとおり、譲り渡そうとする株式交付子会社の株式の数が記載事項とされており、株式交付親会社から譲渡人に対して交付される株式交付親会社の株式その他の対価の内容、数または額等は、株式交付計画の定め（改正法774条の3第1項3〜6号）に従って決まることが想定されている。

　なお、株式交付親会社が株式交付子会社の株式の対価として株式交付親会社の振替株式、振替社債（短期社債を除く）、振替新株予約権または振替新株予約権付社債を交付すべき場合には、上記の申込みをする者（株式交付計画における割当てに関する事項についての定めに従い当該交付を受けないものを除く）は、自己のために開設された当該振替株式等の振替を行うための口座（特別口座を除く）を申込書面に記載し、または総数譲渡し契約（改正法774条の6）を締結する際に当該口座を当該振替株式等の発行者に示さなければならない（改正振替法160条の2第2項・86条の3第2項・189条の2第2項・223条の2第2項）。

（3）　申込事項の電磁的方法による提供　　本条3項においては、株式交付子会社の株式の譲渡しの申込みをする者は、上記（2）の書面の交付に代えて、

政令で定めるところにより、株式交付親会社の承諾を得て、当該書面に記載すべき事項を電磁的方法により提供することができ、この場合、当該申込みをした者は、当該書面を交付したものとみなすこととされている。会社法203条3項の規定に準じた規定である。

（4）　目論見書の交付等による通知の省略　　本条4項によれば、株式交付親会社は、上記（1）の通知事項を記載した金融商品取引法2条10項に規定する目論見書を、株式交付子会社の株式の譲渡しの申込みをしようとする者に対して交付している場合その他株式交付子会社の株式の譲渡しの申込みをしようとする者の保護に欠けるおそれがないものとして法務省令で定める場合には、上記（1）の通知を要しない。

　本規定は、会社法203条4項の規定に準じた規定であり、上記の法務省令で定める場合については、改正会社法施行規則179条の3において、会社法施行規則42条に定める事項に準じた事項が定められている。

（5）　通知事項の変更　　本条5項によれば、株式交付親会社は、上記（1）の通知事項について変更があったとき（改正法816条の9第1項の規定により効力発生日を変更したときおよび同条5項の規定により株式交付計画に定められた申込期日〔改正法774条の3第1項10号〕を変更したときを含む）は、直ちに、その旨および当該変更があった事項を、株式交付子会社の株式の譲渡しの申込みをした者（会社法上、「申込者」と定義される）に通知しなければならない。

　本規定は、会社法203条5項の規定に準じた規定であるが、株式交付においては、株式交換における効力発生日の変更の場合（会790条）に準じて、株式交付計画に定められた効力発生日が変更される場合（改正法816条の9第1項）、さらには当該変更と同時に株式交付計画に定められた申込期日が変更される場合（同条5項）も生じ得るため、それらの場合にも、本規定が適用される。

（6）　申込者に対してする通知・催告　　本条6項においては、上記（2）①の住所（当該申込者が別に通知または催告を受ける場所または連絡先を当該株式交付親会社に通知した場合にあっては、その場所または連絡先）に宛てて発すれば足りることとされている。会社法203条6項の規定に準じた規定である。

（7）　通知・催告の到達時期　　本条7項によれば、上記（6）の通知または催告は、その通知または催告が通常到達すべきであった時に、到達したものとみなされる。会社法203条7項の規定に準じた規定である。

3　実務への影響

　本条に定める株式交付子会社の株式の譲渡しの申込みに関する手続は、募集株式の発行等における引受けの申込みに関する手続（会203条）に準じたものであるため、それと基本的に同様の取扱いになることが想定され、その従前の取扱いが参考になると考えられる。

（株式交付親会社が譲り受ける株式交付子会社の株式の割当て）
第774条の5
　1　　株式交付親会社は、申込者の中から当該株式交付親会社が株式交付子会社の株式を譲り受ける者を定め、かつ、その者に割り当てる当該株式交付親会社が譲り受ける株式交付子会社の株式の数（株式交付子会社が種類株式発行会社である場合にあっては、株式の種類ごとの数。以下この条において同じ。）を定めなければならない。この場合において、株式交付親会社は、申込者に割り当てる当該株式の数の合計が第774条の3第1項第2号の下限の数を下回らない範囲内で、当該株式の数を、前条第2項第2号の数よりも減少することができる。
　2　　株式交付親会社は、効力発生日の前日までに、申込者に対し、当該申込者から当該株式交付親会社が譲り受ける株式交付子会社の株式の数を通知しなければならない。

（新設）

◆解説

1　背景

　株式交付においては、株式交付親会社と株式交付子会社の株式の譲渡人との間の個別の合意に基づき、株式交付親会社が当該株式を譲り受けることとなる。その関係は、募集株式の発行等における株式会社と引受人との間の関係に類似するため、株式交付子会社の譲渡しの申込みに対する割当てに関する手続は、募集株式の発行等における割当てに関する手続（会204条）に類似したものとされている。

2　趣旨

（1）　譲り受ける株式交付子会社の株式の割当て　　本条1項前段によれば、

株式交付親会社は、申込者の中から当該株式交付親会社が株式交付子会社の株式を譲り受ける者を定め、かつ、当該株式交付親会社が譲り受ける株式交付子会社の株式の数のうちその者に割り当てる数（株式交付子会社が種類株式発行会社である場合にあっては、株式の種類ごとの数）を定めなければならない。

　本条1項前段は、会社法204条1項前段の規定に準じた規定であるが、同項前段の規定においては、募集株式の割当てを受ける者を定め、かつ、その者に割り当てる募集株式の数を定めることとされているのに対し、本条1項前段においては、上記のとおり、株式交付子会社の株式を譲り受ける者を定め、かつ、当該株式交付親会社が譲り受ける株式交付子会社の株式の数のうちその者に割り当てる数を定めることとされており、株式交付親会社から譲渡人に対して交付される株式交付親会社の株式その他の対価の内容、数または額等は、そのような割当てに応じ、株式交付計画の定め（改正法774条の3第1項3～6号）に従って決まることが想定されている。

　また、本条1項後段においては、株式交付親会社は、申込者に割り当てる当該株式の数の合計が株式交付計画で定められた下限の数（改正法774条の3第1項2号）を下回らない範囲内で、当該株式の数を、申込者が申込みを行っていた数（改正法774条の4第2項2号）の数よりも減少することができるとされている。

　本条1項後段は、会社法204条1項後段の規定に準じた規定である。ただし、株式交付は、その制度趣旨から、株式交付親会社が株式交付子会社をその子会社としようとする場合に限って用いることができるとされていることから、募集株式の発行等の場合とは異なり、株式交付親会社が申込者から譲り受ける株式の数を当該申込者が申込みをした株式の数よりも減少することができる範囲は、株式交付計画において定められた下限の数（改正法774条の3第1項2号）（この下限の数は、株式交付子会社が効力発生日において株式交付親会社の子会社となる数でなければならない〔同条2項〕）を下回らない範囲内に限られる。

（2）　申込者に対する割当ての通知　　本条2項によれば、株式交付親会社は、効力発生日の前日までに、申込者に対し、当該申込者から当該株式交付親会社が譲り受ける株式交付子会社の株式の数を通知しなければならない。

　本条2項は、会社法204条3項の規定に準じた規定である。申込者は、当該通知を受けた株式交付子会社の株式の数について株式交付における株式交付子会社の株式の譲渡人となり（改正法774条の7第1項1号）、効力発生日に、それ

ぞれ当該数の株式交付子会社の株式を株式交付親会社に給付しなければならないため（同条2項）、株式交付親会社が行う上記通知の通知期限は、効力発生日の前日までとされている。

3　実務への影響

本条に定める譲渡しの申込みに対する割当てに関する手続は、募集株式の発行等における割当てに関する手続（会204条）に類似したものであるため、それと基本的に同様の取扱いになることが想定され、その従前の取扱いが参考になるものと考えられる。

（株式交付子会社の株式の譲渡しの申込み及び株式交付親会社が譲り受ける株式交付子会社の株式の割当てに関する特則）
第774条の6
前2条の規定は、株式交付子会社の株式を譲り渡そうとする者が、株式交付親会社が株式交付に際して譲り受ける株式交付子会社の株式の総数の譲渡しを行う契約を締結する場合には、適用しない。
（新設）

◆解説

1　背景

募集株式の発行等においていわゆる総数引受契約が締結される場合（会205条）と同様に、株式交付子会社の株式の譲渡しの申込み（改正法774条の4）および株式交付親会社が譲り受ける株式交付子会社の株式の割当て（改正法774条の5）に関し、総数の譲渡しを行う契約が締結される場合の特則を設けるものである。

2　趣旨

本条においては、株式交付子会社の株式の譲渡しの申込みに関する規定（改正法774条の4）および株式交付親会社が譲り受ける株式交付子会社の株式の割当てに関する規定（改正法774条の5）は、株式交付子会社の株式を譲り渡そうとする者が、株式交付親会社が株式交付に際して譲り受ける株式交付子会社の株式の総数の譲渡しを行う契約（以下「総数譲渡し契約」という）を株式交付親会社との間で締結する場合には、適用しないとされており、募集株式の発行等

の場合における総数引受契約の締結（会205条）と同様の方法が認められている。

　募集株式の発行等の場合における総数引受契約の利用については、募集株式を引き受けようとする者が1人である場合に限られるものではなく、2人以上を相手方とする契約によって募集株式の総数が引き受けられる場合であってもよいと一般に解されており（相澤哲編著『立案担当者による新・会社法の解説』別冊商事法務295号〔2006〕56頁）、本条における総数譲渡し契約の利用についても同様と考えられる。

3　実務への影響

　本条に定める総数譲渡し契約を締結する場合の特則は、募集株式の発行等において総数引受契約を締結する場合の特則（会205条）に準じたものであるため、それと基本的に同様の取扱いになることが想定され、その従前の取扱いが参考になると考えられる。

（株式交付子会社の株式の譲渡し）
第774条の7
1　次の各号に掲げる者は、当該各号に定める株式交付子会社の株式の数について株式交付における株式交付子会社の株式の譲渡人となる。
　①　申込者　第774条の5第2項の規定により通知を受けた株式交付子会社の株式の数
　②　前条の契約により株式交付親会社が株式交付に際して譲り受ける株式交付子会社の株式の総数を譲り渡すことを約した者　その者が譲り渡すことを約した株式交付子会社の株式の数
2　前項各号の規定により株式交付子会社の株式の譲渡人となった者は、効力発生日に、それぞれ当該各号に定める数の株式交付子会社の株式を株式交付親会社に給付しなければならない。
（新設）

◆解説

1　背景

　株式交付においては、株式交付親会社と株式交付子会社の株式の譲渡人との間の個別の合意に基づき、株式交付親会社が当該株式を譲り受けるものとされ

ている。その関係は、募集株式の発行等における株式会社と引受人との間の関係に類似するため、当該株式に係る譲渡契約の成立および当該株式の給付に関する規律は、募集株式の発行等における引受契約の成立および現物出資財産の給付に関する規律（会206条・208条2項）に準じたものとなる。

2　趣旨

（1）　譲渡契約の成立　　本条1項によれば、①株式交付子会社の株式の譲渡しの申込者は、改正法774条の5第2項の規定により通知を受けた株式交付子会社の株式の数について、また、②改正法774条の6の契約（総数譲渡し契約）により株式交付親会社が株式交付に際して譲り受ける株式交付子会社の株式の総数を譲り渡すことを約した者は、その者が譲り渡すことを約した株式交付子会社の株式の数について、それぞれ株式交付における株式交付子会社の株式の譲渡人となる。会社法206条の規定に準じた規定である。

（2）　株式交付子会社の株式の給付　　本条2項においては、上記（1）により株式交付子会社の株式の譲渡人となった者は、株式交付の効力発生日に、それぞれ上記（1）①または②の数の株式交付子会社の株式を株式交付親会社に給付しなければならないこととされている。現物出資財産の給付に関する会社法208条2項の規定に準じた規定である。

　株式交付子会社が株券発行会社である場合、株式交付子会社の株式を株式交付親会社に給付するためには、当該株式に係る株券の交付を要し（128条1項本文）、また、株式交付子会社が上場会社である場合、株式交付子会社の振替株式を株式交付親会社に給付するためには、譲渡人の振替の申請により、株式交付親会社がその口座における保有欄に当該譲渡に係る数の増加の記載・記録を受けることを要すると考えられる（振替法140条）。

　また、株式会社の設立に際して行われる現物出資財産の給付については、発起人全員の同意があるときは、登記、登録その他権利の設定または移転を第三者に対抗するために必要な行為は、株式会社の成立後にすることができるのに対し（会34条1項ただし書）、株式会社の成立後における募集株式の発行等に際して行われる現物出資財産の給付については、そのような規定が設けられていないため（会208条2項参照）、登記、登録その他権利の設定または移転を第三者に対抗するために必要な行為も完了させる必要があると一般に解されている。この点は、株式交付における株式交付子会社の株式の給付についても同様と考えられる（一問一答202頁）。なお、株式交換については、その効力発生日に株

式交換完全親会社が株式交換完全子会社の譲渡制限株式を取得したことについて、株式交換完全子会社が譲渡承認（会137条1項）をしたものとみなす旨の規定が設けられているが（会769条2項・771条2項）、株式交付については、これに相当する規定は設けられていない。

3　実務への影響

　本条に定める株式交付子会社の株式に係る譲渡契約の成立および当該株式の給付に関する規律は、募集株式の発行等における引受契約の成立および現物出資財産の給付に関する規律（会206条・208条2項）に準じたものであるため、それと基本的に同様の取扱いになることが想定され、それらの従前の取扱いが参考になると考えられる。

（株式交付子会社の株式の譲渡しの無効又は取消しの制限）
第774条の8
1　民法第93条第1項ただし書及び第94条第1項の規定は、第774条の4第2項の申込み、第774条の5第1項の規定による割当て及び第774条の6の契約に係る意思表示については、適用しない。
2　株式交付における株式交付子会社の株式の譲渡人は、第774条の11第2項の規定により株式交付親会社の株式の株主となった日から1年を経過した後又はその株式について権利を行使した後は、錯誤、詐欺又は強迫を理由として株式交付子会社の株式の譲渡しの取消しをすることができない。

（新設）

◆解説

1　背景

　株式交付においては、株式交付親会社と株式交付子会社の株式の譲渡人との間の個別の合意に基づき、株式交付親会社が当該株式を譲り受けることとなる。そのため、当該株式の譲渡しの申込み（改正法774条の4第2項）、譲り受ける当該株式の割当て（改正法774条の5第1項）および総数譲渡し契約（改正法774条の6）に係る意思表示の瑕疵に関する規律は、募集株式の発行等における引受けの申込みおよび割当てならびに総数引受契約に係る意思表示の瑕疵に関す

る規律（会211条）に準じたものとされている。

　なお、本条は、中間試案では提案されていなかった規律を設けるものである。中間試案においては、株式交付の無効は訴えをもってのみ主張することができるとした上で（中間試案補足説明63頁）、意思表示の瑕疵等を理由とする個別の行為の無効等の主張が許されるかどうかについては解釈論に委ね、これに関連する特段の規律も設けないことが想定されていた。しかし、パブリックコメント後の会社法制部会においてなされた指摘を踏まえて、株式交付における株式交付子会社の株式の個別の譲受けについても、意思表示の瑕疵を理由とする無効等の主張をすることができることを前提とした上で、法律関係の安定を図ることを目的として、上記のとおり会社法211条の規定に準じた規定を設けることとされた（神田(7)11頁）。

2　趣旨

（1）　心裡留保・虚偽表示　　本条1項によれば、民法93条1項ただし書および94条1項の規定は、株式交付子会社の株式の譲渡しの申込み（改正法774条の4第2項）、譲り受ける当該株式の割当て（改正法774条の5第1項）および総数譲渡し契約（改正法774条の6）に係る意思表示については、適用しない。会社法211条1項の規定に準じた規定である。

（2）　錯誤・詐欺・強迫　　本条2項においては、株式交付における株式交付子会社の株式の譲渡人は、株式交付の効力の発生により株式交付親会社の株式の株主となった日から1年を経過した後またはその株式について権利を行使した後は、錯誤、詐欺または強迫を理由として株式交付子会社の株式の譲渡しの取消しをすることができないとされている。会社法211条2項の規定に準じた規定である。

（3）　株式交付の無効の訴えとの関係　　株式交付における株式交付子会社の株式の個別の譲受けが無効等となり、その結果として、株式交付親会社が改正法774条の7第2項の規定による給付を受けた株式交付子会社の株式の総数が、株式交付計画において定められた下限の数（改正法774条の3第1項2号）に満たないこととなった場合には、株式交付全体の無効原因となると考えられる（部会資料26・25頁、神田(7)11頁。一問一答215頁）。

3　実務への影響

　本条に定める意思表示の瑕疵に関する規律は、募集株式の発行等における意思表示の瑕疵に関する規律（会211条）に準じたものであるため、それと基本

的に同様の取扱いになることが想定され、その従前の取扱いが参考になると考えられる。

（株式交付子会社の株式の譲渡しに関する規定の準用）

第774条の9

第774条の4から前条までの規定は、第774条の3第1項第7号に規定する場合における株式交付子会社の新株予約権等の譲渡しについて準用する。この場合において、第774条の4第2項第2号中「数（株式交付子会社が種類株式発行会社である場合にあっては、株式の種類及び種類ごとの数）」とあるのは「内容及び数」と、第774条の5第1項中「数（株式交付子会社が種類株式発行会社である場合にあっては、株式の種類ごとの数。以下この条において同じ。）」とあるのは「数」と、「申込者に割り当てる当該株式の数の合計が第774条の3第1項第2号の下限の数を下回らない範囲内で、当該株式」とあるのは「当該新株予約権等」と、前条第2項中「第774条の11第2項」とあるのは「第774条の11第4項第1号」と読み替えるものとする。

（新設）

◆解説

1 背景

改正法774条の3第1項7号の規定のとおり、株式交付においては、株式交付親会社が株式交付子会社の株式と併せて株式交付子会社の新株予約権等を譲り受ける場合も想定される。本条は、その場合における譲渡しの手続について定めるものである。

2 趣旨

改正法774条の4から774条の8までの規定は、株式交付における株式交付子会社の株式の譲渡しに関し、その申込み、株式交付親会社が譲り受ける株式交付子会社の株式の割当てなどの一連の手続等を定めている。株式交付親会社が株式交付に際して株式交付子会社の新株予約権等を譲り受ける場合（改正法774条の3第1項7号）においても、その手続等は、譲渡しの目的物が株式交付子会社の株式である場合と基本的に異ならない。そのため、本条においては、

株式交付子会社の株式の譲渡しの手続等について定めた改正法774条の4から774条の8までの規定を、株式交付子会社の新株予約権等の譲渡しの手続等について準用することとし、所要の読替えについて規定している。

この点に関し、株式交付親会社が株式交付子会社をその子会社としようとする場合に限って用いることができるという株式交付の制度趣旨から、改正法774条の5においては、株式交付親会社がその譲り受ける株式交付子会社の株式の割当てを行うに際し、申込者に割り当てる当該株式の数を当該申込者が申込みをした株式の数よりも減少することができる範囲は、株式交付計画において定められた下限の数（改正法774条の3第1項2号）（この下限の数は、株式交付子会社が効力発生日において株式交付親会社の子会社となる数でなければならない〔同条2項〕）を下回らない範囲内に限られる。しかし、株式交付親会社が株式交付に際して株式交付子会社の新株予約権等を譲り受ける場合には、このような制限を設ける必要がない。そのため、本条においては、改正法774条の5の規定を準用する場合に当該制限が適用されないようにするための読替えを行うものとされている。

なお、株式交付親会社が株式交付子会社の新株予約権等の対価として株式交付親会社の振替株式、振替社債（短期社債を除く）、振替新株予約権もしくは振替新株予約権付社債を交付すべき場合、または株式交付親会社が株式交付子会社の新株予約権等の対価として交付すべき株式交付親会社の新株予約権の目的である株式が振替株式である場合においては、株式交付親会社の譲り受ける目的物が株式交付子会社の株式である場合と同様に、株式交付親会社から株式交付子会社の新株予約権等の譲渡しの申込みをしようとする者に対する通知（改正法774条の4第1項の準用）および当該申込み（同条2項の準用）に関し、社債、株式等の振替に関する法律の適用がある（改正振替法160条の2・86条の3・189条の2・223条の2）。

3 実務への影響

本条に定める株式交付子会社の新株予約権等の譲渡しの手続等は、株式交付子会社の株式の譲渡しの手続等に準じたものであり、改正法774条の4〜774条の8の規定に関して述べたところが基本的にあてはまると考えられる。

> （申込みがあった株式交付子会社の株式の数が下限の数に満たない場合）
> **第774条の10**
> 第774条の5及び第774条の7（第1項第2号に係る部分を除く。）（これらの規定を前条において準用する場合を含む。）の規定は、第774条の3第1項第10号の期日において、申込者が譲渡しの申込みをした株式交付子会社の株式の総数が同項第2号の下限の数に満たない場合には、適用しない。この場合においては、株式交付親会社は、申込者に対し、遅滞なく、株式交付をしない旨を通知しなければならない。
> （新設）

◆解説

1　背景

　株式交付は、株式交付親会社が株式交付子会社をその子会社とするために設けられた制度である。そのため、本条は、申込者が譲渡しの申込みをした株式交付子会社の株式の総数が、株式交付計画において定められた下限の数に満たない場合には、株式交付のための手続がその時点で終了することを定めるものである。

2　趣旨

　本条前段においては、株式交付親会社が譲り受ける株式交付子会社の株式の割当てに関する規定（改正法774条の5）および株式交付子会社の株式の譲渡しに関する規定（改正法774条の7）（これらの規定が改正法774条の9の規定により株式交付子会社の新株予約権等の譲渡しについて準用される場合を含む）は、株式交付計画に定められた申込期日（改正法774条の3第1項10号）において、申込者が譲渡しの申込みをした株式交付子会社の株式の総数が、株式交付計画において定められた下限の数（同項2号）（この下限の数は、株式交付子会社が効力発生日において株式交付親会社の子会社となる数でなければならない〔改正法774条の3第2項〕）に満たない場合には、適用しないとされており、その時点で、株式交付のための手続が終了することになる。

　本条後段においては、上記の場合、株式交付親会社は、申込者に対し、遅滞なく、株式交付をしない旨を通知しなければならないこととされている。

　なお、株式交付親会社と株式交付子会社の株式を譲り渡そうとする者との間

で総数譲渡し契約が締結されている場合には、そもそも譲渡しの申込みの手続（改正法774条の4第2項）はとられないため（改正法774条の6）、本条は適用されない。

3　実務への影響

　本条に定める規律については、募集株式の発行等においてはこれに相当するものがなく、株式交付に固有の規律といえる。

　株式交付に際して株式交付親会社が金融商品取引法上の公開買付規制の適用を受ける場合には、株式交付計画において定められた下限の数を、公開買付開始公告および公開買付届出書に買付予定数の下限（金商法27条の13第4項1号）として記載することにより、本条に規定する株式交付のための手続の終了に対応することになるものと思われる。

（株式交付の効力の発生等）

第774条の11

1　株式交付親会社は、効力発生日に、第774条の7第2項（第774条の9において準用する場合を含む。）の規定による給付を受けた株式交付子会社の株式及び新株予約権等を譲り受ける。

2　第774条の7第2項の規定による給付をした株式交付子会社の株式の譲渡人は、効力発生日に、第774条の3第1項第4号に掲げる事項についての定めに従い、同項第3号の株式交付親会社の株式の株主となる。

3　次の各号に掲げる場合には、第774条の7第2項の規定による給付をした株式交付子会社の株式の譲渡人は、効力発生日に、第774条の3第1項第6号に掲げる事項についての定めに従い、当該各号に定める者となる。

① 第774条の3第1項第5号イに掲げる事項についての定めがある場合　同号イの社債の社債権者

② 第774条の3第1項第5号ロに掲げる事項についての定めがある場合　同号ロの新株予約権の新株予約権者

③ 第774条の3第1項第5号ハに掲げる事項についての定めがある場合　同号ハの新株予約権付社債についての社債の社債権者及び当該新株予約権付社債に付された新株予約権の新株予約権者

4　次の各号に掲げる場合には、第774条の9において準用する第774条の
　7第2項の規定による給付をした株式交付子会社の新株予約権等の譲渡
　人は、効力発生日に、第774条の3第1項第9号に掲げる事項について
　の定めに従い、当該各号に定める者となる。
　①　第774条の3第1項第8号イに掲げる事項についての定めがある場
　　合　同号イの株式の株主
　②　第774条の3第1項第8号ロに掲げる事項についての定めがある場
　　合　同号ロの社債の社債権者
　③　第774条の3第1項第8号ハに掲げる事項についての定めがある場
　　合　同号ハの新株予約権の新株予約権者
　④　第774条の3第1項第8号ニに掲げる事項についての定めがある場
　　合　同号ニの新株予約権付社債についての社債の社債権者及び当該新
　　株予約権付社債に付された新株予約権の新株予約権者
5　前各項の規定は、次に掲げる場合には、適用しない。
　①　効力発生日において第816条の8の規定による手続が終了していな
　　い場合
　②　株式交付を中止した場合
　③　効力発生日において株式交付親会社が第774条の7第2項の規定に
　　よる給付を受けた株式交付子会社の株式の総数が第774条の3第1項
　　第2号の下限の数に満たない場合
　④　効力発生日において第2項の規定により第774条の3第1項第3号
　　の株式交付親会社の株式の株主となる者がない場合
6　前項各号に掲げる場合には、株式交付親会社は、第774条の7第1項
　各号（第774条の9において準用する場合を含む。）に掲げる者に対し、
　遅滞なく、株式交付をしない旨を通知しなければならない。この場合に
　おいて、第774条の7第2項（第774条の9において準用する場合を含
　む。）の規定による給付を受けた株式交付子会社の株式又は新株予約権
　等があるときは、株式交付親会社は、遅滞なく、これらをその譲渡人に
　返還しなければならない。

（新設）

◆解説

1 背景

　本条は、株式交付の効力の発生等について定めるものである。基本的には、株式交換の効力の発生等について定める会社法769条の規定に準じたものであるが、株式交付においては、譲渡人が効力発生日に株式交付子会社の株式または新株予約権等を株式交付親会社に給付したかどうかによって、株式交付の法的効果に違いが生じることになる。また、株式交付は、株式交付親会社が株式交付子会社をその子会社とするために設けられた制度であることから、その効力の在り方について、株式交付に固有の規律が設けられている。

2 趣旨

（1）株式交付の効力の発生　株式交付においては、効力発生日に、次の効果が生じることとされている。

　(a)　株式交付親会社は、譲渡人から給付を受けた株式交付子会社の株式および新株予約権等を譲り受ける（本条1項）。

　(b)　株式交付子会社の株式を株式交付親会社に給付した譲渡人は、株式交付計画に定められた対価の割当てに関する事項についての定め（改正法774条の3第1項4号）に従い、株式交付親会社の株式の株主となる（本条2項）。なお、当該譲渡人に株式交付親会社の株式を交付する場合において、その者に対し交付しなければならない株式交付親会社の株式の数に1株に満たない端数が生するときは、改正会社法234条の規定に従って端数処理を行うことになる（改正法234条1項9号）。

　(c)　上記(b)の譲渡人は、株式交付計画に、株式交付子会社の株式の対価として、①株式交付親会社の社債、②株式交付親会社の新株予約権または③株式交付親会社の新株予約権社債を交付することについての定め（改正法774条の3第1項5号イ～ハ）がある場合には、株式交付計画に定められた当該対価の割当てに関する事項についての定め（同項6号）に従い、それぞれ①当該社債の社債権者、②当該新株予約権の新株予約権者または③当該新株予約権付社債についての社債の社債権者および当該新株予約権付社債に付された新株予約権の新株予約権者となる（本条3項）。なお、かかる株式交付子会社の株式の対価が振替株式、振替社債、振替新株予約権または振替新株予約権付社債である場合には、当該株式交付親会社は、当該株式交付がその効力を生ずる日以後遅滞なく、当該振替株式等について振替の申請をしなければならない（改正振替法160

条の2第4項・86条の3第3項・189条の2第3項・223条の2第3項)。

　(d)　株式交付子会社の新株予約権等を株式交付親会社に給付した譲渡人は、株式交付計画に、当該新株予約権等の対価として、①株式交付親会社の株式、②株式交付親会社の社債、③株式交付親会社の新株予約権または④株式交付親会社の新株予約権社債を交付することについての定め(改正法774条の3第1項8号イ～ニ)がある場合には、株式交付計画に定められた当該対価の割当てに関する事項についての定め(改正法774条の3第1項9号)に従い、それぞれ①当該株式の株主、②当該社債の社債権者、③当該新株予約権の新株予約権者または④当該新株予約権付社債についての社債の社債権者および当該新株予約権付社債に付された新株予約権の新株予約権者となる(本条4項)。このような株式交付子会社の新株予約権等の対価が振替株式、振替社債、振替新株予約権または振替新株予約権付社債である場合においては、上記(c)のなお書と同様である。

　なお、株式交付子会社の新株予約権等を株式交付親会社に給付した譲渡人に株式交付親会社の株式を交付する場合において、その者に対し交付しなければならない株式交付親会社の株式の数に1株に満たない端数が生ずるときは、会社法234条の規定に従って端数処理を行うことになる(改正法234条1項9号)。

(2)　株式交付の効力が発生しない場合　　上記(1)の効果は、次に掲げる場合には生じない(本条5項各号)。

　(a)　**債権者保護手続が未了の場合**　　株式交付に際して株式交付子会社の株式および新株予約権等の譲渡人に対して交付する対価が、株式交付親会社の株式またはこれに準ずるものとして法務省令で定めるもののみである場合以外の場合には、株式交付親会社に債権者が存する限り、株式交付親会社は、債権者保護手続をとる必要があるが(改正法816条の8)、効力発生日においてこの債権者保護手続が終了していない場合には、上記(1)の効果はいずれも生じない。株式交換に関する会社法769条6項の規定に準じた規定である。

　(b)　**株式交付を中止した場合**　　株式交換に関する会社法769条6項の規定に準じた規定である。

　(c)　**給付を受けた株式交付子会社の株式の総数が下限の数に満たない場合**　　株式交付は、株式交付親会社が株式交付子会社をその子会社とするために設けられた制度であることから、効力発生日において株式交付親会社が改正法774条の7第2項の規定による給付を受けた株式交付子会社の株式の総数が、

株式交付計画において定められた下限の数（改正法774条の3第1項2号）（この
下限の数は、株式交付子会社が効力発生日において株式交付親会社の子会社となる
数でなければならない〔同条2項〕）に満たない場合には、上記（1）の効果は
いずれも生じないこととされている。

　　(d)　**株式交付親会社の株式の株主となる者がない場合**　　効力発生日におい
て上記（1）(b)により株式交付親会社の株式の株主となる者がない場合には、
上記（1）の効果はいずれも生じない。これに該当する事例として、例えば、
株式交付子会社が普通株式およびA種株式（いずれも議決権のある株式）を発
行している場合であって、株式交付計画において普通株式に対する対価は株式
交付親会社の株式、A種株式に対する対価は金銭とされている場合に、普通株
主からは譲渡しの申込みが全くなく、A種株主からは申込みがあった結果、株
式交付計画において定められた下限の数（改正法774条の3第1項2号）は満た
されたものの、株式交付親会社の株式は全く交付されなかったというような場
合が挙げられるものと思われる。

（3）　株式交付の効力が発生しない場合における通知等　　上記（2）のとお
り株式交付の効力が発生しない場合には、株式交付親会社は、株式交付子会社
の株式および新株予約権等の譲渡しの申込者または総数譲渡し契約によりそれ
らの譲渡しを約した者に対し、遅滞なく、株式交付をしない旨を通知しなけれ
ばならない（本条6項前段）。この場合において、株式交付親会社が給付を受け
た株式交付子会社の株式または新株予約権等があるときは、株式交付親会社は、
遅滞なく、これらをその譲渡人に返還しなければならない（同項後段）。

3　実務への影響

　上記2（2）の場合、会社法上、株式交付親会社は、譲渡人から給付を受け
た株式交付子会社の株式および新株予約権等を譲り受けることができないこと
になる。しかし、株式交付に際して株式交付親会社が金融商品取引法上の公開
買付規制の適用を受ける場合、公開買付者である株式交付親会社は、公開買付
開始公告をした後においては、原則として公開買付けを撤回することができな
いため（金商法27条の11第1項本文）、どのようにして買付けを行わないように
するかが問題となり得る。

　上記2（2）(c)の場合のように、給付を受けた株式交付子会社の株式の総数
が下限の数に満たない場合に対応するためには、株式交付計画において定めら
れた下限の数を、公開買付開始公告および公開買付届出書に買付予定数の下限

（金商法27条の13第4項1号）として記載することになるものと考えられるが、その他の場合に対しては、公開買付規制において例外的に認められた公開買付けの撤回事由（金商法施行令14条）だけでは十分に対応しきれないこともあり得ると考えられる。そのため、公開買付開始公告をした後になって株式交付の効力が発生しないというような事態に陥らないように、株式交付に係る手続のスケジュールと公開買付けに係る手続のスケジュールを適切に調整するなど、事前の慎重な検討と準備を要するものと思われる。

＜株式交付の手続（第5章第4節）＞

【株式交付の手続の総論】

> **第5章 組織変更、合併、会社分割、株式交換、株式移転及び株式交付の手続**
> **第4節 株式交付の手続**
> （新設）

◆解説

1 背景

新たに株式交付制度を創設することから、株式交付の手続を第5章第4節として定めるものである。

2 趣旨

（1） **株式交付子会社の手続的不関与** 改正法においては、株式交付を、いわば部分的な株式交換として、株式交換のような組織法上の行為と同様の性質を有するものと整理しているが、その手続としては、株式交付親会社における手続のみが定められており、株式交付子会社における手続は定められていない。

中間試案がまとめられる前の部会では、株式交付によって、株式交付子会社においても新たな親会社の出現または親会社の異動が生じるため、株式交付親会社に対して株式交付子会社の株式または新株予約権等を譲渡する者はともかくとして、それ以外の株式交付子会社の株主等に株式交付による影響が生じないわけではないことから、譲渡人以外の株式交付子会社の株主に対する情報提供のための手続を設けることや、株式交付子会社においても株主総会決議を要するとすること等が議論された。しかし、株式交付親会社は、株式交付の効力

として株式交付子会社の株式または新株予約権等を法律上当然に取得するわけではなく、あくまでも株式交付子会社の株式または新株予約権等の譲渡人との合意に基づき個別に譲渡を受けるものであり、その実質は株式譲渡や現物出資と異ならない。会社法上、株式に譲渡制限が付されている場合を除き、そのような相対の合意によって株式または新株予約権等が譲渡される場合に、対価の相当性を担保する手続や譲渡人以外の株主等の保護のための規律は存在しない。にもかかわらず、株式交付についてのみ、株式交付子会社の株主保護の規律を設けることは整合的でないことから、中間試案においては株式交付子会社における手続は定めないこととされ（中間試案補足説明63頁）、要綱においてもそれが維持され、改正法に引き継がれた。

　なお、株式交付子会社の株主保護の規律がなかったとしても、株式交付の対象となる株式が譲渡制限株式であれば、株式交付親会社が株式交付によって株式を取得するためには、株式の譲渡承認手続を経なければならず、また、対象となる株式が上場株式であれば、後述のとおり、公開買付規制の適用を受けることになるので、株式交付子会社の株主の保護はそれらの規律によって図られることとなる。

（2）　株式交付の申込者に対する対価の相当性に関する情報の不開示　　中間試案のパブリックコメントにおいて、株式交付親会社の株式交付に対する申込者に対して、株式交付親会社が作成する対価の相当性に関する書面の閲覧謄写請求権を与えるべきとの意見があった。しかし、株式交付親会社が作成する対価の相当性に関する書面は、事前開示手続の一環として、株式交付親会社の株主および債権者が株主総会における議決権行使や債権者としての異議申述に際して十分な情報に基づいて判断できるようにするために、閲覧謄写に供されるものである。しかるに、株式交付に対する申込者は、このような事前開示手続が想定している保護を与えるべき地位にあるわけではなく、むしろ、株式交付親会社との関係では、株式の譲渡に関する合意をする相手方当事者であるので、株式交付親会社が対価の相当性に関する情報を開示すべきこととすることには疑問があるとされた。そのため、株式交付に対する申込者に対しては、株式交付親会社が作成する対価の相当性に関する書面の閲覧謄写請求権は付与されないこととされ、そのような考え方が要綱、そして改正法に引き継がれている（以上、神田(6)16〜17頁）。

3　実務への影響

　上記のとおり、株式交付子会社における手続がないとしても、譲渡対象となる株式交付子会社の株式や、交付される株式交付親会社の株式に係る譲渡人以外の対象会社株主の保護のための規制の適用がないわけではない。すなわち、対象となる株式が譲渡制限株式であれば、株式交付の手続とは別に、株式交付子会社において譲渡承認手続を履行しなければならず、対象となる株式が上場株式のように公開買付規制の適用対象となるときには、公開買付規制の適用を受けることになる。また、株式交付によって交付される株式交付親会社の株式によっては、発行開示規制が適用されることもある。このように、会社関係者、投資者その他ステークホルダーの保護は、別の規律によってそれぞれ図られている。逆にいうと、必ずしも改正法第5章第4節に定める手続のみを踏めば株式交付に関連して必要となる手続がすべて完了するわけではないので、留意が必要である。

（株式交付計画に関する書面等の備置き及び閲覧等）
第816条の2
1　株式交付親会社は、株式交付計画備置開始日から株式交付がその効力を生ずる日（以下この節において「効力発生日」という。）後6箇月を経過する日までの間、株式交付計画の内容その他法務省令で定める事項を記載し、又は記録した書面又は電磁的記録をその本店に備え置かなければならない。
2　前項に規定する「株式交付計画備置開始日」とは、次に掲げる日のいずれか早い日をいう。
　①　株式交付計画について株主総会（種類株主総会を含む。）の決議によってその承認を受けなければならないときは、当該株主総会の日の2週間前の日（第319条第1項の場合にあっては、同項の提案があった日）
　②　第816条の6第3項の規定による通知の日又は同条第4項の公告の日のいずれか早い日
　③　第816条の8の規定による手続をしなければならないときは、同条第2項の規定による公告の日又は同項の規定による催告の日のいずれ

　か早い日

3　株式交付親会社の株主（株式交付に際して株式交付子会社の株式及び新株予約権等の譲渡人に対して交付する金銭等（株式交付親会社の株式を除く。）が株式交付親会社の株式に準ずるものとして法務省令で定めるもののみである場合以外の場合にあっては、株主及び債権者）は、株式交付親会社に対して、その営業時間内は、いつでも、次に掲げる請求をすることができる。ただし、第2号又は第4号に掲げる請求をするには、当該株式交付親会社の定めた費用を支払わなければならない。

①　第1項の書面の閲覧の請求

②　第1項の書面の謄本又は抄本の交付の請求

③　第1項の電磁的記録に記録された事項を法務省令で定める方法により表示したものの閲覧の請求

④　第1項の電磁的記録に記録された事項を電磁的方法であって株式交付親会社の定めたものにより提供することの請求又はその事項を記載した書面の交付の請求

（新設）

会社法施行規則

第213条の2（株式交付親会社の事前開示事項）

法第816条の2第1項に規定する法務省令で定める事項は、次に掲げる事項とする。

①　法第774条の3第1項第2号に掲げる事項についての定めが同条第2項に定める要件を満たすと株式交付親会社が判断した理由

②　法第774条の3第1項第3号から第6号までに掲げる事項についての定めの相当性に関する事項

③　法第774条の3第1項第7号に掲げる事項を定めたときは、同項第8号及び第9号に掲げる事項についての定めの相当性に関する事項

④　株式交付子会社についての次に掲げる事項を株式交付親会社が知っているときは、当該事項

　イ　最終事業年度に係る計算書類等（最終事業年度がない場合にあっては、株式交付子会社の成立の日における貸借対照表）の内容

　ロ　最終事業年度の末日（最終事業年度がない場合にあっては、株式交付子会社の成立の日。ハにおいて同じ。）後の日を臨時決算日

（2以上の臨時決算日がある場合にあっては、最も遅いもの）とする臨時計算書類等があるときは、当該臨時計算書類等の内容

　ハ　最終事業年度の末日後に重要な財産の処分、重大な債務の負担その他の会社財産の状況に重要な影響を与える事象が生じたときは、その内容（株式交付計画備置開始日（法第816条の2第2項に規定する株式交付計画備置開始日をいう。以下この条において同じ。）後株式交付の効力が生ずる日までの間に新たな最終事業年度が存することとなる場合にあっては、当該新たな最終事業年度の末日後に生じた事象の内容に限る。）

⑤　株式交付親会社についての次に掲げる事項

　イ　株式交付親会社において最終事業年度の末日（最終事業年度がない場合にあっては、株式交付親会社の成立の日）後に重要な財産の処分、重大な債務の負担その他の会社財産の状況に重要な影響を与える事象が生じたときは、その内容（株式交付計画備置開始日後株式交付の効力が生ずる日までの間に新たな最終事業年度が存することとなる場合にあっては、当該新たな最終事業年度の末日後に生じた事象の内容に限る。）

　ロ　株式交付親会社において最終事業年度がないときは、株式交付親会社の成立の日における貸借対照表

⑥　法第816条の8第1項の規定により株式交付について異議を述べることができる債権者があるときは、株式交付が効力を生ずる日以後における株式交付親会社の債務（当該債権者に対して負担する債務に限る。）の履行の見込みに関する事項

⑦　株式交付計画備置開始日後株式交付が効力を生ずる日までの間に、前各号に掲げる事項に変更が生じたときは、変更後の当該事項（新設）

第213条の3　（株式交付親会社の株式に準ずるもの）

法第816条の2第3項に規定する法務省令で定めるものは、第1号に掲げる額から第2号に掲げる額を減じて得た額が第3号に掲げる額よりも小さい場合における法第774条の3第1項第5号、第6号、第8号及び第9号の定めに従い交付する株式交付親会社の株式以外の金銭等とする。

①　株式交付子会社の株式、新株予約権（新株予約権付社債に付されたものを除く。）又は新株予約権付社債の譲渡人に対して交付する金銭

> 等の合計額
> ② 前号に規定する金銭等のうち株式交付親会社の株式の価額の合計額
> ③ 第1号に規定する金銭等の合計額に20分の1を乗じて得た額（新設）

改正会社法施行規則

226条42号、234条43号、236条27号（新設）

◆解説

1 背景

改正法は、株式交付を、いわば部分的な株式交換として、組織再編の行為と同様の性質を有するものと整理したことから、本条は、株式交付に関して、株式交換完全親会社の手続に準じた事前開示手続を定めるものである。

2 趣旨

本条1項は、「株式交付計画備置開始日」から株式交付の効力発生日後6か月を経過する日までに法定事項を記載した書面または電磁的記録（以下「事前開示書面等」という）の株式交付親会社の本店における備置義務を定めるものである。

株式交付計画の内容以外の事前開示書面等に記載するべき事項は、改正会社法施行規則213条の2に定められている。具体的には以下の内容である。

① 株式交付親会社が株式交付に際して譲り受ける株式交付子会社の株式の数（種類株式がある場合は、株式の種類および種類ごとの数）の下限は、株式交付子会社が株式交付の効力発生日において株式交付親会社の子会社とするのに足りる数であると株式交付親会社が判断した理由（同条1号）

② 株式交付対価の内容およびその割当ての相当性に関する事項（同条2号）

③ 株式交付に際して、株式交付子会社の新株予約権または新株予約権付社債についても譲り受ける場合には、当該新株予約権または新株予約権付社債の交付の対価およびその割当ての相当性に関する事項（同条3号）

④ 株式交付子会社の最終事業年度に係る計算書類等の内容に関して株式交付親会社が知っているときは、その内容（同条4号）

⑤ 株式交付親会社の最終事業年度の末日（最終事業年度がないときは、成立の日）後に、株式交付親会社の会社財産の状況に重要な影響を与える事象

が生じた場合にはその内容（および、最終事業年度がないときは、成立の日における貸借対照表）（同条5号）

⑥　株式交付に対して異議を述べることのできる債権者があるときは、株式交付親会社の債務（異議を述べることのできる債権者に対して負担する債務に限る）の履行の見込みに関する事項（同条6号）

⑦　株式交付計画備置開始日以降、株式交付が効力を生じる日までに事前開示書面等に記載すべき事項に変更が生じた場合には変更後の当該事項（同条7号）

　なお、株式交付子会社の最終事業年度に係る計算書類等の内容に関しては、株式交付親会社がその内容を知らないときには記載することを要しないとされている（同条4号）。株式交換の場合には、株式交換完全親会社と株式交換完全子会社の間で株式交換契約を締結することから、株式交換完全親会社が株式交換完全子会社の情報を知らないことは考えにくいが、株式交付は、組織再編行為の当事会社は株式交付親会社の1社のみであるため、株式交付子会社の協力は必ずしも要しない。そのため、株式交付親会社が株式交付子会社の計算書類等の内容を知らない場合があり得るという配慮によるものと思われる。

　本条1項の書面または電磁的記録について、不記載・虚偽記載をした場合、およびこれらを備え置かなかったときには、過料が科される（改正法976条7〜8号）。⇨§976-2（2）および（3）参照。

　本条2項は、「株式交付計画備置開始日」を定めるものである。株式交付親会社は、株主総会の日の2週間前の日（株主総会の決議の省略がされる場合には、議案の提案があった日）、株式交付親会社の株主に対する株式交付に関する通知もしくは公告の日（改正法816条の6第3〜4項）、または債権者保護手続が必要な場合の債権者に対する異議催告の公告もしくは通知の日（改正法816条の8第2項）のいずれか早い日から、事前開示手続をとらなければならない。

　本条3項は、事前開示書面等の閲覧または謄写等の請求を定めている。事前開示書面等の閲覧謄写等は基本的には、株式交付親会社の株主であるが、株式交付では、株式交付子会社の株式の対価として、株式交付親会社の株式に加えて、それ以外の金銭等（会151条柱書参照）を交付することも可能である（改正法774条の3第1項5号参照）。その場合には、株式交付親会社の債権者にも影響を及ぼす可能性があることから、債権者にも事前開示書面等の閲覧謄写等が認められる。

　もっとも、株式交換と同様に、株式交付においても株式交付対価の調整のために金銭等が交付される場合があり得ることから、対価として交付される株式以外の金銭等が株式交付の比率の調整目的であるように少額に留まる場合には、債権者に対する影響は小さく、債権者に事前開示書面等の閲覧謄写等を認める必要はない。そこで、本条3項柱書本文のかっこ書では、「株式交付に際して株式交付子会社の株式及び新株予約権等の譲渡人に対して交付する金銭等（株式交付親会社の株式を除く。）が株式交付親会社の株式に準ずるものとして法務省令で定めるもののみである場合以外の場合」として、交付される株式以外の金銭等の割合が株式交付対価の調整の限度を超えている場合に限って、株式交付親会社の債権者にも事前開示書面等の閲覧謄写請求等を認めている。具体的には、株式交付親会社が交付する株式交付の対価（株式、新株予約権および新株予約権付社債の対価）の総額のうち、株式交付親会社の株式以外の対価の占める割合が20分の1未満である場合（改正施規213条の3）には、債権者は閲覧謄写請求等をすることはできない。

3　実務への影響

　株式交付制度の内容となるものである。

（株式交付計画の承認等）
第816条の3
1　株式交付親会社は、効力発生日の前日までに、株主総会の決議によって、株式交付計画の承認を受けなければならない。
2　株式交付親会社が株式交付子会社の株式及び新株予約権等の譲渡人に対して交付する金銭等（株式交付親会社の株式等を除く。）の帳簿価額が株式交付親会社が譲り受ける株式交付子会社の株式及び新株予約権等の額として法務省令で定める額を超える場合には、取締役は、前項の株主総会において、その旨を説明しなければならない。
3　株式交付親会社が種類株式発行会社である場合において、次の各号に掲げるときは、株式交付は、当該各号に定める種類の株式（譲渡制限株式であって、第199条第4項の定款の定めがないものに限る。）の種類株主を構成員とする種類株主総会（当該種類株主に係る株式の種類が2以上ある場合にあっては、当該2以上の株式の種類別に区分された種類株

主を構成員とする各種類株主総会）の決議がなければ、その効力を生じ
ない。ただし、当該種類株主総会において議決権を行使することができ
る株主が存しない場合は、この限りでない。

① 株式交付子会社の株式の譲渡人に対して交付する金銭等が株式交付
　親会社の株式であるとき　第774条の3第1項第3号の種類の株式
② 株式交付子会社の新株予約権等の譲渡人に対して交付する金銭等が
　株式交付親会社の株式であるとき　第774条の3第1項第8号イの種
　類の株式

（新設）

会社法施行規則

第91条の2（株式交付計画の承認に関する議案）
取締役が株式交付計画の承認に関する議案を提出する場合には、株主総会
参考書類には、次に掲げる事項を記載しなければならない。

① 当該株式交付を行う理由
② 株式交付計画の内容の概要
③ 当該株式会社が株式交付親会社である場合において、法第298条第
　1項の決定をした日における第213条の2各号（第6号及び第7号を
　除く。）に掲げる事項があるときは、当該事項の内容の概要（新設）

第213条の4（株式交付親会社が譲り受ける株式交付子会社の株式等の額）
法第816条の3第2項に規定する法務省令で定める額は、第1号及び第2
号に掲げる額の合計額から第3号に掲げる額を減じて得た額とする。

① 株式交付親会社が株式交付に際して譲り受ける株式交付子会社の株
　式、新株予約権（新株予約権付社債に付されたものを除く。）及び新
　株予約権付社債につき会計帳簿に付すべき額
② 会社計算規則第11条の規定により計上したのれんの額
③ 会社計算規則第12条の規定により計上する負債の額（株式交付子会
　社が株式交付親会社（連結配当規制適用会社に限る。）の子会社であ
　る場合にあっては、零）（新設）

改正会社法施行規則

63条

◆解説

1 背景

改正法では、株式交付を、いわば部分的な株式交換として、組織再編行為と同様の性質を有するものと整理したことから、本条は、株式交付に関して、株式交換完全親会社の手続に準じて、株主総会決議に関する手続を定めるものである。

2 趣旨

本条1項は、株式交付に関して、株式交付親会社における株主総会の決議を求めるものである。決議は特別決議であることを要する（会309条2項11号）。

株式交付親会社の株主総会において株式交付計画の承認を求めるに際して、株主総会参考書類の作成を要する場合における株主総会参考書類の記載事項は改正会社法施行規則91条の2に定められている。具体的には、以下のとおりである。

① 株式交付を行う理由

② 株式交付計画の内容の概要

③ 株主総会の招集を決定した日において事前開示書面等に記載すべき事項があるときにはその内容（債権者向けの事項および事前開示株式交付計画備置開始日以降の記載事項の変更に関する事項を除く）

本条2項は、株式交換に関する会社法795条2項2号の規律に準じて、株式交付による差損が生じる場合には、株式交付親会社の取締役に、株主総会におけるその旨の説明義務を課すものである。具体的には、株式交付親会社が交付する株式交付の対価（株式、新株予約権および新株予約権付社債の対価）の総額のうち、株式交付親会社の株式を除くものの帳簿価額が、株式交付によって取得する株式、新株予約権および新株予約権付社債の帳簿価額の総額に株式交付によって生じるのれんの額（正ののれんおよび負ののれん）を加除して得た額よりも大きい場合には、差損が生じることとなる。ただし、株式交付親会社が連結配当規制適用会社である場合であって、株式交付子会社が株式交付親会社の子会社であるときには負ののれんは控除されないため（改正施規213条の4第3号）、結果として差損が生じない。

本条3項は、株式交付親会社が種類株式発行会社であって、株式交付対価として交付される株式が譲渡制限株式（当該株式に会199条4項に定める定款の定めがないものに限る）である場合の種類株主総会の開催に関して、株式交換に関

する会社法795条４項３号の規律に準じて、種類株主総会の決議を要する旨を定めるものである。かかる種類株主総会の決議は特別決議であることを要する（改正法324条２項７号）。なお、本項に定めるもの以外の種類株式に関しても、株式交付によって当該種類株式の株主に損害を及ぼすおそれがあるときには、種類株主総会の決議を要しない旨の定款の規定がない限り（会322条２項）、当該種類株式の種類株主総会の特別決議を要する（改正法322条１項14号、会324条２項４号）。

3　実務への影響

　改正法816条の４の規定によって株主総会を省略することができる場合以外は、株式交付親会社の株主総会における株式交付計画の承認が必要となる。株式交付を行う場合には、公開買付けが同時に行われるケースが多いと見込まれるが、株式交付親会社における株主総会招集のための取締役会決議や公開買付開始の決議、株式交付子会社（対象者）における公開買付けに対する意見表明、これらの適時開示のスケジュール等に留意する必要がある。

（株式交付計画の承認を要しない場合等）
第816条の４
1　前条第１項及び第２項の規定は、第１号に掲げる額の第２号に掲げる額に対する割合が５分の１（これを下回る割合を株式交付親会社の定款で定めた場合にあっては、その割合）を超えない場合には、適用しない。ただし、同項に規定する場合又は株式交付親会社が公開会社でない場合は、この限りでない。
　①　次に掲げる額の合計額
　　イ　株式交付子会社の株式及び新株予約権等の譲渡人に対して交付する株式交付親会社の株式の数に１株当たり純資産額を乗じて得た額
　　ロ　株式交付子会社の株式及び新株予約権等の譲渡人に対して交付する株式交付親会社の社債、新株予約権又は新株予約権付社債の帳簿価額の合計額
　　ハ　株式交付子会社の株式及び新株予約権等の譲渡人に対して交付する株式交付親会社の株式等以外の財産の帳簿価額の合計額
　②　株式交付親会社の純資産額として法務省令で定める方法により算定

　される額

2　前項本文に規定する場合において、法務省令で定める数の株式（前条第1項の株主総会において議決権を行使することができるものに限る。）を有する株主が第816条の6第3項の規定による通知又は同条第4項の公告の日から2週間以内に株式交付に反対する旨を株式交付親会社に対し通知したときは、当該株式交付親会社は、効力発生日の前日までに、株主総会の決議によって、株式交付計画の承認を受けなければならない。

（新設）

会社法施行規則

第25条（1株当たり純資産額）

6　第2項及び第3項に規定する「算定基準日」とは、次の各号に掲げる規定に規定する1株当たり純資産額を算定する場合における当該各号に定める日をいう。

　⑩　法第816条の4第1項第1号イ　株式交付計画を作成した日（当該株式交付計画により当該株式交付計画を作成した日と異なる時（当該株式交付計画を作成した日後から当該株式交付の効力が生ずる時の直前までの間の時に限る。）を定めた場合にあっては、当該時）（新設）

第213条の5（純資産の額）

法第816条の4第1項第2号に規定する法務省令で定める方法は、算定基準日（株式交付計画を作成した日（当該株式交付計画により当該計画を作成した日と異なる時（当該株式交付計画を作成した日後から当該株式交付の効力が生ずる時の直前までの間の時に限る。）を定めた場合にあっては、当該時）をいう。）における第1号から第7号までに掲げる額の合計額から第8号に掲げる額を減じて得た額（当該額が500万円を下回る場合にあっては、500万円）をもって株式交付親会社の純資産額とする方法とする。

　①　資本金の額

　②　資本準備金の額

　③　利益準備金の額

　④　法第446条に規定する剰余金の額

　⑤　最終事業年度（法第461条第2項第2号に規定する場合にあっては、法第441条第1項第2号の期間（当該期間が2以上ある場合にあって

は、その末日が最も遅いもの））の末日（最終事業年度がない場合にあっては、株式交付親会社の成立の日）における評価・換算差額等に係る額

⑥　株式引受権の帳簿価額

⑦　新株予約権の帳簿価額

⑧　自己株式及び自己新株予約権の帳簿価額の合計額（新設）

第213条の6　（株式の数）

法第816条の4第2項に規定する法務省令で定める数は、次に掲げる数のうちいずれか小さい数とする。

①　特定株式（法第816条の4第2項に規定する行為に係る株主総会において議決権を行使することができることを内容とする株式をいう。以下この条において同じ。）の総数に2分の1（当該株主総会の決議が成立するための要件として当該特定株式の議決権の総数の一定の割合以上の議決権を有する株主が出席しなければならない旨の定款の定めがある場合にあっては、当該一定の割合）を乗じて得た数に3分の1（当該株主総会の決議が成立するための要件として当該株主総会に出席した当該特定株主（特定株式の株主をいう。以下この条において同じ。）の有する議決権の総数の一定の割合以上の多数が賛成しなければならない旨の定款の定めがある場合にあっては、1から当該一定の割合を減じて得た割合）を乗じて得た数に1を加えた数

②　法第816条の4第2項に規定する行為に係る決議が成立するための要件として一定の数以上の特定株主の賛成を要する旨の定款の定めがある場合において、特定株主の総数から株式会社に対して当該行為に反対する旨の通知をした特定株主の数を減じて得た数が当該一定の数未満となるときにおける当該行為に反対する旨の通知をした特定株主の有する特定株式の数

③　法第816条の4第2項に規定する行為に係る決議が成立するための要件として前2号の定款の定め以外の定款の定めがある場合において、当該行為に反対する旨の通知をした特定株主の全部が同項に規定する株主総会において反対したとすれば当該決議が成立しないときは、当該行為に反対する旨の通知をした特定株主の有する特定株式の数

④　定款で定めた数（新設）

◆解説

1　背景

　改正法は、株式交付を、いわば部分的な株式交換として、組織再編行為と同様の性質を有するものと整理したことから、本条は、株式交換に準じて、株式交換において交付する対価の額が一定の水準を超えない場合に株主総会の承認を要しないものとして、いわゆる簡易手続による株式交付に関する規律を定めるものである。

　なお、株式交付においては、株式交付子会社を当事者とするわけではないことから、いわゆる略式手続に関する規律は設けられていない（中間試案補足説明62頁）。

2　趣旨

　本条1項は、株式交換に関する会社法796条2項の規律に準じて、1項1号の合計額が同項2号の額の5分の1（または定款で定めるそれよりも低い割合）を超えない場合には、株式交付に際して株主総会の特別決議を要しない、いわゆる簡易手続を認めるものである。ただし、株式交付による差損が生じる場合、または株式交付親会社が公開会社でない場合には、簡易手続を用いることはできない。

　なお、本項1号イの「1株当たり純資産額」とは、会社法141条2項および会社法施行規則25条に定める額をいう。また、同項2号の「株式交付親会社の純資産額として法務省令で定める方法により算定される額」は、改正会社法施行規則213条の5に定められており、その内容は、会社法施行規則196条に準じている。

　本条2項は、簡易株式交換に関する会社法796条3項に準じて、簡易手続による株式交付に反対する株主数が一定数を超えた場合には、株主総会決議を要するとする旨を定めるものである。具体的には、簡易株式交換に関する会社法施行規則197条に準じた内容が会社法施行規則に定められており、株式交付親会社の総株主の議決権数の2分の1（株主総会決議の定足数を定款で加重している場合には、その数）に3分の1（株主総会の決議要件を定款で加重している場合には、その数）を乗じた数を超える議決権数（同数は含まない）を有する株主から反対の通知があった場合（改正施規213条の6第1号）には、株主総会の承認を受けなければならないこととされている。上記以外には、(i)株主総会決議の成立要件として株主の頭数要件を定めている場合には、その数の株主から反対

の通知があった場合（同条2号）、(ii)株主総会決議の成立要件に(i)以外の成立要件を定めている場合に、当該成立要件が満たされないこととなる反対の通知があった場合（同条3号）、(iii)定款で定めた数がある場合には、その数以上の株式数（株主総会で議決権を行使することができるもの）を有する株主から反対があった場合（同条4号）にも、株主総会の承認を受けなければならない。

3　実務への影響

株式交付制度の内容となるものである。

（株式交付をやめることの請求）
第816条の5
株式交付が法令又は定款に違反する場合において、株式交付親会社の株主が不利益を受けるおそれがあるときは、株式交付親会社の株主は、株式交付親会社に対し、株式交付をやめることを請求することができる。ただし、前条第1項本文に規定する場合（同項ただし書又は同条第2項に規定する場合を除く。）は、この限りでない。
（新設）

◆解説

1　背景

株式交付が法令または定款に違反する場合において、株式交付会社の株主が不利益を受けるおそれがあるときに、株式交付親会社の株主に、株式交付の差止請求を認めるものである。

2　趣旨

本条は、会社法796条の2第1号の規律に準じて創設されたものである。ここでいう「法令又は定款に違反する場合」とは、同条の規律と同様に、会社を規範の名宛人とする法令または定款の違反を意味しており、取締役の善管注意義務や忠実義務の違反は含まないと解される。したがって、株式交付の対価が不当である場合は、本条にいう「法令又は定款に違反する場合」には該当しないと解される（坂本三郎編著『一問一答　平成26年改正会社法〔第2版〕』〔商事法務・2015〕339頁参照）。株式交付には、いわゆる略式手続に関する規律が設けられていないため、株式交換等の略式手続において認められている対価が会社

の財産の状況その他の事情に照らして著しく不当な場合の差止請求（同条2号）が認められていないことからも、そのように考えられる。

　本条ただし書のとおり、簡易手続によって株主総会決議を経ずに株式交付をすることが可能である場合には、本条による差止請求は認められない。

3　実務への影響

　株式交付制度の内容となるものである。

（反対株主の株式買取請求）

第816条の6

1　株式交付をする場合には、反対株主は、株式交付親会社に対し、自己の有する株式を公正な価格で買い取ることを請求することができる。ただし、第816条の4第1項本文に規定する場合（同項ただし書又は同条第2項に規定する場合を除く。）は、この限りでない。

2　前項に規定する「反対株主」とは、次の各号に掲げる場合における当該各号に定める株主をいう。

　①　株式交付をするために株主総会（種類株主総会を含む。）の決議を要する場合　次に掲げる株主

　　イ　当該株主総会に先立って当該株式交付に反対する旨を当該株式交付親会社に対し通知し、かつ、当該株主総会において当該株式交付に反対した株主（当該株主総会において議決権を行使することができるものに限る。）

　　ロ　当該株主総会において議決権を行使することができない株主

　②　前号に掲げる場合以外の場合　全ての株主

3　株式交付親会社は、効力発生日の20日前までに、その株主に対し、株式交付をする旨並びに株式交付子会社の商号及び住所を通知しなければならない。

4　次に掲げる場合には、前項の規定による通知は、公告をもってこれに代えることができる。

　①　株式交付親会社が公開会社である場合

　②　株式交付親会社が第816条の3第1項の株主総会の決議によって株式交付計画の承認を受けた場合

5　第1項の規定による請求（以下この節において「株式買取請求」とい

う。）は、効力発生日の20日前の日から効力発生日の前日までの間に、その株式買取請求に係る株式の数（種類株式発行会社にあっては、株式の種類及び種類ごとの数）を明らかにしてしなければならない。

6　株券が発行されている株式について株式買取請求をしようとするときは、当該株式の株主は、株式交付親会社に対し、当該株式に係る株券を提出しなければならない。ただし、当該株券について第223条の規定による請求をした者については、この限りでない。

7　株式買取請求をした株主は、株式交付親会社の承諾を得た場合に限り、その株式買取請求を撤回することができる。

8　株式交付を中止したときは、株式買取請求は、その効力を失う。

9　第133条の規定は、株式買取請求に係る株式については、適用しない。

（新設）

◆解説

1　背景

改正法は、株式交付を、いわば部分的な株式交換として、組織再編行為と同様の性質を有するものと整理したことから、本条は、株式交換に準じて、株式交付に反対する株式交付親会社の株主に株式買取請求権を付与するものである。すなわち、株式交付は、株式交付子会社株式の現物出資の性質を有しないため、募集株式の発行等に関する有利発行規制や現物出資規制による株式交付親会社の既存株主の保護に関する規律はないが、他の組織再編行為と同様に、反対株主による株式買取請求権を認めたものである。

2　趣旨

本条は、株式交換完全親会社における反対株主の株式買取請求権に関する会社法797条に準じて、株式交付における株式交付親会社の反対株主の株式買取請求権の規律を定めるものである。すなわち、2項に定める要件を満たす株式交付親会社の株主は、株式交付親会社に対して、その有する株式を公正な価格で買い取ることを請求することができる。1項ただし書では、簡易手続による株式交付の実行が可能である場合には、反対株主は株式買取請求権を有しない旨が定められている。

なお、株式交付親会社が振替株式発行会社である場合には、株式交付親会社は、3項の通知に代えて、通知すべき事項に関して公告をしなければならない

（改正振替法161条2項）。

　株式買取請求権に関する「公正な価格」の意義等については、改正前会社法に関する判例（⇨**判例1～3**）を参照されたい。

3　実務への影響

　株式交付制度の内容となるものである。

【参考判例等】

1　最高裁平成23年4月19日決定・民集65巻3号1311頁

　組織再編によりシナジーその他の企業価値の増加が生じない場合の「公正な価格」は、原則として、株式買取請求がされた日における、当該組織再編等を承認する決議がされることがなければその株式が有したであろう価格（「ナカリセバ価格」）をいうものと解するのが相当であると判示した。

2　最高裁平成23年4月26日決定・判時2120号126頁

　株式買取請求がされた日における「ナカリセバ価格」を算定するにあたり、組織再編の公表等前の市場株価を参照したり、当該公表等後買取請求の日までに組織再編以外の一般的な価格変動要因により対象となる株式の市場価格が変動している場合にこれを踏まえて参照した株価を補正すること等は、裁判所の合理的な裁量の範囲内にあると判示した。

3　最高裁平成24年2月29日決定・民集66巻3号1784号

　株式移転の事案において、シナジーその他の企業価値の増加が生じる場合の「公正な価格」は、原則として株式移転計画で定めた株式移転比率が公正なものであったならば株式買取請求がされた日においてその株式が有していると認められる価格をいい、かつ、一般に公正と認められる手続により株式移転の効力を生じた場合には、株主総会決議における株主の合理的な判断が妨げられたと認めるに足りる特段の事情がない限り、当該株式移転における株式移転比率は公正なものとみるのが相当であると判示した。

（株式の価格の決定等）
第816条の7
1　株式買取請求があった場合において、株式の価格の決定について、株主と株式交付親会社との間に協議が調ったときは、株式交付親会社は、

効力発生日から60日以内にその支払をしなければならない。

2　株式の価格の決定について、効力発生日から30日以内に協議が調わないときは、株主又は株式交付親会社は、その期間の満了の日後30日以内に、裁判所に対し、価格の決定の申立てをすることができる。

3　前条第7項の規定にかかわらず、前項に規定する場合において、効力発生日から60日以内に同項の申立てがないときは、その期間の満了後は、株主は、いつでも、株式買取請求を撤回することができる。

4　株式交付親会社は、裁判所の決定した価格に対する第1項の期間の満了の日後の法定利率による利息をも支払わなければならない。

5　株式交付親会社は、株式の価格の決定があるまでは、株主に対し、当該株式交付親会社が公正な価格と認める額を支払うことができる。

6　株式買取請求に係る株式の買取りは、効力発生日に、その効力を生ずる。

7　株券発行会社は、株券が発行されている株式について株式買取請求があったときは、株券と引換えに、その株式買取請求に係る株式の代金を支払わなければならない。

（新設）

◆解説

1　背景

本条は、株式交付における反対株主の株式買取請求権を定める前条の規定を受けて、株式買取請求があった場合の価格の支払、および株主と株式交付親会社の間で価格の決定に関する協議が調わなかった場合の裁判所に対する価格決定の申立てに関する事項等を定めるものである。

2　趣旨

本条は、株式交換完全親会社における株式の価格の決定等に関する会社法798条に準じて、規律を定めている。

3　実務への影響

株式交付制度の内容となるものである。

（債権者の異議）

第816条の8

1 　株式交付に際して株式交付子会社の株式及び新株予約権等の譲渡人に対して交付する金銭等（株式交付親会社の株式を除く。）が株式交付親会社の株式に準ずるものとして法務省令で定めるもののみである場合以外の場合には、株式交付親会社の債権者は、株式交付親会社に対し、株式交付について異議を述べることができる。

2 　前項の規定により株式交付親会社の債権者が異議を述べることができる場合には、株式交付親会社は、次に掲げる事項を官報に公告し、かつ、知れている債権者には、各別にこれを催告しなければならない。ただし、第4号の期間は、1箇月を下ることができない。

① 　株式交付をする旨

② 　株式交付子会社の商号及び住所

③ 　株式交付親会社及び株式交付子会社の計算書類に関する事項として法務省令で定めるもの

④ 　債権者が一定の期間内に異議を述べることができる旨

3 　前項の規定にかかわらず、株式交付親会社が同項の規定による公告を、官報のほか、第939条第1項の規定による定款の定めに従い、同項第2号又は第3号に掲げる公告方法によりするときは、前項の規定による各別の催告は、することを要しない。

4 　債権者が第2項第4号の期間内に異議を述べなかったときは、当該債権者は、当該株式交付について承認をしたものとみなす。

5 　債権者が第2項第4号の期間内に異議を述べたときは、株式交付親会社は、当該債権者に対し、弁済し、若しくは相当の担保を提供し、又は当該債権者に弁済を受けさせることを目的として信託会社等に相当の財産を信託しなければならない。ただし、当該株式交付をしても当該債権者を害するおそれがないときは、この限りでない。

（新設）

会社法施行規則

第213条の7（株式交付親会社の株式に準ずるもの）

法第816条の8第1項に規定する法務省令で定めるものは、第1号に掲げ

る額から第2号に掲げる額を減じて得た額が第3号に掲げる額よりも小さい場合における法第774条の3第1項第5号、第6号、第8号及び第9号の定めに従い交付する株式交付親会社の株式以外の金銭等とする。

① 株式交付子会社の株式、新株予約権（新株予約権付社債に付されたものを除く。）及び新株予約権付社債の譲渡人に対して交付する金銭等の合計額

② 前号に規定する金銭等のうち株式交付親会社の株式の価額の合計額

③ 第1号に規定する金銭等の合計額に20分の1を乗じて得た額（新設）

第213条の8 （計算書類に関する事項）

法第816条の8第2項第3号に規定する法務省令で定めるものは、同項の規定による公告の日又は同項の規定による催告の日のいずれか早い日における次の各号に掲げる場合の区分に応じ、当該各号に定めるものとする。

① 最終事業年度に係る貸借対照表又はその要旨につき公告対象会社（法第816条の8第2項第3号の株式交付親会社及び株式交付子会社をいう。以下この条において同じ。）が法第440条第1項又は第2項の規定による公告をしている場合　次に掲げるもの

　イ 官報で公告をしているときは、当該官報の日付及び当該公告が掲載されている頁

　ロ 時事に関する事項を掲載する日刊新聞紙で公告をしているときは、当該日刊新聞紙の名称、日付及び当該公告が掲載されている頁

　ハ 電子公告により公告をしているときは、法第911条第3項第28号イに掲げる事項

② 最終事業年度に係る貸借対照表につき公告対象会社が法第440条第3項に規定する措置をとっている場合　法第911条第3項第26号に掲げる事項

③ 公告対象会社が法第440条第4項に規定する株式会社である場合において、当該株式会社が金融商品取引法第24条第1項の規定により最終事業年度に係る有価証券報告書を提出しているとき　その旨

④ 公告対象会社が会社法の施行に伴う関係法律の整備等に関する法律第28条の規定により法第440条の規定が適用されないものである場合　その旨

⑤ 公告対象会社につき最終事業年度がない場合（株式交付親会社が株

　式交付子会社の最終事業年度の存否を知らない場合を含む。）　その旨
⑥　前各号に掲げる場合以外の場合　会社計算規則第6編第2章の規定
　による最終事業年度に係る貸借対照表の要旨の内容（株式交付子会社
　の当該貸借対照表の要旨の内容にあっては、株式交付親会社がその内
　容を知らないときは、その旨）（新設）

◆解説

1　背景

　株式交付の対価には、株式交付親会社の株式と併せてそれ以外の金銭等も用
いることができるところ、株式交付親会社の株式以外の金銭等を株式交付子会
社の株主、新株予約権者または新株予約権付社債の社債権者に交付する場合に
は、その財産の流出によって、株式交付親会社の債権者が害されるおそれが生
じる場合がある。そのため、本条は、株式交換の場合に準じて（会799条1項3
号参照）、株式交付親会社の株式以外の金銭等を株式交付の対価として用いる
場合の債権者保護手続を定めるものである。

2　趣旨

　株式交付における債権者保護手続は、株式交換における株式交換完全親会社
における債権者保護手続の規定（会799条1項3号）に準じている。

　なお、株式交付の対価として、株式交付親会社の株式以外の金銭等を用いる
場合であっても、それが株式交付対価の比率の調整のために用いられる程度の
少額のものであれば、債権者を害するおそれの度合いは類型的にみて小さい。
そこで、本条1項では、事前開示書面等の閲覧謄写等の請求に関する改正法
816条の2第3項柱書本文のかっこ書と同じく、株式交付の対価として交付さ
れる株式以外の金銭等の割合が株式交付対価の調整の限度を超えている場合に
債権者保護手続を要求するものとしている。具体的には、株式交付の対価のう
ち、株式交付親会社の株式以外の対価の合計額が、交付する株式交付の対価の
20分の1未満である場合（改正施規213条の7）には、株式交付親会社の株式に
準ずるものとして債権者保護手続は不要となる（改正法816条の8第1項）。

　本条2項または5項に違反して株式交付をしたときは、過料が科される（改
正法976条26号）。⇨§976-2（7）参照。

3　実務への影響

株式交付制度の内容となるものである。

（株式交付の効力発生日の変更）

第816条の9

1　株式交付親会社は、効力発生日を変更することができる。

2　前項の規定による変更後の効力発生日は、株式交付計画において定めた当初の効力発生日から3箇月以内の日でなければならない。

3　第1項の場合には、株式交付親会社は、変更前の効力発生日（変更後の効力発生日が変更前の効力発生日前の日である場合にあっては、当該変更後の効力発生日）の前日までに、変更後の効力発生日を公告しなければならない。

4　第1項の規定により効力発生日を変更したときは、変更後の効力発生日を効力発生日とみなして、この節（第2項を除く。）及び前章（第774条の3第1項第11号を除く。）の規定を適用する。

5　株式交付親会社は、第1項の規定による効力発生日の変更をする場合には、当該変更と同時に第774条の3第1項第10号の期日を変更することができる。

6　第3項及び第4項の規定は、前項の規定による第774条の3第1項第10号の期日の変更について準用する。この場合において、第4項中「この節（第2項を除く。）及び前章（第774条の3第1項第11号を除く。）」とあるのは、「第774条の4、第774条の10及び前項」と読み替えるものとする。

（新設）

◆解説

1　背景

本条は、株式交付の効力発生日の変更を定めるものである。中間試案の時点では、株式公布の効力発生日の変更に関する規律は設けられていなかったが、中間試案に対するパブリックコメント後の第17回部会に提示された部会資料26・28〜30頁において追加され、それがそのまま要綱に引き継がれ（神田(7)14

頁）、条文化されたものである。

　株式交換は、株式交換完全親会社と株式交換完全子会社との間の組織再編行為であるため、株式交換の効力発生日は、両社の合意によって変更することができるとされている（790条1項）。しかし、株式交付においては、株式交付子会社は組織再編行為の当事者ではなく、株式交付は、あくまでも株式交付親会社と個別の株式交付子会社の株主等との間で成立する合意を基礎とする株式交付親会社の単独の組織再編行為である。したがって、株式交付親会社と株式交付子会社の合意でこれを変更することを認めることは相当ではない。他方で、株式交付親会社と個別の株式交付における株式または新株予約権等の譲渡人との間で逐一変更の合意を要求することは、株式交付における譲渡人の数が多数に上る場合もあり得ることから現実的ではない。

　しかし、株式交付においても、事情の変更等によって効力発生日を変更する必要が生じる場合はあり得るところ、その都度、株主総会決議を含めて手続の再度のやり直しを要求するのは、相当な費用と時間がかかるため、株式交換と同様に、簡易な手続により効力発生日の変更を認めることが望ましい。特に、株式交付は、株対価の公開買付けにおいても用いることが想定されるところ、公開買付規制において、公開買付期間の延長を要する場合には、簡易かつ迅速な手続によって効力発生日の変更を認める必要性は高い。

　そこで、本条では、株式交付親会社が一定の手続をとることによって、株式交付の効力発生日の変更をすることができる旨を定めている。

2　趣旨

　本条1項は、株式交付親会社は単独で株式交付の効力発生日を変更することができる旨を定めている。株式交付は、株式交付親会社と株式交付子会社の株式または新株予約権等の各譲渡人との契約を基礎として成立する組織再編行為であるが、本項および4項の規定により、かかる契約において、効力発生日の変更に関する特別の規定がなかったとしても、株式交付親会社の単独による効力発生日の変更は認められる。もっとも、個別の契約において、譲渡人の同意がない限りは効力発生日の変更ができない旨を定めている場合には、少なくともかかる合意は債権的な拘束力は有するものと解するべきと思われる。

　なお、本条に基づいて効力発生日を変更した場合には、株式交付親会社は、その旨を株式交付の申込みをした者に直ちに通知しなければならない（改正法774条の4第5項）。

　本条2項では、株式交付の変更後の効力発生日は、株式交付計画で定めた当初の効力発生日から3か月以内の日でなければならない旨を定めている。効力発生日の変更は、株式交付親会社が単独で決定することを認める一方で、効力発生日の変更を無制限に認めることは、株式交付子会社の株式および新株予約権等の譲渡人の利益を損ねるおそれがあるためである。

　「3か月」という期間は、公開買付規制を参考に決定されたものである。すなわち、公開買付規制における公開買付期間の最短期間は、20営業日（金商法27条の2第2項、同法施行令8条1項）とされており、公開買付けの買付者は、当初の期間を含めて最大で60営業日までは公開買付期間を延長することができる（金商法27条の6第1項4号、同法施行令13条2項2号本文）。したがって、このような延長の場合に備えて、少なくとも40営業日は効力発生日の延長を許容する必要がある。加えて、公開買付期間の残りが10営業日未満となってから公開買付届出書の訂正届出書が提出された場合には、公開買付期間が当初の期間を含めて60営業日を超えて延長される場合があり得る（金商法施行令13条2項2号イ）。したがって、40営業日（2か月程度）に余裕をもたせた期間を定めることが相当であることから、3か月という期間が設定されたものである（部会資料26・29頁）。

　本条3項および4項は、会社法790条2項および3項に準じた規律を定めるものである。なお、4項において、本条2項および改正法774条の3第1項11号が変更後の効力発生日とみなす対象から除かれているのは、当初の効力発生日まで読み替えられる結果となることを回避するための技術的な理由によるものである。

　本条5項は、株式交付の効力発生日を変更した場合に、株式交付親会社が株式交付計画において定めた当初の申込期日（改正法774条の3第1項10号）も併せて変更することを認める規定である。

　本条6項は、株式交付の申込期日を変更した場合の読替え規定である。申込期日を変更した場合には、株式交付親会社は、その旨を公告し（本条3項参照）、また、株式交付親会社は、変更後の申込期日を申込期日とみなして、株式交付に対する申込みの規定（改正法774条の4）、株式交付において申し込まれた株式の数が下限に達するか否かの判定（改正法774条の10）をする。

3　実務への影響

　株式交付制度の内容となるものである。

（株式交付に関する書面等の備置き及び閲覧等）

第816条の10

1　株式交付親会社は、効力発生日後遅滞なく、株式交付に際して株式交付親会社が譲り受けた株式交付子会社の株式の数その他の株式交付に関する事項として法務省令で定める事項を記載し、又は記録した書面又は電磁的記録を作成しなければならない。

2　株式交付親会社は、効力発生日から6箇月間、前項の書面又は電磁的記録をその本店に備え置かなければならない。

3　株式交付親会社の株主（株式交付に際して株式交付子会社の株式及び新株予約権等の譲渡人に対して交付する金銭等（株式交付親会社の株式を除く。）が株式交付親会社の株式に準ずるものとして法務省令で定めるもののみである場合以外の場合にあっては、株主及び債権者）は、株式交付親会社に対して、その営業時間内は、いつでも、次に掲げる請求をすることができる。ただし、第2号又は第4号に掲げる請求をするには、当該株式交付親会社の定めた費用を支払わなければならない。

①　前項の書面の閲覧の請求

②　前項の書面の謄本又は抄本の交付の請求

③　前項の電磁的記録に記録された事項を法務省令で定める方法により表示したものの閲覧の請求

④　前項の電磁的記録に記録された事項を電磁的方法であって株式交付親会社の定めたものにより提供することの請求又はその事項を記載した書面の交付の請求

（新設）

会社法施行規則

第213条の9（株式交付親会社の事後開示事項）

法第816条の10第1項に規定する法務省令で定める事項は、次に掲げる事項とする。

①　株式交付が効力を生じた日

②　株式交付親会社における次に掲げる事項

　　イ　法第816条の5の規定による請求に係る手続の経過

　　ロ　法第816条の6及び第816条の8の規定による手続の経過

③　株式交付に際して株式交付親会社が譲り受けた株式交付子会社の株式の数（株式交付子会社が種類株式発行会社であるときは、株式の種類及び種類ごとの数）

④　株式交付に際して株式交付親会社が譲り受けた株式交付子会社の新株予約権の数

⑤　前号の新株予約権が新株予約権付社債に付されたものである場合には、当該新株予約権付社債についての各社債（株式交付親会社が株式交付に際して取得したものに限る。）の金額の合計額

⑥　前各号に掲げるもののほか、株式交付に関する重要な事項　（新設）

第213条の10（株式交付親会社の株式に準ずるもの）

法第816条の10第3項に規定する法務省令で定めるものは、第1号に掲げる額から第2号に掲げる額を減じて得た額が第3号に掲げる額よりも小さい場合における法第774条の3第1項第5号、第6号、第8号及び第9号の定めに従い交付する株式交付親会社の株式以外の金銭等とする。

①　株式交付子会社の株式、新株予約権（新株予約権付社債に付されたものを除く。）及び新株予約権付社債の譲渡人に対して交付する金銭等の合計額

②　前号に規定する金銭等のうち株式交付親会社の株式の価額の合計額

③　第1号に規定する金銭等の合計額に20分の1を乗じて得た額　（新設）

改正会社法施行規則

226条43号、232条36号、234条54号、236条28号　（新設）

◆解説

1　背景

　事前開示手続と同様に、株式交換における株式交換完全親会社の事後開示手続（会801条）に準じて、株式交付親会社における事後開示手続を定めるものである。

2　趣旨

　本条1項は、株式交付親会社に、株式交付に係る事後開示手続をする義務を課すものである。株式交換においては、事後開示手続における法定事項を記載した書面または電磁的記録（以下「事後開示書面等」という）は、株式交換完全

親会社と株式交換完全子会社が共同して作成することとされているが（会791条1項柱書）、株式交付においては、株式交付子会社は、各手続の主体ではないことから、株式交付親会社が単独で作成するものとされている。本条1項の書面または電磁的記録について、不記載・虚偽記載をした場合、過料が科される（改正法976条7号）。⇨§976-2（2）参照。

　事後開示書面等の具体的な記載内容は、以下のとおりとされている（改正施規213条の9）。

① 　株式交付の効力発生日（同条1号）

② 　株式交付の差止請求の手続の経過（同条2号イ）

③ 　反対株主の株式買取請求権に係る手続および債権者保護手続の経過（同条2号ロ）

④ 　株式交付に際して株式交付親会社が譲り受けた株式交付子会社の株式の数（株式交付子会社が種類株式発行会社であるときは、株式の種類及び種類ごとの数）（同条3号）

⑤ 　株式交付に際して株式交付親会社が譲り受けた株式交付子会社の新株予約権（新株予約権付社債に付された新株予約権を含む）の数（同条4号）

⑥ 　⑤の新株予約権のうち、新株予約権付社債についての各社債の金額の合計額（同条5号）

⑦ 　上記のほか、株式交付に関する重要な事項（同条6号）

　本条2項は、株式交換に関する会社法801条3項に準じて規定されたものである。本条2項に反し、書面または電磁的記録を備え置かなかったときには、過料が科される（改正法976条8号）。⇨§976-2（3）参照。

　本条3項は、事後開示書面等の閲覧謄写等に関する規律を定めたものであり、株式交換に関する会社法801条6項に準じて規定されたものである。具体的には、株式交付親会社の株主のほか、株式交付対価が株式交付親会社の株式以外の金銭等を含む場合には、株式交付親会社の債権者も閲覧謄写請求をすることができる。ただし、株式交付対価として交付される株式交付親会社の株式以外の金銭等が、債権者保護手続を要しない程度の少額である場合（改正法816条の8第1項・改正施規213条の7参照）には、債権者は閲覧謄写請求権を有しない（改正施規213条の10）。

3　実務への影響

　株式交付制度の内容となるものである。

＜株式交付の新設に伴う改正＞

（1に満たない端数の処理）

第234条

1　次の各号に掲げる行為に際して当該各号に定める者に当該株式会社の株式を交付する場合において、その者に対し交付しなければならない当該株式会社の株式の数に1株に満たない端数があるときは、その端数の合計数（その合計数に1に満たない端数がある場合にあっては、これを切り捨てるものとする。）に相当する数の株式を競売し、かつ、その端数に応じてその競売により得られた代金を当該者に交付しなければならない。

①～⑧　（略）

⑨　株式交付　株式交付親会社（第774条の3第1項第1号に規定する株式交付親会社をいう。）に株式交付に際して株式交付子会社（同号に規定する株式交付子会社をいう。）の株式又は新株予約権等（同項第7号に規定する新株予約権等をいう。）を譲り渡した者

2～6　（略）

（改正前会社法234条）

1　次の各号に掲げる行為に際して当該各号に定める者に当該株式会社の株式を交付する場合において、その者に対し交付しなければならない当該株式会社の株式の数に1株に満たない端数があるときは、その端数の合計数（その合計数に1に満たない端数がある場合にあっては、これを切り捨てるものとする。）に相当する数の株式を競売し、かつ、その端数に応じてその競売により得られた代金を当該者に交付しなければならない。

①～⑧　（略）

2～6　（略）

◆解説

1　背景

株式交付について、1株に満たない端数の処理を定めている。

2　趣旨

株式交付制度の創設に関して、他の組織再編行為と同様に、交付する対価である株式が1株に満たない端数となる場合に、当該株式を競売等によって売却

し、その端数に応じてその代金を交付するものである。他の組織再編と同じく、競売に代えて、市場価格のある株式は当該市場価格で、市場価格のない株式は裁判所の許可を得て競売以外の方法により、競売以外の方法により売却することができる（本条2項）。

3　実務への影響

株式交付のために対応条文が整備されたことを意識しておく必要がある。

（ある種類の種類株主に損害を及ぼすおそれがある場合の種類株主総会）
第322条
1　種類株式発行会社が次に掲げる行為をする場合において、ある種類の株式の種類株主に損害を及ぼすおそれがあるときは、当該行為は、当該種類の株式の種類株主を構成員とする種類株主総会（当該種類株主に係る株式の種類が2以上ある場合にあっては、当該2以上の株式の種類別に区分された種類株主を構成員とする各種類株主総会。以下この条において同じ。）の決議がなければ、その効力を生じない。ただし、当該種類株主総会において議決権を行使することができる種類株主が存しない場合は、この限りでない。
　①～⑬　（略）
　⑭　株式交付
2～4　（略）

（改正前会社法322条）

1　種類株式発行会社が次に掲げる行為をする場合において、ある種類の株式の種類株主に損害を及ぼすおそれがあるときは、当該行為は、当該種類の株式の種類株主を構成員とする種類株主総会（当該種類株主に係る株式の種類が2以上ある場合にあっては、当該2以上の株式の種類別に区分された種類株主を構成員とする各種類株主総会。以下この条において同じ。）の決議がなければ、その効力を生じない。ただし、当該種類株主総会において議決権を行使することができる種類株主が存しない場合は、この限りでない。
　①～⑬　（略）
2～4　（略）

◆解説

1 背景

　株式交付について、ある種類の種類株主に損害を及ぼすおそれがある場合の種類株主総会に関する規律を定めている。

2 趣旨

　株式交付を行う株式交付親会社が種類株式発行会社である場合において、他の組織再編行為と同様に、特定の種類株式の種類株主に損害を及ぼすおそれがある場合に、種類株主総会の特別決議を要するものとする規定である。

3 実務への影響

　株式交付制度の新設に伴う改正として認識しておくべきである。

（種類株主総会の決議）

第324条

1　（略）

2　前項の規定にかかわらず、次に掲げる種類株主総会の決議は、当該種類株主総会において議決権を行使することができる株主の議決権の過半数（3分の1以上の割合を定款で定めた場合にあっては、その割合以上）を有する株主が出席し、出席した当該株主の議決権の3分の2（これを上回る割合を定款で定めた場合にあっては、その割合）以上に当たる多数をもって行わなければならない。この場合においては、当該決議の要件に加えて、一定の数以上の株主の賛成を要する旨その他の要件を定款で定めることを妨げない。

　①～⑥　（略）

　⑦　第816条の3第3項の種類株主総会

3　（略）

（改正前会社法324条）

1　（略）

2　前項の規定にかかわらず、次に掲げる種類株主総会の決議は、当該種類株主総会において議決権を行使することができる株主の議決権の過半数（3分の1以上の割合を定款で定めた場合にあっては、その割合以上）を有する株主が出席し、出席した当該株主の議決権の3分の2（これを上回る割合を定款で定めた場合に

あっては、その割合）以上に当たる多数をもって行わなければならない。この場合においては、当該決議の要件に加えて、一定の数以上の株主の賛成を要する旨その他の要件を定款で定めることを妨げない。

①～⑥　（略）

3　（略）

◆解説

1　背景

本条は、新たに創設される株式交付制度に関する改正法816条の３第３項を受けて改正された。

2　趣旨

株式交付制度では、株式交付対価が株式交付親会社の株式である場合に、当該株式交付親会社が種類株式発行会社であり、当該株式が譲渡制限株式であり、かつ、当該株式に関して会社法199条４項の定款の定めがないときは、株式交付をするためには、当該株式の株主を構成員とする種類株主総会の承認決議が必要となる（改正法816条の３第３項）。改正法324条２項７号は、当該種類株主総会の定足数および決議要件を定めるもので、定足数を当該種類株主総会において行使可能な株主の議決権の過半数、決議要件を出席株主の議決権の３分の２以上（いずれも定款によってこれ以上の割合に引き上げることは可能）とするものである。吸収型組織再編の吸収合併存続会社、吸収分割承継会社および株式交換完全親会社にも同様の規律が存在するが（会324条２項６号・795条４項）、これと同趣旨である。

3　実務への影響

株式交付制度の新設に伴う改正として認識しておくべきである。

（資本金の額及び準備金の額）

第445条

1～4　（略）

5　合併、吸収分割、新設分割、株式交換、株式移転又は株式交付に際して資本金又は準備金として計上すべき額については、法務省令で定める。

6　定款又は株主総会の決議による第361条第１項第３号、第４号若しく

は第5号ロに掲げる事項についての定め又は報酬委員会による第409条第3項第3号、第4号若しくは第5号ロに定める事項についての決定に基づく株式の発行により資本金又は準備金として計上すべき額については、法務省令で定める。

会社計算規則

第39条の2

1　株式交付に際し、株式交付親会社において変動する株主資本等の総額（以下この条において「株主資本等変動額」という。）は、次の各号に掲げる場合の区分に応じ、当該各号に定める方法に従い定まる額とする。

　①　当該株式交付が支配取得に該当する場合（株式交付子会社による支配取得に該当する場合を除く。）　吸収型再編対価時価又は株式交付子会社の株式及び新株予約権等の時価を基礎として算定する方法

　②　株式交付親会社と株式交付子会社が共通支配下関係にある場合　株式交付子会社の財産の株式交付の直前の帳簿価額を基礎として算定する方法（前号に定める方法によるべき部分にあっては、当該方法）

　③　前2号に掲げる場合以外の場合　前号に定める方法

2　前項の場合には、株式交付親会社の資本金及び資本剰余金の増加額は、株主資本等変動額の範囲内で、株式交付親会社が株式交付計画の定めに従い定めた額とし、利益剰余金の額は変動しないものとする。ただし、法第816条の8の規定による手続をとっている場合以外の場合にあっては、株式交付親会社の資本金及び資本準備金の増加額は、株主資本等変動額に対価自己株式の帳簿価額を加えて得た額に株式発行割合（当該株式交付に際して発行する株式の数を当該株式の数及び対価自己株式の数の合計数で除して得た割合をいう。）を乗じて得た額から株主資本等変動額まで（株主資本等変動額に対価自己株式の帳簿価額を加えて得た額に株式発行割合を乗じて得た額が株主資本等変動額を上回る場合にあっては、株主資本等変動額）の範囲内で、株式交付親会社が株式交付計画の定めに従いそれぞれ定めた額とし、当該額の合計額を株主資本等変動額から減じて得た額をその他資本剰余金の変動額とする。

3　前項の規定にかかわらず、株主資本等変動額が零未満の場合には、当該株主資本等変動額のうち、対価自己株式の処分により生ずる差損の額をその他資本剰余金の減少額とし、その余の額をその他利益剰余金の減

> 少額とし、資本金、資本準備金及び利益準備金の額は変動しないものとする。（新設）
>
> 第54条（土地再評価差額金を計上している会社を当事者とする組織再編行為等における特則）
>
> 2　株式交換、株式交付又は株式移転（以下この項において「交換交付移転」という。）に際して前条第3号に掲げる再評価差額を計上している土地が株式交換完全子会社、株式交付子会社又は株式移転完全子会社（以下この項において「交換交付移転子会社」という。）の資産に含まれる場合において、当該交換交付移転子会社の株式につき株式交換完全親会社、株式交付親会社又は株式移転設立完全親会社が付すべき帳簿価額を算定の基礎となる交換交付移転子会社の財産の帳簿価額を評価すべき日における当該交換交付移転子会社の資産（自己新株予約権を含む。）に係る帳簿価額から負債（新株予約権に係る義務を含む。）に係る帳簿価額を減じて得た額をもって算定すべきときは、当該土地に係る土地の再評価に関する法律の規定による再評価前の帳簿価額を当該土地の帳簿価額とみなして、当該交換交付移転に係る株主資本等の計算に関する規定を適用する。

（改正前会社法445条）

1～4　（略）

5　合併、吸収分割、新設分割、株式交換又は株式移転に際して資本金又は準備金として計上すべき額については、法務省令で定める。

◆解説

1　背景

　本条5項は、他の組織再編行為と同様に、株式交付に際して計上すべき資本金および準備金の額に関して、法務省令に委任する旨の規定である。

　改正会社計算規則39条の2は、株式交付に際して変動する資本金等について定めている。基本的な条文構造は、株式交換（計規39条）と同様である。⇨§774の3-2（8）。

　敷衍すると、同条1項では、株式交付に際して変動する株式交付親会社の株主資本等の総額（「株主資本等変動額」という。資本金、資本剰余金および利益剰余金〔改正計規2条3項33号〕の総額）を定めており、2項および3項は、その

ように定められた株主資本等変動額の配分を定めるものである。

　そして、株式交付における株主資本等変動額は、株式交付が「支配取得」（改正計規2条3項35号）に該当する場合（すなわち、企業結合に関する会計基準〔以下「企業結合会計基準」という〕における「取得」に該当する場合）には、いわゆる「逆取得」に該当する場合を除き、株式交付対価の時価その他適切な方法により算定された価額（改正計規2条3項41号参照）または株式交付子会社の株式および新株予約権等の時価を基礎に算定される（改正計規39条の2第1項1号）。株式交付を行う株式交付親会社と株式交付子会社が共通支配下関係（改正計規2条3項36号）にある場合には、原則として、株式交付子会社の財産の直前の帳簿価額を基礎として株主資本等変動額が算定される。企業結合会計基準でいう共同支配企業の形成および逆取得の場合には、改正会社計算規則39条の2第1項3号が適用され、共通支配下関係にある場合と同様に、原則として、株式交付子会社の財産の直前の帳簿価額を基礎として株主資本等変動額が算定される。

　このように算定された株主資本等変動額の範囲内で、株式交付計画の定めに従って、資本金および資本剰余金の振分けを行うことになるが（同条2項）、株式交付は必ずしも債権者保護手続がされるわけではないので、債権者保護手続をしない場合には、債権者保護の観点から、株式交付に際しての株式の新規発行に相当する株主資本等の変動部分については、その他資本剰余金ではなく、資本金または資本準備金に振り分けなければならないこととされている（同項ただし書）。すなわち、株式交付に際して債権者保護手続をしない場合には、同条1項により算定された株主資本等変動額に株式交付対価として用いる自己株式の帳簿価額を加算した額に対して、株式発行割合（株式交付対価となる新規発行株式と自己株式の数のうち、新規発行株式が占める割合）を乗じた額（ただし、その額が株主資本等変動額を上回る場合には、株主資本等変動額）については、少なくとも資本金または資本準備金に振り分けなければならず、資本金および資本準備金に振り分けなかった株主資本等変動額の残額をその他資本剰余金とすることとされている。

　また、株主資本等変動額がマイナスになる場合には、株式交付対価として用いる自己株式によって生じる差損については、その他資本剰余金から減少させるものとし、それ以外に起因する差損については、その他利益剰余金から減少させるものとされている（同条3項）。

　上記のほか、改正前会社計算規則54条2項では、株式交換完全子会社または株式移転完全子会社において土地再評価差額金を計上している場合の、株式交換または株式移転における株式交換完全親会社または株式移転完全親会社の株主資本等の計算の特則を定めていたが、これは、株式交付においても当てはまるため、株式交付についても同項の適用をする旨の改正がされている。

　本条6項については、資本金の額および準備金の額として**第3**で解説している（⇨本条6項に関する本書82～89頁）。

2　趣旨

　株式交付計画においては、株式交付親会社の資本金および準備金の額に関する事項を定めなければならないが（改正法774条の3第1項3号）、本条および法務省令の規定に従うこととなる。

3　実務への影響

　株式交付制度の新設に伴う改正として認識しておくべきである。

第509条
1　次に掲げる規定は、清算株式会社については、適用しない。
　①～②　（略）
　③　第5編第4章及び第4章の2並びに同編第5章中株式交換、株式移転及び株式交付の手続に係る部分
2・3　（略）

（改正前会社法509条）
1　次に掲げる規定は、清算株式会社については、適用しない。
　①～②　（略）
　③　第5編第4章並びに第5章中株式交換及び株式移転の手続に係る部分
2・3　（略）

◆解説

1　背景

　株式交付について、清算株式会社との関係を定めている。

2　趣旨

　株式交換および株式移転と同様に、株式交付に関しても清算株式会社には認

めない旨の規定である。したがって、清算株式会社は、株式交付親会社となることはできない。清算株式会社の株式の譲渡は会社法上禁止されていないことから（清算株式会社が行う自己株式の取得は除く。会509条1項1号・3項）、株式会社が、清算株式会社を株式交付子会社とした株式交付をすることは可能である。

3　実務への影響

株式交付制度の新設に伴う改正として認識しておくべきである。

（会社の組織に関する行為の無効の訴え）
第828条
1　次の各号に掲げる行為の無効は、当該各号に定める期間に、訴えをもってのみ主張することができる。
　①～⑫　（略）
　⑬　株式会社の株式交付　株式交付の効力が生じた日から6箇月以内
2　次の各号に掲げる行為の無効の訴えは、当該各号に定める者に限り、提起することができる。
　①～⑫　（略）
　⑬　前項第13号に掲げる行為　当該行為の効力が生じた日において株式交付親会社の株主等であった者、株式交付に際して株式交付親会社に株式交付子会社の株式若しくは新株予約権等を譲り渡した者又は株式交付親会社の株主等、破産管財人若しくは株式交付について承認をしなかった債権者

（改正前会社法828条）
1　次の各号に掲げる行為の無効は、当該各号に定める期間に、訴えをもってのみ主張することができる。
　①～⑫　（略）
2　次の各号に掲げる行為の無効の訴えは、当該各号に定める者に限り、提起することができる。
　①～⑫　（略）

◆解説

1 背景

　改正法においては、株式交付を、いわば部分的な株式交換として、組織再編行為と同様の性質を有するものと整理したことから、株式交換に準じて、株式交付の無効の訴えを定めるものである。

2 趣旨

　本条1項13号は、株式交換その他の組織再編と同様に、株式交付の無効の訴えの提訴期間を、株式交付の効力発生日から6か月に制限するものである。

　本条2項13号は、株式交付の無効の訴えの提訴権者を定めるものである。株式交付は、株式交付親会社と株式交付に応じる株式交付子会社の株主および新株予約権者等との個別の合意に基づき行われ、株式交付子会社を直接の当事会社とするわけではないことから、原則として株式交付子会社の関係者は、株式交付の無効の訴えの提訴権者ではない。しかし、株式交付により株式交付親会社に対して株式または新株予約権等を譲渡した株式交付子会社の株主または新株予約権者等は、なお株式交付によって生じる影響を受けることから、かかる訴えの提訴権者に加えられている。

　また、株式交付の「効力が生じた日において株式交付親会社の株主等であった者」には、株式交付の効力発生日においては株式交付親会社の株主等であったが、その後提訴日の時点ではそうではなくなった者が含まれる。合併無効の提訴権者（会828条2項7号）に関しては、合併対価が存続会社の株式以外の財産であったため、存続会社の株式の交付を受けなかった消滅会社の株主や、合併後に存続会社の株式を譲渡した者が含まれるとされている（相澤哲編著『立案担当者による新・会社法の解説』別冊商事法務295号〔2006〕214頁）。株式交付においては、株式交付の効力発生日後に株式交付親会社の株式を譲渡した者や、株式交付に反対して株式買取請求権を行使した株式交付親会社の元株主などが提訴権者に含まれると考えられる。

　「株式交付親会社の株主等」には、株式交付以前から継続して株式交付親会社の株主である者や、株式交付の効力発生日後に株式交付親会社の株主となった者が含まれる。

　なお、株式交付の無効原因については、部会の審議において具体的に議論されておらず、解釈に委ねられるが、株式交換の無効の訴えに則して解するのであれば、株式交付計画の内容の違法、事前開示手続の欠缺、株主総会の承認決

議の瑕疵、株式買取請求手続の不履行、債権者保護手続を要する場合のその欠缺等が考えられる。

3　実務への影響

株式交付制度の新設に伴う改正として認識しておくべきである。

（被告）
第834条
次の各号に掲げる訴え（以下この節において「会社の組織に関する訴え」と総称する。）については、当該各号に定める者を被告とする。
　①〜⑫　（略）
　⑫の2　株式会社の株式交付の無効の訴え　株式交付親会社
　⑬〜㉑　（略）

（改正前会社法834条）
次の各号に掲げる訴え（以下この節において「会社の組織に関する訴え」と総称する。）については、当該各号に定める者を被告とする。
　①〜⑫　（略）
　⑬〜㉑　（略）

◆解説

1　背景

株式交付に関する訴訟について、被告に関する規律を定めている。

2　趣旨

本条は、株式交付の無効の訴えの被告を定めるものである。株式交付は、株式交付親会社と株式交付に応じる株式交付子会社の株主および新株予約権者等との個別の合意に基づき行われ、株式交付子会社は当事者とはされていない。言い換えると、組織再編行為としては株式交付親会社の単独の行為であるから、株式交付親会社のみが訴えの被告とされており、株式交付子会社は訴えの被告とはされていない。

3　実務への影響

株式交付制度の新設に伴う改正として認識しておくべきである。

（担保提供命令）

第836条

1 （略）

2　前項の規定は、会社の組織に関する訴えであって、債権者又は株式交付に際して株式交付親会社に株式交付子会社の株式若しくは新株予約権等を譲り渡した者が提起することができるものについて準用する。

3 （略）

（改正前会社法836条）

1 （略）

2　前項の規定は、会社の組織に関する訴えであって、債権者が提起することができるものについて準用する。

3 （略）

◆解説

1　背景

　株式交付について、担保提供命令を定めている。

2　趣旨

　本条は、株主や債権者が会社の組織に関する訴えを提起する場合に、会社が原告の訴えが悪意によるものであることを疎明した場合には、裁判所は、被告の申立てにより株主または債権者に対して担保提供命令を出すことができる旨を定めるものである。なお、ここでいう「悪意」とは、一般的には「害意」を意味すると解されている。

　本条の改正は、株式交付の無効の訴えの提訴権者に、株式交付に応じて株式交付親会社に対して株式交付子会社の株式または新株予約権等を譲渡した者が加わることから、株式交付の無効の訴えに関する担保提供命令の対象として、これらを譲渡した者を加えるものである。

3　実務への影響

　株式交付制度の新設に伴う改正として認識しておくべきである。

（無効又は取消しの判決の効力）

第839条

会社の組織に関する訴え（第834条第1号から第12号の2まで、第18号及び第19号に掲げる訴えに限る。）に係る請求を認容する判決が確定したときは、当該判決において無効とされ、又は取り消された行為（当該行為によって会社が設立された場合にあっては当該設立を含み、当該行為に際して株式又は新株予約権が交付された場合にあっては当該株式又は新株予約権を含む。）は、将来に向かってその効力を失う。

（改正前会社法839条）

会社の組織に関する訴え（第834条第1号から第12号まで、第18号及び第19号に掲げる訴えに限る。）に係る請求を認容する判決が確定したときは、当該判決において無効とされ、又は取り消された行為（当該行為によって会社が設立された場合にあっては当該設立を含み、当該行為に際して株式又は新株予約権が交付された場合にあっては当該株式又は新株予約権を含む。）は、将来に向かってその効力を失う。

◆解説

1 背景

株式交付について、無効または取消しの判決の効力を定めている。

2 趣旨

本条は、会社の組織に関する訴えのうち一部の類型に関して、当該訴えに係る請求の認容判決が確定したときに、当該認容判決の効力の訴求的効力を否定して、将来効のみを認めるものである。

本条の改正は、株式交付の無効判決の効力に関しても、株式交換の無効判決と同様に、本条の適用対象とするものである。例えば、株式交付の効力発生後に、株式交付子会社の株主総会を開催し、新たな取締役の選任の決議をした後に、当該株式交付に関する無効判決が確定した場合であっても、当該株主総会決議による取締役の選任の効力は影響を受けない。

3 実務への影響

株式交付制度の新設に伴う改正として認識しておくべきである。

（株式交付の無効判決の効力）

第844条の2

1　株式会社の株式交付の無効の訴えに係る請求を認容する判決が確定した場合において、株式交付親会社が当該株式交付に際して当該株式交付親会社の株式（以下この条において「旧株式交付親会社株式」という。）を交付したときは、当該株式交付親会社は、当該判決の確定時における当該旧株式交付親会社株式に係る株主に対し、当該株式交付の際に当該旧株式交付親会社株式の交付を受けた者から給付を受けた株式交付子会社の株式及び新株予約権等（以下この条において「旧株式交付子会社株式等」という。）を返還しなければならない。この場合において、株式交付親会社が株券発行会社であるときは、当該株式交付親会社は、当該株主に対し、当該旧株式交付子会社株式等を返還するのと引換えに、当該旧株式交付親会社株式に係る旧株券を返還することを請求することができる。

2　前項前段に規定する場合には、旧株式交付親会社株式を目的とする質権は、旧株式交付子会社株式等について存在する。

（新設）

◆解説

1　背景

　株式交付について、無効判決の効力を定めている。

2　趣旨

　株式交付の無効判決の効力に関して、株式交換・株式移転の無効判決の効力に関する会社法844条と同様の規律を定めるものである。すなわち、株式交付の無効判決は、遡及的効力はなく、将来に向かってのみ効力を有することから（改正法839条）、株式交付の効力発生後に、株式交付に応じた株式交付子会社の旧株主または旧新株予約権者等が、交付を受けた株式交付親会社の株式を第三者に譲渡した場合には、当該譲渡はその後に確定した株式交付の無効判決とは関係なく、有効である。このように、株式交付の効力発生時点と、株式交付の無効判決の確定時点では、株式交付の対価として交付された株式交付親会社の株式の保有者が異なっている場合がある。1項は、株式交付の無効判決の確定に伴い返還すべき株式交付子会社の株式および新株予約権等を移転すべき相手

方を、無効判決の確定時において株式交付の対価として交付された株式交付親会社の株式を保有している株主とするものである。

　本条2項は、株式交付の対価として交付された株式交付親会社の株式に、株式交付の無効判決の確定時にすでに質権が設定されていた場合には、当該質権は返還された株式交付子会社の株式または新株予約権等について存在する旨を規定するものである。なお、本条には、当該質権が登録質である場合等に関する手続を定めた会社法844条3～5項の規定に相当する規定がない。これは、株式交付は、株式交付親会社による組織再編行為であり、株式交付子会社は当事者ではないことから、株式交付子会社において株式交付に関する手続を自発的にとることは、期待されていないからと考えられる。

3　実務への影響

　株式交付制度の新設に伴う改正として認識しておくべきである。

（裁判による登記の嘱託）

第937条

1　次に掲げる場合には、裁判所書記官は、職権で、遅滞なく、会社の本店の所在地を管轄する登記所にその登記を嘱託しなければならない。

①～③　（略）

2　（略）

3　次の各号に掲げる訴えに係る請求を認容する判決が確定した場合には、裁判所書記官は、職権で、遅滞なく、各会社の本店の所在地を管轄する登記所に当該各号に定める登記を嘱託しなければならない。

①～⑦　（略）

⑧　株式会社の株式交付の無効の訴え　株式交付親会社についての変更の登記

（新設）

（改正前会社法937条）

1　次に掲げる場合には、裁判所書記官は、職権で、遅滞なく、会社の本店（第1号トに規定する場合であって当該決議によって第930条第2項各号に掲げる事項についての登記がされているときにあっては、本店及び当該登記に係る支店）の所

在地を管轄する登記所にその登記を嘱託しなければならない。

①～③　（略）

2　（略）

3　次の各号に掲げる訴えに係る請求を認容する判決が確定した場合には、裁判所書記官は、職権で、遅滞なく、各会社の本店の所在地を管轄する登記所に当該各号に定める登記を嘱託しなければならない。

①～⑦　（略）

4　前項に規定する場合において、同項各号に掲げる訴えに係る請求の目的に係る組織変更、合併又は会社分割により第930条第2項各号に掲げる事項についての登記がされているときは、各会社の支店の所在地を管轄する登記所にも前項各号に定める登記を嘱託しなければならない。

◆解説

1　背景

株式交付について、裁判による登記の嘱託を定めている。

2　趣旨

本条は、会社の組織に関する訴え等に係る請求認容判決があった場合に、裁判所の書記官に、当該認容判決に基づく登記の嘱託を義務づける規定である。株式交付に関しても、株式交付の無効の訴えが創設されたことを受けて、本条を改正するものである。

3　実務への影響

株式交付制度の新設に伴う改正として認識しておくべきである。

会社法施行規則

第23条（子会社による親会社株式の取得）

法第135条第2項第5号に規定する法務省令で定める場合は、次に掲げる場合とする。

　　④　他の法人等が行う株式交付（法以外の法令に基づく株式交付に相当する行為を含む。）に際して親会社株式の割当てを受ける場合（新設）

◆解説

1 背景

株式交付制度の創設に伴う会社法施行規則の整備である。

2 趣旨

株式交付制度の創設に伴い、子会社による親会社株式の取得の禁止の例外として、子会社が他の会社が行う株式交付に応募して、株式交付対価として、親会社の株式の割当てを受ける場合を追加するものである。

3 実務への影響

株式交付制度の創設に伴う子会社による親会社株式の取得の例外として留意しておくべきである。

会社法施行規則

第27条（自己の株式を取得することができる場合）

法第155条第13号に規定する法務省令で定める場合は、次に掲げる場合とする。

⑤ 当該株式会社が法第116条第5項、第182条の4第4項、第469条第5項、第785条第5項、第797条第5項、第806条第5項又は第816条の6第5項（これらの規定を株式会社について他の法令において準用する場合を含む。）に規定する株式買取請求に応じて当該株式会社の株式を取得する場合

第151条（清算株式会社が自己の株式を取得することができる場合）

法第509条第3項に規定する法務省令で定める場合は、次に掲げる場合とする。

⑤ 当該清算株式会社が法第116条第5項、第182条の4第4項、第469条第5項、第785条第5項、第797条第5項、第806条第5項又は第816条の6第5項（これらの規定を株式会社について他の法令において準用する場合を含む。）に規定する株式買取請求（清算株式会社となる前にした行為に際して行使されたものに限る。）に応じて当該清算株式会社の株式を取得する場合

◆解説

1 背景

株式交付制度の創設に伴う会社法施行規則の整備である。

2 趣旨

株式交付制度の創設に伴い、株式会社が自己株式を取得することができる場合として、株式交付において反対株主の株式買取請求権が行使された場合を追加するものである（改正施規27条5号）。清算株式会社による自己株式の取得についても、同様の改正がされている（同151条5号）。

3 実務への影響

株式交付制度の創設に伴う改正として認識しておくべきである。

会社計算規則

第55条

2　前項に規定する「株式会社が新株予約権を発行する場合」とは、次に掲げる場合において新株予約権を発行する場合をいう。

⑩　株式交付に際して他の株式会社の株式又は新株予約権等の譲受けをする場合（新設）

◆解説

1 背景

株式交付制度の創設に伴う会社計算規則の整備である。

2 趣旨

株式交付制度の創設に伴い、新株予約権の額の計上に関する会社計算規則55条2項に関して、株式交付対価として新株予約権を発行する場合が追加された（同項10号）。

3 実務への影響

株式交付制度の創設に伴う改正として認識しておくべきである。

第9 その他

1 責任追及等の訴えに係る訴訟における和解

（和解）
第849条の2
株式会社等が、当該株式会社等の取締役（監査等委員及び監査委員を除く。）、執行役及び清算人並びにこれらの者であった者の責任を追及する訴えに係る訴訟における和解をするには、次の各号に掲げる株式会社の区分に応じ、当該各号に定める者の同意を得なければならない。
① 監査役設置会社　監査役（監査役が2人以上ある場合にあっては、各監査役）
② 監査等委員会設置会社　各監査等委員
③ 指名委員会等設置会社　各監査委員
（新設）

◆ **解説**

1 背景

代表訴訟を含む株式会社等における責任追及等の訴えに係る訴訟において、訴訟上の和解（民訴法267条）が可能かは見解が分かれていたが、2001（平成13）年商法改正に際し、取締役の責任免除についての規律が一部緩和されるとともに（平成13年改正商法268条4項）、責任追及等の訴えに係る訴訟上の和解を可能とするための規定が整備された（同5項ないし7項）。

会社法も基本的に2001（平成13）年改正商法の規律を受け継いでいる。具体的には、責任追及等の訴えにおいて、会社が和解当事者（利害関係人として和解に参加する場合を含む）の場合は、訴訟上の和解が可能とされ（会850条1項参照）、また、会社が和解当事者ではない場合であっても、株式会社が承認をすることで、原告株主等と被告の間の和解に確定判決と同一の効力を認められ（会850条）、会社および全株主が拘束される。

ところで、訴訟上の和解を成立させるためには、いずれの機関の同意を得る

必要があるのかについては必ずしも明確ではなかったが、改正法は、同意を要する機関を明文で定めることにした。

2 趣旨

（1） 問題の所在　会社法は、監査役設置会社、監査等委員会設置会社または指名委員会等設置会社（以下「監査役設置会社等」という）が取締役等を補助するためにその取締役等の責任を追及等する訴えに係る訴訟に（補助参加人として）参加する場合は、各監査役、各監査等委員または各監査委員（以下「各監査役等」という）の同意を得なければならない旨を規定している（会849条3項）。

　しかし、訴訟が進行し、和解が勧試された場合、和解の成立にどのような手続が必要なのか、いずれの機関の同意を必要とするのかについては、規定を欠いていた（ただし、和解の成立および内容の決定は重要な業務執行にあたり、取締役の過半数による決定〔会348条2項〕または取締役会の決議〔会362条4項柱書〕が必要と解されている）。

　しかも、取締役等の責任は、訴えを提起されなければ総株主の同意なしに責任免除ができないのに対し（会424条）、訴えが提起された途端、総株主の同意なく責任の（全部または一部の）免除が可能となる（会850条）のであるから、相応の要件が必要と考えられる（垣内秀介「訴訟上の和解の要件および可否」神作裕之他編『会社裁判にかかる理論の到達点』〔商事法務・2014〕357頁は、「訴訟上の和解の場合にのみ実体法上の処分権限の制約が解除される、という規律自体他に例のないものである」と評する）。

（2） 訴訟法および実体法との整合　今般の改正は、2つの方向から監査役等の同意の必要性を説明している。

　1つは、上記のとおり、監査役設置会社等が取締役等を補助するため、その取締役等の責任を追及等する訴えに係る訴訟に（補助参加人として）参加する場合に、各監査役等の同意を得なければならないとされていること（会849条3項）との平仄である。補助参加するかどうかという最初の段階で同意を要求する以上、和解により訴訟を終了させるためにも同様にこれらの者の同意を要求すべきとの理由である。

　他は、取締役（監査等委員または監査委員を除く）および執行役の責任の一部免除の議案を提出する場合には各監査役等の同意を得なければならないとされていること（会425条3項・426条2項）との平仄である。

　このように、改正法は、訴訟法および実体法上の平仄から、監査役設置会社等が取締役等の責任を追及等する訴えに係る訴訟において和解をする場合に、各監査役等の同意を要求することにした。

（3）　射程距離　会社が和解当事者（利害関係人として和解に参加する場合を含む）ではない場合で、原告株主が被告と和解をしたときは、会社の承認がなければ和解調書等の効力に関する民事訴訟法267条の適用はない（会850条1項）。そのため、裁判所は、会社に対し、和解内容を通知し、かつ、会社が和解に異議があれば2週間以内に異議を述べるべき旨を催告しなければならない（同条2項）。

　まず、この通知および催告を受ける場合に会社を代表する者は、提訴請求の名宛人と同様に解されるから（会386条2項2号・399条の7第5項2号・408条5項2号）、監査役等宛に通知および催告をすることになる。

　会社が和解内容について承認をした場合、または上記期間内に異議を述べない場合（裁判所が通知した内容による和解を承認したとみなされる〔会850条3項〕）も、会社法424条の適用はないとされている（会850条4項）。これに対し、会社が異議を述べた場合には、仮に原告たる株主と被告たる取締役が和解をしても、会社または他の株主との関係においては、訴訟上の和解の効力は及ばない（同条1項本文）と解されている。

　それでは、承認をするかまたは異議を述べるかは誰が決定するのか。従来、和解の成立と同様、この決定も重要な業務執行にあたり取締役の過半数による決定（会348条2項）または取締役会の決議（会362条4項柱書）が必要と解されていた。改正法の文言は、会社が「和解をする」場合と明示し、必ずしも承認・異議に対する決定を意識した規定振りとはなっていないが、訴訟上の和解をするための手続と承認または異議を決定するための手続に差異を設ける理由はないから（一問一答229頁は和解をすることに対する同意と異議は、表裏の関係にあると説明する）、会社は、承認または異議を決定するに際し、各監査役等の同意を得なければならないと考える。

3　実務への影響

　訴訟上の和解をする場合の内部手続が明文化され、今後は監査役等において、不当に取締役等に有利な和解となっていないかチェックすることとなる。

　中間試案作成の段階で、改正事項として取り上げられなかった事項として次のものがある。

（1）　**代表者**　監査役設置会社等が取締役等の責任を追及する訴えに係る訴訟における和解をする場合、誰が当該監査役設置会社等を代表すると考えるべきか。

　原告として和解をする場合は、会社法386条1項1号、399条の7第1項、408条1項および491条の規定により監査役等が監査役設置会社等を代表するものと一般に解釈されていること、利害関係人または補助参加人として当該和解をする場合には、原則として、代表取締役等は、株式会社の業務に関する一切の裁判上または裁判外の行為をする権限を有することとされており、代表取締役が会社を代表すると一般に解釈されていること（会349条4項・420条3項・483条6項）を踏まえると、各監査役等の同意を必要とする本条を新たに設ければ、代表者に関して明文の規定を設ける必要はないとされた（中間試案補足説明65頁、神田(8)7頁）。

（2）　**監査役設置会社等が利害関係人または補助参加人として和解をするときの利益相反取引規制（会356条1項2号）適用の有無**　各監査役等の同意が必要とされている以上、利益相反取引規制を適用する必要性は大きくないという意見もあったが、解釈に委ねられた（中間試案補足説明65頁、神田(8)7頁、一問一答230頁）。

2　議決権行使書面の閲覧等

（議決権の代理行使）

第310条

1〜6　（略）

7　株主（前項の株主総会において決議をした事項の全部につき議決権を行使することができない株主を除く。次条第4項及び第312条第5項において同じ。）は、株式会社の営業時間内は、いつでも、次に掲げる請求をすることができる。この場合においては、当該請求の埋由を明らかにしてしなければならない。

①〜②（略）

8　株式会社は、前項の請求があったときは、次のいずれかに該当する場合を除き、これを拒むことができない。

①　当該請求を行う株主（以下この項において「請求者」という。）が

その権利の確保又は行使に関する調査以外の目的で請求を行ったとき。

② 請求者が当該株式会社の業務の遂行を妨げ、又は株主の共同の利益を害する目的で請求を行ったとき。

③ 請求者が代理権を証明する書面の閲覧若しくは謄写又は前項第2号の電磁的記録に記録された事項を法務省令で定める方法により表示したものの閲覧若しくは謄写によって知り得た事実を利益を得て第三者に通報するため請求を行ったとき。

④ 請求者が、過去2年以内において、代理権を証明する書面の閲覧若しくは謄写又は前項第2号の電磁的記録に記録された事項を法務省令で定める方法により表示したものの閲覧若しくは謄写によって知り得た事実を利益を得て第三者に通報したことがあるものであるとき。

（書面による議決権の行使）
第311条
1〜3 （略）
4 株主は、株式会社の営業時間内は、いつでも、第1項の規定により提出された議決権行使書面の閲覧又は謄写の請求をすることができる。この場合においては、当該請求の理由を明らかにしてしなければならない。
5 株式会社は、前項の請求があったときは、次のいずれかに該当する場合を除き、これを拒むことができない。

① 当該請求を行う株主（以下この項において「請求者」という。）がその権利の確保又は行使に関する調査以外の目的で請求を行ったとき。

② 請求者が当該株式会社の業務の遂行を妨げ、又は株主の共同の利益を害する目的で請求を行ったとき。

③ 請求者が第1項の規定により提出された議決権行使書面の閲覧又は謄写によって知り得た事実を利益を得て第三者に通報するため請求を行ったとき。

④ 請求者が、過去2年以内において、第1項の規定により提出された議決権行使書面の閲覧又は謄写によって知り得た事実を利益を得て第三者に通報したことがあるものであるとき。

（電磁的方法による議決権の行使）

第312条

1〜4　（略）

5　株主は、株式会社の営業時間内は、いつでも、前項の電磁的記録に記録された事項を法務省令で定める方法により表示したものの閲覧又は謄写の請求をすることができる。この場合においては、当該請求の理由を明らかにしてしなければならない。

6　株式会社は、前項の請求があったときは、次のいずれかに該当する場合を除き、これを拒むことができない。

①　当該請求を行う株主（以下この項において「請求者」という。）がその権利の確保又は行使に関する調査以外の目的で請求を行ったとき。

②　請求者が当該株式会社の業務の遂行を妨げ、又は株主の共同の利益を害する目的で請求を行ったとき。

③　請求者が前項の電磁的記録に記録された事項を法務省令で定める方法により表示したものの閲覧又は謄写によって知り得た事実を利益を得て第三者に通報するため請求を行ったとき。

④　請求者が、過去2年以内において、前項の電磁的記録に記録された事項を法務省令で定める方法により表示したものの閲覧又は謄写によって知り得た事実を利益を得て第三者に通報したことがあるものであるとき。

（改正前会社法310条）

1〜6　（略）

7　株主（前項の株主総会において決議をした事項の全部につき議決権を行使することができない株主を除く。次条第4項及び第312条第5項において同じ。）は、株式会社の営業時間内は、いつでも、次に掲げる請求をすることができる。

①〜②　（略）

（改正前会社法311条）

1〜3　（略）

4　株主は、株式会社の営業時間内は、いつでも、第1項の規定により提出された議決権行使書面の閲覧又は謄写の請求をすることができる。

（改正前会社法312条）

1〜4　（略）

5　株主は、株式会社の営業時間内は、いつでも、前項の電磁的記録に記録された
　事項を法務省令で定める方法により表示したものの閲覧又は謄写の請求をするこ
　とができる。

◆解説

1　背景

（1）　閲覧謄写請求に関する請求理由、拒絶事由の定め　　会社法では、株主
が株主名簿の閲覧謄写請求をする際には、株主はその理由を明らかにする必要
があり、会社の拒絶事由も明文で定められている（会125条2項3項。同様の定
めを有するものとして、会計帳簿の閲覧謄写請求〔会433条1項2項〕、新株予約権
原簿〔会252条2項3項〕、社債原簿〔会684条2項3項〕）。

　これに対し、議決権行使書面の閲覧謄写請求を行う際には、株主がその理由
を明らかにしなければならないとすることや、請求に対する会社の拒絶事由は
明文で定められていなかった（改正前会社法311条4項参照。代理権を証明する書
面および電磁的方法により提供された当該書面に記載すべき事項の閲覧謄写請求〔改
正前会社法310条7項〕ならびに電磁的方法により提供された議決権行使書面に記載
すべき事項の閲覧謄写請求〔改正前会社法312条5項〕についても同様）。

（2）　議決権行使書面の閲覧謄写請求権の濫用的な行使　　このような状況に
おいて、実務上、議決権行使書面には、株主の氏名および議決権数に加えて、
株主の住所が記載されていることが通常であるため、株主名簿の閲覧謄写請求
が拒絶された場合等に、株主の住所等の情報を取得する目的で、議決権行使書
面の閲覧謄写請求が利用されているとか、会社の業務の遂行を妨げる目的など
正当な目的以外の目的で閲覧謄写請求権が行使されているのではないかと疑わ
れる事例があるとの指摘がされていた。

　部会では、議決権行使書面の閲覧謄写による弊害が生じている具体例として、
会社において長期間に及ぶ対応を要する閲覧謄写請求が頻繁になされ業務への
多大な負担が生じた事例や、議決権行使書面の閲覧謄写によって取得した情報
に基づき、過去に自らが提案した株主提案議案に賛成した株主を特定し、当該
株主に株主提案の共同提案者となることやカンパ等の経済的支援の依頼がされ
たことについて、当該株主から会社に対して抗議がされた事例などが報告され
た（中間試案補足説明66頁、第1回部会議事録14頁、第5回部会議事録51頁〔いず
れも古本省三委員発言〕）。

　この点、会社の支配権の帰趨をめぐる争いがあるような場合には、株主が議決権行使書面を見て、他の株主に働き掛けをすることなどが必要になる場合があり、そういった行為は現行法上、禁止されているとはいえず、そのような事例についてまで濫用と評価することには違和感があるなどの意見もあった（第7回部会議事録34頁［梅野晴一郎幹事発言］）。

（3）　議決権行使書面における住所の記載　会社法上、株主の住所は議決権行使書面に記載すべき事項とされておらず（施規66条1項参照）、実務上も、議決権行使書面に株主の住所を記載しないという対応がとられている例もあることから、プライバシー保護の観点から会社法上の手当てをする必要性は高くないとの考えもあり得る（中間試案補足説明66頁、第1回部会議事録31頁［竹林俊憲幹事発言］、第5回部会議事録46頁［青野雅朗関係官発言］）。しかし、仮に、議決権行使書面の閲覧謄写請求権の濫用的な行使により株主の住所が閲覧謄写されるなどして弊害が生じているのであれば、その濫用的な行使は制限することが適当であると考えられた。

（4）　検査役の選任申立てによる対応について　部会においては、議決権行使書面の閲覧謄写請求権は、株主総会の決議の取消し等を訴えをもって請求するための手続的権利であるとの観点から、議決権行使書面の閲覧謄写請求権の濫用的な行使に対応するための措置として、株式会社は、書面による議決権行使に関する株主総会の決議の方法等を調査させるために検査役の選任の申立てをすることができるものとし、株主に議決権行使書面の閲覧謄写をさせる代わりに、裁判所が選任した検査役に対し、議決権行使書面が適法に集計されているかにつき調査を委ねることができるものとしてはどうかとの意見もあった（中間試案補足説明67頁、第5回部会議事録59頁・第7回部会議事録30頁［いずれも田中亘委員発言］）。

　しかし、検査役の選任および議決権行使書面が適法に集計されているかどうかの調査には相当の期間を要し、書面による議決権行使をする株主数によっては、株主総会の決議の取消しの訴えの出訴期間内（株主総会の日から3か月以内）に調査の結果を請求株主に通知することが困難な場合もあると考えられる。また、調査を迅速化するために検査役を複数選任することや検査役補助者を選任することも考えられるが、その場合には、検査役に対して支払う報酬等費用負担の問題も生じることなどから、そのような規律は設けないこととした。

2　趣旨
（1）　議決権行使書面の閲覧謄写請求について
　（a）　**請求理由の明示**　　議決権行使書面の閲覧謄写請求に関して、株主名簿の閲覧謄写請求に関する規律を参考として、まず、株主が当該請求の理由を明らかにしてしなければならないものとした（改正法311条4項後段）。

　請求の理由を明らかにさせる趣旨は、拒絶事由の有無の判断を会社が行うことを容易にすることにある。したがって、請求の理由としては、閲覧等に関して具体的な目的を掲げることを要すると考えられる。

　（b）　**拒絶事由について**　　同条5項各号は、議決権行使書面の閲覧謄写請求に関する具体的な拒絶事由を定めたものである。すなわち、株式会社は、会社法311条4項の請求があったときは、各号に定める拒絶事由に該当する場合を除き、これを拒むことはできないものとした。

　この点、いわゆる名簿屋等に情報を売却するなどの目的で議決権行使書面の閲覧謄写請求がされた場合には、株主名簿の閲覧謄写請求の拒絶事由を類推適用したり、会社は権利濫用として当該請求を拒絶することができるという考え方がある。しかし、議決権行使書面の閲覧謄写請求について、株主名簿の閲覧謄写請求の拒絶事由を類推適用することについては、肯定および否定の双方の議論があり得るところであり、そのような類推適用を否定した裁判例（⇨**判例**）もある。また、権利濫用といった一般条項の適用については主張立証に困難が伴う場合がある。

　プライバシー保護および閲覧謄写請求権の濫用的行使の制限の必要性の観点からは、議決権行使書面と株主名簿とに差異を設ける必要はないと考えられる。そこで、議決権行使書面の閲覧謄写請求についても株主名簿の閲覧謄写請求と同様の拒絶事由を明文で定めるものとした。

　（i）　**第1号について**　　請求者の範囲を除き、株主名簿の閲覧謄写請求について定めた会社法125条3項1号と同様に、議決権行使書面の閲覧謄写請求を行う株主が「その権利の確保又は行使に関する調査以外の目的で請求を行ったとき」を議決権行使書面の閲覧謄写請求についての拒絶事由の1つとするものである。

　中間試案では、1号に定める拒絶事由について、当該請求を行う株主が「株主総会の招集の手続又は決議の方法（書面による議決権の行使に関するものに限る。）に関する調査以外の目的で請求を行ったとき」とする案（A案）と当該請

求を行う株主が「その権利の確保又は行使に関する調査以外の目的で請求を行ったとき」とする案（B案）が提示されたが、改正法はB案を採用した。

A案は、議決権行使書面の閲覧謄写請求は、株主の意思に基づかない議決権行使や、議決権行使書面による投票が採決に正確に反映されないなどの瑕疵のある処理を防ぎ、株主総会の決議が適法かつ公正にされることを担保するための制度であり、議決権行使書面の閲覧謄写請求権は、その後に、株主総会の決議の取消し等を訴えをもって請求するための手続的権利であると考えられることから、その制度趣旨と離れた目的での請求は認めるべきでないとの考え方である。これによる場合には、株主が少数株主権の行使のために必要な持株要件を満たすために他の株主を募る目的や、株主総会の議案について委任状の勧誘を行う目的で、閲覧謄写を請求した場合には、会社は、「株主総会の招集の手続又は決議の方法に関する調査以外の目的で請求を行ったとき」に該当するものとして、当該請求を拒むことができることになる。

しかし、株主名簿の閲覧謄写請求において認められている範囲よりも閲覧謄写を制限するような規律は、閲覧謄写請求権の濫用的な行使を制限するという趣旨に照らして過剰な制限となるという理由からB案を支持する指摘も多かった。また、議決権行使書面の備置期間は、株主総会の決議の取消しの訴えの出訴期間に合わせて株主総会の日から3か月間とされており（会311条3項）、その閲覧謄写請求も当該備置期間内に限り認められる。当該議決権行使書面の閲覧謄写請求権者も、株主総会において決議をした事項につき議決権を行使することができた株主に限られている。このように、議決権行使書面の閲覧謄写請求については、すでにその制度趣旨からの一定の制約が設けられている。

更に、議決権行使書面の閲覧等は少数株主が共同で株主提案をするために不可欠であり、議決権行使書面の閲覧謄写請求権が制限されると、自らの株主提案に賛同していた株主に連絡し、共同提案者となることを依頼するという手法で株主提案をすることができなくなるとの指摘もあった。そして、現行法上禁止されているとまではいえない株主による権利行使を、制度趣旨の観点から、権利の濫用として制限することについては、慎重な検討が必要であると考えられた。

そこで、改正法はB案を採用し、株主名簿の閲覧謄写請求について定めた会社法125条3項1号と同様の定めを設けるものとした。

(ii) 第2号から第4号までについて　　株主名簿の閲覧謄写請求につい

ての拒絶事由を定めた会社法125条3項2～4号は、会社の業務の遂行を妨げまたは株主共同の利益を害する目的での請求や、閲覧謄写により知り得た事実をいわゆる名簿屋等に売却するための請求、または売却等したことのある者による請求は、権利の濫用として認められないとするものであり、その趣旨は、議決権行使書面の閲覧謄写請求についても妥当すると考えられる。そこで、2号から4号までにおいては、請求者の範囲を除き、会社法125条3項2～4号と同じ事由を議決権行使書面の閲覧謄写請求についての拒絶事由として掲げたものである。

（2） 代理権を証明する書面、電磁的方法により提供された議決権行使書面等の閲覧謄写請求について　　代理権を証明する書面および電磁的方法により提供された当該書面に記載すべき事項の閲覧謄写請求（改正法310条7項）ならびに電磁的方法により提供された議決権行使書面に記載すべき事項の閲覧謄写請求（改正法312条5項）についても、これらの記録および書面には、住所その他の株主の個人情報が含まれている限りでは、議決権行使書面と同様に閲覧謄写請求によってプライバシー侵害が生ずる可能性がある。また、閲覧謄写請求権の濫用的な行使の制限の必要性の点では議決権行使書面と差異がないと考えられる。そこで、これらの閲覧謄写請求についても、議決権行使書面の閲覧謄写請求と同様の規律を設けるものとした。

（3） 経過措置　　附則4条により、改正法の施行前にされた改正前会社法310条1項、311条4項または312条5項の請求については、なお従前の例によるとされている。⇨**附則§4**の解説参照。

3　実務への影響

　議決権行使書面の閲覧請求の濫用が疑われる事案において、これまで、請求を受けた会社は、株主名簿の閲覧謄写請求の拒絶事由（会125条3項）の類推適用や一般条項である権利濫用（民法1条3項）を理由として対応せざるを得ず、会社の主張立証に困難を伴う場合があった。改正により、議決権行使書面の閲覧請求についても請求理由の明示が求められ、拒絶事由も明らかになったことから、実務上、株主名簿の閲覧謄写請求と同様の対応が可能となった。

　一方、次の株主総会に向け、株主提案に際して共同提案者を募るといった目的による議決権行使書面等の閲覧は引き続き制限されないこととなる。

【参考判例等】

東京高裁平成21年1月8日決定・商事法務1932号26頁

<事案> 議決権行使書面等の閲覧謄写請求をめぐる一連の仮処分命令申立事件に
おいて、閲覧謄写請求の目的が、被請求会社の乗っ取りを企図する会社に、閲覧
謄写により得た情報を通報するためのものであることが明らかな場合には、株主名
簿の閲覧謄写請求の拒絶事由（会125条3項1号または4号）が類推適用されるべ
きであるとして保全抗告の申立てを行った。

<判旨> 裁判所は、「立法に当たっては、株主の閲覧謄写の権利行使に対し、株式
会社がどのような場合に拒むことができるかを検討したうえ、株主名簿、新株予
約権原簿、会計帳簿、社債原簿について、一定の場合に限り、拒むことができる
という規定がなされたと考えるのが相当」であるとして、株主名簿の閲覧謄写請
求の拒絶事由の類推適用を否定した。一方、「一般条項である権利濫用（民法1条
3項）に該当するような場合には、株主の権利行使を株式会社が拒むことができ
る場合がある」ことを認めたものの、本件において「権利濫用に該当するとの疎
明はない」として保全抗告を棄却した。

3　全部取得条項付種類株式の取得および株式の併合に関する事前開示事項

> **会社法施行規則**
>
> 第33条の2（全部取得条項付種類株式の取得に関する事前開示事項）
>
> 2　前項第1号に規定する「取得対価の相当性に関する事項」とは、次に
> 掲げる事項その他の法171条第1項第1号及び第2号に掲げる事項につ
> いての定め（当該定めがない場合にあっては、当該定めがないこと）の
> 相当性に関する事項とする。
>
> ④　法第234条の規定により1に満たない端数の処理をすることが見込
> まれる場合における次に掲げる事項
>
> イ　次に掲げる事項その他の当該処理の方法に関する事項
>
> ⑴　法第234条第1項又は第2項のいずれの規定による処理を予定
> しているかの別及びその理由
>
> ⑵　法第234条第1項の規定による処理を予定している場合には、
> 競売の申立てをする時期の見込み（当該見込みに関する取締役
> （取締役会設置会社にあっては、取締役会。⑶及び⑷において同

じ。）の判断及びその理由を含む。）

⑶　法第234条第2項の規定による処理（市場において行う取引による売却に限る。）を予定している場合には、売却する時期及び売却により得られた代金を株主に交付する時期の見込み（当該見込みに関する取締役の判断及びその理由を含む。）

⑷　法第234条第2項の規定による処理（市場において行う取引による売却を除く。）を予定している場合には、売却に係る株式を買い取る者となると見込まれる者の氏名又は名称、当該者が売却に係る代金の支払のための資金を確保する方法及び当該方法の相当性並びに売却する時期及び売却により得られた代金を株主に交付する時期の見込み（当該見込みに関する取締役の判断及びその理由を含む。）

ロ　当該処理により株主に交付することが見込まれる金銭の額及び当該額の相当性に関する事項

第33条の9　（株式の併合に関する事前開示事項）

法第182条の2第1項に規定する法務省令で定める事項は、次に掲げる事項とする。

①ロ　法第235条の規定により1株に満たない端数の処理をすることが見込まれる場合における次に掲げる事項

⑴　次に掲げる事項その他の当該処理の方法に関する事項

(i)　法第235条第1項又は同条第2項において準用する法第234条第2項のいずれの規定による処理を予定しているかの別及びその理由

(ii)　法第235条第1項の規定による処理を予定している場合には、競売の申立てをする時期の見込み（当該見込みに関する取締役（取締役会設置会社にあっては、取締役会。(iii)及び(iv)において同じ。）の判断及びその理由を含む。）

(iii)　法第235条第2項において準用する法第234条第2項の規定による処理（市場において行う取引による売却に限る。）を予定している場合には、売却する時期及び売却により得られた代金を株主に交付する時期の見込み（当該見込みに関する取締役の判断及びその理由を含む。）

(iv)　法第235条第2項において準用する法第234条第2項の規定

> による処理（市場において行う取引による売却を除く。）を予
> 定している場合には、売却に係る株式を買い取る者となると
> 見込まれる者の氏名又は名称、当該者が売却に係る代金の支
> 払のための資金を確保する方法及び当該方法の相当性並びに
> 売却する時期及び売却により得られた代金を株主に交付する
> 時期の見込み（当該見込みに関する取締役の判断及びその理
> 由を含む。）
> ⑵　当該処理により株主に交付することが見込まれる金銭の額及び
> 当該額の相当性に関する事項（新設）

◆解説

1　背景

（1）　キャッシュ・アウトにおける改正前の情報提供の実状　　実務上、全部
取得条項付種類株式（会171条）や株式の併合（会182条2項。以下、両者を併せ
て「株式の併合等」という）を利用した少数株主の締出し（キャッシュ・アウト）
では端数処理手続（会234条・235条）を適用して現金が交付される。具体的には、
発行会社は1株に満たない端数の株式の合計数（その合計数に1に満たない端数
が生じる場合には、その端数は切り捨てられる〔会235条〕）に相当する数の株式を
競売または任意売却（任意売却等）し、得られた代金を株主に按分して交付す
ることになる。

　平成26年会社法改正では、マネジメント・バイアウトや完全子会社化の目的
等で機動的なキャッシュ・アウトを行うために、少数株主の保有する株式を強
制的に取得することを正面から認める制度として、特別支配株主による株式等
の売渡請求の制度が新設され、この制度では、株式交換の制度を参考に、株主
に対する事前開示手続も定められた（会179条〜179条の10）。

　平成26年会社法改正にあたっては、株式の併合等を利用したキャッシュ・ア
ウトも従来どおり維持され、並存することになったが、情報開示規制を欠き、
株主の判断の参考となる情報提供が不十分であるという指摘を受けていた。そ
こで、株式の併合等についても、株式交換等の組織再編行為と同程度の事前開
示手続（会171条の2・182条の2、施規33条の2・33条の9）および事後開示手
続（会173条の2・182条の6、施規33条の3・33条の10）が整備された。

（2）　改正の必要性　　株式の併合等に先立って公開買付けが前置される二段

階買収の場合には、公開買付けの強圧性を防止するためにも、公開買付けに応じず、株式併合等によって締め出される少数株主に交付される代金額は、実務上公開買付価格に各株主が所有していた株式の数を乗じた価格と同一になるように算定し、裁判所に任意売却の許可申立てを行うことが通常とされている。ところが、近時、キャッシュ・アウトを目的とした全部取得条項付種類株式の取得の事案において、株主総会の承認決議の後に生じた事情変更等（買付者が資金調達できないまま破産した）によって、適時に任意売却等が行われず、最終的には競売に付され公開買付け時および承認決議時に想定されていた対価に比して著しく低い時価が少数株主に交付されたという事案が発生した。会社法研究会では、東京証券取引所から、この事案も念頭に、株式併合等を利用したキャッシュ・アウトで行われる端数処理手続に関して、締め出される少数株主への対価の適時かつ確実な支払を確保する施策の導入の検討が提案された（第14回会社法研究会参考資料24）。

　部会では、上記に対する施策として、株式の併合等を利用した現金を対価とする少数株主の締出しに際して行われる端数処理手続に関する情報開示を充実させることが検討された（部会資料7・8〜9頁）。要綱では、株式会社が、会社法171条の2第1項（全部取得条項付種類株式）および182条の2第1項（株式併合）の規定により本店に備え置かなければならない書面または電磁的記録に記載し、または記録する法務省令で定める事項のうち、234条または235条の規定により端数の処理をすることが認められる場合における当該処理の方法に関する事項の充実、具体化を図ることとされ（要綱25頁）、株式併合等における事前開示事項に関する規定（改正施規33条の2第2項4号および33条の9第1号ロ）の号を細分する形式で改正がされた。

2　趣旨

(1)　情報提供の内容

　会社法171条の2第1項（全部取得条項付種類株式）および182条の2第1項（株式併合）に基づく法務省令（施規33条の2第2項4号・33条の9第1号）で定める事前開示事項に、次の事項が追加されている。

　(a)　処理の方法に関する事項（改正施規33条の2第2項第4号イ、同33条の9第1号ロ(1)）

　①　競売（会234条1項）または売却（同2項）のいずれの処理を予定しているのかの別およびその理由

　②　競売を予定している場合（1項）には、競売の申立てをする時期の見込

み（当該見込みに関する取締役〔取締役会設置会社にあっては、取締役会。以下の③および④においても同様〕の判断およびその理由を含む）

③　市場取引による売却を予定している場合（2項）には、売却する時期および売却により得られた代金を株主に交付する時期の見込み（当該見込みに関する取締役の判断およびその理由を含む）

④　市場取引以外の売却（市場価格のある株式を相対取引する場合を含む）を予定している場合（2項）には、

i　売却に係る株式を買い取る者となると見込まれる者の氏名又は名称

ii　当該者が売却に係る代金の支払のための資金を確保する方法および当該方法の相当性

iii　売却する時期および売却により得られた代金を株主に交付する時期の見込み（当該見込みに関する取締役の判断およびその理由を含む）

(b)　**株主に交付することが見込まれる金銭の額および当該額の相当性に関する事項**（改正施規33条の2第2項第4号ロ、同33条の9第1号ロ(2)）

（2）　改正前会社法施行規則との相違点

(a)　平成26年会社法改正によって定められた改正前会社法施行規則33条の2第2項4号および33条の9第1号ロは、端数処理の際の開示事項として「処理の方法に関する事項、当該処理により株主に交付することが見込まれる金銭の額および当該額の相当性に関する事項」と定めていた。

平成26年改正の立案担当者の説明では、株式併合等がキャッシュ・アウトの手段として利用される場合、少数株主にとっては最終的に交付されることとなる金銭の額等に関する情報が重要であると考えられること、また、キャッシュ・アウトの実務では端数処理の方法や交付が見込まれる金銭等については事前に合意されることも多いこと等が理由として挙げられている（坂本三郎『一問一答　平成26年改正会社法〔第2版〕』〔商事法務・2015〕294頁注2）。他方、「相当性」については、「競売または任意売却のいずれの方法によるかのほか、その時点で想定されている端数処理の日程の概要、特に最終的に少数株主に対して金銭を交付することが見込まれる時期等も含まれ得る」（坂本三郎他編著『立案担当者による平成26年改正会社法関係法務省令の解説』別冊商事法務397号〔2015〕42頁注95）とされ、「相当性」として具体的な記載を必要とすることを提案していた。

(b)　しかし、会社法234条および235条が定める端数の処理の方法は競売また

は売却のみであり、競売（改正法234条1項）は、入札によって価格が決まるからその価格がいくらになるのかは事前に予測することは困難で、その価格の相当性も競売の結果であるという以上の説明はできない。他方、市場価格のない株式を競売以外の方法で売却するには裁判所の許可が必要であるから（同条2項）、特定の価格での申立てをする予定であることまでは開示できても、裁判所の許可が得られるかどうかは事前には分からない。また、市場価格のある株式を相対で売却する場合も含めて（任意）売却の方法による場合には、当該代金の交付を受けるべき株主としては、実際に（任意）売却がされるまでの事情の変動等による代金額の低下や代金の不払いのリスクを負うことになる。

　そこで、会社法施行規則改正では、（1）記載のとおり、開示内容を具体化し、①予定している処理方法に関する事項と、②当該処理方法により株主に交付することが見込まれる金額およびその相当性に分け、①については、取締役（取締役会設置会社にあっては、取締役会）の時期に関する見込みの判断とその理由も含めて記載させることで、情報開示を充実させることにした。

3　実務への影響

　平成26年会社法改正の後は、実務上、キャッシュ・アウトの手段として事前および事後の開示手続が整備された株式併合による端数処理手続が用いられることが多くなっているが、それに関する事前開示事項について、端数処理の方法や代金の支払を具体化し、充実させるものであり、株主に対する情報提供として一定の意義を有する。

4　会社の登記に関する見直し

（株式会社の設立の登記）

第911条

1～2　（略）

3　第1項の登記においては、次に掲げる事項を登記しなければならない。

　①～⑪　（略）

　⑫　新株予約権を発行したときは、次に掲げる事項

　　イ　（略）

　　ロ　第236条第1項第1号から第4号まで（ハに規定する場合にあっては、第2号を除く。）に掲げる事項

　　ハ　第236条第3項各号に掲げる事項を定めたときは、その定め

　　ニ　ロ及びハに掲げる事項のほか、新株予約権の行使の条件を定めた
　　　ときは、その条件
　　ホ　第236条第1項第7号及び第238条第1項第2号に掲げる事項
　　ヘ　第238条第1項第3号に掲げる事項を定めたときは、募集新株予
　　　約権（同項に規定する募集新株予約権をいう。以下ヘにおいて同
　　　じ。）の払込金額（同号に規定する払込金額をいう。以下ヘにおい
　　　て同じ。）（同号に掲げる事項として募集新株予約権の払込金額の算
　　　定方法を定めた場合において、登記の申請の時までに募集新株予約
　　　権の払込金額が確定していないときは、当該算定方法）
　　⑫の2　第325条の2の規定による電子提供措置をとる旨の定款の定め
　　　があるときは、その定め
　　⑬～㉙　（略）

（改正前会社法911条）

1～2　（略）

3　第1項の登記においては、次に掲げる事項を登記しなければならない。

　　①～⑪　（略）

　　⑫　新株予約権を発行したときは、次に掲げる事項

　　イ　（略）

　　ロ　第236条第1項第1号から第4号までに掲げる事項

　　ハ　ロに掲げる事項のほか、新株予約権の行使の条件を定めたときは、その条
　　　件

　　ニ　第236条第1項第7号並びに第238条第1項第2号及び第3号に掲げる事項

　　⑬～㉙　（略）

◆解説

1　背景

（1）　**新株予約権についての登記事項**　　新株予約権の発行は株式会社の登記
事項（本条3項12号）であり、その登記事項は、以下のとおりである。

　　イ　新株予約権の数

　　ロ　会社法236条1項1号から4号までに掲げる事項

　　ハ　新株予約権の行使の条件を定めたときは、その条件

　　ニ　会社法236条1項7号ならびに238条1項2号および3号に掲げる事項

（２）　払込金額の算定方法の登記の問題点　このうち、ニの会社法238条１項３号に掲げる事項（募集新株予約権の払込金額またはその算定方法）については、実務上、算定方法としてブラック・ショールズ・モデルに関する詳細かつ抽象的な数式等の登記を要するなど、全般的に煩雑で登記申請人の負担になっており、また、登記事項は、一般的な公示にふさわしいものに限るべきであるという指摘がされていた。

中間試案20頁では、会社法238条１項２号および３号に掲げる事項（改正前会社法911条３項12号ニ参照）は登記することを要しないものとするＡ案と、募集新株予約権について238条１項３号に掲げる事項を定めたときは同号の払込金額を登記しなければならないものとし、例外的に、同号に掲げる事項として払込金額の算定方法を定めた場合において、登記の申請の時までに募集新株予約権の払込金額が確定していないときは、その算定方法を登記しなければならないものとするＢ案の２つの案が提示された（中間試案補足説明70頁参照）。

中間試案に対するパブリックコメントでは、Ａ案に賛成するものとＢ案に賛成するものとに意見が分かれた。Ａ案に賛成する意見は、Ａ案が登記不要と提案する事項は登記事項として公示する必要性や意義に乏しいということを理由とするものが多かった。また、実務上、払込金額の算定方法について詳細かつ抽象的な数式等の登記を要するなど、全般的に煩雑で申請人の負担になっているということを理由とするものも比較的多かった。他方で、Ｂ案に賛成する意見は、新株予約権の払込金額やその算定方法は有利発行該当性や不公正発行該当性等の判断要素となるものであり、取締役等に対する責任追及（会285条・286条等）の資料となる可能性もあるため、登記により公示されるべきであるが、登記時までに払込金額が確定していればその払込金額を公示すれば足りるということを理由とするものが多かった（以上について、部会資料21・９頁）。

その後、第13回部会における審議を経て、第16回部会に提示された部会資料25・28頁において、中間試案のＢ案とすることが提案され、これが要綱に引き継がれた（要綱25～26頁）。

（３）　本改正に伴うその他の登記事項　このほか、上場企業においては、取締役の報酬等として付与される新株予約権の払込金額について特例（改正法236条３項）が新設されたことを受けて、登記事項についても修正が必要となった。

また、新設された改正法911条３項12の２号は、株主総会参考資料等の電子

提供措置が新設されたことに伴い、改正法325条の2の規定により電子提供措置をとる旨の定款の定めがあるときは、その定めを登記事項とするものである。このような定款の定めの有無は、株式を取得しようとする者にとって重要な事項だからである。

2 趣旨

(1) 取締役の報酬等として付与された新株予約権（本条3項12号ロおよびハ）

(a) 金融商品取引所（金商法2条16項）に上場されている株式を発行している会社において、取締役の報酬等として新株予約権が発行された場合（改正法361条1項4号または5号ロに掲げる事項の定めをする場合）には、新株予約権の行使に際して出資される財産の価額またはその算定方法（会236条1項2号の事項）を新株予約権の内容とすることを要しないが（改正法236条3項柱書）、これに代えて、①取締役の報酬等としてまたはそれによる払込みと引換えに発行する新株予約権であり、行使に際して金銭払込みまたは財産給付を要しない旨（同項1号）、および②改正法361条1項4号または5号ロに掲げる事項の定めに係る取締役（取締役であった者を含む）以外の者は、新株予約権を行使できない旨（改正法236条3項2号）を新株予約権の内容としなければならない。

(b) これに併せ、登記事項についても、改正法236条3項各号に掲げる事項を定めた場合には、会社法236条1項2号の事項を登記事項から除外し（本条3項12号ロ）、これに代えて、改正法236条3項各号の事項を新株予約権の内容として登記する必要があることとした（本条3項12号ハ）。

(2) 新株予約権の払込金額（本条3項12号ヘ）

(a) 募集新株予約権を発行する場合について、会社法238条1項3号に掲げる事項を定めたときには、新株予約権の払込金額、または同号に掲げる事項として募集新株予約権の払込金額の算定方法を定めた場合において、登記の申請の時までに募集新株予約権の払込金額が確定していないときは、当該算定方法が登記事項とされた。

(b) 上場企業における募集新株予約権の募集事項の決定時には、通常、具体的な払込金額が確定しないため、算定方法が決議されている。この場合、改正前会社法によれば算定方法が登記事項となり、登記申請時までに具体的な払込金額が確定したときでも、算定方法を登記しなければならないとされていた。しかし、これに対しては、上述したとおり、ブラック・ショールズ・モデルに関する詳細かつ抽象的な数式等の登記を要するなど、全般的に煩雑で登記申請

人の負担になっているとの指摘があった。そこで、払込金額または算定方法のいずれを決定したかを問わず、新株予約権の払込金額を登記事項とし、算定方法を定めた場合に、登記の申請の時までに払込金額が具体的に確定していない時だけ、算定方法を登記事項とした。これにより、算定方法を決定した場合にも、登記申請時に払込金額が確定しているときには、その確定した払込金額を登記すれば足りる（算定方法を登記することはできない）ことになるが、これが確定していない場合には、これまで同様、払込金額の算定方法を登記する必要がある。なお、登記申請人の負担軽減という改正趣旨から、登記後に払込金額が確定した場合であっても、変更登記は義務づけられない。

　(c)　**1**において上述したとおり、払込金額またはその算定方法を登記事項とすることの必要性については、有利発行該当性や不公正発行該当性等の判断要素となるものであり、また、差止請求（会247条）や取締役等に対する責任追及（会285条、286条等）の資料となる可能性もあるため、維持されている。また、これらの登記事項は、新株予約権の発行の無効確認請求をする場合、同請求には特段の時間的制限もないため、判断要素となると考えられる。

（3）　電子提供措置をとる旨の定款の定め（本条3項12の2号）　　株主総会参考資料等の電子提供措置が新設されたことに伴い、改正法325条の2の規定により電子提供措置をとる旨の定款の定めがあるときは、その定めを登記しなければならない。なお、ウェブサイトのアドレスは、登記事項とされていない。

　改正法325条の2の解説で説明したとおり（⇨**§325の2-2（3）(c)**）、電子提供措置を定めを設ける定款の変更決議をしたとみなされる、いわゆるみなし変更決議が適用される株式会社は、施行日から6か月を経過する日までの間にみなし変更を登記しなければならない（登記申請には、施行日に振替株式を発行することの証明書の添付が必要である）。この登記を怠ると過料の制裁がある（整備法10条4項以下）。

3　実務への影響

　新株予約権の払込金額について算定方法を決定した場合にも、登記申請時までに具体的払込金額が確定しているときには、その金額を登記することになることに留意が必要であり、登記実務の変更がある。なお、経過措置につき、⇨**附則§9**の解説参照。

　また、電子提供制度に関するみなし変更決議が適用される会社はその旨の登記をする必要がある。

（支店の所在地における登記）
第930条　（削除）

（他の登記所の管轄区域内への支店の移転の登記）
第931条　（削除）

（支店における変更の登記等）
第932条　（削除）

（改正前会社法930条）

1　次の各号に掲げる場合（当該各号に規定する支店が本店の所在地を管轄する登記所の管轄区域内にある場合を除く。）には、当該各号に定める期間内に、当該支店の所在地において、支店の所在地における登記をしなければならない。

①　会社の設立に際して支店を設けた場合（次号から第4号までに規定する場合を除く。）　本店の所在地における設立の登記をした日から2週間以内

②　新設合併により設立する会社が新設合併に際して支店を設けた場合　第922条第1項各号又は第2項各号に定める日から3週間以内

③　新設分割により設立する会社が新設分割に際して支店を設けた場合　第924条第1項各号又は第2項各号に定める日から3週間以内

④　株式移転により設立する株式会社が株式移転に際して支店を設けた場合　第925条各号に掲げる日のいずれか遅い日から3週間以内

⑤　会社の成立後に支店を設けた場合　支店を設けた日から3週間以内

2　支店の所在地における登記においては、次に掲げる事項を登記しなければならない。ただし、支店の所在地を管轄する登記所の管轄区域内に新たに支店を設けたときは、第3号に掲げる事項を登記すれば足りる。

①　商号

②　本店の所在場所

③　支店（その所在地を管轄する登記所の管轄区域内にあるものに限る。）の所在場所

3　前項各号に掲げる事項に変更が生じたときは、3週間以内に、当該支店の所在地において、変更の登記をしなければならない。

§§930〜932

（改正前会社法931条）
会社がその支店を他の登記所の管轄区域内に移転したときは、旧所在地（本店の所在地を管轄する登記所の管轄区域内にある場合を除く。）においては3週間以内に移転の登記をし、新所在地（本店の所在地を管轄する登記所の管轄区域内にある場合を除く。以下この条において同じ。）においては4週間以内に前条第2項各号に掲げる事項を登記しなければならない。ただし、支店の所在地を管轄する登記所の管轄区域内に新たに支店を移転したときは、新所在地においては、同項第3号に掲げる事項を登記すれば足りる。

（改正前会社法932条）
第919条から第925条まで及び第929条に規定する場合には、これらの規定に規定する日から3週間以内に、支店の所在地においても、これらの規定に規定する登記をしなければならない。ただし、第921条、第923条又は第924条に規定する変更の登記は、第930条第2項各号に掲げる事項に変更が生じた場合に限り、するものとする。

◆解説

1　背景

　会社は本店の所在地において登記をするほか、支店の所在地においても、商号、本店の所在場所、支店の所在場所の登記をしなければならないこととされており、これは、会社の支店のみと取引をする者の便宜のため、支店の所在地を管轄する登記所において検索すればその本店を調査できるという仕組みを構築するものと説明されていた。

　しかし、インターネットの普及や会社法人等番号（商登法7条）を利用した登記情報提供サービスにより会社の本店の所在場所を容易に探索することができるようになったことや、会社の支店の所在地における登記について登記事項証明書の交付請求がされる例はほとんどないことを背景として、登記申請義務を負う会社の負担軽減等の観点から、支店の所在地における登記の廃止が提案された（部会資料13・2〜3頁、中間試案21頁）。

　パブリックコメントにおいても反対の意見がなかったことから、中間試案での提案どおり、支店の所在地における登記が廃止されることとなった（部会資料21・13頁、要綱26頁）。

2　趣旨

　支店の所在地における登記義務や登記事項等を定めた改正前会社法930条から932条までの規定が削除され、それに併せて関連する商業登記法の規定（商

登法17条3項・48～50条・138条）等も削除された（整備法6条等）。

　これらの改正は、公布の日（2019〔令和元〕年12月11日）から起算して3年6月を超えない範囲内において政令で定める日から施行される（附則1条ただし書）。

　なお、会社の支店の所在地における登記の申請が本改正の施行直前に行われ、施行前に登記が完了しなかった場合や、施行後に会社の支店の所在地における登記の申請がされた場合は、登記官による登記申請の却下または申請人による登記申請の取下げのいずれかの手続により取り扱うこととされている（一問一答248頁）。

3　実務への影響

　支店の所在地における登記事項は会社法（平成17年法律第86号）制定時に大幅に簡略化されており、本店所在地を管轄する登記所を経由して登記申請を行うこと（本支店一括申請）も認められていたが、本改正により、支店の所在地における登記が完全に廃止されたことで、実務上の負担は更に軽減されることになる。

　なお、本改正後も会社法は「支店」の概念を依然として維持しており、本店の所在地における登記では「支店の所在場所」の登記が引き続き義務づけられる（会911条3項3号・915条1項）（一問一答247頁）ことには留意する必要がある。

（特別清算に関する裁判による登記の嘱託）
第938条
1　次の各号に掲げる場合には、裁判所書記官は、職権で、遅滞なく、清算株式会社の本店の所在地を管轄する登記所に当該各号に定める登記を嘱託しなければならない。
　①～③　（略）
2～6　（略）

（改正前会社法938条）
1　次の各号に掲げる場合には、裁判所書記官は、職権で、遅滞なく、清算株式会社の本店（第3号に掲げる場合であって特別清算の結了により特別清算終結の決定がされたときにあっては、本店及び支店）の所在地を管轄する登記所に当該各号に定める登記を嘱託しなければならない。

①〜③　（略）

2〜6　（略）

◆解説

1　背景

改正前会社法では、特別清算開始命令やその取消決定および特別清算終結決定等、特別清算に関する裁判があった場合に、裁判所の書記官に、特別清算開始、特別清算開始の取消しまたは特別清算終結の登記の嘱託を義務づけており、このうち、特別清算終結の決定が確定した場合であって特別清算の結了により特別清算終結の決定がされたときには、本店だけでなく支店の所在地を管轄する登記所においても登記を嘱託しなければならないものとしていた。しかし、会社の支店の所在地における登記が廃止されたことを受けて、そのような手続も改められることとなった。

2　趣旨

改正前会社法938条1項柱書のかっこ書が削除され、支店の所在地を管轄する登記所に対する特別清算結了の登記の嘱託は不要とされることとなった。

3　実務への影響

特にない。

5　取締役等の欠格条項の削除およびこれに伴う規律の整備

第39条

1〜4　（略）

5　第331条の2の規定は、設立時取締役及び設立時監査役について準用する。

（取締役の資格等）

第331条

1　次に掲げる者は、取締役となることができない。

　①　（略）

　②　削除

　③〜④　（略）

2〜6　（略）

第331条の2

1　成年被後見人が取締役に就任するには、その成年後見人が、成年被後見人の同意（後見監督人がある場合にあっては、成年被後見人及び後見監督人の同意）を得た上で、成年被後見人に代わって就任の承諾をしなければならない。

2　被保佐人が取締役に就任するには、その保佐人の同意を得なければならない。

3　第1項の規定は、保佐人が民法第876条の4第1項の代理権を付与する旨の審判に基づき被保佐人に代わって就任の承諾をする場合について準用する。この場合において、第1項中「成年被後見人の同意（後見監督人がある場合にあっては、成年被後見人及び後見監督人の同意）」とあるのは、「被保佐人の同意」と読み替えるものとする。

4　成年被後見人又は被保佐人がした取締役の資格に基づく行為は、行為能力の制限によっては取り消すことができない。

（新設）

（監査役の資格等）

第335条

1　第331条第1項及び第2項並びに第331条の2の規定は、監査役について準用する。

2～3　（略）

（執行役の選任等）

第402条

1～3　（略）

4　第331条第1項及び第331条の2の規定は、執行役について準用する。

5～8　（略）

（清算人の就任）

第478条

1～7　（略）

8　第330条、第331条第1項及び第331条の2の規定は清算人について、第331条第5項の規定は清算人会設置会社（清算人会を置く清算株式会

社又はこの法律の規定により清算人会を置かなければならない清算株式会社をいう。以下同じ。）について、それぞれ準用する。この場合において、同項中「取締役は」とあるのは、「清算人は」と読み替えるものとする。

（改正前会社法39条）

1〜4　（略）

（改正前会社法331条）

1　次に掲げる者は、取締役となることができない。

　①　（略）

　②　成年被後見人若しくは被保佐人又は外国の法令上これらと同様に取り扱われている者

　③〜④　（略）

2〜6　（略）

（改正前会社法335条）

1　第331条第1項及び第2項の規定は、監査役について準用する。

2〜3　（略）

（改正前会社法402条）

1〜3　（略）

4　第331条第1項の規定は、執行役について準用する。

5〜8　（略）

（改正前会社法478条）

1〜7　（略）

8　第330条及び第331条第1項の規定は清算人について、同条第5項の規定は清算人会設置会社（清算人会を置く清算株式会社又はこの法律の規定により清算人会を置かなければならない清算株式会社をいう。以下同じ。）について、それぞれ準用する。この場合において、同項中「取締役は」とあるのは、「清算人は」と読み替えるものとする。

◆解説

1　背景

（1）　成年被後見人等の権利に係る制限の見直し

　(a)　成年後見制度の利用の促進に関する法律　　現行法上、成年被後見人等

は取締役等となることができないものとされている（会331条1項2号・335条1項・402条4項・478条8項）。これは、成年被後見人等は取締役等として職務を果たすことが適当でないから欠格事由とされたものであると考えられる。

　しかし、成年後見制度について多数の欠格条項があることから、いわゆるノーマライゼーションやソーシャルインクルージョン（社会的包摂）を基本理念とする成年後見制度を利用することにより、逆に社会的排除という影響を被ることになる等といった問題点が指摘されていた。グローバルな動向である制限行為能力者の自己決定の尊重、残存能力の活用およびノーマライゼーションを背景に、成年後見制度の利用の促進に関する法律（2016〔平成28〕年5月13日施行）11条2号においては、成年後見制度の利用促進に関する施策の基本方針として、「成年被後見人等の人権が尊重され、成年被後見人等であることを理由に不当に差別されないよう、成年被後見人等の権利に係る制限が設けられている制度について検討を加え、必要な見直しを行うこと」と規定された。成年後見制度の利用の促進に関する法律に基づいて2017（平成29）年3月24日に閣議決定された「成年後見制度利用促進基本計画」および成年被後見人制度利用促進委員会「成年被後見人等の権利の制限が設けられている制度の見直しについて」（2017〔平成29〕年12月1日）においては、欠格条項が数多く存在していることが成年後見制度の利用を躊躇させる要因の1つになっているとの指摘を踏まえ、関係法律の改正法案を提出することを目指すこととされた。そして、「成年被後見人等の権利の制限に係る措置の適正化等を図るための関係法律の整備に関する法律」（以下「成年被後見人等権利制限措置適正化整備法」という）が2019（令和元）年6月に成立し、同月14日に公布された。整備法においては、成年被後見人等を資格・職業・業務等から一律に排除する規定等（欠格条項）を設けている各制度について、心身の故障等の状況を個別的、実質的に審査し、制度ごとに必要な能力の有無を判断する規定（個別審査規定）へと適正化を図る措置が講じられた。

　(b)　**株式会社の扱い**　　株式会社と一般社団法人・一般財団法人については、一般に国または地方公共団体による監督等が存在せず、実効的な個別審査規定を整備することが難しいことなどから、整備法において一括した見直しの対象に含めることは見送られた。

　もっとも、上記の「成年被後見人等の権利の制限が設けられている制度の見直しについて」においては、「会社法については、欠格条項を削除することに

伴う会社法制上及び実務上の影響等を踏まえた代替措置の必要性及びその内容等について、法制審議会会社法制（企業統治等関係）部会における意見聴取等を行うべきである。その上で、平成30年度中に法制審議会からの答申を得て、その後、速やかに国会提出することを目標としている会社法の改正法案には、欠格条項の見直しに関する規定も併せて盛り込む方向で検討を進めるべきである。」とされた（3〜4頁）。

（2） 部会における審議の経緯

（a） 取締役の欠格条項の削除に伴う規律の整備　このような状況を受けて、第10回部会（平成30年2月14日）で提示された部会資料17においては、取締役の欠格条項の削除に伴う規律の整備の要否として、「仮に、成年被後見人及び被保佐人（以下「成年被後見人等」という。）が取締役、監査役、執行役及び清算人（以下「取締役等」という。）となることができない旨を定める規定（以下「本欠格条項」という。）を削除する場合において、これに伴って要する規律の整備について、どのように考えるか。」とされ、主に、就任に関する論点、職務の執行に関する論点ならびに終任および解任に関する論点に関していかなる規律を整備するかについて問題提起がされた。以後第13回部会（平成30年6月20日。部会資料22を提示）および第15回部会（平成30年8月1日。部会資料24を提示）を経て、要綱がとりまとめられ、本改正に取り込まれることとなった。

部会における審議経緯は、以下のとおりである。

（b） 第10回部会

（i） 就任承諾の問題　欠格条項を削除する場合、成年被後見人等である者であっても、取締役等に就任することは禁止されないものとなる。そして、民法を適用すると、取締役等への就任承諾については、民法の行為能力の規律の適用があるため、成年被後見人については、成年後見人が代理人として成年被後見人の取締役等への就任を承諾しなければ就任承諾は取り消すことができる（民法9条）。また、被保佐人については、取締役等に就任することが同法13条1項各号に該当するかどうかが問題となり、その適用または類推適用があるものと解する場合には、取締役等への就任承諾は、保佐人の同意を得なければ、取り消すことができる（同条4項。なお、同条2項も参照）。そして、成年被後見人等が就任承諾を取り消した場合には、就任承諾は初めから無効であったものとみなされる（民法121条）。

就任承諾に関し、第10回部会においては、成年被後見人等が後に就任承諾を

取り消すことによって会社法上の一切の責任を免れるという前提で取締役等に就任することができることについて強い懸念を示す意見が多く見られた。また、成年被後見人等が就任承諾を取り消さず、または取り消すことができない場合には、当該成年被後見人等は、通常の取締役等と同様に取締役等としての義務や責任を負うこととなり、他方で、成年被後見人等が就任承諾を取り消した場合には、当該成年被後見人等は、取締役等としての責任を一切負わないこととなり得るが、取消しの有無によりこのような違いを認めることに合理性があるのかといった疑問を呈する意見もあった。

　(ii)　職務の執行の取消しの可否　　成年後見人等である取締役が行った職務の執行について、行為能力の制限によって取り消すことができるかどうかが問題となる。部会においては、取引安全の観点から、例えば民法93条を類推適用するといった考えも検討されたが、善意者保護規定による保護では、取引の相手方が、代表者等が成年被後見人等であることを知っている場合には、悪意と認定される可能性が高くなるため、相手方は、代表者等が成年被後見人等であるときは取引を避けることとなって、かえって欠格事由を削除する趣旨が没却されかねず、成年被後見人等による代表行為については、その有効性を確認する規定を置くべきであるとする意見もあった。

　(iii)　終任事由の問題　　終任事由の問題については、欠格条項を削除する場合には、会社法において、取締役等が後見開始の審判を受けたことが終任事由となるものと解される（会330条・402条3項・478条8項、民法653条3号）。この点、部会においては、法律関係を明確にするため、会社法に、強行法規として、後見開始の審判を受けたことを取締役の終任事由とする旨の規定を設けるべきであるという意見もあった。これに対して、会社法制定時、旧商法においては取締役の欠格事由とされていた「破産手続開始ノ決定ヲ受ケ復権セサル者」（旧商法254条ノ2）を欠格事由としないこととされたが、破産手続開始の決定は、委任の終了事由に該当するため（民法653条2号）、破産手続開始の決定を受けた取締役は、その地位を失うこととなる。しかし、会社法においては、そのような者を復権前に再度取締役として選任するか否かは、その後の株主総会の判断に委ねることとし、会社法に破産手続開始決定を受けたことを終任事由とする旨の明文の規定は設けられなかった。その点を指摘し、破産手続開始の決定を受けた場合と同様に、後見開始の審判を受けた取締役についても、委任の規定により、その地位を失うものとした上で、そのような者を再度取締役

として選任するか否かは、その後の株主総会の判断に委ねれば足り、会社法には後見開始の審判を受けたことを取締役の終任事由とする旨の規定を設ける必要はないという意見もあった。

(c) **第13回部会**　第10回部会における議論を踏まえ、第13回部会（2018〔平成30〕年6月20日）において提示された部会資料22においては、次のような案が提示された。

すなわち、就任承諾について、「成年被後見人等の取締役、監査役、執行役、清算人、設立時取締役又は設立時監査役（以下「取締役等」という。）への就任に関して、次のような規定を設けるものとすることについて、どのように考えるか。(1)成年被後見人が取締役等に就任するには、成年後見人が本人の同意を得た上で、就任の承諾をしなければならないものとする。(2)被保佐人が取締役等に就任するには、その保佐人の同意を得なければならないものとする。」。また、職務の執行の取消しの可否については、「成年被後見人等が取締役等としてした行為は、行為能力の制限によっては取り消すことができないものとする規定を設けるものとすることで、どうか。」。更に、終任事由については「取締役等が後見開始の審判を受けたことを終任事由とする旨の規定等は設けないものとすることについて、どのように考えるか。」というものであった。

(d) **第15回部会──特に在任中に保佐開始の審判を受けた場合を終任事由とするかについて**　その後、第15回部会（2018〔平成30〕年8月1日）において提示された部会資料24・7～9頁において、上記部会資料22において提示された就任承諾および職務の執行の取消しの可否の規定を設けることとされた。他方、以下の点から、保佐開始の決定を受けたことを取締役等の終任事由とする旨の規定は設けないことが提案された（部会資料24・8～9頁）。

すなわち、民法上も保佐開始の審判を受けたことは委任の終了事由とされていないことを考慮すると、保佐開始の審判を受けたことを取締役等の終任事由とする旨の規定等を新たに設けることについては、慎重に検討する必要がある。また、成年被後見人または被保佐人が取締役等としてした行為は、行為能力の制限によっては取り消すことができないとする規定（本条4項）を設けるならば、保佐開始の審判を受けた後に被保佐人が取締役等としてした行為について事後的に行為能力の制限によっては取り消すことができないこととなり、取引の安全に対する影響はさほどないと考えられる。

更に、保佐開始の審判を受けたことを取締役等の終任事由とする旨の規定等

を設けないとしても、取締役等は、いつでも辞任することができ（会330条、民651条2項）、取締役等が心身の故障により客観的に職務遂行に支障を来すような状態になった場合には、民法651条2項にいう「やむを得ない事由」に該当し、辞任した取締役等は、会社に対し、損害賠償義務を負わないと解されるため、被保佐人となった取締役等の保護に欠けるところはない。

　加えて、取締役等は、いつでも、株主総会の決議によって解任することができる（会339条1項）。そして、取締役は、善管注意義務の一内容として、他の取締役の業務執行を監視する義務を負っているので、後見開始や保佐開始の審判の有無にかかわらず、必要に応じて他の取締役の心身の状態を把握し、特定の取締役が心身の故障により客観的に職務の執行に支障を来すような状態になったことを知った場合には、心身の故障がある取締役の解任のため株主総会を招集したり、一時取締役の選任の申立てをしたり（会346条2項）、監査役に報告する（会357条）などの措置を講ずることが求められると考えられる。これらの方法によって、取締役や株主は、保佐開始の審判を受けた取締役等がその地位に留まることの当否を改めて判断することが可能であるというのである。

2　趣旨

　以上に説明した部会における審議経緯から、改正法により改正前会社法331条1項2号を削除した趣旨および改正法331条の2の趣旨は明らかであるが、簡単に説明する。

（1）　改正前会社法331条1項2号の削除

　前記1で説明したとおり、成年後見制度の利用の促進に関する法律11条2号において、成年後見制度の利用促進に関する施策の基本方針として、「成年被後見人等の人権が尊重され、成年被後見人等であることを理由に不当に差別されないよう、成年被後見人等の権利に係る制限が設けられている制度について検討を加え、必要な見直しを行うこと」とされたこと等を受け、「成年被後見人若しくは被保佐人又は外国の法令上これらと同様に取り扱われている者」は取締役となれないとの欠格条項が削除されたものである。このように欠格条項が削除されたことに伴う会社法制上および実務上の影響等に鑑み、改正法331条の2が制定された。

（2）　改正法331条の2

　(a)　就任承諾　成年被後見人が取締役に就任するには、その成年後見人が、成年被後見人の同意（後見監督人がある場合にあっては、成年被後見人および後見監督人の同意）を得た上で、成年被後見人に代わって就任の承諾をしなければ

ならない（本条1項）。

　被保佐人が取締役に就任するには、その保佐人の同意を得なければならない（本条2項）。また、保佐人が民法876条の4第1項の代理権を付与する旨の審判に基づき被保佐人に代わって就任の承諾をする場合は、成年被後見人に関する本条1項の規定を準用することとされた（本条3項）。この場合、「第1項中『成年被後見人の同意（後見監督人がある場合にあっては、成年被後見人及び後見監督人の同意）』とあるのは、『被保佐人の同意』と読み替える」こととなる。

　就任承諾についてこのような規定とされたのは、「成年被後見人等の取締役等への就任の可否を成年後見人等に判断させるとともに、成年被後見人による就任承諾等がないときは、就任の効力を生じさせないこととすれば、成年被後見人等の保護に欠けるところはないと考えられる一方で……成年後見人による就任承諾等により就任承諾の有効性を確定させることができれば、その後、当該成年被後見人等は、就任承諾や個々の職務行為を取り消すことができなくなり、通常の取締役等と同様の義務等を負うこととなることから、法律関係の安定や取引の安全も相当程度確保することができると考えられ」たからである（部会資料22・2頁）。

　このように、成年後見人の就任承諾は、成年被後見人の同意を得て行うこととされている。ところで民法上、成年被後見人の行為を目的とする債務を生ずべき場合には、成年被後見人である本人の同意を要することとされており（民法859条2項、824条ただし書）、成年後見人が成年被後見人の同意を得ないでした行為は、無権代理行為となり、成年被後見人である本人の追認があるか否かが確定するまでは法律関係が確定しない。そこで、改正会社法においては、成年被後見人の同意を得ないで成年後見人が就任の承諾をした場合、法的安定性の観点から、初めから無効であることを前提としている（一問一答257頁）。成年被後見人に意思能力がない場合は成年被後見人の同意が得られないため、このような場合に成年後見人がなした就任承諾についても、同様に、成年後見人による就任承諾は初めから無効であることとなる。

　(b)　**職務の行為の取消し**　本条4項により、成年被後見人または被保佐人がした取締役の資格に基づく行為は、行為能力の制限によっては取り消すことができないとされた。これは、「成年被後見人等が代表者又は代理人として第三者との間で契約を締結した場合には、民法第102条の適用又は類推適用により、当該契約については取り消すことはできないと解することができると考え

られるが、対外的な業務執行以外の職務執行についても同様に解することができるかどうかは明らかでなく、そもそも取締役等の職務執行について行為能力の制限を理由として取り消すことができるとすること自体に取引の安全を害する懸念があり、また、成年被後見人等が就任承諾を取り消さないで、個別の職務執行のみを取り消すことを認める必要性は乏しいと考えられ」たからである（部会資料22・2頁）。

（3）　その他の関連する改正　　改正法331条の2の新設に伴い、会社法39条に5項が新設され、改正法331条の2の規定を、設立時取締役および設立時監査役について準用することとされた。

監査役の資格について、改正前会社法335条1項が改正され、監査役について改正法331条の2の規定が準用されることとなった。

また、執行役の選任等について、改正前会社法402条4項が改正され、改正法331条の2の規定が準用されることとなった。

清算人の就任について、改正前会社法478条8項が改正され、改正法331条1項（欠格事由が削除されたもの）および同法331条の2が準用されることとなった。

3　実務への影響

（1）　高齢化社会における重要性　　高齢化社会を迎えつつある現在、実務においてはすでに、取締役が心身の故障により客観的な職務の執行に支障を来すような事態が生じている。改正法331条の2は、被後見人や被保佐人が取締役等に就任する場合の規律を定めるとともに、そのような手続を履践して取締役等となった取締役等の行為の効力について定めるものである。改正前会社法331条1項2号の欠格条項の削除と併せ、ノーマライゼーションやソーシャルインクルージョンの観点から、被後見人や被保佐人の社会参加にとって重要な改正である。また、改正法によるこのような改正は、被後見人や被保佐人を取締役等として選任する場合、どのような役割を期待し、他の取締役、監査役等がどのような監視義務を尽くすべきか等、実務上、重要な問題を提起するものと思われる。

更に、本改正は、取締役が心身等の故障により職務の執行に支障を来すようになったり、または後見人もしくは保佐人が選任されたような場合に、他の取締役、監査役または株主といった関係者がどのように対処すべきかといった重要な問題提起の端緒となるものである（この点、保佐開始の審判に関するものではあるが、上記1（2）(d)の議論を参照されたい）。

（2）　後見開始の審判を受けたことを終任事由としない旨の特約　　すでに就任している取締役等が後見開始の審判を受けることは、終任事由となるため、取締役等が後見開始の審判を受けた場合には、その地位を失う（会330条、402条3項、478条8項、民法653条3号）。これは、株式会社と取締役等との関係は委任に関する規定に従うこととされており、受任者の後見開始の審判は委任の終了事由に該当するためである（ちなみに、取締役等が保佐開始の審判を受けたことは、取締役等の終任事由とはされていない〔民法633条参照〕）。取締役等は通常、後見開始の審判を受けていないことを前提に選任されているため、取締役等が後見開始の審判を受けた場合には、いったん取締役等の地位を失わせ、改めて、その者を取締役等に選任すべきか否かを株主に判断させることが相当であると考えられる（一問一答267頁）。この点に関連し、株式会社と取締役等との間において、取締役等が後見開始の審判を受けたことを終任事由としない旨の特約を締結することができると解することができるかについては、解釈問題とされている。なお、民法653条3号が任意規定であることを前提としても、取締役等の終任事由についても、会社法に明文の規定がないからといって、直ちに任意規定であると解することはできないとの意見が紹介されている（部会資料22・5頁）。

（3）　責任能力の問題　　部会資料22においては、「責任能力の規定（民法第713条）が、民法の債務不履行責任に適用があるかについても　解釈上争いがあり、会社法上の責任に適用があるかについては、現行法上も存在する問題であって、解釈に委ねられているものであるから、欠格条項を削除する場合においても、引き続き、解釈に委ねることが相当であると考えられる。」とされており（4頁）、取締役等に就任した成年被後見人または被保佐人の債務不履行責任について民法713条の適用があるか否かについては、今後の解釈に委ねられた。

6　株式会社の代表者の住所が記載された登記事項証明書

【附帯決議】
第2項
株式会社の代表者の住所が記載された登記事項証明書に関する規律については、これまでの議論及び当該登記事項証明書の利用に係る現状等に照ら

し、法務省令において、以下のような規律を設ける必要がある。

(1) 株式会社の代表者から、自己が配偶者からの暴力の防止及び被害者の保護等に関する法律第1条第2項に規定する被害者その他の特定の法律に規定する被害者等であり、更なる被害を受けるおそれがあることを理由として、その住所を登記事項証明書に表示しない措置を講ずることを求める旨の申出があった場合において、当該申出を相当と認めるときは、登記官は、当該代表者の住所を登記事項証明書に表示しない措置を講ずることができるものとする。

(2) 電気通信回線による登記情報の提供に関する法律に基づく登記情報の提供においては、株式会社の代表者の住所に関する情報を提供しないものとする。

◆解説

1 背景

(1) 現行制度の整理 株式会社の代表取締役または代表執行役（以下「代表者」という）の住所は、登記事項とされている（会911条3項14号、23号ハ）。そして、代表者の住所は、登記事項として、登記事項証明書の記載事項とされ（商登法10条3項、商登規30条）、誰でも交付を請求することができ（商登法10条1項）、また、登記情報提供サービス（https://www1.touki.or.jp/）においてインターネットを通じて情報が提供されている（電気通信回線による登記情報の提供に関する法律に規定がある）。

以上を前提として、現行法下において、代表者の住所を知る方法を整理すると、以下のようになる。

(a) 登記事項証明書の交付を受ける方法 具体的には、①法務局に出向いて申請書を提出し、登記事項証明書の交付を受ける、②法務局に申請書を郵送し、登記事項証明書を返送してもらう、③オンライン（登記・供託オンライン申請システム〔いわゆる登記ねっと。https://www.touki-kyoutaku-online.moj.go.jp/〕）で申請し、登記事項証明書を郵送してもらう、という3つの方法がある。

(b) 登記情報をインターネット（登記情報提供サービス）で閲覧する方法
申請も情報の提供も登記情報提供サービスのサイト内で行われる方法である。

(a)③（登記・供託オンライン申請システム）の場合、申請はオンラインで行うことができるものの、情報を入手するには、証明書が郵送されるのを待つ必要

がある。一方、(b)（登記情報提供サービス）の場合には、すべてがインターネット上で完結するので、情報入手の迅速性は(b)が優れている。手数料も(b)の方が安価である。

（2）　代表者の住所の重要性とプライバシー保護の必要性　　代表者の住所については、代表者を特定するための情報として重要であること、民事訴訟法上の裁判管轄の決定および送達の場面において、法人に営業所がないときは重要な役割を果たすこと（民訴法4条4項、103条1項）といった意義が認められるのに加え（神田(8)13頁）、中小企業の与信管理（第13回部会議事録17頁［小林俊明委員発言］）や詐欺商法の加害業者の探知（第13回部会議事録15頁［梅野晴一郎幹事発言］）といった場面でも実務上重要な役割を果たしてきた。

　他方で、個人情報保護やプライバシーについての権利意識が向上してくる中で、自宅の住所という秘匿性の高い情報の提供を制限する必要性が高まってきた。そこで、代表者の住所の情報提供の制限について部会で議論されることとなった。

（3）　部会の議論の経過　　中間試案70～71頁では、代表者の住所を除く登記事項が記載された登記事項証明書については、何人も、その交付を請求することができるものとし、代表者の住所が記載された登記事項証明書については、当該住所の確認について利害関係を有する者に限り、その交付を請求することができるものとすることが提案され、また、インターネット（登記情報提供サービス）を利用して登記情報を取得する場合の当該住所の取扱いについても所要の措置を講ずることを検討するとされた。

　中間試案に対するパブリックコメントでは、中間試案に賛成する意見が多数であったが、その中には、利害関係の疎明等の手続が煩雑にならないように留意する必要があるという意見や、代表者の住所を確認することが必要となる者に対する不当な制限にならないように配慮すべきであるという意見があった。

　他方で、代表者の住所を登記事項とした趣旨が有名無実化するという理由や「利害関係を有する者」の範囲が不明確であるという理由等から、これに反対する意見もあった（神田(8)14頁）。

　日本弁護士連合会は、裁判を受ける権利（憲法32条）や詐欺商法の加害業者の探知（詳細は、⇨**3（3）**）といった観点に鑑み、代表者の住所を把握する必要性が高いことから、代表者の住所が記載された登記事項証明書の交付について、弁護士による職務上請求制度が創設されることおよび弁護士によるオンラ

インによる登記事項証明書の交付請求（⇨（1）(a)③）により代表者の住所が記載された登記事項証明書を取得できることのいずれもが実現しない限り反対する、という意見を述べた。また、登記情報提供サービスの対象から代表者の住所を除外する点についても、弁護士が同サービスを利用する場合には、代表者の住所の入手が可能とされない限り反対する、という意見を述べた。

このように、この論点については、必ずしも、一様に賛成という状況ではなかったため、第13、16、17および18回の各部会で審議され、曲折を経て、最終的に、標記のとおりの内容で附帯決議が採択されることになった。

なお、登記事項証明書の記載事項および登記情報提供サービスによる情報提供が制限される事項については、法務省令（商登規30条および電気通信回線による登記情報の提供に関する法律施行規則1条）の改正によって行われる予定である。実施にはシステムを改修する必要があり、改修後のシステムの運用開始時期が2022（令和4）年12月以降と見込まれているため、改正法の公布の日（2019〔令和元〕年12月11日）から起算して3年6か月を超えない範囲内の適切な時期に、これらの法務省令を改正することが予定されている（一問一答271頁）。

2　趣旨

（1）　登記事項証明書におけるドメスティック・バイオレンス被害者等の住所の非表示（附帯決議2(1)）

　附帯決議2(1)は、代表者の住所が記載された登記事項証明書については、基本的には現行法の規律を見直さないとした上で、一定の場合に代表者の住所を登記事項証明書に記載しないこととした。具体的には、住民基本台帳事務の例に倣い、いわゆるドメスティック・バイオレンス被害者その他の特定の法律に規定する被害者等であり、更なる被害を受けるおそれがあることを理由として、その住所を登記事項証明書に表示しない措置を講ずることを求める旨の申出があった場合において、その申出を相当と認めるときは、登記事項証明書に住所を表示しないこととされた。

なお、商業登記簿を直接閲覧することはできず、登記事項証明書にも住所が表示されないとなると代表者の住所を確認する方法が一切失われるように思われるが、上記1（1）において述べたとおり、代表者の住所が登記事項であることには変わりがないため、商業登記簿の附属書類には、代表者の住所が記載される。そのため、商業登記簿の附属書類の閲覧の制度（商登法11条の2）により、交付申請書に利害関係を明らかにする事由を記載した上で、登記官に対して利害関係を証明できれば、代表者の住所を知ることができると考えられる。

ただし、登記事項証明書に代表者の住所を表示しない措置が講じられた趣旨に鑑み、この利害関係は、厳格に判断され、事実上のものでは足りず、法律上のものが必要と解される。そして、利害関係を証明する書面（商登規21条3項2号）としては、請求書、契約書、領収証または訴状の写し等が考えられる（神田(8)16頁）。ただし、附属書類の保存期間は、受付の日から10年間（商登規34条4項4号）である点は留意すべきである。

（2）　インターネット（登記情報提供サービス）による提供の廃止（附帯決議2
(2)）　　インターネットによる住所の提供は、簡便に入手が可能であり、個人情報保護やプライバシーに与える影響が大きいという理由で、インターネットを利用して代表者の住所に関する情報をオンラインで閲覧することは一律にできないこととなった（神田(8)16頁）。

3　実務への影響

（1）　登記事項証明書の交付を受ける方法　　インターネット（登記情報提供サービス）における提供は完全に廃止されるので、代表者の住所を知りたい場合には、登記事項証明書の交付を受けるしかない。申請だけであれば、インターネットを通じて行うことができるので（⇨1（1）(a)③）、登記・供託オンライン申請システム（登記ねっと）の利用頻度が高まると考えられる。

（2）　ドメスティック・バイオレンスの被害者等の場合　　代表者がドメスティック・バイオレンスの被害者等の場合には、商業登記簿の附属書類の閲覧の制度を利用しなければならないので、交付申請書に利害関係を明らかにする事由を記載（商登規21条2項3号）した上で、法律上の利害関係を証する書面を提出する必要がある。

（3）　インターネットで代表者の住所を検索することは不可能になること
　株式会社は、詐欺商法といった消費者被害をもたらす犯罪の隠れ蓑として利用されることもある。弁護士が、このような消費者被害を救済するための事実調査や裁判手続を行おうとする場合、代表者の住所を迅速に把握することが不可欠である。特に、加害業者を特定するために、代表者の住所を把握し、代表者を特定しなければならない事例が多くある。例えば、加害業者の正確な探知のために、同名の会社や、または表には出てこないものの関連する会社を網羅的に探索し、代表者の住所地と他に収集した情報とを突き合わせて会社の同一性や関連性を把握するなど、加害業者を追っていくために、代表者の住所を含む多くの登記情報を確認しければならないことは決してまれなことではない。

このような事例では、法務局に出向いたり、法務局から登記事項証明書が郵送されてくるのを待っていたりするうちに、相手方たる会社の特定が遅延する結果、被害回復ができないといったことにもなりかねない。

弁護士は、懲戒手続（弁法56条）に裏づけられた倫理規律に服しており、住所よりも情報量の多い戸籍や住民票について、弁護士による職務上請求がすでに認められている（戸法10条の2および住基法12条の3参照）。日本弁護士連合会の会社法制の見直しに関する要綱案に対する会長声明（2019〔平成31〕年1月16日）では、今後、弁護士が職務上必要な場合に、登記情報提供サービスによって代表者住所を閲覧することを可能とするシステムの対応を含めた措置が実現するように、関係諸機関に働きかけを行っていくことが表明されている。

7 監査等委員会設置会社および指名委員会等設置会社の取締役会の権限

（監査等委員会設置会社の取締役会の権限）
第399条の13
1〜4 （略）
5 前項の規定にかかわらず、監査等委員会設置会社の取締役の過半数が社外取締役である場合には、当該監査等委員会設置会社の取締役会は、その決議によって、重要な業務執行の決定を取締役に委任することができる。ただし、次に掲げる事項については、この限りでない。
①〜⑤ （略）
⑥ 第348条の2第1項の規定による委託
⑦ 第361条第7項の規定による同項の事項の決定
⑧〜⑪ （略）
⑫ 補償契約（第430条の2第1項に規定する補償契約をいう。第416条第4項第14号において同じ。）の内容の決定
⑬ 役員等賠償責任保険契約（第430条の3第1項に規定する役員等賠償責任保険契約をいう。第416条第4項第15号において同じ。）の内容の決定
⑭〜㉑ （略）
㉒ 株式交付計画（当該監査等委員会設置会社の株主総会の決議による承認を要しないものを除く。）の内容の決定

6　（略）

（改正前会社法399条の13）

1～4　（略）

5　前項の規定にかかわらず、監査等委員会設置会社の取締役の過半数が社外取締役である場合には、当該監査等委員会設置会社の取締役会は、その決議によって、重要な業務執行の決定を取締役に委任することができる。ただし、次に掲げる事項については、この限りでない。

①～⑤　（略）

⑥～⑨　（略）

⑩～⑰　（略）

6　（略）

◆解説

1　背景

　取締役の過半数が社外取締役である監査等委員会設置会社については、原則として、取締役会の決議によって、重要な業務執行の決定を取締役に委任することができる（本条5項柱書本文）。しかし、そのような監査等委員会設置会社であっても、会社法上、取締役会が決定機関となるものとして定められている事項のうち一定の事項は、取締役に委任をすることができず、必ず取締役会で決定することが必要となる（同項柱書ただし書）。

　今般の改正により会社法上の取締役会の決定事項が追加されているが、それに併せて本条5項柱書ただし書の対象となる事項についても追加する改正が行われている。

2　趣旨

　以下の事項について、監査等委員会設置会社は、取締役の過半数が社外取締役であっても、取締役に委任することができず、必ず取締役会で決定することが必要となる。各項目についての具体的な内容については、それぞれ対応する条文の解説を参照されたい。

　①　業務の執行の社外取締役への委託（改正法348条の2第1項参照）

　②　報酬等の決定方針の決定（改正法361条7項参照）

　③　補償契約の内容の決定（改正法430条の2第1項参照）

　④　役員等賠償責任保険契約の内容の決定（改正法430条の3第1項参照）

⑤　株式交付計画（当該監査等委員会設置会社の株主総会の決議による承認を要しないものを除く）の内容の決定（改正法774条の3第1項参照。いわゆる簡易株式交付〔改正法816条の4参照〕が除かれている）

3　実務への影響

　監査等委員会設置会社の取締役会の運営にあたり、取締役会によって決定することが必要となる事項を適切に把握することが必要となる。

（指名委員会等設置会社の取締役会の権限）
第416条
1〜3　（略）
4　指名委員会等設置会社の取締役会は、その決議によって、指名委員会等設置会社の業務執行の決定を執行役に委任することができる。ただし、次に掲げる事項については、この限りでない。
　①〜⑤　（略）
　⑥　第348条の2第2項の規定による委託
　⑦〜⑬　（略）
　⑭　補償契約の内容の決定
　⑮　役員等賠償責任保険契約の内容の決定
　⑯〜㉓　（略）
　㉔　株式交付計画（当該指名委員会等設置会社の株主総会の決議による承認を要しないものを除く。）の内容の決定

（改正前会社法416条）

1〜3　（略）
4　指名委員会等設置会社の取締役会は、その決議によって、指名委員会等設置会社の業務執行の決定を執行役に委任することができる。ただし、次に掲げる事項については、この限りでない。
　①〜⑤　（略）
　⑥〜⑫　（略）
　⑬〜⑳　（略）

◆解説

1 背景

指名委員会等設置会社については、原則として、取締役会の決議によって、業務執行の決定を執行役に委任することができる（本条4項柱書本文）。しかし、会社法上、取締役会が決定機関となるものとして定められている事項のうち一定の事項は、執行役に委任をすることができず、必ず取締役会で決定することが必要となる（同項柱書ただし書）。

今般の改正により会社法上の取締役会の決定事項が追加されているが、それに合わせて本条4項各号についても追加する改正が行われている。

2 趣旨

以下の事項について、指名委員会等設置会社は、執行役に委任することができず、必ず取締役会で決定することが必要となる。各項目についての具体的な内容については、それぞれ対応する条文の解説を参照されたい。

① 業務の執行の社外取締役への委託（改正法348条の2第1項参照）

② 補償契約の内容の決定（改正法430条の2第1項参照。補償契約の定義については、改正法399条の13第5項12号参照）

③ 役員等賠償責任保険契約の内容の決定（改正法430条の3第1項参照。役員等賠償責任保険契約の定義については、改正法399条の13第5項13号参照）

④ 株式交付計画（当該指名委員会等設置会社の株主総会の決議による承認を要しないものを除く）の内容の決定（改正法774条の3第1項参照。いわゆる簡易株式交付〔改正法816条の4参照〕が除かれている）

3 実務への影響

指名委員会等設置会社の取締役会の運営にあたり、取締役会によって決定することが必要となる事項を適切に把握することが必要となる。

8 過料に処すべき行為

（過料に処すべき行為）
第976条
発起人、設立時取締役、設立時監査役、設立時執行役、取締役、会計参与若しくはその職務を行うべき社員、監査役、執行役、会計監査人若しくはその職務を行うべき社員、清算人、清算人代理、持分会社の業務を執行す

る社員、民事保全法第56条に規定する仮処分命令により選任された取締役、監査役、執行役、清算人若しくは持分会社の業務を執行する社員の職務を代行する者、第960条第1項第5号に規定する一時取締役、会計参与、監査役、代表取締役、委員、執行役若しくは代表執行役の職務を行うべき者、同条第2項第3号に規定する一時清算人若しくは代表清算人の職務を行うべき者、第967条第1項第3号に規定する一時会計監査人の職務を行うべき者、検査役、監督委員、調査委員、株主名簿管理人、社債原簿管理人、社債管理者、事務を承継する社債管理者、社債管理補助者、事務を承継する社債管理補助者、代表社債権者、決議執行者、外国会社の日本における代表者又は支配人は、次のいずれかに該当する場合には、100万円以下の過料に処する。ただし、その行為について刑を科すべきときは、この限りでない。

①～⑥　（略）

⑦　定款、株主名簿、株券喪失登録簿、新株予約権原簿、社債原簿、議事録、財産目録、会計帳簿、貸借対照表、損益計算書、事業報告、事務報告、第435条第2項若しくは第494条第1項の附属明細書、会計参与報告、監査報告、会計監査報告、決算報告又は第122条第1項、第149条第1項、第171条の2第1項、第173条の2第1項、第179条の5第1項、第179条の10第1項、第182条の2第1項、第182条の6第1項、第250条第1項、第270条第1項、第682条第1項、第695条第1項、第782条第1項、第791条第1項、第794条第1項、第801条第1項若しくは第2項、第803条第1項、第811条第1項、第815条第1項若しくは第2項、第816条の2第1項若しくは第816条の10第1項の書面若しくは電磁的記録に記載し、若しくは記録すべき事項を記載せず、若しくは記録せず、又は虚偽の記載若しくは記録をしたとき。

⑧　第31条第1項の規定、第74条第6項、第75条第3項、第76条第4項、第81条第2項若しくは第82条第2項（これらの規定を第86条において準用する場合を含む。）、第125条第1項、第171条の2第1項、第173条の2第2項、第179条の5第1項、第179条の10第2項、第182条の2第1項、第182条の6第2項、第231条第1項若しくは第252条第1項、第310条第6項、第311条第3項、第312条第4項、第318条第2項若しくは第3項若しくは第319条第2項（これらの規定を第325条において準用する場合を含む。）、第371条第1項（第490条第5項において

準用する場合を含む。）、第378条第1項、第394条第1項、第399条の11第1項、第413条第1項、第442条第1項若しくは第2項、第496条第1項、第684条第1項、第731条第2項、第782条第1項、第791条第2項、第794条第1項、第801条第3項、第803条第1項、第811条第2項、第815条第3項、第816条の2第1項又は第816条の10第2項の規定に違反して、帳簿又は書類若しくは電磁的記録を備え置かなかったとき。

⑨〜⑱　（略）

⑱の2　（略）

⑲　第325条の3第1項（第325条の7において準用する場合を含む。）の規定に違反して、電子提供措置をとらなかったとき。

⑲の2　第327条の2の規定に違反して、社外取締役を選任しなかったとき。

⑲の3　（略）

⑳〜㉒　（略）

㉓　第365条第2項（第419条第2項及び第489条第8項において準用する場合を含む。）又は第430条の2第4項（同条第5項において準用する場合を含む。）の規定に違反して、取締役会又は清算人会に報告せず、又は虚偽の報告をしたとき。

㉔〜㉕　（略）

㉖　第449条第2項若しくは第5項、第627条第2項若しくは第5項、第635条第2項若しくは第5項、第670条第2項若しくは第5項、第779条第2項若しくは第5項（これらの規定を第781条第2項において準用する場合を含む。）、第789条第2項若しくは第5項（これらの規定を第793条第2項において準用する場合を含む。）、第799条第2項若しくは第5項（これらの規定を第802条第2項において準用する場合を含む。）、第810条第2項若しくは第5項（これらの規定を第813条第2項において準用する場合を含む。）、第816条の8第2項若しくは第5項又は第820条第1項若しくは第2項の規定に違反して、資本金若しくは準備金の額の減少、持分の払戻し、持分会社の財産の処分、組織変更、吸収合併、新設合併、吸収分割、新設分割、株式交換、株式移転、株式交付又は外国会社の日本における代表者の全員の退任をしたとき。

㉗～㉜　（略）

㉝　第702条の規定に違反して社債を発行し、又は第714条第1項（第714条の7において準用する場合を含む。）の規定に違反して事務を承継する社債管理者若しくは社債管理補助者を定めなかったとき。

㉞～㉟　（略）

（改正前会社法976条）

発起人、設立時取締役、設立時監査役、設立時執行役、取締役、会計参与若しくはその職務を行うべき社員、監査役、執行役、会計監査人若しくはその職務を行うべき社員、清算人、清算人代理、持分会社の業務を執行する社員、民事保全法第56条に規定する仮処分命令により選任された取締役、監査役、執行役、清算人若しくは持分会社の業務を執行する社員の職務を代行する者、第960条第1項第5号に規定する一時取締役、会計参与、監査役、代表取締役、委員、執行役若しくは代表執行役の職務を行うべき者、同条第2項第3号に規定する一時清算人若しくは代表清算人の職務を行うべき者、第967条第1項第3号に規定する一時会計監査人の職務を行うべき者、検査役、監督委員、調査委員、株主名簿管理人、社債原簿管理人、社債管理者、事務を承継する社債管理者、代表社債権者、決議執行者、外国会社の日本における代表者又は支配人は、次のいずれかに該当する場合には、100万円以下の過料に処する。ただし、その行為について刑を科すべきときは、この限りでない。

①～⑥　（略）

⑦　定款、株主名簿、株券喪失登録簿、新株予約権原簿、社債原簿、議事録、財産目録、会計帳簿、貸借対照表、損益計算書、事業報告、事務報告、第435条第2項若しくは第494条第1項の附属明細書、会計参与報告、監査報告、会計監査報告、決算報告又は第122条第1項、第149条第1項、第171条の2第1項、第173条の2第1項、第179条の5第1項、第179条の10第1項、第182条の2第1項、第182条の6第1項、第250条第1項、第270条第1項、第682条第1項、第695条第1項、第782条第1項、第791条第1項、第794条第1項、第801条第1項若しくは第2項、第803条第1項、第811条第1項若しくは第815条第1項若しくは第2項の書面若しくは電磁的記録に記載し、若しくは記録すべき事項を記載せず、若しくは記録せず、又は虚偽の記載若しくは記録をしたとき。

⑧　第31条第1項の規定、第74条第6項、第75条第3項、第76条第4項、第81条第2項若しくは第82条第2項（これらの規定を第86条において準用する場合を含む。）、第125条第1項、第171条の2第1項、第173条の2第2項、第179条の

5第１項、第179条の10第２項、第182条の２第１項、第182条の６第２項、第231条第１項若しくは第252条第１項、第310条第６項、第311条第３項、第312条第４項、第318条第２項若しくは第３項若しくは第319条第２項（これらの規定を第325条において準用する場合を含む。）、第371条第１項（第490条第５項において準用する場合を含む。）、第378条第１項、第394条第１項、第399条の11第１項、第413条第１項、第442条第１項若しくは第２項、第496条第１項、第684条第１項、第731条第２項、第782条第１項、第791条第２項、第794条第１項、第801条第３項、第803条第１項、第811条第２項又は第815条第３項の規定に違反して、帳簿又は書類若しくは電磁的記録を備え置かなかったとき。

⑨〜⑱　（略）

⑲　（略）

⑲の２　（略）

⑳〜㉒　（略）

㉓　第365条第２項（第419条第２項及び第489条第８項において準用する場合を含む。）の規定に違反して、取締役会又は清算人会に報告せず、又は虚偽の報告をしたとき。

㉔〜㉕　（略）

㉖　第449条第２項若しくは第５項、第627条第２項若しくは第５項、第635条第２項若しくは第５項、第670条第２項若しくは第５項、第779条第２項若しくは第５項（これらの規定を第781条第２項において準用する場合を含む。）、第789条第２項若しくは第５項（これらの規定を第793条第２項において準用する場合を含む。）、第799条第２項若しくは第５項（これらの規定を第802条第２項において準用する場合を含む。）、第810条第２項若しくは第５項（これらの規定を第813条第２項において準用する場合を含む。）又は第820条第１項若しくは第２項の規定に違反して、資本金若しくは準備金の額の減少、持分の払戻し、持分会社の財産の処分、組織変更、吸収合併、新設合併、吸収分割、新設分割、株式交換、株式移転又は外国会社の日本における代表者の全員の退任をしたとき。

㉗〜㉜　（略）

㉝　第702条の規定に違反して社債を発行し、又は第714条第１項の規定に違反して事務を承継する社債管理者を定めなかったとき。

㉞〜㉟　（略）

◆解説

1　背景

本条は過料について定める。今回の会社法改正に伴い、違反行為の内容について追加がされた。

過料は、法令上の秩序維持を目的として法令上の義務の不履行者または法令上の禁止・制限の違反者に制裁として科される秩序罰である。

なお、附則10条は、「この法律の施行前にした行為及びこの附則の規定によりなお従前の例によることとされる場合におけるこの法律の施行後にした行為に対する罰則の適用については、なお従前の例による。」と定めている（附則2条本文第2かっこ書も参照）。改正法施行前にした行為については、改正法によって追加された過料の規定は適用されない。⇨**附則§10**の解説参照。

2　趣旨

（1）　本条柱書　　過料の主体に社債管理補助者および事務を承継する社債管理補助者が追加された。事務を承継する社債管理補助者とは、一定の事由により社債管理補助者が欠けた場合に、社債発行会社が、事務を承継する社債管理補助者として、社債権者のために、社債の管理の補助を委託した者をいう（改正法714条の7、会714条）。

（2）　本条7号（不記載・虚偽記載等）　　改正法816条の2第1項（株式交付親会社による株式交付計画に関する書面等）または改正法816条の10第1項（株式交付親会社による株式交付に関する事後開示事項を記載した書面等）の書面または電磁的記録（以下、「書面等」という）に記載・記録すべき事項を記載・記録せず、または虚偽の記録・記載をしたときには、過料が科される。⇨**§816の2-2**、**§816の10-2**の解説参照。

（3）　本条8号（書類等の備置義務違反）　　改正法816条の2第1項（株式交付親会社による株式交付計画に関する書面等）または改正法816条の10第2項（株式交付親会社による株式交付に関する事後開示事項を記載した書面等）の規定に違反して、書類または電磁的記録を備え置かなかったとき、過料が科される。⇨**§816の2-2**、**§816の10-2**の解説参照。

（4）　本条19号（電子提供措置の不履行）　　電子提供措置をとる旨の定款の定めがある株式会社の取締役が、改正法325条の3第1項（改正法325条の7において種類株主総会に準用する場合を含む）の規定に違反して、電子提供措置をとらなかったとき、過料が科される。⇨**§325の2-2（3）(e)**参照。

（5）　本条19号の2（社外取締役選任義務違反）　　改正法327条の2に違反して、社外取締役を選任しなかったときに、過料が科される。なお、社外取締役が欠けた場合であっても、遅滞なく社外取締役が選任されるときは、直ちに過料の制裁が科されることにはならないと解されることについては、**§327の2-2**（7）参照。

（6）　本条23号（補償報告義務違反）　　改正法430条の2第4項（同条5項において執行役に準用する場合を含む）に違反して、補償契約に基づく補償をした取締役（執行役を含む）および当該補償を受けた取締役（執行役を含む）が、遅滞なく、当該補償についての重要な事実を取締役会に報告せず、または虚偽の報告をしたときは、過料が科される。⇨**§430の2-2**（8）の解説参照。

（7）　本条26号（違法な組織再編）　　改正法816条の8第2項または5項に違反して、株式交付をしたときは、過料が科される。⇨**§816の8-2**参照。

（8）　本条33号（社債管理補助者選定義務違反）　　社債管理補助者がいなくなったにもかかわらず、改正法714条の7において準用する会社法714条1項の規定に違反して、事務を承継する社債管理者を定めなかったとき、過料が科される。⇨**§714の7-2**（5）(c)参照。

3　実務への影響

　本改正に伴い、過料の対象が広がった。上記の過料が科されることのないよう、実務上留意する必要がある。

9　電磁的方法および電磁的記録等に関する会社法施行規則の改正

> **会社法施行規則**
> 第226条（電磁的記録に記録された事項を表示する方法）
> 次に掲げる規定に規定する法務省令で定める方法は、次に掲げる規定の電磁的記録に記録された事項を紙面又は映像面に表示する方法とする。
> 　㉝　法第735条の2第3項第2号（新設）
> 　㊷　法第816条の2第3項第3号（新設）
> 　㊸　法第816条の10第3項第3号（新設）
> 第232条（保存の指定）
> 電子文書法第3条第1項の主務省令で定める保存は、次に掲げる保存とする。

㉛　法第735条の2第2項の規定による同条第1項の書面の保存（新設）

㊱　法第816条の10第2項の規定による同条第1項の書面の保存（新設）

第234条（縦覧等の指定）

電子文書法第5条第1項の主務省令で定める縦覧等は、次に掲げる縦覧等とする。

㊹　法第735条の2第3項第1号の規定による同条第2項の書面の縦覧等（新設）

�53　法第816条の2第3項第1号の規定による同条第1項の書面の縦覧等（新設）

�54　法第816条の10第3項第1号の規定による同条第2項の書面の縦覧等（新設）

第236条（交付等の指定）

電子文書法第6条第1項の主務法令で定める交付等は、次に掲げる交付等とする。

㉗　法第816条の2第3項第2号の規定による同条第1項の書面の謄本または抄本の交付等（新設）

㉘　法第816条の10第3項第2号の規定による同条第2項の書面の謄本または抄本の交付等（新設）

◆趣旨

1　背景

　会社法改正により、新たに、社債権者集会の目的である事項に係る提案についての社債権者による書面または電磁的記録による同意の意思表示（改正法735条の2第1項）、株式交付についての事前備置書面（改正法816条の2第1項）および事後備置書面（改正法816条の10第1項）についての規定が設けられたため、これらに関して、電磁的記録に記録された事項を表示する方法、ならびに民間事業者等が行う書面の保存等における情報通信技術の利用に関する法律（平成16年法律第149号。以下「電子文書法」という）3条1項、5条1項および6条1項に係る会社法施行規則の規定が整備された。

2　趣旨

（1）　電磁的記録に記録された事項を表示する方法　　改正会社法施行規則226条は、会社法において規定される電磁的記録に記録された事項の閲覧の方

法について、電磁的記録に記録された事項を紙面または映像面に表示する方法とする旨を定めている。会社法改正により、以下の事項についても当該方法を用いて閲覧させることが定められた。

① 社債権者集会の目的である事項の提案について議決権者が電磁的記録により同意した場合の当該電磁的記録（改正法735条の2第3項2号）

② 株式交付における事前備置事項に係る電磁的記録（改正法816条の2第3項3号）

③ 株式交付における事後備置事項に係る電磁的記録（改正法816条の10第3項3号）

（2）電子文書法3条1項の保存　電子文書法3条1項は、他の法令の規定により書面により保存しなければならいとされているもののうち主務省令に定めるものについて、書面の保存に代えて当該書面に係る電磁的記録の保存ができる旨を定めている。改正会社法施行規則232条は、これを受けて、会社法上書面により保存しなければならないとされている書面について、当該書面に係る電磁的記録の保存ができるものと定めている。会社法改正により、以下の書面が新たに書面により保存しなければならないとされたことから、会社法施行規則232条が改正され、以下の書面について電磁的記録の保存ができるものとされた。

① 社債権者集会の目的である事項についての提案について議決権者が書面により同意した場合の当該書面（改正法735条の2第1項、2項）

② 株式交付に係る事後備置書面（改正法816条の10第1項、2項）

（3）電子文書法5条1項の縦覧等　電子文書法5条1項は、他の法令の規定により書面による縦覧等が定められているもののうち主務省令に定めるものについて、書面に代えて電磁的記録に記載されている事項または当該事項を記載した書面の縦覧等を行うことができることを定めている。改正会社法施行規則234条は、これを受けて、会社法上書面の閲覧が規定されているものについて、電子文書法5条1項による縦覧等を行うことができるものと定めている。会社法改正により、新たに以下の書面の閲覧について定められたことから、会社法施行規則234条が改正され、以下のものについて当該書面に係る電磁的記録に記載されている事項または当該事項を記載した書面の閲覧をさせることができるものとされた。

① 社債権者集会の目的である事項の提案について議決権者が書面により同

　意した場合の当該書面の閲覧（改正法735条の２第２項、３項１号）

　②　株式交付に係る事前備置書面の閲覧（改正法816条の２第１項、２項）

　③　株式交付に係る事後備置書面の閲覧（改正法816条の10第１項、２項）

（４）　電子文書法６条１項の交付　　電子文書法６条１項は、他の法令の規定により書面により交付等（交付し、もしくは提出し、または提供すること。同法２条９号）を行わなければならないとされているものについて、当該他の法令の規定にかかわらず、政令で定めるところにより、当該交付等の相手方の承諾を得て、書面の交付等に代えて電磁的方法であって主務省令で定めるものにより当該書面に係る電磁的記録に記録されている事項の交付等を行うことができると定めている。会社法改正を受けて、会社法施行規則236条が改正され、以下について、電子文書法６条１項による交付等が可能とされた。

　①　株式交付に係る事前備置書面の謄本または抄本の交付等（改正法816条の
　　　２第１項、３項２号）

　②　株式交付に係る事後備置書面の謄本または抄本の交付等（改正法816条の
　　　10第２項、３項２号）

3　実務への影響

　改正会社法により新たに定められた書面や電磁的記録についても、会社法に定められる他の書面や電磁的記録と同様の扱いができるものとされた。

10　その他技術的修正

（株主総会参考書類及び議決権行使書面の交付等）

第301条

1　取締役は、第298条第１項第３号に掲げる事項を定めた場合には、第299条第１項の通知に際して、法務省令で定めるところにより、株主に対し、議決権の行使について参考となるべき事項を記載した書類（以下この節において「株主総会参考書類」という。）及び株主が議決権を行使するための書面（以下この節において「議決権行使書面」という。）を交付しなければならない。

2　（略）

（改正前会社法301条）

1　取締役は、第298条第１項第３号に掲げる事項を定めた場合には、第299条第1

項の通知に際して、法務省令で定めるところにより、株主に対し、議決権の行使について参考となるべき事項を記載した書類（以下この款において「株主総会参考書類」という。）及び株主が議決権を行使するための書面（以下この款において「議決権行使書面」という。）を交付しなければならない。

2　（略）

◆解説

1　背景

本条は、本改正により株主総会資料の電子提供措置が新設され、「第3款　電子提供措置」とまとめられたことに伴う改正である。

2　趣旨

改正前会社法は、第2編「株式会社」第4章「機関」第1節「株主総会及び種類株主総会」第1款「株主総会」・第2款「種類株主総会」とされていたが、「第3款　電子提供措置」が追加され、これに伴い、第1節が「株主総会及び種類株主総会等」となった。

本条の改正により、「株主総会参考書類」および「議決権行使書面」の定義は、改正前会社法の「第1款　株主総会」だけではなく、改正法の「第1節　株主総会及び種類株主総会等」においても通用することとなった。

3　実務への影響

特にない。

（役員等の株式会社に対する損害賠償責任）
第423条
1　取締役、会計参与、監査役、執行役又は会計監査人（以下この章において「役員等」という。）は、その任務を怠ったときは、株式会社に対し、これによって生じた損害を賠償する責任を負う。
2〜4　（略）

（改正前会社法423条）

1　取締役、会計参与、監査役、執行役又は会計監査人（以下この節において「役員等」という。）は、その任務を怠ったときは、株式会社に対し、これによって生じた損害を賠償する責任を負う。

2〜4　（略）

◆解説

1　背景

　本条は、本改正により「第12節　補償契約及び役員等のために締結される保険契約」が追加されたことに伴う改正である。

2　趣旨

　改正前会社法は、第2編「株式会社」第4章「機関」第11節「役員等の損害賠償責任」との構成であったが、第12節として「補償契約及び役員等のために締結される保険契約」が追加された。

　これの改正に際し、「取締役、会計参与、監査役、執行役又は会計監査人」を総称する「役員等」の定義は、第4章「機関」全般で通用することとなった。

3　実務への影響

　特にない。

11　監査基準の改訂を受けた改正予定

　2020（令和2）年12月4日に、会社計算規則の改正案がパブリック・コメントに付されており、2021（令和3）年3月1日から施行する予定であるとされている。ただし、本書執筆時点ではまだ公布されていない。

　同改正案は、企業会計審議会が2020（令和2）年11月6日に「その他の記載内容」等に関する監査基準の改訂を行ったことを受け、会社計算規則126条1項に掲げる事項に「第2号の意見があるときは、事業報告及びその附属明細書の内容と計算関係書類の内容又は会計監査人が監査の過程で得た知識との間の重要な相違等について、報告すべき事項の有無及び報告すべき事項があるときはその内容」を追加するほか、所要の整備を行うものとされている。

　また、同改正案によれば、同改正による会社計算規則126条第1項の規定は、2022（令和4）年3月31日以後に終了する事業年度に係る計算関係書類についての会計監査報告について適用し、同日前に終了する事業年度に係る計算関係書類についての会計監査報告については、なお従前の例によるものとされているが、2021（令和3）年3月31日以後に終了する事業年度に係る計算関係書類についての会計監査報告については、同項の規定を適用することができるものとされている。

第10 附則

（施行期日）

附則第１条

この法律は、公布の日から起算して１年６月を超えない範囲内において政令で定める日から施行する。ただし、目次の改正規定（「株主総会及び種類株主総会」を「株主総会及び種類株主総会等」に、「第２款　種類株主総会（第321条～第325条）」を「第２款　種類株主総会（第321条～第325条）第３款　電子提供措置（第325条の２～第325条の７）」に、「第２節　会社の登記　第１款　本店の所在地における登記（第911条～第929条）第２款　支店の所在地における登記（第930条～第932条）」を「第２節　会社の登記（第911条～第932条）」に改める部分に限る。）、第２編第４章第１節の節名の改正規定、第301条第１項の改正規定、同節に１款を加える改正規定、第７編第４章第２節第１款の款名を削る改正規定、第911条第３項第12号の次に１号を加える改正規定、同節第２款の款名を削る改正規定、第930条から第932条までの改正規定、第937条第１項の改正規定、同条第４項を削る改正規定、第938条第１項の改正規定及び第976条中第19号を第18号の２とし、同号の次に１号を加える改正規定は、公布の日から起算して３年６月を超えない範囲内において政令で定める日から施行する。

会社法施行規則等の一部を改正する省令

附則第１条（施行期日）

この省令は、会社法の一部を改正する法律（令和元年法律第70号。以下この条及び次条第13項において「会社法改正法」という。）の施行の日（令和３年３月１日。以下「施行日」という。）から施行する。ただし、第１条第二表に係る改正規定、第２条中会社計算規則第２条第２項第15号の次に１号を加える改正規定及び第134条の改正規定並びに第３条中一般社団法人及び一般財団法人に関する法律施行規則第７条の次に２条を加える改正規定及び第51条の改正規定は、会社法改正法附則第１条ただし書に規定する規定の施行の日（次条第４項及び第５項において「一部施行日」とい

> う。）から施行する。

◆解説

1 背景

　法の適用に関する通則法2条では、法律は、国民への周知という観点から、公布日から起算して20日を経過した日に施行されるが、会社法の一部を改正する法律（令和元年法律第70号。以下「改正法」という）と会社法の一部を改正する法律の施行に伴う関係法令の整備等に関する法律（令和元年法律第71号。以下「整備法」という）の施行日は、その附則において定められている。

　改正法と整備法は、株式会社の企業統治に係る制度の見直しを行ったものであり、その中には、電子提供制度等、施行日までに相当の準備期間を必要とする事項が多いため、特定の日を施行日とするのではなく、改正規定によって区分し、公布日から一定の範囲内の期間を経過した後の日を施行日として政令によって定めることとされている。今後、法律の委任を受けた事項について、政省令が定められた後、政令によって施行日が定められる予定である。

2 趣旨

　改正法および整備法の定める施行日は次のとおりである。

（1）原則

　(a)　**改正法**　公布日（2019〔令和元〕年12月11日）から1年6か月の範囲内（2021〔令和3〕年5月11日までの日）で政令で定める日を施行日とする（附則1条）。施行日は、2021（令和3）年3月1日である。

　(b)　**整備法**　改正法施行の日（整備法附則3号。同号にいう「施行日」とは、附則1条にいう「施行日」〔(a)の日〕を意味している〔3号施行日〕と解される）。(a)および(b)により、改正法と整備法の施行日は、原則として一致することになる。

　(c)　**政省令**　会社法施行規則等の一部を改正する省令（改正省令）附則1条本文は、改正法の原則的な施行日をもって改正省令の原則的な施行日としている（例外については、次の（2）参照）。

（2）例外

　(a)　**改正法**　次の場合には、例外として、公布日（2019〔令和元〕年12月11日）から3年6か月の範囲内（2023〔令和5〕年5月11日までの日）で政令で定める日を施行日とする（附則1条ただし書）。この施行日は、2022（令和4）

年度中の日が予定されている。

①　株主総会資料の電子提供制度関連の改正規定　株主総会資料の電子提供措置の実施には、株式会社が必要なサーバー容量を確保するなどの準備を必要とするだけでなく、株主による書面交付請求と会社による終了通知・異議催告を的確に行うための株式会社と事務処理を代行する株主名簿管理人の事務処理の体制の整備や、振替株式の振替制度のシステムを通した書面交付請求の伝達に対応するためのシステムの整備等が必要である。これには長期の準備期間が必要と予想されるため、公布の日から起算して3年6月を超えない範囲内において政令で定める日が施行日とされている。

②　支店における登記の廃止関連の改正規定

(b)　**整備法**　例外として3つの施行日が定められている。

①　第1号施行日（整備法附則1号）　公布の日（2019〔令和元〕年12月11日）　形式的な訂正と思われる改正である。

②　第2号施行日（整備法附則2号）　公布の日から起算して1年3か月の範囲内で政令で定める日

　　株式交付による株式会社の変更登記に関する改正規定（商登法90条の1）等、改正法の原則的な施行日に先立って施行する必要がある改正規定のための施行日である。

③　第3号施行日（改正法附則3号）　附則1条ただし書に定める日（公布の日から起算して3年6か月の範囲内で政令で定める日）

　　電子提供制度に関連する改正規定について、改正法附則1条ただし書の施行日に合致させるための施行日である。

(c)　**政省令**　改正省令附則1条ただし書は、次の場合に、改正法の例外的な施行日（上記(a)のとおり、2022〔令和4〕年度中の日が予定されている）をもって改正省令の施行日（以下、「一部施行日」という）としている。

①　改正省令1条第二表（電子提供措置関係）に係る改正規定

②　会社計算規則における電子提供措置の定義を置く改正規定（改正会社計算規則2条2項16号）および連結計算書類の電子提供措置の改正規定（改正会社計算規則134条3項）

③　一般社団法人・一般財団法人の電子提供措置等に関する改正規定（改正一般社団法人及び一般財団法人に関する法律施行規則7条の2、7条の3、51条）

3 実務への影響

改正規定のうち、①電子提供制度以外と②電子提供制度で施行日が異なるので、それぞれの施行日に応じて実務対応をする必要がある。

整備法附則（会社法の一部を改正する法律の施行に伴う関係法律の整備等に関する法律の附則）を掲記する。

◇会社法の一部を改正する法律の施行に伴う関係法律の整備等に関する法律附則

この法律は、会社法改正法の施行の日から施行する。ただし、次の各号に掲げる規定は、当該各号に定める日から施行する。

1　第9条中社債、株式等の振替に関する法律第269条の改正規定（「第68条第2項」を「第86条第1項」に改める部分に限る。）（略）　公布の日

2　（略）第6条の規定（同条中商業登記法第90条の次に一条を加える改正規定及び同法第91条第2項の改正規定（「前条」を「第90条」に改める部分に限る。）並びに同号に掲げる改正規定を除く。）、第7条の規定、第15条中一般社団法人及び一般財団法人に関する法律第330条の改正規定（同号に掲げる部分を除く。）（略）　公布の日から起算して1年3月を超えない範囲内において政令で定める日

3　（略）第9条中社債、株式等の振替に関する法律（略）、同法第159条の次に1条を加える改正規定（略）　会社法改正法附則第1条ただし書に規定する規定の施行の日

（経過措置の原則）

附則第2条

この法律による改正後の会社法（以下「新法」という。）の規定（罰則を除く。）は、この附則に特別の定めがある場合を除き、この法律（前条ただし書に規定する規定については、当該規定。附則第10条において同じ。）の施行前に生じた事項にも適用する。ただし、この法律による改正前の会社法（以下「旧法」という。）の規定によって生じた効力を妨げない。

会社法施行規則等の一部を改正する省令

附則第2条（会社法施行規則の一部改正に伴う経過措置）

1　施行日前に招集の手続が開始された創立総会又は種類創立総会に係る創立総会参考書類の記載については、なお従前の例による。

2 施行日前に会社法（以下「法」という。）第171条第1項の株主総会の決議がされた場合におけるその全部取得条項付種類株式の取得に係る法第171条の2第1項に規定する書面又は電磁的記録の記載又は記録については、なお従前の例による。

3 施行日前に法第180条第2項の株主総会（株式の併合をするために種類株主総会の決議を要する場合にあっては、当該種類株主総会を含む。）の決議がされた場合におけるその株式の併合に係る法第182条の2第1項に規定する書面又は電磁的記録の記載又は記録については、なお従前の例による。

4 一部施行日前に法第199条第2項に規定する募集事項の決定があった場合におけるその募集に応じて募集株式の引受けの申込みをしようとする者に対して通知すべき事項については、なお従前の例による。

5 一部施行日前に法第238条第1項に規定する募集事項の決定があった場合におけるその募集に応じて募集新株予約権の引受けの申込みをしようとする者に対して通知すべき事項については、なお従前の例による。

6 第1条の規定（同条第一表に係る改正規定に限る。）による改正後の会社法施行規則（以下「新会社法施行規則」という。）第74条第1項第5号及び第6号、第74条の3第1項第7号及び第8号、第75条第5号及び第6号、第76条第1項第7号及び第8号並びに第77条第6号及び第7号の規定は、施行日以後に締結される補償契約及び役員等賠償責任保険契約について適用する。

7 施行日以後にその末日が到来する事業年度のうち最初のものに係る定時株主総会より前に開催される株主総会又は種類株主総会に係る株主総会参考書類の記載については、新会社法施行規則第74条第3項第3号並びに第4項第7号ロ及びハ、第74条の2、第74条の3第3項第3号並びに第4項第7号ロ及びハ並びに第76条第3項第3号並びに第4項第6号ロ及びハ（これらの規定を会社法施行規則第95条第3号において準用する場合を含む。）の規定にかかわらず、なお従前の例による。

9 前3項に定めるもののほか、施行日前に招集の手続が開始された株主総会又は種類株主総会に係る株主総会参考書類の記載については、なお従前の例による。

◆解説

1 背景

　新法（以下の附則の解説においては、附則の定義に従い、改正法を「新法」といい、改正前会社法を「旧法」という）は、企業統治に関係する制度の見直しをし、株主総会、社外取締役、補償契約、役員等のために締結される保険契約のほか、社債、新株予約権等について旧法にない新しい規律を導入している。したがって、株式会社において、新法の施行日前に旧法に基づいて、新法が対象としているそれらの事項について手続が開始されている場合、新法を施行日以後に適用すると、無用の混乱やコストを発生させる場合がある。このため、附則において、経過措置が定められている。

2 趣旨

（1） 経過措置の原則　　本条では、経過措置の原則として、新法の規定は、新法の施行前に生じた事項についても施行日以後は適用することを定める（本文）。

　新法の規定とは、1条ただし書に規定する規定については、当該規定を意味する（本文かっこ書）。すなわち、1条ただし書に規定された規定は、当該規定の施行日以降は、当該規定の施行前に生じた事項にも適用される。

（2） 経過措置の例外　　本条の原則には、3つの例外が定められている。

① 旧法の規定によって生じた効力は否定されない（ただし書）。これによって、旧法により一度効力が生じた事項が新法の施行後に新法によって効力を失うことによる混乱を防止している。

② 罰則は除外される（本文第2かっこ書）。罪刑法定主義（憲法31条）の派生原則である「遡及処罰の禁止」（同法39条前段）により、新法中の罰則規定は、当該規定の施行前に生じた事項には、施行後にも適用されない。⇨ **附則§10**の解説参照。

③ 新法の規定は、この附則に「特別の定め」がある場合には、施行前に生じた一定の事項には、施行日以後も適用されない（本文中の除外規定）。この特別の定めが、附則3条以下に定められている経過措置である。これによって、新法の規律を適用することによる混乱やコストの発生を防止している。

（3） 政省令　　次の経過措置を定めている。

① 創立総会参考書類の関係　　施行日前に招集の手続が開始された創立総

　会または種類創立総会に係る創立総会参考書類の記載（施規10条等）については、改正前の規定が適用される（改正省令附則2条1項）。

② 端数処理に関する事前開示事項の関係

　㋐ 施行日前に株主総会決議がされた場合における全部取得条項付種類株式の取得（会171条1項）についての書面または電磁的記録（会171条の2第1項）については、改正前の規定が適用される（改正省令附則2条2項）。

　㋑ 施行日前に会社法180条2項の株主総会（株式の併合をするために種類株主総会の決議を要する場合にあっては、その種類株主総会を含む）の決議がされた場合における株式の併合についての書面または電磁的記録の記載または記録（会182条の2第1項）については、改正前の規定が適用される（改正省令附則2条3項）。

③ 募集株式・募集新株予約権に関する通知事項の関係

　㋐ 一部施行日前に募集事項の決定（会199条2項）があった場合の募集に応じて募集株式引受けの申込みをしようとする者に対して通知すべき事項（電子提供措置をとる旨の定款の定めがあることが追加された〔改正施規41条7号〕）については、改正前の規定が適用される（改正省令附則2条4項）。

　㋑ 一部施行日前に募集事項の決定（会238条1項）があった場合の募集に応じて募集新株予約権の引受けの申込みをしようとする者に対して通知すべき事項（電子提供措置をとる旨の定款の定めがあることが追加された〔改正施規54条7号〕）については、改正前の規定が適用される（改正省令附則2条5項）。

④ 株主総会参考書類、事業報告の関係

　㋐ 施行日以後に末日が到来する事業年度のうち最初の事業年度の定時株主総会より前に開催される株主総会または種類株主総会に係る株主総会参考書類の記載については、改正前の規定が適用される（改正省令附則2条7項）。

　㋑ 上記㋐の株主総会参考書類の記載に係る社外役員および社外取締役候補者の定義については、改正前の規定が適用される（改正省令附則2条8項）。

　㋒ 上記㋐および㋑に定めるものならびに補償契約および役員等賠償責任保険契約についてのもののほか、施行日前に招集の手続が開始された株

主総会または種類株主総会の株主総会参考書類の記載については、改正前の規定が適用される（改正省令附則2条9項）。

3 実務への影響

新法の規律が適用される時期についても、正確な理解が必要である。

（株主提案権に関する経過措置）

附則第3条

この法律の施行前にされた会社法第305条第1項の規定による請求については、なお従前の例による。

◆解説

1 背景

株主提案権に関する経過措置を定めている。

2 趣旨

新法の施行日前に行使された議案要領通知請求（会305条1項）については、新法でなく、旧法の規律が適用される。したがって、そのような請求については、新法305条4項および5項（個数制限）の規律は適用されない。

新法では、議案要領通知請求権に個数制限が定められ、株主が同請求権を行使する手続的要件が旧法とは異なることから、施行前に行使された請求には、施行日以後も旧法を適用することを定めたものである。⇨§305-2（7）参照。

3 実務への影響

新法の規律が適用される時期について、正確な理解が必要である。

（代理権を証明する書面等に関する経過措置）

附則第4条

この法律の施行前にされた旧法第310条第7項、第311条第4項又は第312条第5項の請求については、なお従前の例による。

◆解説

1　背景

代理権を証明する書面等に関する経過措置を定めている。

2　趣旨

新法の施行前に行使された議決権行使の代理権を証明する文書・電磁的記録、議決権行使書面・電磁的記録の閲覧請求権については、新法でなく、旧法の規律が適用される（本条）。したがって、そのような請求については、新法310条7項、311条4項および312条5項（請求の目的を明らかにすること）、ならびに310条8項、311条5項および312条6項（閲覧請求権の制限）の規律は適用されない。

新法では、議決権代理権限証書等の閲覧請求権に、手続的要件として目的の明示と実体要件として拒絶事由が定められ、株主が行使する実体的・手続的要件が旧法とは異なることから、施行前に行使された請求には、施行日以後も旧法を適用することを定めたものである。⇨§§310〜312-2（3）参照。

3　実務への影響

新法の規律が適用される時期について、正確な理解が必要である。

（社外取締役の設置義務等に関する経過措置）

附則第5条

この法律の施行の際現に監査役会設置会社（会社法第2条第5号に規定する公開会社であり、かつ、同条第6号に規定する大会社であるものに限る。）であって金融商品取引法（昭和23年法律第25号）第24条第1項の規定によりその発行する株式について有価証券報告書を内閣総理大臣に提出しなければならないものについては、新法第327条の2の規定は、この法律の施行後最初に終了する事業年度に関する定時株主総会の終結の時までは、適用しない。この場合において、旧法第327条の2に規定する場合における理由の開示については、なお従前の例による。

会社法施行規則等の一部を改正する省令

附則第2条（会社法施行規則の一部改正に伴う経過措置）

11　前項に定めるもののほか、施行日前にその末日が到来した事業年度の

> うち最終のものに係る株式会社の事業報告の記載又は記録及び施行日以後にその末日が到来する事業年度のうち最初のものに係る株式会社の事業報告における第1条（同条第一表に係る改正規定に限る。）の規定による改正前の会社法施行規則第124条第2項の理由の記載又は記録については、なお従前の例による。
> 12　前項の事業報告の記載又は記録に係る社外役員については、新会社法施行規則第2条第3項第5号の規定にかかわらず、なお従前の例による。

◆解説

1　背景

社外取締役の設置義務に関する経過措置を定めている。

2　趣旨

（1）　経過措置の例外　新法施行の際現に監査役会設置会社（会2条5号に規定する公開会社であり、かつ、同条6号に規定する大会社であるものに限る）であって金融商品取引法24条1項の規定により発行する株式について有価証券報告書を内閣総理大臣に提出しなければならないものには、新法327条の2の規定（社外取締役の設置義務）の規律は、新法の施行後最初に終了する事業年度に関する定時株主総会の終結の時までは、適用しない（本条前段）。この場合、同事業年度の末日において社外取締役を置いていないときは、当該定時株主総会において社外取締役を置くことが相当でない理由を説明しなければならない（旧法327条の2の規律が適用される。本条後段）。

施行日前にその末日が到来した事業年度のうち最終の事業年度の株式会社の事業報告の記載または記録、および施行日以後に末日が到来する事業年度のうち最初の事業年度の株式会社の事業報告における「社外取締役を置くことが相当でない理由」（改正前施規124条2項）の記載または記録については、改正前の規定が適用される（改正省令附則2条11項）。

また、当該事業報告の記載または記録における社外役員の定義（改正前施規2条3項5号）については、改正前の規定が適用される（改正省令附則2条12項）。

（2）　社外取締役選任の必要性　新法施行日に新法327条の2の要件を充足している会社が、社外取締役を置いていない場合に、その設置義務を最初に終了する事業年度の定時株主総会の終結時まで猶予する規定である。したがって、その場合には、当該定時株主総会において、社外取締役を選任する必要がある。

（3）　大会社要件の判定　　新法327条の2の要件は新法の施行日に充足している必要がある。同条の要件のうち、大会社か否かという要件の充足の有無は、最終事業年度の貸借対照表が基準となる（会2条6号）。最終事業年度の貸借対照表は、会計監査人設置会社の場合、通常、当該事業年度に係る定時株主総会において報告された時に確定する（会439条）。したがって、同条の要件を充足するのは、その時であるから、社外取締役を置いていない会社は、当該定時株主総会において、社外取締役を選任する必要がある。つまり、新法の施行日に際して大会社の要件を充足していない場合、新法327条の2が適用されるのは、大会社となった最終事業年度に係る定時株主総会のときである。⇨§327の2-2（3）および（6）参照。

3　実務への影響

新法の規律が適用される時期について、正確な理解が必要である。

（補償契約に関する経過措置）

附則第6条

新法第430条の2の規定は、この法律の施行後に締結された補償契約（同条第1項に規定する補償契約をいう。）について適用する。

会社法施行規則等の一部を改正する省令

附則第2条（会社法施行規則の一部改正に伴う経過措置）

6　第1条の規定（同条第一表に係る改正規定に限る。）による改正後の会社法施行規則（以下「新会社法施行規則」という。）第74条第1項第5号及び第6号、第74条の3第1項第7号及び第8号、第75条第5号及び第6号、第76条第1項第7号及び第8号並びに第77条第6号及び第7号の規定は、施行日以後に締結される補償契約及び役員等賠償責任保険契約について適用する。

10　新会社法施行規則第119条第2号の2、第121条第3号の2から第3号の4まで、第121条の2、第125条第2号から第4号まで及び第126条第7号の2から第7号の4までの規定は、施行日以後に締結された補償契約及び役員等賠償責任保険契約について適用する。

◆解説

1 背景

　補償契約に関する経過措置を定めている。

2 趣旨

　新法430条の2は、補償契約の内容の決定をする手続に関する規律（同条1項）、補償契約を締結している場合であっても補償することができない費用に関する規律（同2項）、補償契約について利益相反取引規制の適用除外に関する規律（同6項）等を定めている。

　これらの規律について、特段の経過措置を設けない場合は、附則2条の経過措置の原則が適用されることになる。すなわち、新法の施行前に締結された補償契約はすでに効力を生じているので、その契約の効力を否定することになる規律は適用されないが（同条ただし書）、それ以外については、新法の規律が適用されることとなる（同条本文）。そうすると、新法の施行前に締結された補償契約については、補償契約の内容の決定をする手続に関する規律（新法430条の2第1項）が適用されないにもかかわらず、同項の適用を前提とする利益相反取引規制の適用除外に関する規律（同条6項）が適用されることとなってしまい、補償契約が濫用的に利用される懸念があるとされている。

　そのため、新法430条の2の規定は、新法の施行後に締結された補償契約について適用され、新法の施行前に締結された補償契約については、同条の規定は適用しないこととされた（竹林他(4)8頁）。⇨§430の2-2（7）参照。

　また、補償契約および役員等賠償責任保険契約についての株主総会参考書類の記載に関する改正会社法施行規則の規定は、施行日以後に締結された補償契約および役員等賠償責任保険契約について適用される（改正省令附則2条6項）。

　さらに、補償契約および役員等賠償責任保険契約についての事業報告の記載または記録に関する改正会社法施行規則の規定は、施行日以後に締結された補償契約および役員等賠償責任保険契約について適用する（同条10項）。

3 実務への影響

　新法の施行前に締結される補償契約については、新法は施行後も適用されず、旧法の下における会社法および民法の解釈に委ねられる。その際、法的論点解釈指針が実務上の有力な解釈とされていた。しかし、補償契約について利益相反取引規制の適用除外に関する規律（同6項）が設けられた立法経緯等に鑑み、新法の施行前に補償契約を締結する場合には、利益相反取引規制の適用がある

ことを意識して手続を行うべきであろう。これに対し、施行前に締結される補
償契約には、補償することができない費用に関する規律（新法430条の2第2
項）の規定は適用されず、同項に違反するような補償も効力が認められる余地
がある。しかし、有効な補償の限界は新法制定前から解釈が固まっていない分
野であり、新法による規律が示された以上、新法の施行前に補償契約を締結す
る場合には、新法の規律を尊重することが妥当な実務対応と思われる。

（役員等のために締結される保険契約に関する経過措置）
附則第7条
この法律の施行前に株式会社と保険者との間で締結された保険契約のうち
役員等（旧法第423条第1項に規定する役員等をいう。以下この条におい
て同じ。）がその職務の執行に関し責任を負うこと又は当該責任の追及に
係る請求を受けることによって生ずることのある損害を保険者が塡補する
ことを約するものであって、役員等を被保険者とするものについては、新
法第430条の3の規定は、適用しない。

◆解説

1　背景

　役員等のために締結される保険契約に関する経過措置を定めている。

2　趣旨

（1）　経過措置の例外　　株式会社と保険者との間で締結された保険契約のう
ち役員等（423条第1項に規定する役員等をいう）がその職務の執行に関し責任
を負うことまたは当該責任の追及に係る請求を受けることによって生ずること
のある損害を保険者が補塡することを約するものであって、役員等を被保険者
とするもの（以下「役員等のために締結される保険契約」という）のうち、新法
の施行前に締結されたものについては、新法430条の3の規定は、適用しない。

　役員等のために締結される保険契約について、特段の経過措置を設けない場
合は、附則2条の経過措置の原則が適用されることになる。すなわち、新法の
施行前に締結された役員等のために締結される保険契約はすでに効力を生じて
おり、当該保険契約には、保険契約の内容の決定をする手続に関する規律は適
用されないが（同条ただし書）、利益相反規制の適用除外に関する規律は適用さ

れることとなる（同条本文）。つまり、改正法の施行前に締結された上記保険契約については、新法430条の3第1項が適用されないにもかかわらず、同項が適用されることを前提とする利益相反取引規制の適用除外に関する規律（同条2項）が適用されることとなってしまい、上記の保険契約が濫用的に利用される懸念があるとされている。そのため、新法の施行前に締結された本保険契約については、同条の規定は適用しないこととされた（本条。竹林他(4)12頁、一問一答150頁）。

　新法の施行後に役員等のために締結される保険契約が更新される場合には、更新後の保険契約は、更新時に新たに締結された保険契約であり、更新前の契約の保険期間が延長された契約ではないので、新法が適用される。

（2）　旧法の解釈に与える影響　　取締役または執行役を被保険者とする役員等のために締結される保険契約で、新法の施行前に締結されるものについては、旧法の解釈によることになり、利益相反規制の適用があり得ることになる。従前、会社に対する責任を填補する部分の保険料を会社が負担し、役員等から徴収しない実務が、法的論点解釈指針の示した要件に基づいて行われていたが、新法による規律が示された以上、部会で審議されたように、これらの規律が前提とする考え方が尊重されるべきであると思われ、新法の施行前に締結されるものについては、このような点に留意することが必要となる。

3　実務への影響

　新法の規律が適用される時期について、正確な理解が必要である。

（社債に関する経過措置）

附則第8条

1　この法律の施行前に旧法第676条に規定する事項の決定があった場合におけるその募集社債及びこの法律の施行前に会社法第238条第1項に規定する募集事項の決定があった場合におけるその新株予約権付社債の発行の手続については、新法第676条第7号の2及び第8号の2の規定にかかわらず、なお従前の例による。

2　この法律の施行の際現に存する社債であって、社債管理者を定めていないもの（この法律の施行の日以後に前項の規定によりなお従前の例により社債管理者を定めないで発行された社債を含む。）には、新法第676

条第7号の2に掲げる事項についての定めがあるものとみなす。
3　この法律の施行の際現に存する社債券の記載事項については、なお従前の例による。
4　この法律の施行前に社債発行会社、社債管理者又は社債権者が社債権者集会の目的である事項について提案をした場合については、新法第735条の2の規定は、適用しない。

会社法施行規則等の一部を改正する省令
附則第2条（会社法施行規則の一部改正に伴う経過措置）
13　施行日前に会社法改正法による改正前の法第676条に規定する事項の決定があった場合におけるその募集社債及び施行日前に法第238条第1項に規定する募集事項の決定があった場合におけるその新株予約権付社債の発行の手続については、新会社法施行規則第162条及び第163条の規定にかかわらず、なお従前の例による。
14　施行日前に招集の手続が開始された社債権者集会に係る社債権者集会参考書類及び議決権行使書面の記載については、なお従前の例による。

◆解説

1　背景

社債に関する経過措置を定めている。

2　趣旨

（1）　本条1項　　新法の施行前に、①募集社債に関する事項の決定（旧法676条）があった場合におけるその募集社債および②募集新株予約権に関する事項の決定（会238条1項）があった場合におけるその新株予約権付社債の発行の手続については、新法676条7号の2および8号の2の規定にかかわらず、旧法676条が適用される。この場合において、附則2条本文の原則どおり、新法が適用されるとすると、すでに開始した募集社債等の申込みや割当て（会677条、678条、242条、243条）等に関する手続をやり直さざるを得なくなるなど、無用な混乱やコストが生ずるおそれがあるからである。したがって、新法の施行前に①または②の決定があった場合で、施行後に募集社債または募集新株予約権付社債が発行されたときには、新法676条7号の2の社債管理者を定めないことに関する決定はする必要がない。また、同条8号の2の定め（社債管理

補助者を定めること）はすることができない。

（2）**本条2項**　本法の施行の際現に存する社債であって、社債管理者を定めていないもの（この法律の施行の日以後に前項の規定により旧法の規律により社債管理者を定めないで発行された社債を含む）には、新法676条7号の2の適用はなく、「社債管理者を定めないこと」（これは、社債の種類として社債原簿に記載しなければならない事項である。新法681条1号）を定めることができないことから、新法676条7号の2に掲げる事項（社債管理者を定めないこと）についての定めがあるものとみなされる。

（3）**本条3項**　この法律の施行の際現に存する社債券の記載事項については、旧法の規律が適用される（本条3項）。新法においては、社債管理者を定めないこととするときは、その旨（新法676条7号の2）、および社債管理補助者を定めることとすることとするときは、その旨（同条8号の2）が、いずれも社債の種類（新法681条1号）として、社債券および新株予約権付社債の記載事項となる（会697条1項3号、292条1項）。にもかかわらず、附則2条本文の原則どおり、新法の規律を直ちに適用することとすると、新法の施行の際に現に存する社債券および新株予約権付社債券が、記載事項が欠けているために無効とされたり、新たに発行することを要するなど、社債の流通に支障が生じたり、無用の混乱やコストが生じるおそれがあるからである。したがって、新法の下では、社債管理者との平仄から、社債管理補助者の委託に係る委託契約に関する事項も、法務省令により社債の種類に含まれる予定であるが（⇨§681-2（2））、旧法の規律が適用される結果、これは含まれないことになる。

（4）**本条4項**　この法律の施行前に社債発行会社、社債管理者または社債権者が社債権者集会の目的である事項について提案をした場合については、社債権者集会の決議の省略（新法735条の2）の規定は、適用されない。したがって、社債権者全員の同意がある場合にも、社債権者集会の決議の手続を省略することはできない。

（5）**政省令**　社債、新株予約権付社債および社債権者集会について、次の経過措置を定めている。

(a)　施行日前に募集事項の決定（改正前会社法676条）があった場合におけるその募集社債、および施行日前に募集事項の決定（会238条1項）があった場合における新株予約権付社債の発行の手続については、改正前の規定が適用され、改正会社法施行規則162条および163条の改正後の規定は適用さ

れない（改正省令附則 2 条13項）。

　(b)　施行日前に招集の手続が開始された社債権者集会に係る社債権者集会参
　　　考書類および議決権行使書面の記載については、改正前の規定が適用され
　　　る（改正省令附則 2 条14項）。

3　実務への影響

　新法の規律が適用される時期について、正確な理解が必要である。

（新株予約権に係る登記に関する経過措置）

附則第 9 条

この法律の施行前に登記の申請がされた新株予約権の発行に関する登記
の登記事項については、新法第911条第 3 項第12号の規定にかかわらず、
なお従前の例による。

◆解説

1　背景

　新株予約権に係る登記に関する経過措置を定めている。

2　趣旨

　新法の施行前に登記の申請がされた新株予約権の発行に関する登記の登記事
項については、新法911条 3 項12号の規定にかかわらず、旧法911条 3 項12号が
適用される。したがって、登記申請が受理される日が施行日以後であるか、施
行日よりも前であるかによって、登記事項が異なることになる。

3　実務への影響

　新法の規律が適用される時期について、正確な理解が必要である。

（罰則に関する経過措置）

附則第10条

この法律の施行前にした行為及びこの附則の規定によりなお従前の例に
よることとされる場合におけるこの法律の施行後にした行為に対する罰
則の適用については、なお従前の例による。

◆解説

1　背景

罰則に関する経過措置を定めている。

2　趣旨

新法の施行前にした行為およびこの附則の規定によりなお従前の例によることとされる場合における新法の施行後にした行為に対する罰則の適用については、旧法が適用される。罰則については、経過措置の例外とされることを受けて（附則2条本文第2かっこ書。⇨**附則§2-2（2）②**）、旧法が適用されることになる。

3　実務への影響

新法の規律が適用される時期について、正確な理解が必要である。

第11　改正から除外された論点

論点1　株主提案権の目的等による議案の提案の制限

◆解説

国会での審議の結果、会社法304条は改正されず、従前のままとされた。また、会社法305条については、6項の追加はされず、従前の4項について、「前3項の規定」とされていたのが、「第1項から第3項まで」に改められ、同項が同条6項と繰り下げられた。

本解説においては、第200回臨時国会に提出された、株主提案に関する目的等による議案の提案の制限に関する規定を新設する改正案について、会社法304条に基づく議場における議案提案権の行使の場合と、同305条1項に基づく議案要領通知請求権の行使の場合それぞれについて、改正案が提出された背景・趣旨、それが削除された経緯・理由、およびそのような立法経緯が今後の実務に与え得る影響を説明する。

1　背景

昭和56年商法改正により導入された株主提案権の制度の趣旨は、株主の疎外

感を払拭し、経営者と株主との間または株主相互間のコミュニケーションを良くして、開かれた株式会社を実現しようとするものであるが、株主から株主提案権の濫用的な行使を受けるおそれがあることは昭和56年商法改正当時から認識されていた。近年では、昭和56年商法改正当時には想定されていなかったような著しく些末な内容を含むまたは個人的な目的もしくは株式会社を困惑させる目的のために行使されたと認められる株主提案権の濫用的な行使事例が見られる（会社法研究会報告書11頁）。

　しかし、現行会社法には、株主提案の理由については、明らかに虚偽である場合または専ら人の名誉を侵害し、もしくは侮辱する目的によるものと認められる場合には、株主総会参考書類に記載することを要しないこととされているが（施規93条1項3号かっこ書）、株主提案自体の内容に関する制限としては、法令もしくは定款に違反する場合または実質的に同一の議案につき総株主の議決権の10分の1以上の賛成を得られなかった日から3年を経過していない場合（会304条ただし書・305条4項）に関する規定があるのみであり、株主提案権の濫用的行使を直接制限する規定は存在しない。

　近年の裁判例には、株主提案権の行使が会社を困惑させる目的のためにされるなど、株主としての正当な目的を有するものでない場合等には、権利濫用として許されないとしたものがあるが（東京高裁平成27年5月19日判決・金判1473号26頁⇨**判例2**）、どのような場合に株主提案権の行使が権利濫用に該当すると認められるかは必ずしも明確でなく、実務上、株主提案権が行使された場合には、会社が株主提案権の行使を権利濫用に該当すると判断することは難しいと指摘されていた（中間試案補足説明15頁。神田(2)4頁）。

　そこで、前記のような株主提案権の濫用的な行使によって、株主総会における審議の時間等が無駄に割かれ、株主総会の意思決定機関としての機能が害されることや、株式会社の検討や招集通知の印刷等に要するコストが増加することなどの弊害に対処するために、株主提案権の濫用的な行使を制限するための立法による措置を講ずることについて、経済界から要望があった。このような動きを受け、中間試案および要綱では、株主提案権が濫用的に行使される場合という限定的な場合を念頭において新たな制限を設けることが提案された。

2　改正案

　以下のような改正案が国会に提出された（下線部が改正提案部分）。

（1） 改正案304条

株主は、株主総会において、株主総会の目的である事項（当該株主が議決権を行使することができる事項に限る。次条第1項において同じ。）につき議案を提出することができる。ただし、次に掲げる場合は、この限りでない。

1　当該議案が法令又は定款に違反する場合

2　株主が、専ら人の名誉を侵害し、人を侮辱し、若しくは困惑させ、又は自己若しくは第三者の不正な利益を図る目的で、当該議案の提出をする場合

3　当該議案の提出により株主総会の適切な運営が著しく妨げられ、株主の共同の利益が害されるおそれがあると認められる場合

4　実質的に同一の議案につき株主総会において総株主（当該議案について議決権を行使することができない株主を除く。）の議決権の10分の1（これを下回る割合を定款で定めた場合にあっては、その割合）以上の賛成を得られなかった日から3年を経過していない場合

（2） 改正案305条 6 項

第1項から第3項までの規定は、次に掲げる場合には、適用しない。

①　第1項の議案が法令又は定款に違反する場合

②　株主が、専ら人の名誉を侵害し、人を侮辱し、若しくは困惑させ、又は自己若しくは第三者の不正な利益を図る目的で、第1項の規定による請求をする場合

③　第1項の規定による請求により株主総会の適切な運営が著しく妨げられ、株主の共同の利益が害されるおそれがあると認められる場合

④　実質的に同一の議案につき株主総会において総株主（当該議案について議決権を行使することができない株主を除く。）の議決権の10分の1（これを下回る割合を定款で定めた場合にあっては、その割合）以上の賛成を得られなかった日から3年を経過していない場合

3　改正案の趣旨

　上記の改正案は、株主提案権の濫用的な行使を制限するための措置として、株主による不適切な内容の提案を制限する規定を新たに設けるものであった（改正案304条2号3号、305条6項2号3号）。株主提案権の濫用的な行使を制限するための措置として、株主による提案の内容が不適切である場合には、株主が株主提案権（議場における議案提案権〔会304条〕および議案要領通知請求権〔305条1項〕）を行使することができないものとすることを意図した。

（1）　**改正案304条 2 号等**　　改正案304条 2 号・305条 6 項 2 号は、提案株主の目的に着目した拒絶事由であり、それぞれ、①株主が専ら人の名誉を侵害し、侮辱し、もしくは人を困惑させる目的で株主提案を行った場合、または②株主が専ら当該株主もしくは第三者の不正な利益を図る目的で株主提案を行った場合には、株式会社は、当該株主提案を拒絶することができることとするものであった。株主が上記①または②の目的で株主提案を行った場合には、正当な権利行使ということができず、株主総会の活性化を図ることを目的とする株主提案権の制度の趣旨に反するのみならず、株主総会における審議の時間等が無駄に割かれ、株主総会の意思決定機関としての機能が害されるといった株主提案権の濫用事例において懸念される弊害を生ずるおそれがあると考えられるため、このような態様の株主提案を制限することが意図された（中間試案補足説明19頁）。

　「専ら」という要件については、提案株主の目的に着目した拒絶事由であり、厳格すぎるため、削除するかまたは「主として」などのより緩やかな要件にすることを検討すべきであるという意見があった。しかし、「主として」という要件は不明確であり、どのような場合に要件を充足するかという判断が難しく、また、株主提案権の重要性に鑑みると拒絶事由の要件を緩めることについては慎重に考えるべきであるから、中間試案では「専ら」という要件が用いられた。パブリックコメントでも意見は分かれたが、「主として」という要件では濫用的でない株主提案権の行使をも制限してしまうおそれがあるという意見や株主提案権を過度に制限することにならないよう「専ら」という厳格な要件を用いることは望ましいという意見もあった。そこで、「専ら」が採択されたという経緯であった（神田(2)8 頁）。

（2）　**改正案304条 3 号等**　　改正案304条 3 号・305条 6 項 3 号は、株主提案により株主総会の適切な運営が著しく妨げられ、株主の共同の利益が害されるおそれがある場合には、株式会社は、当該株主提案を拒絶することができるものとするものであった。株主提案権の行使が権利濫用に該当すると認められた従前の裁判例において示された規範や改正案304条 2 号、305条 6 項 2 号の各拒絶事由とは異なり、客観的な要件であることに特徴があった。

　中間試案では「株主提案により株主総会の適切な運営が妨げられ、株主の共同の利益が著しく害されるおそれがあるとき」と「著しく」の位置が異なっていたが、改正法では、「著しく」を株主総会の運営の妨げを制限することに係

るように移された（その理由については、部会資料19・16頁参照）。また、「株主総会の適切な運営」には、株主総会当日の運営のみならず、株主総会の準備段階も含まれるとされていた。

（3）　業務執行事項に関する定款変更議案　　不適切な定款変更に関する議案の大半が定款変更をすることにより代表取締役に特定の行為を義務づける形のものであるので、業務執行事項に関する提案に係る定款変更議案を制約すべきという指摘があった。しかし、そのような制約をすることは、会社の根本規則である定款を制定する権限は株主にあるという現在の会社法の体系に大きく関わる問題であって慎重な検討を要するし、業務執行には様々なレベルのものが含まれるため何が制約すべき業務執行に該当するかの判断は難しいことなどから、業務執行事項の提案の制約は採用されなかった（神田(2)9頁）。

4　株主提案権の目的等による議案の提案の制限に関する規定が削除された経緯・理由

第200回国会衆議院法務委員会第10号（2019〔令和元〕年11月20日）における審議において「民法における権利の濫用の一般法理との関係を整理すべきであるとの指摘や、当該株主提案が権利の濫用に該当するかどうかのより明確な規律を検討すべきであるとの指摘等」があった。その結果、「このような指摘等を踏まえると、株主提案の内容により、これを拒絶することができる場合についての規定を設けるか否かを検討するに当たっては、裁判例や株主総会の実務の集積等を踏まえ、権利の濫用に該当する株主提案権の類型について更に精緻に分析を深めながら、引き続き検討していくべき」（山尾志桜里委員・第200回国会衆議院法務委員会会議録11号1頁）ことを理由に、与野党より、株主提案に関する目的等による議案の提案等の制限を新設する規定を削除する修正案が、共同提案された。

5　立法経緯が今後の実務に与えうる影響

上記のような立法経緯の結果、著しく些末な内容を含む株主提案や、個人的な目的または会社を困惑させる目的のために株主提案がなされるような事例において、会社が、権利濫用に該当する内容の株主提案権の行使か否かを判断する基準を、改正案によって明確化することは実現されなかった。しかし今回、改正案が削除されたのは、上記のとおり、株主提案の内容によりこれを拒絶するできる場合の規定を設けるか否かを、裁判例、株主総会の実務の集積を踏まえ、権利濫用に該当する株主提案の類型について更に精緻な分析を深めながら、

引き続き検討してゆくという理由からであって、改正案の趣旨が国会によって否定されたわけではない。むしろ、改正案自体は、権利濫用に該当することが明らかな場面（の一部）を明文化するものであり、今後、株主提案権の濫用か否かを判断する際に参照されるべきものと考えられる。株主総会運営に携わる実務家としては、従来の裁判例を参照し、また、今回の改正案も検討しつつ、権利濫用が疑われる提案事例について、濫用か否かを判断していくことになると思われる。

　もっとも、「株主総会の適切な運営が著しく妨げられ、株主の共同の利益が害されるおそれがあると認められる場合」という拒絶事由については、「会社や提案者である株主以外の株主にとっての時間の浪費等に着目する点で権利行使者の主観的な悪性を問題とする伝統的な意味での権利濫用とは異なる性質を有する」（後藤元「株主提案権に関する規律（とその趣旨）の見直し」旬刊商事法務2231号〔商事法務・2020〕14頁）とされており、これに依拠することは難しい面もあると思われる。しかし、通例は議案要領通知請求権の個数の制限によって対処し得る場合が多いであろう。

【参考判例等】

1　**東京高裁平成24年5月31日決定・資料版商事法務340号30頁**

　「株主提案権といえども、これを濫用することが許されないことは当然であって、その行使が、主として、当該株主の私怨を晴らし、あるいは特定の個人や会社を困惑させるなど、正当な株主提案権の行使とは認められないような目的に出たものである場合には、株主提案権の行使が権利の濫用として許されない場合があるというべきである。」

　「株主提案権は、共益権の一つとして少数株主に認められた権利であるから、株主提案に係る議題、議案の数や提案理由の内容、長さによっては、会社又は株主に著しい損害を与えるような権利行使として権利濫用に該当する場合があり得ると解される。」

2　**東京高裁平成27年5月19日判決・金判1473号26頁**

　「Xは、平成21年より前にはY₁社に対し株主提案権を行使したことはなかったところ、Xが初めて株主提案権を行使した71期提案がY₃を取締役から解任すること等を内容とするものであったことは、自らの行ったY₁社の新規事業開発に関する調査結果が採用されず、それに関与したのがY₃であったことと無縁であったとは到底解されない。」「72期株主総会に係る提案についてみると、Xは、実父であるA

の行為に関する不満や疑念の矛先を、当初はAの実兄でありY₁社の相談役である
Bに向けていたところ、思うような進展がなかったことから、自身が株主であるこ
とから株主提案権の行使という形を利用して、Y₁社を通じてこれを追及しようとす
る意図が含まれていたものと認められる。」「72期株主総会に係る提案は、上記の
ような個人的な目的のため、あるいは、Y₁社を困惑させる目的のためにされたもの
であって、全体として株主としての正当な目的を有するものではなかったといわ
ざるを得ない。」

「72期株主総会に係る提案が前記のような目的に出たものと認められることから
すれば、その提案の全体が権利の濫用に当たるものというべきであ」る。

論点2　株主提案権の持株要件および行使期限の見直し

◆解説

1　背景

　会社法研究会においては、株主提案権制度が導入された昭和56年商法改正当
時から投資単位が変化していることなどから、取締役会設置会社の株主提案権
の行使要件のうち、300個以上の議決権という要件（会303条2項・305条第1項
ただし書）を引き上げるべきかどうかが検討された。また、同研究会において、
株主総会の日の8週間前までという株主提案権の行使の期限（会303条2項・
305条1項）について、会社における十分な準備期間の確保という観点から前
倒しすべきかどうかについても検討された（会社法研究会報告書14～15頁）。

　以上のような問題意識を受け、部会において議論がされ、その結果、中間試
案5頁では、「株主提案権の行使要件のうち300個以上の議決権という持株要件
及び行使期限の見直しをするものとするかどうかについては、なお検討する。」
と記載され、これらの問題について、中間試案に対するパブリックコメントに
おいて意見を募った。

2　パブリックコメントにおける意見

　中間試案を受けたパブリックコメントにおいては、以下のような意見が提出
された（部会資料19・17～18頁）。

（1）　持株要件の見直しについて　　300個以上の議決権という持株要件の削
除または引上げをすべきであるという意見は、300個の議決権と100分の1の議
決権では、その経済的価値が著しく乖離していること、1％を下回る議決権し

か有しない株主からの提案への賛成割合は低い場合が多いにもかかわらず、そのような提案のために株主総会の審議時間の相当割合が使われ、株主総会の適切な運営に支障を来していることなどが理由として挙げられた。

しかし、300個以上という持株要件について削除または引上げといった見直しはすべきでないという意見が多数であった。これらの意見は、300個以上の議決権という持株要件の削除または引上げは、そもそも300個以上の議決権という基準が設けられた趣旨に反し、個人株主による株主提案権の行使を過度に制限してしまうおそれがあること、および提案することができる議案の数の制限や内容による提案の制限の導入によって株主提案権の濫用的な行使はある程度排除することができ、持株要件を見直す必要性は乏しいことなどを理由としていた。

（2）行使期限の前倒しについて　株主総会の招集通知の早期発送等に取り組む上場企業が増加している中で、現行法の行使期限を前提とすると、提案株主の行使要件の充足性の確認、提案内容の検討および取締役会の意見の作成等の準備作業のための十分な期間を確保することができないことや、株主提案権が行使期限直前に行使されることが株主総会の招集通知の早期発送を妨げる要因の1つとなっていることなどを理由として株主提案権の行使期限を前倒しすべきであるという意見が述べられた。

しかし、前倒しに反対する意見が比較的多かった。これらの意見は、現行法において株式会社の準備期間が必ずしも短いとはいえず、行使期限の見直しを基礎づけるような立法事実が認められないこと、行使期限の前倒しをした場合、逆に株主が株主提案権を行使するか否かおよびその内容についての十分な検討期間がなくなること、更に今回の会社法改正による株主総会資料の電子提供制度により印刷および郵送の作業の時間が短縮されるため、前倒しは不要であることなどを理由としていた。

3　結論

以上のとおり、パブリックコメントでは、いずれの見直しについても反対する意見が多かった。パブリックコメント後の部会の審議においても、主として経済界から見直しを求める意見が出されたものの、これらの見直しは行わないこととされ、これらの事項は要綱、更には改正法には含まれないこととなった。

論点3　取締役の個人別の報酬等の内容に関する決定の再一任について

◆解説

1　背景

　株式会社と取締役との間の契約に報酬の額の決定を委ねる場合には、取締役同士のなれ合いによって金額をつり上げるいわゆるお手盛りの弊害が生ずるおそれがあるので、会社法361条は、指名委員会等設置会社以外の株式会社においては、取締役の報酬について一定の事項を定款または株主総会の決議によって定めることとしている。しかし、取締役の個人別の報酬等の額が明らかとなることを避けたいといった理由により、①同条第1項第1号に掲げる事項を定める株主総会の決議によって、取締役の報酬のうち額が確定しているものの総額の上限を定めた上で、各取締役の報酬の額の決定を取締役会に委任し、②当該委任を受けた取締役会は、各取締役の報酬の額の決定を代表取締役に再一任する旨の決議をするといった実務が行われている。

　会社法研究会では、同条は緩やかな規制として運用されており、お手盛りの弊害を防止するという趣旨からも問題がないとはいえないという指摘があった（会社法研究会報告書18～19頁）。また、同報告書においては、株主総会の決議によって各取締役の報酬の内容の決定を取締役会に委任する場合に定めなければならない事項の中に、取締役会が各取締役の報酬の額の決定を代表取締役に再一任することができるかどうかを含めることも考えられるとの意見も紹介されている（同20頁）。また、2018（平成30）年6月に改定されたコーポレートガバナンス・コードの補充原則4-2①は、「客観性・透明性ある手続に従い、報酬制度を設計し、具体的な報酬額を決定すべきである」と規定している。

　このように、取締役の報酬については、株主総会による授権の範囲内であっても、より客観性・透明性の高い報酬決定の仕組みが求められる傾向にあり、実際にも、代表取締役に対する白紙委任的な再一任を何らかの形で変更する企業は増えているようである。

2　部会における審議・中間試案

（1）中間試案まで　　以上のような問題意識を背景として、部会においては、代表取締役に対する報酬額の決定の再一任について、取締役会によって監督される立場にある代表取締役に各取締役の報酬を決定する権限を与えることは、

取締役会による代表取締役に対する監督に不適切な影響を与える可能性があるため、禁止すべきであるという指摘や、再一任をするためには、株主総会の明示の決議を要するものとすべきであるという指摘がなされた。一方、公開会社でない株式会社等においては、再一任をすることに合理性がある場合もないとはいえないという指摘もされた。

　これらを受けて、中間試案6～7頁においては、取締役の個人別の報酬等の内容に係る決定の再一任に関する手続の規律の改正について、次の2つの案が示された。

【A案】　次のような規定を設け、公開会社において、取締役の個人別の報酬等の内容に係る決定を取締役に再一任するためには、株主総会の決議を要するものとする。

　① 　取締役会設置会社においては、各取締役（監査委員等である取締役を除く。以下A案において同じ）の報酬等について定款の定め又は株主総会の決議がないときは、当該報酬等は、会社法第361条第1項の報酬等の範囲内において、取締役会の決議によって定めなければならないものとする。

　② 　①にかかわらず、公開会社は、会社法第361条第1項各号に掲げる事項の決定に併せて、同項の株主総会の決議によって、取締役会の決議によって①による各取締役の報酬等の内容に係る決定の全部又は一部を取締役に委任することができる旨を定めることができるものとする。

　③ 　①にかかわらず、公開会社でない株式会社の取締役会は、その決議によって、①による各取締役の報酬等の内容に係る決定の全部又は一部を取締役に委任することができるものとする。

【B案】　現行法の規律を見直さないものとする。

（2）　パブリックコメント後の経緯　　パブリックコメントでは、A案に賛成する意見がB案に賛成する意見よりも多かった。上記のとおり、再一任の実務が取締役会による代表取締役への監督に不適切な影響を与えるおそれがあるということがA案に賛成する理由として主に指摘された。一方、B案に賛成する理由としては、事業報告において再一任に関する事項が開示されることとなれば（⇨前記**第3**の〈情報開示の充実〉）、あえてA案のような見直しをする必要はないということなどが指摘された。

　パブリックコメントの後、2018（平成30）年5月23日の第12回部会に提示された部会資料20・6頁では、「A案のような規律の見直しをするものとするこ

とについてどのように考えるか」との方向性が示された。その際、上記部会資料20・6頁によれば、Ａ案のような規律の見直しをする場合であっても、たとえば独立性の高い任意の委員会への決定の再一任ということであれば、株主総会において賛同を得ることができ、任意の委員会を活用することにより、各取締役がお互いの報酬の額を知ることにためらいがあるといった懸念を回避することができるとの考え方が示された。

その後の部会資料においても、中間試案のＡ案が残されていた。しかし、経済界の反対が強かったためではないかと推測されるが、2018（平成30）年12月12日開催の第18回会議に提示された部会資料27において、この項目は削除されるに至った。そのため、要綱には盛り込まれず、改正法案においても採用されないこととなった。

3　実務への影響

（1）　情報開示の充実による透明性の向上　　以上のとおり、改正法には、取締役の個人別の報酬等の内容に係る決定の再一任に関する手続の規律の改正は盛り込まれないこととなった。

しかし、改正法361条7項により、同項に規定された一定の監査役会設置会社および監査等委員会設置会社は、代表取締役等への再一任の場合であっても、取締役会決議によって、「取締役の個人別の報酬等の内容についての決定に関する方針」として法務省令で定める事項を決定しなければならないこととなった。改正会社法施行規則98条の5第6号により、「取締役の個人別の報酬等の内容についての決定の全部又は一部を取締役その他の第三者に委任することとするときは」、同号イ～ハに定める事項の決定が必要とされた（⇨§361-3（1）(b)）。また、前述したとおり（⇨§361-3（1）(e)）、取締役が報酬等について株主総会に議案を提出した場合、「報酬等の決定方針」についての説明義務はないものの、「報酬等の決定方針」の内容としてどのようなことを想定しているかということは、株主が当該議案についての賛否を決定する上で重要な情報であり、議案の内容の合理性や相当性を基礎づけるものであるから、「相当とする理由」として一定の説明をしなければならないものと思われる（改正法361条4項）。

また、前記**第3**の〈情報開示の充実〉のとおり、報酬等の決定方針に関する事項および取締役会の決議による報酬等の決定の委任に関する事項について、事業報告による開示が求められることになる。前者については、改正会社法施

行規則121条6号により、「法361条第7項の方針……を定めているときは、次に掲げる事項」として、「イ　当該方針の決定の方法」、「ロ　当該方針の内容の概要」および「ハ　当該事業年度に係る取締役（……）の個人別の報酬等の内容が当該方針に沿うものであると取締役会（……）が判断した理由」を事業報告の内容に含めなければならない。また、後者については、会社法施行規則121条6号の3により、「株式会社が当該事業年度の末日において取締役会設置会社（指名委員会等設置会社を除く。）である場合において、取締役会から委任を受けた取締役その他の第三者が当該事業年度に係る取締役（監査等委員である取締役を除く。）の個人別の報酬等の内容の全部又は一部を決定したときは、その旨」、ならびに「イ　当該委任を受けた者の氏名並びに当該内容を決定した日における当該株式会社における地位及び担当」、「ロ　イの者に委任された権限の内容」、「ハ　イの者にロの権限を委任した理由」ならびに「ニ　イの者によりロの権限が適切に行使されるようにするための措置を講じた場合にあっては、その内容」を開示しなければならない（⇨第3〈情報開示の充実〉**2（2）(a)(e)**）。

　このように、取締役の個人別の報酬等の内容に係る決定を代表取締役に再一任するためには、株主総会の決議を要するという案は採用されなかったものの、代表取締役への再一任は、「報酬等の決定方針」として取締役会で決定しなければならず、更には事業報告における開示の対象となるため、今回の改正の結果、報酬決定のプロセスの透明性および公正性が高められることになる。

（2）　ゴーン事件　　折しも、部会における審議が継続していた2018（平成30）年11月にいわゆるゴーン事件が起こった。同事件に関する事実関係は明らかではなく、これに立ち入ることは適当ではない。しかし、事件の舞台となった日産自動車株式会社においては、「取締役の報酬については、取締役議長が他の代表取締役と協議の上、各取締役の報酬について定めた契約、業績、企業報酬のコンサルタントによる役員報酬に関するベンチマークの結果を参考に決定する。」とされ、ゴーン氏に対し、同氏自身の報酬決定を含む、取締役の報酬の個別額を決定する権限が付与されていたようである。また、任意の報酬委員会も設置されていなかったようである。このように1人の取締役に報酬決定権限が集中し、他の取締役によるチェック機能が必ずしも十分に働かなかったことが、このような事件が起こった背景にあるように思われる。

　こういった事情もあってか、2019（令和元）年6月提出の有価証券報告書か

ら、同年3月末決算会社に適用された企業内容の開示に関する内閣府令の改正
(金融庁「企業内容の開示に関する内閣府令　改正様式」(2019〔令和元〕年1月31
日〕) により、再一任について一定の開示が要求されることになった。このよ
うな有価証券報告書における開示に加えて、今回の会社法改正により、事業報
告等による上記のような開示等が要求されようになれば、実務上、代表取締役
に対するフリーハンドの白紙委任がしづらくなるなど、取締役報酬の決定プロ
セスの透明性および公正性が高められることが期待される。

論点4　監査役設置会社の取締役会による重要な業務執行の決定の委任

◆解説

1　背景

(1)　監査役設置会社とモニタリングモデル　　会社法研究会においては、監
査役設置会社における取締役会の決議事項に関する現行法の規律 (362条4項)
および判例 (例えば、同項1号にいう重要な財産の処分にあたるか否かの判断基準
に関する最高裁平成6年1月20日判決・民集48巻1号1頁) が、取締役会の決議事
項について柔軟に運用することを妨げており、その結果、監査役設置会社にお
いて取締役会の主たる職務を取締役の監督とするモニタリングモデルを採用す
ることには運用上のかなりの工夫が必要であるという指摘や、重要性の低い取
引についても取締役会において決議されている原因となっているという指摘が
なされた。その上で、同研究会において、現行法の規律を見直すべきかどうか、
およびその場合の方向性について検討されたが、コンセンサスを得ることがで
きなかった (会社法研究会報告書15～16頁)。

　ちなみに、モニタリングモデルとは、①取締役の一定割合を社外取締役にす
るなど、経営者からの独立性を高めた取締役会が主として業務執行者の監督を
行うこと、②取締役会は基本的な経営方針、内部統制の在り方、業務執行者の
選任および解任ならびに報酬といった事項を決定するにとどまり、業務執行に
関する具体的な決定を行わないこと、③監査委員会等が取締役会の内部に置か
れることという特徴を備えているものである。

(2)　重要な業務執行の決定の取締役への委任に関する提案　　以上のような
会社法研究会における問題意識を受けて、部会では、部会資料1「企業統治等

に関する規律の見直しとして検討すべき事項」6頁において、「重要な業務執行の決定の取締役への委任に関する規律の見直し」として、会社法362条4項の規定にかかわらず、社外取締役を置いている一定の監査役設置会社の取締役会は、監査等委員会設置会社の取締役会と同様の範囲内で、その決議によって、重要な業務執行の決定を取締役に委任することができるよう検討してはどうかとの提案がなされた。その理由として、以下のような点が挙げられた。

① 上記最高裁判決は、「商法260条2項1号〔会362条4項1号〕にいう重要な財産の処分に該当するかどうかは、当該財産の価額、その会社の総資産に占める割合、当該財産の保有目的、処分行為の態様及び会社における従来の取扱い等の事情を総合的に考慮して判断すべきものと解するのが相当である」と判示した。この点が訴訟で争われた場合、裁判所が会社法362条4項各号に掲げる事項および同項柱書の「その他の重要な業務執行」の範囲をどのように解釈するかを予見することが難しい。そのため、監査役設置会社において、重要性が低いと思われる事項も取締役会の決議事項として上程されている。

② 企業間の国際的な競争の激化など、我が国の会社を取り巻く社会経済情勢の変化に対応するべく、機動的な業務執行の決定の必要性が高い。

③ 平成26年改正法の施行後、上場会社である監査役会設置会社において社外取締役の選任が進んできているものの、事業内容に必ずしも精通していない社外取締役が取締役会における個別の業務執行の決定に逐一関与することが必要であれば、機動的な業務執行の決定は難しくなり、かえって社外取締役に期待される業務執行者の監督を行うことが難しくなってしまう。

そこで、一定の要件の下、監査役設置会社においても、業務執行の決定がより機動的になされるようにするとともに、社外取締役が業務執行者の監督により専念できるよう、部会において上記の問題提起がなされた。

2 中間試案

（1） 中間試案の内容 上記1のように検討課題に挙がったものの、部会においては、機動的な業務執行の決定等の要請があるのであれば、現行法においても、監査等委員会設置会社または指名委員会等設置会社の機関設計を選択することができ、これらに加えて、監査役設置会社においても、重要な業務執行の決定を取締役に委任することができるものとする必要はないという指摘がなされた。

　その結果、中間試案11頁では、以下のとおり、A案とB案の2案が掲げられた。

【A案】　会社法第362条第4項の規定にかかわらず、監査役設置会社の取締役会は、取締役の過半数が社外取締役であることその他一定の要件を充たす場合には、その決議によって、重要な業務執行（指名委員会等設置会社において、執行役に決定の委任をすることができないものとされている事項を除く）の決定を取締役に委任することができるものとする。

（注）「その他一定の要件」は、例えば、以下の要件のいずれにも該当することとするものとする。

①　会計監査人設置会社であること

②　取締役が経営の基本方針について決定していること

③　取締役会が会社法362条第4項第6号に規定する体制の整備について決定していること

④　取締役の任期が選任後1年以内に終了する事業年度のうち最終のものに関する定時株主総会の終結の時までであること

【B案】　現行法の規律を見直さないものとする。

（2）　**A案について**　　中間試案A案は、以下のような考慮に立っていた。

①　監査役設置会社において、取締役会の決議によって、一定の範囲の重要な業務執行の決定を委任することができるようにするためには、取締役会の独立性を確保し、取締役会の監督機能を強化することにより、当該委任を受けた業務執行者に対する監督の実効性を確保する必要がある。

②　そのためにはまず、取締役の過半数が社外取締役とし、取締役会の独立性を確保する必要がある。これは、取締役の過半数が社外取締役である場合には、社外取締役のみの議決権の行使により取締役会における業務執行者の選定・解職や業務執行者への報酬等の分配額を決定することができるためである。また、「その他一定の要件」として、A案の（注）の①から④までのいずれの要件にも該当することを必要とするものとされた（中間試案補足説明43〜44頁）。

（3）　**軽微基準について**　　重要な業務執行である「重要な財産の処分及び譲受け」（362条4項1号）ならびに「多額の借財」（同項2号）の該当性について、軽微基準を設けてはどうかとの指摘もあったが、部会資料6・3頁においては、「軽微基準を設けないものとすることでどうか」との提案がなされ、中間試案

においても、軽微基準の論点は取り上げられなかった。

3 パブリックコメント

パブリックコメントにおいて、A案に賛成するものとB案に賛成するものとに意見が分かれた（部会資料20・19〜20頁）。

（1） A案賛成意見

(a) A案に賛成する意見は、監査役設置会社においても、機動的な業務執行の決定を取締役に委任することができるガバナンス体制を選択することができるようにする必要性があることを理由とするものが多かった。

(b) A案に賛成した上で、実務において活用されるために、例えば、取締役の3分の1以上が社外取締役であることといった要件を満たす場合には、重要な業務執行の決定の取締役への委任を認めるべきであるという意見も多く出された。しかし、この意見に対しては、取締役の過半数が社外取締役であることという要件は必須であって、3分の1以上という要件で取締役会の独立性が確保できるとすることの論理的な説明は困難との反論もあった。

（2） B案賛成意見

(a) B案に賛成する意見は、機動的な業務執行の決定や取締役会の監督機能の強化等の要請については、監査等委員会設置会社や指名委員会等設置会社に移行することで対応することができるし、また、監査役設置会社においても、任意の委員会の設置等によって個別の事情に応じて対応することが可能であり、見直しをする必要性が乏しいことを理由とするものが多かった。

(b) またA案のような規律を設けたとしても、「取締役の過半数が社外取締役であること」という要件であれば実務では利用されにくいとの意見もあった。

(c) その他、A案のような見直しをすると、取締役会の開催頻度が低くなり、業務執行に関する取締役会による監督や監査役による監査の機能が低下するおそれがあるという意見や、機関構成の選択肢が複雑化し、分かりにくくなるという意見も多かった。

4 実務への影響

第12回部会に提示された部会資料20・19頁においては、パブリックコメントの結果に鑑み、中間試案の提案についてどのように考えるかが論点としてあげられ、審議が行われた。しかし、それ以上に議論は進展せず、第16回部会に提示された部会資料25以降でこの点は取り上げられず、要綱、更には改正法には含まれないこととなった。

　したがって、本論点については、従前の実務が維持されることとなり、監査役設置会社でいわゆるモニタリングモデルを直ちに採用することはできないこととなる。監査役設置会社において、充実した審議をし、また、機動的な意思決定を行うために、取締役会付議基準の見直しなど、引き続き実務上の工夫が要請されることとなろう。

論点5　社外取締役の情報収集権

◆解説

1　背景

（1）**会社法研究会による問題提起**　会社法研究会では、社外取締役の在り方に関する検討の一論点として、社外取締役の情報収集権について、「社外取締役が、期待されている監督機能を十分に発揮するため、全ての重要な情報に確実にアクセスできるようにする方策を法的に確保する必要があるという指摘があるが、これについて、どのように考えるか」というテーマ設定がなされた（会社法研究会資料10・3頁）。

（2）**社外取締役の権限**　委員会設置会社の監査委員会および監査等委員会設置会社の監査等委員会では、委員会（その過半数が社外取締役）の選定した委員となっている社外取締役は、執行役、取締役および支配人その他の使用人に対し、いつでも、その職務の執行に関する事項の報告を求めることができ、また、会社の業務および財産の状況の調査をすることができる（会405条1項、399条の3第1項）。しかし、委員会設置会社や監査等委員会において選定された監査委員や監査等委員でない社外取締役は、そのような業務・財産調査権がなく、これらの社外取締役について、何らかの情報収集権を法的に認める必要の有無について議論された。

（3）**社外取締役に期待される役割**　社外取締役に期待される役割（機能）は、①経営全般の監督機能（経営全般の監督および経営評価）、②利益相反の監督機能（会社と取締役との間および会社と利害関係者との間の利益相反の監督機能）、③助言機能（経営効率の向上）のように整理されている（平成26年改正に関する平成23年12月付法務省民事局参事官室編「会社法制の見直しに関する中間試案の補足説明」2頁。⇨§327の2-1（1））。しかし、社内出身の取締役ですら、取締役会において上記①の監督機能を十分に果たせないことの主要な原因の1つと

して、監督のために必要な情報を有していないことが挙げられている。まして、社外取締役が必要な情報を入手することは更に難しいと考えられることから、期待されている監督機能を発揮するためには、すべての重要な情報に確実にアクセスできるようにする方策を法的に確保する必要があるという指摘を受けて、上記の検討がされたものである。

2　論点の内容

（1）　取締役会を構成する個々の取締役の権限

　(a)　会社法上、取締役会設置会社における取締役は、取締役会の構成員としての立場から、株主総会に出席し（会314条参照）、各種の訴えを提起する権限を有する（会828条2項）。また、取締役会設置会社における取締役は、原則として、取締役会の招集権限を有する（会366条1項）。

　(b)　もっとも、取締役会の職務である取締役の職務の執行の監督（会362条2項2号）の関係で必要となる業務・財産調査権については、個々の取締役にあるのではなく、取締役会にあり、したがって、取締役会を通じてのみ行使できるものと解するのが通説であると思われる（会計帳簿等の閲覧謄写について、東京地裁平成23年10月18日判決・金判1421号60頁。ただし、反対説もある）。

（2）　取締役会を構成する個々の取締役の監視義務の範囲

　(a)　取締役会設置会社の取締役会を構成する個々の取締役は、取締役会の招集権限や代表取締役の選定・解職権限等を用いながら、取締役会の審議ないし決議を通じて代表取締役らの業務の執行を監視すべき権利義務を有する（最高裁昭和37年8月28日判決・集民62号273頁）。また、個々の取締役は代表取締役および業務執行取締役が内部統制システムを構築すべき義務を適正に履行しているか否かを監視する義務を負う（大阪地裁平成12年9月20日判決・判時1721号3頁・大和銀行株主代表訴訟事件）。これを受けて、社外取締役が取締役の善管注意義務を果たすためには、内部統制システムの内容として、社外取締役が、少なくとも十分な情報を入手し、かつ、適切な補助者を使用し、あるいは専門家等に対して助言等を求めることができる体制を整備することが必要であるとも指摘されている。

　(b)　他方で、社外取締役としては、取締役会に対して情報の提供を求めたにもかかわらず、他の取締役の賛同を得られないため情報を得られない場合には、このことによって取締役としての善管注意義務を免れ得るとも考えられている。

（3）　検討　　会社法研究会の議論では、社外取締役に情報収集権を認めるこ

とについて、①その必要性、②社外取締役以外の取締役との整合性（例えば、社外取締役以外の取締役にも同様の権限を付与するか）、③社外取締役の責任との関係、④その弊害等の観点から、積極・消極の両論が対立した。

(a) 積極論としては、①必要性について、社外取締役が情報アクセスに不満を抱く場合があること、取締役会上程事項以外でも監査役に報告しその権限を行使させるために情報取集が必要であること、経営評価のモニタリングを行うためにも調査の仕組みを制度的に手当てすることが必要であるといった肯定論があった。

(b) 消極論としては、②社外取締役以外の取締役との整合性について、社外取締役一般に対して権限付与をした場合、監査等委員や監査委員が有する業務財産調査権との整合性に疑問が生じ得ること、他の社外取締役との間での情報共有や、業務執行取締役への同様の権限を保障する必要性といったように課題が広がる可能性があること、③責任について、調査権を付与すれば、必要な場合に調査権を行使することが義務になり、社外取締役の責任が重くなる懸念があること、④弊害について、競合事業に関与している社外取締役（兼任等）もいるので、情報請求権という強い権利をもたれると濫用のおそれがあることなどが、企業実務家等から指摘された。

(c) このほか、内部統制・ソフトローによる解決を推奨する見解として、①必要性自体は認めた上で、②整合性の観点から、社外取締役だけに調査権限を認めることは解釈論・立法論として無理があるので、ソフトローにより、内部統制システムの内容として社外取締役に情報が行き渡るような体制を確保してはどうかといった意見も述べられた（以上について、会社法研究会第8回議事要旨4〜6頁）。

（4）結論　このように多様な意見が出されていたものの、会社法研究会では、意見は集約されなかった。その結果、この論点については、部会においても取り上げられず、今回の改正では見送られた。しかし、社外取締役の情報確保の必要性を指摘する声は強く、監督機能強化のための一手段としての情報へのアクセスや内部統制システムの内容については、今後も議論が深まることが期待される。

論点6　利益供与の禁止規定の見直し

◆解説

1　背景

（1）　利益供与の禁止規定　　会社法120条は、株主等の権利の行使に関する財産的利益の供与について、①何人に対するものでも禁止し（1項）、②株式会社が無償で行った（または株式会社もしくは子会社が受けた利益が著しく少額の）財産的利益の供与は、株主等の権利の行使に関してなされたものと推定し（2項）、③この財産的利益の供与について、受領者は株式会社または子会社に対する返還義務があり（3項）、関与した取締役（執行役）で法務省令に定める者は注意義務を怠らなかったことを証明しない限り株式会社に対して連帯して供与相当額を支払う義務を負い（4項）、この取締役等の義務は総株主の同意がなければ免除できない（5項）ことを定めている。そして、会社法970条は、株主等の権利の行使に関する利益供与について、懲役3年以下の懲役等の刑罰（利益供与罪）を科している。

（2）　総会屋の根絶のために創設　　利益供与の禁止規定（会120条・970条）は、総会屋の根絶を目指して昭和56年商法改正により、新設された（旧商法295条〔平成15年改正前商法294条の2〕、同497条）。総会屋を定義して総会屋に対する利益供与だけを禁止することは立法技術的に不可能であったため、文言上、禁止対象等が広範な内容となっている。このため、学説・実務上、その適用範囲を合理的に制約しようとする試みが続けられてきた。

　他方で、近時、総会屋が関与する場面以外においても、利益供与規制は、広く会社運営の健全性、特に、会社の支配権争いの公正さを担保するためのルールとして機能しつつあるとの評価もなされている。

2　論点

（1）　見直しの要否　　会社法研究会では、利益供与の禁止規定の見直しの要否について、その趣旨に即した範囲に画するために、解釈の明確化や解釈で解決できない場合における立法的手当ての要否、その趣旨の現在（総会屋の活動が沈静化しており、総会屋の排除という立法動機を超えて機能しているという指摘がある）における再評価について検討されたが、刑事罰の見直しについては、利益供与禁止規定に関する議論の整理後に譲るものとされた（会社法研究会資料9・1頁）。

（2）　現在における機能　　利益供与の禁止規定の趣旨については、会社資産の浪費の防止とする見解、会社運営の健全性または公正の確保とする見解のほか、その両方とする見解がある。更に、近時では、会社の支配権の争いがある事例においても適用が問題となってきており、経営者が会社財産を用いて株主権の行使を左右するという会社制度の根幹を揺るがせかねない行為を防止するための代替的な制度が整備されていない現状において、広く会社運営の健全性や会社支配権の争いの公正さを確保するためのルールとして機能しつつあるという評価もある。

　以上に対して、利益供与禁止規定は、会社支配をめぐる法的紛争の一部を解決し得るとしても、厳格な民事・刑事責任が伴う規定としてその要件が明確でなければならず、「株主の権利の行使に関し」の該当性を会社支配の公正を害するという実質的判断に置き換え、裁判所の裁量を拡大するといったことは適切でないとする見解もある（この見解は、利益供与禁止規定は、特定の者による権利行使（不行使）を狙い撃ちにするような利益供与のみに適用すべきとする）。

（3）　実務上利益供与の禁止規定が問題となる場面　　総会屋が関与する場面以外で、利益供与の禁止規定が適用されるかどうか解釈が問題となり得る場面としては、①株主優待制度、②株主総会の出席者への土産の配布、③従業員持株会への奨励金の支出、④親子会社間の取引、⑤株式の持合先との取引が挙げられる。また、近時、会社の支配権に争いがある場面における、⑥株式取得のための資金提供または借入れの保証、⑦ホワイトナイトの斡旋料の支払、⑧自己株式の取得、⑨ポイズンピルといった事例が問題となっている（会社法研究会資料9・4～7頁）。

　会社法研究会では、企業実務家から、例えば、特定目的会社（SPC）を通じた親会社による上場子会社の完全子会社化といった事例において、SPCが資金提供を受けるため、子会社がSPCへの資金提供者に担保を提供する場合など、資金調達上合理的と考えられる場合については規制の適用を除外するなど、除外事由を明確化することが提案された（会社法研究会第1回参考資料1）。そのほか、資本業務提携において出資を受け入れる際に、株式会社と出資者との間で取締役の選任等に関して議決権拘束契約を締結する場合、これを適法とするために立法措置が必要という指摘もあった（この指摘は、出資者による議決権の行使〔株式会社が提案する取締役候補者に賛成すること〕に関し、これと引換えに出資者の推薦する候補者を会社提案とするという利益を与えることを問題と捉え

るものとも思われる。会社法研究会第8回議事要旨10頁)。このように利益供与の禁止規定は、M&Aに関与する実務家がしばしば直面する困難な問題となっている。

（4） 将来における立法的手当ての必要性 したがって、利益供与禁止規定の要件の明確化や正当化事由等の立法的手当てを検討する必要性が高い。特に、利益供与の禁止規定は、「株主の権利の行使に関し」との要件が曖昧である上、違法性の推定規定（会120条2項）が定められており、仮に事後的に適法との解釈がとられる場合が多いとしても、事前の検討の段階では、慎重な判断が求められることも多く、M&Aといった取引の意思決定に消極的方向でのバイアスを与える場合がある。

しかし、このような立法化を検討するためには、更なる裁判例および学説の蓄積が必要であり、現時点では、具体的な見直しは難しいとされ（会社法研究会資料9・3頁）、会社法研究会報告書でも具体的な提案はされなかった。部会においても、この論点は検討されず、今回の改正にも取り上げられなかった。

論点7 責任追及等の訴えに関して、株式会社の利益に反する訴訟を制限する措置および株主による資料収集に関する規律の見直し

＜株式会社の利益に反する訴訟を制限する措置＞

◆解説

1 背景

（1） 平成5年商法改正 株主が責任追及等の訴えを提起する場合に納付する手数料について、訴額が財産権上の訴訟でない請求に係る訴えと明記することにより（旧商法267条4項〔その後5項に改正〕）、訴額が95万円とみなされ（民事訴訟費用等に関する法律4条2項）、一律8,200円とされた（その後、訴額を160万円とみなす平成15年商法改正により、13,000円）。この改正を受けて、経済界からは、濫訴を懸念する声が高まった。

（2） 平成13年商法改正 大和銀行株主代表訴訟事件（大阪地裁平成12年9月20日判決・判時1721号3頁）で、巨額賠償が認容されたことを受けて、総株主の同意による責任の免除のほかに、事前または事後に取締役の責任を軽減する商法改正がされ、①株主総会決議に基づく責任の一部免除、②定款の定めにより、

取締役会決議に基づく責任の一部免除、③定款の定めにより、責任限定契約に基づく社外取締役および社外監査役の責任の一部限定の各制度が創設された。

（3）　会社法制定　　会社法制定にあたり、株主の責任追及等の訴えについて、①不提訴理由の通知制度（会847条4項）と共に、②株主もしくは第三者の不正の利益を図り、または会社に損害を与えることを目的とする訴えを不適法とする実体的な訴訟要件（同条1項ただし書）が導入された。更に、責任追及等の訴えにより、当該株式会社の正当な利益が著しく害されること、当該株式会社が過大な費用を負担することになることその他これに準ずる事態が生じることが相当の確実さをもって予測される場合には株主に提訴請求をすることができないという規定が設けられ（修正前の第162回国会提出会社法案847条1項2号）、会社の利益に反する株主代表訴訟に係る訴えの提起を認めないとすることが予定されていた。同号は、被告が曖昧な損害を主張して、この規定による訴え却下を求めることができないよう文言を厳格にしていたが、衆議院において、その文言がなお曖昧であり、株主代表訴訟を不当に制限するおそれがあるという批判が続出し、削除された。

2　会社法研究会における議論の内容

会社法研究会では、「会社の利益にならない株主代表訴訟」を、会社法847条1項ただし書の適用はないが、会社の利益に反する株主代表訴訟と定義し、そのような株主代表訴訟に対する立法による措置の必要性と措置の内容について、検討を行った（会社法研究会資料8）。

（1）　立法措置の必要性の有無　　代表訴訟を提起する株主に自らまたは第三者の不正な利益を図る目的や株式会社を害する目的がなくても、勝訴時に最終的に取締役から回収することができる額、勝訴する確率、会社が最終的に負担することになるコスト、経営者への影響（経営の萎縮効果）等を総合勘案すれば、株主代表的訴訟の継続が会社の利益に反する場合があるとの指摘がされている。また、企業ないしは機関投資家が、株主代表訴訟を否定的に評価する場合、その理由として、理由のない訴訟により役員や会社に負担がかかるという見解が多いという調査結果もある。そして、現行法は、このような会社の利益にならない株主代表訴訟を制限する仕組みがなく、原告株主の利益と会社の利益が乖離することへの対応が不十分という構造的問題があるから、そのため方策を検討する必要性があるという見解が示されている。

他方で、株主代表訴訟の中に、どの程度会社の利益にならない訴訟が含まれ

ているかを特定することは困難であり、米国のクラスアクション制度が存在しないなど株主代表訴訟以外の手段によって、コーポレートガバナンスを規律付ける仕組みが弱いにもかかわらず、立法による制限をするのであれば、数少ない濫用的な訴訟を意識して、多くの正常な株主代表訴訟を妨げる恐れがあるという指摘がある。また、機関投資家に対して実施されたアンケート調査からは、株主代表訴訟は、「経営に緊張をもたらし、会社・株主の利益になる。」という肯定的な回答が7割を超える結果となっている。

（2） 立法措置の内容　　会社法研究会においては、考えられる立法措置の内容として、2つの方向性が検討された。

　(a) 少数株主権　　株主代表訴訟の提起権を少数株主権とすることが議論された。しかし、株主提案権の持株要件の引上げの論点と同様に、株式数や議決権数の要件の定め方によっては、一般株主による提訴の現実的な可能性を減殺してしまうという指摘があった。

　(b) 訴訟委員会制度　　米国の訴訟委員会制度（special litigation committee）のように、独立性の担保された機関が、株主代表訴訟の提起や係属が会社の利益に反すると判断する場合に、裁判所がその判断を尊重し、その訴えを却下する制度についても検討された。しかし、この制度を立法化するためには、その法的枠組みについて、次のように検討すべき論点が多い。

　① 委員である社外取締役の要件　　訴訟委員会の委員となるべき社外取締役の選任促進の観点からも訴訟委員会制度の導入の必要性を示唆する見解がある。しかし、現行法の社外取締役の要件ではその資格として不十分であるといった指摘もあり、社外取締役について独立性やその他の資質等の実質的な要件を厳格化することが必要となる。

　② 訴訟委員会の独立性　　取締役相互間の監視義務を比較的広く認め、かつ、取締役間の連帯責任を法定する現行制度の下では、責任追及の原因となる行為時の取締役ではなかった者でないと、訴訟委員会の委員として十分な独立性を有しないとされる可能性が高いという指摘がある。これを前提とすれば、訴訟委員会の委員として必要な社外取締役の独立性をどのように確保するかの懸念がある。

　③ 訴訟委員会の判断の法的効果　　訴訟委員会の判断が、どの程度裁判所の判断に影響を与えるか、その判断を裁判所がどこまで尊重するか、その判断の過程において、委員の要件や独立性を審査するのか、これを行うとす

れば、訴訟の長期化をもたらすという批判もある。また、経営者の判断が尊重されてよい場合とそうではない場合との類型化が可能かという論点もある。

以上の審議を経て、会社法研究会では、「株式会社の利益に反する株主による責任追及等の訴えを制限する措置の要否……など、その他の責任追求等の訴えに関する規律の見直しについては、引き続き検討することが相当である。」とされた（会社法研究会報告書35頁）。

3　法制審部会における審議

部会においては、株主による責任追及等の訴えの中には、株式会社の利益に反すると評価すべきものがあることから、株主による責任追及等の訴えの提起に新たな制限を設けることを検討すべきであるという指摘がされた。一方、近年では、株主による責任追及等の訴えにかかる訴訟の件数が減少していることや、一般予防の観点から責任追及等の訴えの提起に新たな制限を設けることについては慎重であるべきとの指摘もされた。その上で、上記の会社法制定時の国会審議の経緯も踏まえ、株主による責任追及等の訴えの提起に新たな制限を設けることは難しいと考えられ、中間試案では新たな制限は提案されなかった（中間試案補足説明65〜66頁）。この結果、要綱にも取り入れられず、改正は見送られた。

＜株主による資料収集＞

1　背景

株主代表訴訟の証拠となる資料の多くは会社内にあり証拠の偏在があるとして、株主による資料収集について、立法措置の必要性を主張する見解がある。

2　論点の内容と結論

会社法研究会では、その具体的方策として、不提訴理由通知書の記載事項（会847条4項、施規218条）とされている「判断の基礎とした資料」の標目について具体化し、責任または義務の有無の判断に関係する資料の標目が広く記載事項に含まれるように明記する案等が検討された。しかし、会社法研究会では、民事訴訟制度の中で、株主代表訴訟だけに特別な制度を設ける必要があるのかという意見や、収集した資料の目的外利用等の濫用が懸念されるという意見が出され、このような規律の見直しの要否についても引き続き検討することが相当であるとされた（会社法研究会報告書35〜36頁）。

　部会では、責任追及等の訴えの提起の制限についての改正が見送られたことと併せ、株主による資料収集に関する規律の見直しに関する改正はされないこととなった。

条文索引

事項索引

判例索引

実務解説 改正会社法 ［第2版］

2020（令和2）年 6 月30日　初　版 1 刷発行
2021（令和3）年 2 月15日　第 2 版 1 刷発行

編　者　日本弁護士連合会
発行者　鯉　渕　友　南
発行所　株式　弘文堂　101-0062 東京都千代田区神田駿河台 1 の 7
　　　　会社　　　　　TEL 03（3294）4801　振替 00120-6-53909
　　　　　　　　　　　https://www.koubundou.co.jp

装　丁　笠井亞子
印　刷　港北出版印刷
製　本　井上製本所

ISBN978-4-335-35870-8